化成整体生命智慧

毓老师说论语

爱新觉罗·毓鋆／讲述

陈絅／整理

花山文艺出版社

图书在版编目（CIP）数据

毓老师说论语／爱新觉罗·毓鋆讲述；陈絅整理. —石家庄:花山文艺出版社，2019.6

ISBN 978-7-5511-4652-4

Ⅰ.①毓… Ⅱ.①爱… ②陈… Ⅲ.①儒家 ②《论语》—研究 Ⅳ.①B222.25

中国版本图书馆CIP数据核字(2019)第098956号

书　　名： 毓老师说论语
讲　　述： 爱新觉罗·毓鋆
整　　理： 陈　絅

责任编辑： 梁东方
责任校对： 贺　进
美术编辑： 胡彤亮
装帧设计： 棱角视觉
出版发行： 花山文艺出版社（邮政编码：050061）
（河北省石家庄市友谊北大街330号）
销售热线： 0311-88643221/29/31/32/26
传　　真： 0311-88643225
印　　刷： 三河市嘉科万达彩色印刷有限公司
经　　销： 新华书店
开　　本： 880×1230　　1/32
印　　张： 17.5
字　　数： 370千字
版　　次： 2019年7月第1版
2019年7月第1次印刷
书　　号： ISBN 978-7-5511-4652-4
定　　价： 78.00元

凡例

一、南宋时，朱熹将《论语》与《大学》《中庸》《孟子》合为《四书》。《论语》原有三种:《鲁论》二十篇;《齐论》二十二篇，比《鲁论》多了《问王》《知道》两篇;《古论》早亡。现存《论语》即《鲁论》二十篇，四百九十二章，本书依其分类，不另作编排。

二、本书主要以 1999 年至 2000 年毓老师在奉元书院讲述内容整理而成。文中容有阙漏、讹误者，尚祈方家惠予指正，并俟来日补苴罅漏。

三、所录注解，有刘逢禄《论语述何》、宋翔凤《论语说义》、孔广森《经学卮言》、刘宝楠《论语正义》及蒋伯潜《语译广解四书读本: 论语》等，并及先秦两汉经子，以备参考。

四、经文以宋三体呈现，字词解释以括号小字呈现，如“**学而时习之，不亦说**(悦)**乎**”；各家注解以仿宋体呈现，如“刘逢禄《论语述何》云”。毓老师讲述以宋一体呈现，引文出处以括号楷体字表示，如“(《易经·乾卦》)”。

五、为助大众深入阅读，文中有关背景及说明，亦以仿宋体呈现；参考相关著作者，略交代出处。如有疏漏之处，尚祈指正。

·目录·

毓老师的话

《论语》是孔子与其弟子论道之语，由弟子与再传弟子写成的。《论语》乃是性之所至之言，不同于今天的命题作文。“论”，“论文”之“论”，当作动词，《论语》是论道之语。今天先命题而后为文，但古人并不如此，而是性之所至写出，是为了醒目才加题。

《论语》二十篇，每篇的命名并没有意义。古人非先设限，要自欺或是欺人。不虚伪，何等纯朴、真实，可看出人性之美！昔人作诗，也是随性之所至，心里怎么想就怎么说，与后人作诗要找平仄不同，后者往往会以词害义。

性之为道，一切表现皆性之所至。到了后代，愈是人之为道，已不是性之为道了，所以不能面对真理，各家的意见不一。今人自欺欺人，净是欺世盗名。一个人盗名，则无不为矣！社会乱，乃时之乱！

“言”与“语”有别，《说文》(《说文解字》) 云：“直言曰言，论难曰语。”《论语》中“子所雅言，诗书执（藝，简体字为‘艺’）礼”“子不语怪力乱神”“食不语，寝不言”“言之无文，行而不远”及“居，吾语女”等，充分地分出了言与语。言为世法，语无伦次。

你们说话都语无伦次，发言可是不容易，言为世法。扬雄作《法言》，骗人的都说自己好。《论语》书名不论是谁取的，但不称“法言”，尽讲真的。

书名如果不明白，怎么讲书？你们有无慎思之？遇问题要如此深思。人如头脑不清，就语无伦次，后患可是无穷！

《四书章句集注》是朱子一生精华之所在，朱注乃一部禅宗，造谣生事。看看何以有“四书”？

蒋伯潜的《语译广解四书读本》，是杂货铺，各家兼收。

我讲的不同，是依经解经，都有根据，不以成见解释。

我们读古书，不可被某一家注解所束缚，才能自己悟出一番新见解来。

一般讲“四书”，都从《论语》开始。我自“学庸”（《大学》《中庸》合称）开始讲，因此二书是“夏学”之入门，大本之所在。

其实，《四书》并不容易读，但如将《四书》的基础打好了，则除了《大易》与《春秋》以外，其他的书都可以自己看了。

古代东西不容易学，真懂必要有五年八年以上的时间。中国文化不但悠久，自所见的书中，可以看出民族思想之成熟。

如说《易经》是中国最早的一部书，可以看出古人头脑之致密！今天将《易经》讲得怪力乱神！

《易》的学问就是从“一点”来的，一点分出两个点。一个东西里头含阴、阳两性，多么可怕的想法！距今至少三千年，至今犹跳不出此一原则。

今人头脑何以不致密？三千年后没有人懂得《易经》。环境进步了，何以人的头脑却昏了？简言之，你们要学会用脑。

今人专用情，昔人专用性，人性。《庄子·大宗师》称："其嗜欲深者，其天机浅。"如嗜欲浅，人性就深。今人非不如古人，但嗜欲多。

我现在没有工夫去接触街上的东西。你们要多用人性的智慧，即性智，不要尽用情智。

不要忽略老祖宗的优越所在，有许多地方真不是其他民族所能想象的。

我年轻时，世局之热闹，当时国家面临瓜分的危机。那时，到外国租界地，看马路上之干净，尤以天津为最。民国十三年（1924）开始，才起了变化，因为受外来的刺激。

民国九年（1920），废除祭孔与读经，但民间犹有读经的家庭。以前真正的读书人，我犹见过。

如教书的本人并不真知，那后生又怎么能真知？我所讲，皆书中东西，就前后而已。我讲人的性与情，以性用事，旧社会皆如此。

中外学问都要留心学习，但必要有分际。讲中国东西，不要掺杂外国东西，两者没有半点关系，不过"人同此心，心同此理"，会有相似。必要以中国人的角度看中国东西。

以前二十岁，可以读完中国经书。我十三岁，读完《十三经》。

中国文化到了重振之时了！一个民族的文化，在乎民族的自立、争气。中国人本身聪明有余，只要是肯学，绝不落于人后。你们不要将有用的光阴浪费于情上，要启发自己的智慧，年龄、智慧应与时俱进。

中国人讲"性生万法"。性是体，其用为智，智生万法。

这里提示，中国人要特别重视中国文化。中国人至少有三千年有记载的文化。一个有理智的人，不是盲目地接受一切。想发挥中国文化，不可以将中国文化变成杂种文化。

要练习脑子会动。你们认识一千个字了？给你们当头棒喝。坐着好好读书，先了解自己。

先求自知，最低要有自知之明。为子孙计，在你们子孙能幸福与否。要及时努力，为时犹不晚。教你们会用脑，分别、分别。要先认清自己、了解环境，否则难以生存。先测验自己，看遇事是否能够分析。

智分为上、中、下，要练习自己有分析的能力，“博学之，审问之，慎思之，明辨之”，而后“笃行之”。练达智慧，非如演算数学那么单纯。思想，人人不同。

读书，上句不懂，不读下句；上行不懂，不读下行。每一句都必要真知，必下此深功夫。不下功夫，遇事就会语无伦次。

你们现在还来得及，肯加以锻炼，一年可以开窍。开窍才能得最后的，即可用于任何地方。

有人说：“还读‘四书’？”认为落伍！没有读书，凭什么教书？名嘴，就是嘴会说，功夫完全在嘴皮上。

你们要好好深思熟虑，练习智慧，在读书时学会用脑。凡事要客观，要有智慧，学历并不代表有脑。学，重在知行，要得趣，用于生活上，变成生命之学。

现在进步了，这套东西才更为时髦。如果说“二十一世纪是中国的世纪”，那绝非是出卖祖宗的中国，应该是思想的中国、文化的中国。现在的中国人有几个了解中国文化？

读经，自经文本身入手，才是正途。困难处在断句，断句不同，义理不同。自前后经文对照，以决定断句。

不能以某家为孔子之意。各家大多先有主观见解，各抒己见，借此发表自己的思想，维护自己的见解，不能当作金科玉律。

自经文本身来了解，千万不要标新立异。我依经解经，不臆说。

中国思想有层次，并不是孔子语无伦次，乃因为时不同，思想境界也就不同，孔子为“圣之时者”。

《论语》中孔子的思想就有三个层次：一、“郁郁乎文哉，吾从周。”二、“久矣，吾不复梦见周公矣！”三、“吾其为东周乎？”思想随着年龄、智慧而有所变迁。

《论语》的编排，并不依时间先后，只是记结论。必须整部书读完了，才知其思想层次。

《论语》每章都是活学问，在生活中都能用上，可作为生活的方程式。

读书，应读出疑问了，再加以解决，才是真明白。我读书，净读精华，每天满脑子要解答问题。

学而第一

古人作书，非先拟题。一个整体东西分段，看首章开始两字“学而”，即以之作篇名。距离生活远，则难以接受。真理属性智，性生万法。自《论语》篇名，看古人的心多么真！

《论语》首学“学而时习之”，学什么？“而”，能也，学能时习之。《易》，时之用大矣哉！时大矣哉！时用大矣哉！时，刹刹生新，“当其可之谓时”（《礼记·学记》），“圣人不能生时，时至而不失之”，“时乘六龙以御天”（《易经·乾卦》）。时习，必知时、识时，才能用时。有“时习”的功夫，才能“裁成辅相”“智周（研究透彻）万物，道济（助）天下”。

真识时了，就不会下错误的决定。每天应问自己：“此何时也？”然后自试，“或跃在渊”（《易经·乾卦》）。

1. 子曰：“学而时习之，不亦说（悦）乎？有朋自远方来，不亦乐乎？人不知而不愠（音 yùn），不亦君子乎？”

“子”，男子之美称。“夫子”，在旧书中，非专指老师。《孟子》中尊有身份、地位者为“夫子”；女子称其夫亦称“夫子”，表示亲切。这就是人生！

自从孔子成为教师的祖师爷以后，“夫子”成为老师的专用名词。

以前先学识字，读《说文解字》，然后读书。

看古人造字的智慧，小篆是怎么写的？仔细深入了，自一举一动可见出古人的智慧，人的智慧是万能的。

“学”，觉，知；效，行。知行合一谓之学。觉，自觉，先觉要觉后觉，后觉则见贤思齐。中国的学，重在知行。

问：“弟子孰为好学？”答：“有颜回者好学，不迁怒，不贰过。”（《雍也》）“退而省其私，亦足以发。”称颜回能将其所学发挥在生活上。学皆属知行合一，知行合一叫作学，求知不过是学的一半。

《礼记·学记》云：“故学然后知不足，教然后知困。知不足，然后能自反也；知困，然后能自强也。故曰‘教学相长也’。”《兑命》曰：“学，学半。”

孔子说好学是“不迁怒，不贰过”，并未以读哪本书为好学。许多读书人都怕老婆，上课借机发脾气，此乃“迁怒”。什么叫过？“过，则勿惮改”，中间有最严肃的条件——“不贰过”。

我依经解经，都有根据，否则成为臆说了。人都会想，就会越讲越远，以臆说混过真说。

知行合一，既然必行，为使之发挥作用，所以要“时习之”。“时习之”，此时，非时时刻刻，乃时髦，圣时。孔子为“圣之时者”，圣人中最时髦的，摩登圣人，先时，超时的智慧，以领导时。

时，刹刹生新，如流水“逝者如斯夫”，片刻不停留。读古书，是在用古人的智慧启发我们的智慧，所以得“时习之”，在今天可以用上，否则“生乎今之世，反古之道；如此者，灾及其身者也”（《中庸》）。

孔子本身之学为一“时”字，孔学为“时学”，孟子称孔子为“圣之时者”（《孟子·万章下》），《论语》首“学而时习之”。日新，时；又日新，先时，超时。懂此观念了，读任何书都合乎时代。

传统学问则为“仁学”，《大易》中已含有“仁”的观念，“君子体仁，足以长人”（《易经·乾卦·文言》）。

我们文化悠久，什么都有一定的规矩，人的举止行动皆有一定。

“习（習）”，《说文》称：“习，鸟数飞也。”鸟习飞，自羽白、尚未丰时就开始，其间不知要练习多少遍，才能够恰到好处，其中包含多少挫折、痛苦、伤痛，最后羽翼已丰，终于鹏程万里。

“习”，不足，还要“时习”之，与时俱进，就不落伍，被时代所淘汰。之所以不成功，乃因为功夫还不到。

中国之学无不谈政，谈政并不是闲聊，而是深行政治，“见之于行事之深切著明”（《史记·太史公自序》）。学多少，如不能关心时事、时政，都是废物，因为时事切身，近影响自己，久则影响子孙。

学因时习之，有所心得了，乃有悦。“悦”，中心喜悦。

要无所不学，但用则必当其可，“当其可之谓时”（《礼记·学记》)，学无废学，皆适时之用。“时过然后学，则勤苦难成。”(《礼记·学记》) 人读书，得趣了，才能持之以恒，成为生命之学。

“悦”，藏之于心，难知；“乐”，形之于色，人知。自己有所得了，心花怒放则有悦，也不是言语所能表达的。

“学而时习之”，必有新发现，岂能不悦乎？悦，藏之于心，多么传神！必“时习之”，才能有“悦”，悦那个密，不可言传。

学的方式，“学而时习之”。学，岂能一下就合乎时？今天学完了，如何“时习之”？要除掉一切不合理的，非礼勿“视、听、言、动”，至少要对得起自己的良心。走“时所需”的路子，时习之。“致良知”，做好事，心里愉快。行善，不求报，良知之“悦”，乃“时习”的结果。内心的愉快，悦也。

“学而时习之”，最后“得鱼忘筌”，连孔子都是。此即中国学术的真精神、华夏之学的精神。

“有朋自远方来”，“同门曰朋，同志曰友”(《春秋公羊传·定公四年》何注)。师生有朋友之谊，故“朋”可解作门弟子。

刘逢禄《论语述何》云：“《易》曰：‘君子居其室，出其言善，则千里之外应之，况其迩者乎？’《记》曰：‘独学而无友，则孤陋寡闻。’友天下之善士，故乐。”

“有朋自远方来”，有其背后的基础，“同声相应，同气相求”(《易经·乾卦·文言》)。“德不孤，必有邻”(《里仁》)，有德了，人才来和你学。

“独学而无友，则孤陋寡闻。”(《礼记·学记》) 有志同道合者，互相切磋琢磨。门弟子来自远方，即孟子所谓“得天下英才而教之”（《孟子·尽心上》）。

“不亦乐乎”，“乐”，喜之形于外，手舞足蹈。

“人不知而不愠”：“人不知”，是人不真知，不是人不知我。跟你学的智慧不一，或闻一知十，或闻一知二，或说千言万语，犹不能真知。“而不愠”，为师者，心中亦不愠。“愠与怒”，同“悦与乐”，一藏之于心，一形之于色。“愠”，不愉快藏于心；“怒”，不愉快形于色。

“学不厌，教不倦”是孔子最伟大的精神，所以，编辑《论语》时，将此章列为首篇第一章。读完此章，必知要如何为学。

不要巧取豪夺，应练习在这个时代站得住。冷静想：有些人何以成功了？你们何以不自己好好努力，向历史负责，而净是偶俗？偶俗，与世俗相配，太浪费了！不要浪费了宝贵的智慧，而天天去偶俗。

要创造自己，如熊十力（1884—1968）在学术上，有特殊的成就。

熊十力，二十世纪中国思想家、学者。原名继智、升恒、定中，后改名十力，字子真，晚年号漆园老人。

必要有超人的智慧。智慧是培养的，如曾文正公小时候外号叫“二呆子”，却是清朝最成功的政治家。

曾国藩（1811—1872），初名子城，谱名传豫，字伯涵，号涤生。与李鸿章、左宗棠、张之洞并称“晚清四大名臣”。官至武英殿大学士、两江总督。同治年间封一等毅勇侯，又授世袭罔替，卒谥“文正”。

看曾文正如何培养自己，必读《曾文正公日记》与《曾文正公家书》。

蔡元培（1868—1940），名字取得好。培元，元培，入手处是“培元”，最后“元培”了！培养自己的元，即“浩然之气”。“养浩然气”，要“直养而无害”（《孟子·公孙丑上》），本身即俱有的，要认真培养自己与生俱来的本能。

人嗜欲深，则元渐耗。培元，第一步即守分。人有人的本分，守住嗜欲浅，天机（智慧）就深。如同栽树，好好照顾，久经时日，定根深叶茂。一切皆操之在己，皆自得也。

《易》“时乘六龙以御天”（《易经·乾卦》），连天都能御（支配），还不能御别的？男人想御天，女人却想御夫。天，代表自然，人能御天，即支配自然。《易》讲时、位，六龙，六个时、位，喻变，按时乘六变以支配自然。

至少也要御己，即培自己的元，培元而后能元培。培元，元培，才能有所成。

好好立志，发愤向学，首先，要知道责任之所在，人生在世一定有责任的。其次，要自知，有自知之明，即认识自己。再问自己：“我能干什么？”如此，每大焉能糊里糊涂混日子？知此，则连追女朋友都有目标了，懂得三部曲了，就知道第四部要怎么做。

《诗经·关雎》“关关雎鸠，在河之洲；窈窕淑女，君子好逑。参差荇菜，左右流之；窈窕淑女，寤寐求之。求之不得，寤寐思服；

悠哉悠哉，辗转反侧”，此为追求的第一部曲。“参差荇菜，左右采之；窈窕淑女，琴瑟友之”，乃交友的第二部曲。“参差荇菜，左右芼之；窈窕淑女，钟鼓乐之”，第三部“钟鼓乐章”为结婚进行曲。

接着即第四部曲——《葛覃》：“葛之覃兮，施于中谷，维叶萋萋。黄鸟于飞，集于灌木，其鸣喈喈。葛之覃兮，施于中谷，维叶莫莫。是刈是濩，为𫄨为绤，服之无斁。言告师氏，言告言归，薄污我私，薄澣我衣；害澣害否？归宁父母。”婚后，男女别内外，各安其位，各尽其责，女主持家务，归宁父母。

人生并不是当官就有成就，而是应为己之所当为，做自己能做的事，绝对不能偶俗，随波逐流。

学，要能用上，得加上“时习”的功夫。学的是古学，是在以古人的智慧启发自己的智慧，而不是问于今天有用没用。今天大学生尽学为奴，女的求嫁妆，男的找饭碗，不是求“为己之学”而尽学“为人之学”。为己之学，在先造就好自己，日后有能力可为国家尽责任、为社会谋福利；为人之学，为日后好找职业，就看有没有人用，岂不尽学为奴？

我在台在屋中坐五十年，是无业游民。孙子现在已是中学生了，常说：“爷爷落伍！”

在台五十年，徒子徒孙可不少。经三个月的深思熟虑，觉得我对这块土仍要认真点，要为台湾留点种子。你们不可以缺课。

必要用智慧领导一切，不可以净用感情。不是宗教，不能有妄想。自己好好培养，学了，必时习之，才能用得上。

《大学》“家齐而后国治”，能齐家就能治国，讲得实际。齐家多难！“孝乎惟孝，友于兄弟”，兄友弟恭，兄弟感情好，仅次于孝。对父母的孝，是没有条件的；兄弟（含姐妹），一个公司出品。

但是孔家有“兄友弟恭”？辽、金、元，“我，金人也”。金入主中国，宋室南移临安，孔家嫡宗亦到衢州，孔府许多宝物亦随之南迁。元时，孔府有“夺嫡”事件，南方真孔宗告御状，至明一直悬而未决。至清，康熙帝分立南、北二宗。

孔氏分为南、北两宗，是因金兵入侵，宋朝内乱外患，康王赵构一路南逃，孔氏家人一路追随，后来南宋定都临安（今杭州），赐孔家建家庙于衢州。自此孔家分为南宗、北宗。到民国八年（1919），北京政府颁《从圣典例》，改南宗翰林院五经博士为“奉祀官”。1949年后，奉祀官不再册封。

可见讲容易，但行特别难！可以盲目迷信讲什么吗？“讲道德，说仁义”与“男盗女娼”相配。怎么发掘人性？必要有智慧。名门，未必有名育，不可以盲目、偶像似的崇拜。有智，好好实行，没有榜样、偶像，“不可为典要，唯变所适”（《易经·系辞下传》）。

“讲道理”与“行道”，是两回事。名教授有影响力者少。马一浮在抗战时，于四川主持“复性书院”。马先生当年提倡“复性”，但有发挥作用吗？

马一浮（1883—1967），名浮，字太渊，后字一浮，幼名福田，号谌翁、被揭，晚号蠲叟、蠲戏老人，浙江绍兴人。与梁漱溟、熊十力合称为“现代三圣”。

复性书院，是抗战时期国民政府为保存民族文化而开办，由马一浮先生主持，创建于1939年，在四川乐山乌尤寺。书院从1939年9月15日开始讲学，到1941年5月25日停止讲学，前后共一年零八个月。马一浮自述：“名为复性书院。学术、人心所以纷歧，皆由溺于所习而失之，复其性则然矣……”如何复性，马一浮阐释道：“义理之性，有如泉水。当其发于山谷，本自清明，迨后流入田野，则渗入许多泥沙，遂成混浊了。如下一番功夫，将泥沙滤净，则水清明，还是原来的水。学者用力，要在去蔽复初，古人所谓变化气质是也。”

可见，就算是有先见之明了，也未必有实德之行。

“天命之谓性，率性之谓道，修道之谓教”，《中庸》讲用中之道，自形而上讲到形而下。《易》“同人大有谦豫随”，“谦卦六爻皆吉”，人就怕客气，“以人治人，改而止”（《中庸》）。最高的手段是“无所不用其极”（《大学》），才能“无入而不自得”（《中庸》），皆自得也。

今天最缺人性之美，大富之家有德者少。自己能做多少就做多少，现在最需要恢复人性之美。人人都怕死，政权领导人凭什么去发动战争？人人都想享福，为什么要把环境弄得乱七八糟？人人都喜欢享福、长寿，这是人性之美。

“率性之谓道”，顺着人性做事就是道。“修道之谓教”，“道也者，不可须臾离也”（《中庸》）。没有偶像，不要盲目崇拜什么，都是与生俱有的，观自在，一切皆不假外求。

帝王时代有其框框，出此，即称为臆说、伪学。

熊十力倡导熊十力之学，他懂得“学而时习之”，要突破一切的偶像，他认为“五经”都遭窜改了，称“伪经”。

“圣之时者”，“学而时习之”，要打破一切的偶像，更不要再去塑造偶像。但不是臆说，所以要依经解经，有根据。

《学而》首章三段，表现人的心态，岂不是活活泼泼的？

有人说：“还读“四书”？”八岁读《论语》，八十岁读《论语》，境界完全不同，看法每次都不同。

2. 有子（有若，字子有。小孔子四十三岁）**曰：“其为人**（做人）**也孝弟**（悌）**，而好犯上者，鲜**（少）**矣。不好犯上，而好作乱者，未之有也。君子务本，本立而道生。孝弟也者，其为仁之本与**（语尾词，肯定的）？”

孟子谓孔子殁后，子夏、子张、子游以为有若似圣人，欲以所事孔子事之，曾子以为不可。《论语》记孔子弟子皆称字，闵损、冉求各一称子，曾参、有若皆称子；编辑次第，又以有子、曾子为前，盖为二人弟子尊师之故。

孔子“志在《春秋》，行在《孝经》”（《春秋公羊传》何休序）。《孝经·开宗明义章》称：“夫孝，德之本，教之所由生也。”“身体发肤，受之父母，不敢毁伤，孝之始也；立身行道，扬名于后世，以显父母，孝之终也。夫孝，始于事亲，中于事君，终于立身。”其中“中于事君”一句，是汉儒加的，因为汉室以孝治天下。有“中于事君”，才有后面“天子”“诸侯”“卿大夫”“士”“庶人”等章，愈说愈清楚，在使人能行。

儒家特别注重伦常，有其层次。“孝为德本”，德者，得也，得于道之宜。孝弟立，道就生。登高必自卑，行远必自迩。尧舜之行，本乎孝弟。五伦，常道也，即经，永不能改变的。

“天地之性，人为贵”“故亲生之膝下”“父母生之，续莫大焉”（《孝经·圣治章》）。父子之道，天性也，伦之所在。

善事亲曰孝，善事兄长曰弟。孝，老、考，得尽老与考的责任，才完成孝。父死曰“考”，得好好地安葬他。

“老吾老”，养老，责无旁贷，但伟大处在“以及人之老”（《孟子·梁惠王上》）。善推，推己及人，己立立人，己达达人。

“孝，教之所由生也”（《孝经·圣治章》）。“教”，小击也。

《说文》云：“教，上所施下所效也。从攴从孝。”“攴”，甲骨文字形是手中拿着小棍、教鞭一类的东西在敲打。“攴，小击也。”“教”字，一面是孝，一面是手执东西在敲打。

棍头出孝子，打一棍，爱在其中，“小杖则受，大杖则走”。

《孔子家语·六本》云：曾子耘瓜，误斩其根。曾皙怒建大杖以击其背，曾子仆地而不知人，久之有顷，乃苏，欣然而起，进于曾皙曰：“向也参得罪于大人，大人用力教，参得无疾乎？”退而就房，援琴而歌，欲令曾皙而闻之，知其体康也。孔子闻之而怒，告门弟子曰：“参来勿内。”曾参自以为无罪，使人请于孔子。子曰：“汝不闻乎？昔日瞽瞍有子曰舜，舜之事瞽瞍，欲使之未尝不在于侧，索而杀之，未尝可得，小棰则待过，大杖则逃走，故瞽瞍不犯不父之罪，而舜不失烝烝之孝。今参事父委身以待暴怒，殪而不避，殪死既身死而陷父于不义，其不孝孰大焉？汝非天子之民也，杀天子之民，其罪奚若？”曾参闻之曰：“参罪大矣。”遂造孔子而谢过。

一切教育，都自“孝”字引申出来，都是人性的。“孝”生你的，自“老”（孝父母之老，尽之以孝）与“考”（父死曰考，葬之以礼）尽责。

你生了他，必教之，“慈”，所以“（养）子不教，父之过”。我小时常被罚跪，面对祖宗背书，必背好书才能起来。

人生最近的，莫过于父母、子女，孝慈；一奶同胞，兄弟友恭。

夫妇之密，义之本，“夫妇以义合”（《新语·道基》）。夫妇之道不能尽，其他的义皆是假的。

要发大家之深省，“性相近，习相远”，改正习气为第一要义。

“不好犯上，而好作乱者，未之有也”，“上”，即今之主管。

天虽已无“君臣”了，但是“主从”关系永远有。

要学治事之道，并不是经书误了你，而是你误了经书，“苟非其人，道不虚行”（《易经·系辞下传》）。

《论语述何》：本立道生，谓始元终麟，仁道备矣。尧舜之行，本乎孝弟。夫子“志在《春秋》，行在《孝经》”，二经相表里也。

“君子务本”：务，“专心致志”（《孟子·告子上》“不专心致志，则不得也”），“当务之为急”“急先务”（《孟子·尽心下》），“物有本末”，君子成德，以本为要。

立本而后本立，“本立而后道生”。

立本，自“元”出发，由此立说，则可以百家争鸣。

不谈人性问题，问小孩：“为何要如此做？”也许，他想对了！不谈人性好坏，“喜怒哀乐之未发，谓之中；发而中节，谓之和”(《中庸》)，就从“性”与“情”谈，看问题在哪儿，能被接受否。

“孝弟也者，其为仁之本与”：“孝弟”是行仁道之本；“仁之本”，你、我，二人相偶，没有高低之分，是群、己的关系。

“率性之谓道”，孝弟立了，道就生。为人之道，必尽到责任：孝、慈。不养儿，不知父母恩。夫妇以义合。“孝、慈、义”弄清楚了，一生才会有幸福。

“天、地、人”，天灾、地震、人祸。最大的人祸，莫过于战争了。要避免此三者，要用中道；贯串天、地、人的即为“中”,《中庸》讲如何用中道。

中国人天天求的是平安，要平平安安。安，想平安，要平平安安，要找一个女的。“安”字，“宀”的下面为“女”，即表示如有一位标准的女人，那这个窝就安了。今天社会问题这么多，就是因为人人不安。

“夫妇以义合”，夫妇之所以能够相安无事，乃是一个“义”字。其实，每个人都差不多，有所长亦有所短，人就是人。“义，宜也”，柔性。恋爱时，一定要好好挑选，“贤贤易色”；婚后则永远不要忘记第一眼——那个“非她不可”的情境。

过家之道——孝、慈、义，内圣；创业，则不能忘记——智、仁、勇，外王。“孝、慈、义、智、仁、勇”此六字，既有幸福，亦有成就。幸福，还得幸幸福福。一个人的幸福，完全系于一个女人的身上。

人生短暂，千万不要自己制造痛苦。人不要在福中不知福，婚后要彼此照顾，也不要时常吵架，这才是人生，才有幸福可言。

人生就一次而已，绝对没有“轮回”。

佛教认为，轮回是一个过程，人死去以后，“识”会离开人体，经过一些过程以后进入另一个刚刚出生的新生命体内，该新生命体可以是人类，也可以是动物、鬼、神。在六道中如车轮一样地旋转，即“六道轮回”。

既是如此，那何不平平安安地过日子？何必天下本无事，而庸人自扰之？如你嫁娶错了，那错到底就是对的，绝对不可以把痛苦、罪孽带给第二代。

必要善用智慧，要好自为之。不要妄想，妄想与志，是两回事。我不喜你们变成“少数民族”，千言万语，你们要懂得用智慧！

你们应会背几篇文章，否则下笔不能成文。至少也要会背五十篇。旧社会每个家，男女皆有家学，刘师培（1884—1919）家，五代传《左传》。

康熙帝真是千古一帝，但不如万古一平儒。孔子真是“历劫弥新”，每遭一次难，就漂亮一次。真理就是一个，邪说永远是邪说，都会过去的。

一个人贵乎能有“正知正见”，此乃“无上正等正觉”“阿耨多罗三藐三菩提”（《心经》）。人如能过智慧的生活，就不会庸人自扰了。家里天天冷战，谁也不说话，人会舒服？又有何意义？不过是庸人自扰罢了！做正经事，就可以优游自在。

细思量，宇宙间能动的都是臭货。动物之所以没价值，就一个“臭”，而清香的多是植物。许多人为了满足一己臭皮囊，而坏事做绝了！天下事皆“有德者居之”。要学做人，要知道怎么处理生活，要平平安安、快快乐乐。

必要善用智慧，人生就“愉快”是真的，其他都是假的，“权势”也不代表“幸福”，此为真学问、真知识、真才智！

你们会看书，但会用书吗？无比“正知正见”再高的了！人如果每天都有挫折感，那绝对没有幸福可言。历史给人留下宝贵的什么？

诸葛亮临终之前，还装神弄鬼的，何不顺着人性？顺性之谓道，不违背良知做事，就是道。多少聪明的糊涂人，假话说尽了，丑事做绝了，到底所为何来？有些人造的孽，真是孽，净是指空卖空。

读书，是为了什么？所为何来？求学的目的，应是在学怎么样生存。“知周乎万物，而道济天下”，此为中国人的生活价值观。文史哲是有其价值，但就看怎么用了。中国没有将文史哲分开，分开绝对没法通。

3. 子曰：“巧言、令色，鲜矣仁！”

《论语述何》：首记夫子论学，次及论仁。因辨巧言令色之非仁，巧言令色，舜禹所畏、左丘明所耻也。

“巧言”，是一种人。“令色”，装好人的人。

王肃曰：“巧言无实，令色无质。”“鲜矣仁”，很少有仁心。

“仁者，人也”(《中庸》)，你我，二人相偶。“令色”，装饰自己的形色，美其形色，皆装腔作势。只有自己，没有对方，绝不是仁者。

“巧言、令色、足恭，左丘明耻之，丘亦耻之”(《公冶长》)。

自欺者，必欺世；欺世者，必盗名。养心，莫过于不自欺了。

不自欺，就不会自愧。要充实精神生活，不要自欺。人身体的好坏，是自年轻就要修。

成就，不在权术，而在乎德。如认“天下人都是聪明人”，而戒惧小心，就成了。中国书，无一句空话，好好悟。

4. 曾子（曾参，字子舆，小孔子四十六岁）**曰：“吾日三省**（以三件事反省）**吾身**（自己）**：为人谋**（谋事）**而**（能）**不忠乎？与朋友交而不信乎？传**（传承）**不习乎？”**

《论语述何》：传，六经之微言大义也。习，时习也。

《史记·仲尼弟子列传》：“孔子以为能通孝道，故授之业。作《孝经》。死于鲁。”宗圣曾参，为四配之一。

“吾日三省吾身”，此为原则。

如良知说不可，即人人皆不可。遇事，要反躬自问，“率性之谓道”，必用此解决问题。

社会无论怎么进步，人的自私永远不进步。女孩子如偶一不慎，一辈子就得受气。现在离婚率何以那么高？因为你根本就不值得珍惜。人的尊严很重要，男女都一样。

为人师表的，在任何时代，一举一动必得像个人。昔日读书在学做人，做人为第一要义。

读书的目的，在变化器质，先成器。是什么器，必要有那个质。最高为“君子不器”。

“为人谋而不忠乎”，谋，《说文》云：“虑难曰谋。”计划事。“为人谋”，即爱国家、爱民族。尽己之谓忠，尽己所能。如淨是为自己谋，那就完了！

“与朋友交而不信乎”，“朋友信之”（《公冶长》），“朋友以信”（《新语·道基》“朋友以义信”），“信，言可复也”。“忠信，所以进德也”（《易经·乾卦·文言》），则远于巧言令色。

“传不习乎”，传了，就要习，演习。传承，接下去，跑接力。

王阳明有《传习录》。

《传习录》分上、中、下三卷。卷上是王守仁讲学的语录，卷中主要是王守仁写的七封信，卷下是部分语录和《朱子晚年定论》。全书由其弟子徐爱、薛侃和钱德洪等编辑而成。

“学习”与“传习”，两者有何不同？传，说“得真传”，不是“得真学”。

我传什么？随时想，随地悟。要体悟，必随机锻炼自己。“薪火相传”是什么？

“传不习乎”，换言之，“传必习也”，肯定的。

5. 子曰：**“道**（导，治理）**千乘之国**（诸侯之国），**敬**（钦）**事而**（能）**信，节用**（国家用度）**而爱人，使民以时。”**

此章皆行事之条件，必须身体力行。

“敬事而信”，“敬”，钦，慎始诚终，昔诏书后写“钦此”。“敬事”，敬业乐群，做事不掉以轻心；不敬事，则虎头蛇尾。能信，“信则人任焉”（《阳货》）。

“节用而爱人”，“节”，撙节，节度，节省国家用度，因其拿自百姓，才不致因国用不足而横征暴敛。

“使民以时”，孟子所谓“不违农时”（《孟子·梁惠王上》），百姓闲暇时再为国家做工。

随时，“时乘六龙以御天”。但乘时、识时为难！

6. 子曰：“弟子（年轻后辈）**入**（肯定的，在家）**则孝，出**（离家门）**则弟。谨**（敬事）**而信，泛爱众，而亲仁。行有余力，则以学文。”**

“入则孝”，入，在家必孝，老吾老。“出则弟”，出，出门在外，以及人之老。“孝弟也者，其为仁之本与”，能立大本。

“君子之教以孝也，非家至而日见之也。教以孝，所以敬天下之为人父者也；教以悌，所以敬天下之为人兄者也。”（《孝经·广至德章》）

“谨而信”，谨，谨言、敬事，能立大本；信，言可复，“言而有信”。

“泛爱众”，广泛爱众人，不得挑，仁者爱人，仁者无不爱，博施而济众。

“而亲仁”：一、能亲近仁者；二、就能近仁。“亲仁”，把有仁德的都变为自己的帮手。但如不知“仁者”，又如何“亲仁”？应择交，择而后交。

“行有余力，则以学文”，此“文”，不可以当文章讲，乃是“经纬天地”，亦即御天下，治平。

成德之谓君子。必德行超过“君子”了，才有资格谈治平。“行有余力”，才能以余力从事政治，成为天下所归往者。

“文王”，是活文王，因为“法其生，不法其死”（《春秋公羊传·隐公元年》何休注），“文王既没，文不在兹乎”，孔子一生宣文，孔子为“文宣王”。

“行有余力”，是指上面的“孝弟、忠信、亲仁”都能做到了，乃更进一步，可以学经天纬地之业。有“余力”了，必要懂得关心别人。儒，人之需也，儒家是己立立人，己达达人。经是致用之学，经纬时代要研究清楚，使自己的智慧能有用。不求虚名，必要学有用之学，腹中能有韬略，遇事好谋能成。

外语不好，耻也，多么落伍！二十岁以后学，就很难学到最高的境界，必自小就学，要贵精不贵多。中国人“行有余力”，必要学日文，因其成事不足败事有余必要知彼，“知彼知己，胜乃不殆”（《孙子兵法·地形》）。

此章为儒家箴言。“入则孝，出则弟，谨而信，泛爱众，而亲仁”，做到上面几项，“行有余力”了，进而“学文”，能经纬天地，就到“安仁”的境界了，“仁者安仁”（《里仁》），即一部《大学》的功夫——“格致诚正，修齐治平”都用完了，平天下而天下平。

7. 子夏（卜商，字子夏。小孔子四十四岁。文学科，传《春秋》）**曰：“贤贤易色，事父母能竭其力，事君能致其身，与朋友交言而有信。虽曰未学，吾必谓之学矣。”**

六经之道，首夫妇一伦。《中庸》“君子之道，造端乎夫妇”，《诗》首《关雎》，《易》上经基乾、坤，下经首咸、恒。“夫妇以义合”，夫妇之伦用道德约束。

“贤贤易色”：宋翔凤《朴学斋札记》谓“贤贤易色”，即《关雎》之义，是明夫妇之伦。“贤贤”，第一个字为动词，敬重；第二个字为名词，贤德。敬重对方的贤德。“易色”，易，看轻；

色，形形色色，“色即空，空即色”(《心经》)，色相，轻其色貌。看重对方的贤德，而看轻其色貌。娶妻以德，是选德不是选貌。

“女子三十而色衰，男子五十还寻芳”。女子必要过智慧生活，如对方是为漂亮而找你，那早晚必扔你，因为你不是蜡人。女子必要以知识、智慧装饰自己。

“事父母能竭其力”：父子之伦，包含兄弟之伦。昔父死，事兄如事父。“竭其力”，按自己生活的能力尽心尽力孝顺父母。没有父母，焉有孝慈？

奉元，事元。智、仁、勇，外王之德；必先有内圣功夫，孝、义、忠。不孝者，焉有智、仁、勇可言？义，自夫妇始，“夫妇以义合”，两口子的关系调整不好即不义，出轨不义。忠于国，忠臣必出孝子之门。

婚前必要慎重，婚姻乃人生大事，自己有选择权。孝则无条件，因为没有选择父母的权利，故曰“没有不是的父母”，没有资格说父母的是非。对象则有选择权，故说“选对象”，如选错了，那这一生就失败了！说嫂子不好，而自己为人媳了，又如何？如选择对象不知谨慎，乃造成自己的不义，终以不义收场，不但造成自己人生的失败，更是祸延子女。

首“贤贤易色”，教选对象的标准，要看重对象的贤德，而看轻其色相。昔日皇后多半是丑的，但是要能受气，“忍”字心上一把刀，何等痛苦！

以前必先“合婚”，上等婚不一定是上等脸。满族女子多半瓜子脸。我喜瓜子脸，但娶圆脸。满蒙有姻亲关系。

“事君能致其身”，“君者，群也”，国也。《韩诗外传》：“‘君者，何也？’曰：‘群也。为天下万物而除其害者，谓之君。’”君者，群之首。“致其身”，以身许国。

“与朋友交，言而有信”，立身之道，朋友以信，人言为信，无信不立。

“虽曰未学，吾必谓之学矣”，已经学了人伦大道，尽伦了。知而必行，知行合一谓之“学”。

自此章思考孔门所谓“学”的含义，并可看出“五伦”之次序。

8. **子曰：“君子不重**（自重，自尊），**则不威**（没威仪），**学，则不固**（固陋，蔽）。**主忠信，无友**（没有朋友）**不如己者。过，则勿惮**（怕，畏难）**改。”**

“君子不重则不威”：“重”，自重，自尊自贵，天爵自尊吾自贵。“不威”，就没有威仪。仪，是外显的，由内而外，精神焕发，“礼仪三百，威仪三千”（《中庸》）。要培养自己的威仪，“望之俨然，即之也温”，是威而不猛，不要像“猛张飞”般。

“学，则不固”：“学”，所以善其行。“固”，《说文》云：“固，四塞也。”本义：给盾甲捆扎或加层，使之牢不可破。引申义：牢固、坚固、固然、固守、固执。“毋固”（《子罕》），“疾固”（《宪问》），学了，就不固陋，不致孤陋寡闻。“独学而无友，则孤陋而寡闻”，必要有同道之友切磋琢磨，才不会孤陋少知。

“主忠信”，以忠信为本，以忠信为做人处世之主，无信不立。

“无友不如己者”，“三人行，必有我师焉”（《述而》），一者为法，作为师法的对象，“见贤思齐”；一者为戒，作为自己的警戒，“见不贤而内自省”（《里仁》）。

“过，则勿惮改”，有过则改，有过不怕改，“知耻近乎勇”（《中庸》），“过而能改，善莫大焉”（《左传·宣公二年》）。

人难免有过，但要“不贰过”，不要一直在“贰过”中。“贰过”，才是过。

9. 曾子曰：“慎终、追远，民德归厚（敦厚）矣。”

《论语说义一》：曾子述《孝经》一书，传而习之，生则亲安之，慎终之事也；祭则鬼享之，追远之事也。天下和平，灾害不生，祸乱不作，明王以孝治天下也。如此，民德归厚之事也。

“慎终”，终，是父母临终时最后的那一口气。要“亲视含殓”。古代丧礼，纳珠玉米贝等于死者口中，并易衣衾，然后放入棺中，曰“含殓”。含，以玉为最，穷人则用五六枚大钱。

遵礼成服，一点也不马虎。人死后，子女及其他丧属按照丧礼习俗，在一定时期内为死者戴孝，表示哀悼，谓之服丧，俗称穿孝。

在入殓前，先沐浴，然后穿寿衣。第二日小殓，即正式穿着入棺的寿衣，第七日大殓，放进棺材。讣文：男写“寿终正寝”，置于大厅中堂；女用“寿终内寝”，不可置于厅堂。

古人把死看得重于结婚，故重丧礼，“丧礼，忠之至也”（《礼记·礼器》），尽己之谓忠。孝，是养老送终。“养生者不足以当大事，惟送死可以当大事”（《孟子·离娄下》），但要“毁不灭性，不以死伤生”（《礼记·丧服四制》）。

“追远”，追那个“元”，元生，生生之“源”。祭祖，示不忘本。昔日有家庙、祠堂，追本溯源，饮水思源。

“无忝所生”（无忝，不玷辱，不羞愧。《诗·小雅·小宛》“夙兴夜寐，无忝尔所生”），不辱祖宗。“爱敬尽于事亲，而德教加于百姓”（《孝经·天子章》），丧致其哀，祭则致其敬。

“民德”，社会风气；“归厚”，归于敦厚。敦厚，笃诚，性之所发。

10. **子禽**（一说为陈亢，一说为原亢）**问于子贡**（端木赐，字子贡。小孔子三十一岁）**曰：“夫子至于是**（这）**邦也**（起下文），**必闻**（知）**其政**（与闻政事）。**求之**（自己主动的）**与？抑**（连词，或是，还是）**与之**（别人主动地告诉）**与？”**

问：“何以夫子到哪一邦，都能与闻其政事？是夫子求来的，还是别人主动告诉他的？”

子贡曰：“夫子温（即之也温）、**良**（易直）、**恭**（不懈于位）、**俭**（节制）、**让**（谦逊）**以得之。夫子之求之也，其诸**（语词）**异**（不同，有别）**乎人之求之与？”**

《论语说义一》：夫子温良恭俭让以得之，此以见圣人能究学问之用也。

“温”，“色思温”（《季氏》），“温而厉”（《述而》），“即之也温，听其言也厉”（《子张》）。“良”，《说文》称“善也”，和善也，平易近人。“恭”，“貌曰恭”（《尚书·洪范》），“貌思恭”，“恭则不侮”（《阳货》），“恭而安”，安己位。“俭”，《说文》称“约也”，不侈，对己为俭，俭省、节俭。“让”，礼之实，谦让、谦逊。

夫子“温、良、恭、俭、让以得之”，此“得”即《大学》“定、静、安、虑、得”之“得”，亦即求之以道而得之，此“自得”也，“君子无入而不自得”。

一、夫子修“温、良、恭、俭、让”之德，人望而仰之，主动求教于夫子，此与人的有心求问政有别。

二、夫子所至之国，入境观俗，则知其政教之得失：其民温，《诗》教也；其民良，《乐》教也；其民恭、俭、让，《礼》教也。此夫子与人求闻见乃知有别。

“入其国，其教可知也：温，《诗》教也；良，《乐》教也；恭、俭、让，《礼》教也”（《礼记·经解》），“移风易俗，莫善于乐；安上治民，莫善于礼”（《孝经·广孝道章》），故“兴于诗，立于礼，成于乐”（《泰伯》）。

11. 子曰：“父在（在世），**观**（察）**其志**（心之所主）；**父没**（殁），**观其行**（行为）。**三**（虚数，喻多）**年无改于父之道**（道行），**可谓孝矣。”**

“观”，《说文》云：“谛视也。”非常视，“观其所以微见其意者，皆圣贤相与警戒之义”（苏轼《留侯论》）。“观其所由，察其所安，人焉廋哉？人焉廋哉？”（《为政》）观其做事的理由，察其安什么心，此乃一个人品格之所系。

“父在，观其志”：“志，心之所主”，“十有五而志于学”，“有父兄在，如之何其闻诸行之”（《先进》）。

“父没，观其行”：“行”，《说文》云：“人之步趋也。”行事、行为，“言行，君子之枢机；枢机之发，荣辱之主也”（《易经·系辞上传》）。

“父没”，孝子“继志述事”(《中庸》)，继父之志，述父之事。父母所留下的事应接着做，指好的而言。

汪中《述学·释三九上》：“三者，数之成也，积而至十则复归于一，十不可以为数，故九者数之终也。”“因而生人之措辞，凡一二之所不能尽者，则约之三，以见其多；三之所不能尽者，则约之九，以见其极多。此言语之虚数也，实数可稽也，虚数不可执也。”

“三年无改于父之道”：“三”，多、数也，“三年”，喻虽终其身可也；“无改于父之道”，不改的是道，此指好的而言。“三年无改于父之道”，可见孝之难！父子都难以同心，何况其他？

好的可以不改，但若其非道，则朝没而夕改可也。《易·蛊》初六“干父之蛊，有子考，无咎，厉终吉”，《象》曰：“干父之蛊，意承考也。”《大戴礼记·曾子大孝》云：“君子之所谓孝者，先意承志，谕父母于道。”并非以不改为孝。

不改的是道，此指好的而言。“三年”，虽终其身可也。“三年无改于父之道”，可见孝之难！父子都难以同心，何况其他？

以前家庙，祭祀祖宗发迹的东西，是要报本。好汉不怕出身低，虚伪之心不可有。

12. 有子曰：“礼之用，和(和合)**为贵**(重要)**。先王之道，斯**(此)**为美，小**(老百姓)**大**(国君)**由之。有所不行，知和而和，不以礼节**(节制)**之，亦不可行也。”**

《论语说义一》：《中庸》之德，极于中和，亦言和之用也……“礼之用，和为贵”，同则相亲也。

“礼”，理也，“天理之节文”，“与天地同节”（《礼记·乐记》），“天地节而四时成”（《易经·节卦》），四时之序，一点都不差；履也，在乎行，行礼，“立于礼”。礼者，分也，由伦常之分行礼。“礼也者，义之实也，协诸义而协”，“义者，宜也”，宜于时、宜于事；礼皆有分际，人事协于分际，实际皆有关系。协在于分际中发挥作用，“协于分艺”（《礼记·礼运》），分工合作，各有专才，才能成事。

“有礼者敬人。爱人者，人恒爱之；敬人者，人恒敬之”（《孟子·离娄下》）。让，为礼之实。“小让如伪，大让如不屑”（《礼记·儒行》“大让如慢，小让如伪”）。禅让，让国有功封“礼”。

“和为贵”，“和”，喜怒哀乐发而皆中节。情发得恰到好处最为可贵，但也最难！

“先王之道，斯为美”，古圣先王之道，以此为美。“小大由之”，自天子以至于庶人，莫不皆由礼而行。

“有所不行，知和而和”，但要“和而不流”（《中庸》），不同流合污，故要“约之以礼”（《雍也》），以礼节制之，“不以礼节之，亦不可行也”。

《礼记·曲礼上》：“礼尚往来。往而不来，非礼也；来而不往，亦非礼也。”礼尚往来，绝对是平等的。朋友以礼相与。

13. 有子曰：“信近（庶几，接近）**于义**（宜），**言可复**（实践）**也。恭近于礼，远耻辱也。因**（传承）**不失其**（自己）**亲**（新；合时，今文家注），**亦可宗**（宗法）**也。”**

“信近于义”，“信”，人言，“言可复也”，一点骗人也没有；“义”，宜也。“言可复”，实践诺言，“久要不忘平生之言”（《宪问》)，践其言。轻诺寡信，最后无人相信。

近于义的信，才能践诺。但“言不必信，行不必果，惟义所在”(《孟子·离娄下》)，不能“尾生之信”。

《庄子·盗跖》：尾生与女子期于梁下，女子不来，水至不去，抱梁柱而死。

“恭近于礼”，立于礼，恭己而后人恭之；“远耻辱”，乃立身之处成功了。

“因不失其新”，“因”，传承的功夫；“新”，“苟日新，日日新，又日新”(《大学》)，时时新，不失已新。适时，不失其时，“当其可之谓时”(《礼记·学记》)。

“损益盈虚，与时偕行”(《易经·损卦》)，损益之道，乃是为了新，与时俱进。《易·杂卦传》云：“革，去故。”物不可终尽，穷上必返下，第一步要去故。去故，由故而生新，

“因不失其新，亦可宗也”，由因生新，亦可宗尚，取法、归往之。

14. 子曰：“君子食无求饱，居无求安。敏于事而慎(真心)**于言，就**(动词，即)**有道而正**(动词，正是非)**焉。可谓好学**(造就自己)**也已。”**

“食无求饱”，食不求饱美、肥鲜；“居无求安”，居不求安适、豪奢。“无求”，随所遇而安其处，“求”最为可怕！人到无求品自高。

“敏于事”，虑深通敏，敏则有功，“敏于行”；“慎于言”，

谨言，“讷于言”（《里仁》）。慎言，“一言以为知（智），一言以为不知”（《子张》），“言行，君子之枢机。枢机之发，荣辱之主也”，故言不可不慎也。

“就有道而正焉”，就有道之人，以正己之是非。但如不知有道，又如何找有道之士？

自此章可知所谓“好学”，并非指读几本书。

董子曰：“安处善，乐循礼，然后谓之君子。”（《汉书·董仲舒传》）不学，无术；学，就有术。“幼不学，老何为？”一个人的成就，是自年轻奠基的。

15. 子贡曰：“贫而无谄，富而无骄，何如？”子曰：“可也（没说好）。**未若**（不及，比不上）**贫而乐**（乐天之道），**富而好礼者也。”**

《论语述何》：董子曰：“安处善，乐循礼，然后谓之君子。”颜子居陋巷而乐道……贫富不同，其揆一也。

《论语说义一》：古之得道者，穷亦乐，达亦乐，非穷达也，道得于此，则穷达一也。

“富”，有钱；“贵”，有地位。“贫”，没有钱；穷，没有职业，穷途末路。

“贫而无谄”，穷酸，这也看不惯，那也看不惯，戒之！

《说文》：“马高六尺为骄。”野马，不受控制，纵恣。“富而无骄”，乃基本修养。

“贫而乐”，是乐天之道，法天。“唯天为大，唯尧则之”（《泰伯》），尧则天。“天行健，君子以自强不息”（《易经·乾卦》），君子法天的行健，有自强不息的精神，此为医贫的不二法门。

“富而无骄，易”（《宪问》），不过是基本的修养而已；“富而好礼”，进而“立于礼”，因为“不学礼，无以立”（《季氏》）。

子贡曰：“《诗》云‘如切如磋，如琢如磨’（《诗经·国风·卫风·淇奥》），**其斯之谓与？”子曰：“赐也，始可与言《诗》已矣，告诸往，而知来者。”**

《论语述何》：《诗》止乎礼者也，自修之功，进而无已，故曰“来者”。子贡好学，亚于颜氏矣。

《大学》云：“如切如磋者，道学也；如琢如磨者，自修也。”朋友之间应该彼此切磋琢磨，以成宝器。

切、磋、琢、磨，是指把骨头、象牙、玉石、石头等加工成器物，后用以比喻学习和研究问题时互相讨论，取长补短。

“玉不琢，不成器”，因玉硬度高，无法用刀刻，要用硬度较高的玉石锉玉。“他山之石，可以为错”，可以攻错，可以攻玉。磨，用的工具是石，磨光。谏友，有毛病则告之。“士有诤友，则身不离于令名”（《孝经·谏诤章》）。

“赐也，闻一以知二”（《公冶长》）。“告诸往，而知来者”，即“闻一以知二”的功夫。

《春秋繁露·精华》：古之人有言曰：“不知来，视诸往。”今《春秋》之为学也，道往而明来者。

求学，必得如子贡，要有“闻一以知二”的智慧，老师才可以跟你说道。

子贡何以能“闻一以知二”？

16. 子曰：“不患（担心）**人之不己知**（知己），**患不知人也。”**

《论语说义一》：子言以貌取人，失之子羽；以言取人，失之宰予。设科以教，当知其人。《书》言“知人则哲，能官人”。

“不己知”，即“不知己”。古文法，凡是否定词，都用代词作止词，可放在动词之前。不患人不知己，患自己不能，求己，求则得之，“无入而不自得”。

“不患莫己知，求为可知也”（《里仁》），做可叫人知的事，此乃天性也。

“患不知人”，知人为要。苟不“知人”，道何以寄？就怕你不“知人”，连对象都找错了，别的岂能不错？“知人”太难了！“知人者智，自知者明”。知人难！因为人都有感情，做事净用感情，糟！

“在知人，在安民”，“知人则哲，能官人；安民则惠，黎民怀之”（《尚书·皋陶谟》）。知人器使，知人善任，要以礼节之，做事才能有成。

人皆有所长、有所短，应用其长不用其短，隔行如隔山，用人不可以背感情的包袱。

但孔子犹有“以貌取人，失之子羽”之叹，可见知人之难！

《史记·仲尼弟子列传第七》记鲁国人澹台灭明，字子羽，相貌丑陋，孔子因此不愿收为学生，后勉强收之，方才发现此人乃好学生，遂叹曰：“以貌取人，失之子羽。”

为政第二

读书人必得谈政。遇事，就看你们有没有长才，必要培养之，非有才智不可。没有秘诀，不学，无术；学，就有术，此为实际学问。皆实学也。

必要用中国人的思想讲中国东西，要发掘中国的思想，绝不能用别的思想引中国东西。

立说要切实际，才能够发挥作用。如把所有的书当作垃圾，也可有作用，可以作“为戒”；如将旧材料当作崇拜的东西，那就坏了。

任何书，均代表个人、时代的思想。自己也可以有一家之言。读书，是要看他们是怎么想的，如看汉儒是怎么解释《易》的，他们距离孔子的时代较近。

“人之为道而远人”，人之为学，即是“伪学”，因为“率性之谓道”，不离人性就是道。“博学于文”，什么书都读。不存有崇拜的心理，就会冷静。宗教是不许人疑惑的，而学术是在追求真理。

我强调“夏学”，在还原貌，要保存原料；但要“学而时习之”，否则“生乎今之世，反（返）古之道；如此者，灾及其身者也”。因为古已经是垃圾了，又何必崇古、从古？古只可作为参考，要去其渣滓，而留下精华，此即“时习之”。你们要练习嘴和脑子的反应能力。

孔、老、庄是显学，廿六史非人人能接受。

我以前讲“五经”“四书”和“八子”，军事方面则为《孙子》《吴子》《太公六韬》。

1. 子曰：“为政以德。譬如北辰（北极星）**，居其所而众星共**（拱）**之。”**

“政者，正也”（《颜渊》），“德者，得也”（《礼记·乐记》）。《说文》云：“悳（古‘德’字，直心为德），外得于人，内得于已也。”德，宜于事之行为，乃是做完事的结果，有善德亦有恶德。此指善德。

“为政以德”，此绝非假话。谈政，在实行。行为必不违背人性，要顺着人性，率性之谓道，道是治事的准则。礼永远是个准则，其方式要“以时为上”（《礼记·礼器》“礼，时为大”）。

做领导人必须有德，要有容人之量。天下事无一人能成功的。

“譬如北辰”，法天，以北极星为例；“居其所而众星拱之”，有德则黎庶拱之。真有德了，百姓不违背其原则。“无为而治者，其舜也与”（《卫灵公》），“垂衣裳而天下治”（《易经·系辞下传》“黄帝、尧、舜，垂衣裳而天下治”）。

测一测自己是否有嫉妒心：见人好，心里是否就不舒服？

人绝对不可以欺心，我看得太多了！人什么都可以缺，绝不可以缺德，故曰“为政以德”。要练习能容。

做任何事，都得有德，即术、方法。有经验的老板要伙计尽量吃，吃完一个星期，他再也不吃了，此即量，亦即术。

做事，一出手即可知其人是否有出息，都有一定的方式。人家说不懂，其实正是要看你懂不懂，是在试验你。

要学怎么做事。不论男女，就看你有无处事的智慧。武则天知人，信任狄仁杰。

狄仁杰，武周时名相。任大理寺丞时，一年中判决了大量的积压案件，涉及一万七千人，无冤诉者。先后举荐张柬之、桓彦范、敬晖、窦怀贞及姚崇等数十位干练的官员，皆一时中兴之臣，政风为之一变。

2. 子曰：“《诗三百》（《诗经》），**一言**（一句话，总之）**以蔽**（包括）**之，曰‘思**（语词，无义）**无邪**（诚，真。修辞立其诚）**’。”**

《史记·孔子世家》：“古者《诗》三千馀篇，及至孔子，去其重，取可施于礼义，上采契后稷，中述殷周之盛，至幽厉之缺，始於衽席，故曰‘《关雎》之乱以为《风》始，《鹿鸣》为《小雅》始，《文王》为《大雅》始，《清庙》为《颂》始’。三百五篇孔子皆弦歌之，以求合《韶》《武》《雅》《颂》之音。礼乐自此可得而述，以备王道，成六艺。”

孔子作《春秋》之前，删《诗》《书》、订《礼》《乐》。删《诗》，成为三百十一篇。孔子在删《诗》之前，即有一宗旨，即“简约”，以之作为“删”的标准。想传之久远，必是“简约”的东西。删《诗》的目的，使之“从简约，示久远”，简约才能传之久远，因人不易忘，“易简，则天下之理得”（《易经·系乱上传》）。

“从简约，示久远”，愈简约的诗，愈可以传之久远。写白话，在使人接受，但难以传之久远。要言不烦，寥寥数字，心声都出来了。

《诗经》凡三百十一篇，举其大数曰三百，其中《笙诗》六篇有目无辞，凡三百五篇。“《诗三百》”，总而言之。孔子以“思无邪”（《诗经·鲁颂·駉篇》）评全《诗》，发情发性，何等感人！

“思”字，在《诗经》里，多半为语气助词。“思无邪”，即无邪。“人之生也直”（《雍也》），天性是善的，皆发于至性，流于至情，则无邪。性与情，必分清，则知是非、善恶。做事，所表现处理事，皆情之性，非性之情。性与情合而为一，则性即情，情即性，“致中和，天地位焉，万物育焉”，人是一小天地，天地是一大天地。

《诗经》首篇即《关雎》，描写男子追求女子，形容得多入神，完全是人性之流露！“乐而不淫（过分），哀而不伤（伤生人之性）”，无邪，直道行之。

3. 子曰：“道（导）**之以政**（政令），**齐**（整饬之，使归于一）**之以刑**（刑罚），**民免**（免刑）**而无耻**（无羞耻之心）**；道之以德，齐之以礼，有耻且格**（正，格其非心）**。”**

《论语说义一》：先本而后末，则上下皆以心通。先慎乎德，而后辨上下，定民志。

《论语说义一》：格，训正。言导民者，当使归于正。

政与刑，治之末；德与礼，治之本。

导民，使之归于正。治民以法，则民易犯过。

自人的一举一动可见其人之德，“子帅以正，孰敢不正？”（《颜渊》）“贤者在位”，有德者居之，“不恒其德，或承之羞”（《子路》）。

“齐民”，齐民以礼，用一个标准。有《齐民要术》一书。

《齐民要术》为南北朝北魏贾思勰作，为一农学书籍，全书引用古籍将近二百种之多，是研究北朝时期物质生产及社会生活的重要史料。

古人讲“齐家”，齐家以礼，一辈一辈齐，一辈一个标准。

“齐之以礼”，尊重别人就是尊重自己。“敬其父，则子悦；敬其兄，则弟悦；敬其君，则臣悦；敬一人，而千万人悦。所敬者寡，而悦者众，此之谓要道也。”（《孝经·广要道章》）

“有耻且格”，“有耻”，“知耻近乎勇”（《中庸》），见义必为之勇，此勇非“敌一人也”（《孟子·梁惠王下》“匹夫之勇，敌一人者也”）；“且格”，“格”，正也，引申义，进步。一个格一个格，有上、中、下之分。

说一个人很有人格，说“人格”而不说“人正”。人比人，得死。都是人，但相比较之下，分量、格调就不一样。品格，一个品，一个格。古人用字，都有深意。

不要随波逐流，必要保持自己之品、之格，什么品，什么价格。人品为第一要义。一步错，终身误。

民国初年，中国之乱！我经过这个乱的时代。在台坐五十年，今天可以私心自慰，光宗耀祖办不到，但至少无忝所生。我之所以能学点东西，都是我母亲的功劳。

人做什么，都必有守，否则偶一不慎，成为终身之忧！

4. 子曰："吾十有（又）五而（能）志（念兹在兹）于学；三十而立；四十而不惑；五十而知天命（性）；六十而耳顺；七十而从心所欲，不逾矩。"

此章为孔子成德的步骤，也是人生的历程，是孔子七十岁以后，回头看看自己的追述之言。

"十有五而志于学"："志，心之所主"，知所当务、专心致志于己之所学。"学"，大学，大人之学，"大人者，与天地合其德"。"大学之道，在明明德"，识人之本性，亦即必先认识自己。

古人"法天"的思想，以"天道尚公"，天道即人道。学大，即学天。

"三十而立"：到三十岁了，方能立于自己之所学，能独立自主，立于人之道，有自己的标准了，并且"守死善道"（《泰伯》）。

以孔子之智，自"十五志于学"，犹下了十五年的功夫，方到达"三十而立"的境界，立于自己之所学。

反躬自问：自己应怎么做？天下无易事，你们的程度如何？必要问自己能做什么，如有矛盾，要以子之矛攻子之盾，然后才会进步。

古人何以思想致密、文辞优美？你们辞不能达意，连一封信都写不明白，就天天“狂想曲”！将来，你们必须与全世界人竞争。

讲茶道，但无一人会喝盖碗茶。有一件东西拿得出去？

盖碗茶具，具备“盖、碗、托”三件一撂互相统属之茶碗组，造型独特，制作精巧。茶碗上大下小，盖可入碗内，茶船做底承托。喝茶时盖不易滑落，有茶船为托又免烫手之苦。且只需端着茶船就可稳定重心。喝时又不必揭盖，只需半张半合，茶叶既不入口，茶汤又可徐徐沁出，甚是惬意。若要茶汤浓些，可用茶盖在水面轻轻刮一刮，使整碗茶水上下翻转，轻刮则淡，重刮则浓，是其妙也。

盖碗茶具，具备含蓄、淡泊、留白“情境美感”的品饮美学。鲁迅在《野草·喝茶》中说：“喝好茶，是要用盖碗的。于是用盖碗。果然，泡了之后，色清而味甘，微香而小苦，确是好茶叶。”

“四十而不惑”：惑于欲，吃、喝、嫖、赌，一生糟蹋了！好名、好利、好色，达不到就作伪，即惑于欲。

孔子“四十而不惑”，“知（智）者不惑”（《子罕》），知道如何造就自己，有了正知、正见，故能不惑于欲，所做的事皆于仁有利，是“知（智）者利仁”（《里仁》）的境界。

“五十而知天命”：“天命之谓性”（《中庸》），“知天命”，能尽己之性，做事完全顺着人性，不做违背人性的事，天人合德，是“仁者安仁”（《里仁》）的境界。尽性的中间，可不能有一点私的成分，故曰“五十以学《易》，可以无大过”（《述而》）。

“六十而耳顺”：知是非了，则对事情的反应特别快。“先迷失道，后顺得常”（《易经·坤》），顺常道而行，不必加以考虑了，顺其理、顺其道，明是非，是声入心通、不思而得的境界。

“七十而从心所欲，不逾矩”：“矩”，是方的；“格”，是正的。是人，就有人格。“喜怒哀乐之未发，谓之中；发而皆中节，谓之和。致中和，天地位焉，万物育焉”，此时性即情、情即性，性情合一了，从心所欲绝不逾矩，“不勉而中，不思而得，从容中道”（《中庸》），是不加斧凿、尽得天真的境界了。

八十呢，他不知道；九十呢，他也不知道；一百，他更不知道了！什么都能增加，就寿命不能增加。

我一天心无杂念，总是凉凉快快的，因为不想力所不及的事。

我在台湾五十多年，徒子徒孙太多了，对你们的未来特别担心。你们年轻，根本不懂得什么“险中险”。

真知很难，你们要真知，就发愤图强了！

同学皆为小康之家，应集腋成裘，如能养群德，做点买卖就不穷了。如想做官，必将一个“耻”字去掉！

利用自己的环境，必要有智慧。众志成城，“群”的观念很厉害，“群而不党”。

回去要理悟，“思之思之，鬼神通之”，学最重要。求真知，你们有“三更灯火五更鸡”的求学精神？你们自己一无所能，天天夜郎自大能解决问题？你们聪明，但是不懂自己不懂，就等全世界向你们学习？

我十三岁到日本，在国外流浪十二年，在“满洲国”十四年，在台五十多年。

满族本身没有文化，就是汉文化。满、蒙联合在一起，就如虎添翼，力量不可侮。

领导一个民族，必要脚踏实地，而不是天天吹牛。真知，才能有力量，必要求真知。

5. 孟懿子（鲁大夫，仲孙何忌）**问孝。子曰："无违**（不违礼）**。"**

"无违"，包含很多，无愧于父母故曰"孝"。孝，包含考、老，《大学》云："上老老（*老吾老以及人之老*），而民兴孝。"

樊迟（樊须，字子迟。少孔子三十六岁）**御，子告之曰："孟孙问孝于我，我对曰'无违'。"樊迟曰："何谓也？"子曰："生，事之以礼**（冬温夏凊，昏定晨省）**；死，葬之以礼，祭之以礼。"**

"生，事之以礼"，以前人必须按照自己的身份、地位侍奉父母。

"死，葬之以礼"，为之棺椁衣衾而举之，卜其宅兆而安厝之。

"祭之以礼"，陈其簠簋而哀戚之。春秋祭祀，以时思之；时祭，事死如事生。

6. 孟武伯（孟懿子之子，仲孙彘）**问孝。子曰："父母唯其疾之忧。"**

《淮南子·说林》："忧父之疾者子，治之者医。"

《孝经·孝行章》："孝子之事亲，病则致其忧。"

《论衡·问孔》:“武伯善忧父母，故曰，唯其疾之忧。”

三国魏何晏《论语集解》引东汉·马融说:“言孝子不妄为非，唯疾病然后使父母忧。”

朱熹《论语集注》:“言父母爱子之心，无所不至，惟恐其有疾病，常以为忧也。人子体此，而以父母之心为心，则凡所以守其身者，自不容于不谨矣，岂不可以为孝乎?旧说，人子能使父母不以其陷于不义为忧，而独以其疾为忧，乃可谓孝。”

蒋伯潜《广解四书—论语》:“‘其’字，指父母之言。谓人子以忧父母之疾为孝。”

此章有三解:

一、子女唯有担心父母生病。

二、父母爱子，唯担心其子女生病。

三、做父母的唯担心其子女的毛病。所以，为人子女当守身如玉，不使父母操心，要无忝所生。

7. 子游（言偃，字子游。小孔子四十五岁）**问孝。子曰:“今之孝者，是谓能养**（音 yàng，饮食供奉）。**至于犬马，皆能有养;不敬，何以别乎?”**

儒家讲“原心定罪”，重志。

“养”，读 yàng，以下奉上。养父母，有别于犬马之养（yǎng），故“养”读音不同，示恭敬，以有别于犬马。“不敬，何以别乎?”其分别，即在于有无恭敬之心。

如光知对父母口体之养，而不知恭敬生身父母，怎能算是孝?

《孟子·离娄上》:“曾子养曾皙，必有酒肉。将彻，必请所与；问有余，必曰‘有’。曾皙死，曾元养曾子，必有酒肉；将彻，不请所与；问有余，曰‘亡矣’，将以复进也，此所谓养口体者也。若曾子，则可谓养志也。事亲若曾子者，可也。”

“别”，辨别，明辨之，“文理密察，足以有别也”(《中庸》)，所谓“类族辨物”(《易经·同人》)。

父母，为自己之所出。“孝为德本”(《孝经·开宗明义章》“夫孝，德之本也”)，重本，“孝弟也者，其为仁之本与！”(《学而》)

8. 子夏问孝。子曰：“色难。有事，弟子服其劳(出其劳力)**；有酒食**(音 sì，拿东西给人吃)**，先生**(父兄)**馔**(饮食)**，曾**(乃)**是以为孝乎？”**

“孝、老、考”，“孝”是尽到“老”与“考”的责任，养父母的老，送父母的终。善事其亲曰“孝”，以顺当孝，故曰“孝顺”。

“色难”：“色”，承顺父母的颜色。“难”，读音不同，意思有别：一、读 nán。和颜悦色，最为难！《礼记·祭法》云：“孝子之有深爱者，必有和气；有和气者，必有愉色；有愉色者，必有婉容。”朱熹注：“谓事亲之际，惟色为难也。”二、读“克难”之难（nàn），当动词。以颜色为难父母，颜色难看，精神虐待，最为不敬！三、熊十力解曰：“以留心父母的颜色为难。”《礼记·曲礼》云：“视于无形，听于无声。”父母在日常生活中，稍有不愉之色，则心体察其疾苦之所在，而立即解决，且不得自惮劳苦，方有以安亲之心。

要想自己真有德，应是独占父母，而不是“独占花魁女”。

“魁星”，一手捧斗，“魁”字中间的“斗”字；另一手执笔，意谓用笔点定中试人的姓名。即所谓“魁星点斗，独占鳌头”。点状元在“魁星阁”(即文昌阁，魁星爷乃文曲星转世)，成为魁首。

人皆装腔作势，我因此被管住了，所以年轻时没有去过“八大胡同”，也没和日本女秘书握过手。就因为师母一句话：“算了，把她纳了！”我就没有同女秘书握手，多么冰清玉洁！

人必得有高的机术。人就是人，要做性情中人，不要做伪君子。

我一生至少有三恨，除上二者外，至今犹未看过《金瓶梅》。人生总有恨事，是环境造成的。

我最不喜婚外情的人，没有人格，对不起儿女。

一个人必守分，“己所不欲，勿施于人”(《卫灵公》)。性情中人，乃是性与情合一。

一个人若是不孝，其他不必谈。孝友，必须从自身做起。有些人已经到畜牲的世界。真懂得孝，家庭绝对和乐无穷。不孝的祸端，多半在女人。孝，是人性的问题，不是讲道理的。必要兄友弟恭，是无法讨价还价的。

我是在发你们的性智。

9. 子曰：“吾与回（颜回，字子渊。小孔子三十岁）**言终日**（竟日），**不违，如愚**（有若无，实若虚）。**退**（退出去以后）**而省**（考察）**其私**（私生活），**亦足以发**（发其所学）。**回也不愚**（得结论）。”

孔子是侦察员的祖师爷。他观察颜回一人独处时，能发其所学、行其所学，知行合一，懂得中道，去行，得结论：“回也不愚。”

“发”，行也，发其所知、所学，与生活结合，知行合一，变成自己的生命之学。能行中，乃体用不二之根本。颜回“其心三月不违仁”（《雍也》），“择乎中庸，得一善，则拳拳服膺，而弗失之矣”（《中庸》），中行之士。“中和”之为用，表见出为“中行”，知行合一，体用合一。

古人学问，重知行合一，皆实学也。

10. 子曰：“视其所以（为，用），**观其所由**（原因），**察其所安**（心之所安，意之所乐）。**人焉**（何，安）**廋**（隐匿）**哉？人焉廋哉？”**

此章讲处世观人之道。任何事皆有任人之道，任人之道必有观人之道。做事如同下棋，一子下错，满盘皆输。

“视、观、察”，三者同义，但层次不同。

“视”，《说文》云：“视，瞻也。”《穀梁传》称：“常事曰视，非常曰观。”《释名》云：“视，是也，察是非也。”

“观”，《说文》云：“谛视也。”朱熹注：“观，比视为详矣。”

“察”，《说文解字注》：“覆审也。”《尔雅·释诂》称：“察，审也。”考察，察访，察举。

“所以、所由、所安”，以此三者考核之。“所以”，“以”，为，据，即“承、乘、应、与”，必要懂得理与势。“所由”，“由”，从，理由，“谁能出不由户？”（《雍也》）“所安”，安什么心，打什么主意，一个人品格之所系。

一般人总是易于原谅自己，所以做事往往不能彻底，马虎行事。如年轻时就养成了凡事马虎的习惯，日久习以为常，一旦遇事就难以应付。

李克（公元前455—公元前395）观人法：“居视其所亲，富视其所与，穷视其所不为，贫视其所不取。”（《史记·魏世家》）

11. 子曰：“温故而知新，可以为师矣。”

《论语述何》：故，古也。六经皆述古昔、称先王者也。知新，谓通其大义，以斟酌后世之制作。

“温故而知新”，温故能知新，“新”是自“故”来的。“因不失其亲（新），亦可宗也”（《学而》），因传统而生新，“苟（诚，真的）日新，日日新，又日新”（《大学》）。

“故”与“新”，两件事。“温故”，月无忘己所能；“知新”，日知己所无。

《论衡·谢短》：“知古不知今，谓之陆沉”；“知今不知古，谓之盲瞽”。“温故知新，可以为师。古今不知，称师如何？”

“为师”：师古人，中法心源，师心源。有经师、有人师，“经师易得，人师难求”。

《礼记·学记》：凡学之道，严师为难。师严然后道尊，道尊然后民知敬学……记问之学，不足以为人师。

《荀子·儒效》：四海之内若一家，通达之属莫不服从，夫是之谓人师。

12. 子曰：“君子不器。”

蒋伯潜谓："君子不器"，与《礼记·学记》之"大道不器"正同。下愚之人，不能成器；一材一艺之人，各有所长，亦各有所短，如器之各适其用；至于成德之人，则体无不赅，用无不适，是为不器之君子。

"器"，定型定量，有一定的用与量，满则溢。器量，是能容之量。

"君子不器"，一个君子人不能像个器皿，否则能容的量就有数。

人有量不易。见人好心里不舒服，想尽方法破坏，此乃情发得不中节，并不是性。人的情能"发而皆中节"特别难，故要下"吾日三省吾身"（《学而》）的功夫。

"不器"，无量能容，能容一切，无所不容，容乃大。"海纳百川，有容乃大"，海之所以为海，乃因其能纳百川。社会必有是非，不必把是非看得那么重。说自己"出污泥而不染"（周敦颐《爱莲说》），伪君子！要重视别人的长处，不要净看别人的短处。

"大道不器"（《礼记·学记》），是最高的境界。瑚琏，虽是庙堂重器，然终未达"不器"的境界。做人得不器，能容。《金刚经》说："无欲则刚，有容乃大。"

"君子不器"，一个有器宇的人，能有自私吗？遇事，如先想到自己，你就不配为人。人活着，知道为什么活了吗？

我们讲"则天"，"唯天为大，唯尧则之"（《泰伯》），尧则天的无量，无所不容。法天，学天。学大，亦即学天。中国学问修到最后是"与天地参矣"（《中庸》），即达"大人者，与天地合其德”(《易经·乾卦·文言》)的境界。

我在德国学军事。今天在台就以太师母教的一点混饭吃，一个老婆也养不起，就一个人在台混了五十多年！

一个民族要延续必要赖文化，你们可要好好地学，积财万贯不如薄技在身。年轻人是要忙于开拓，而不是忙于成功。我阿玛曾对我说：“你如此守分，可以过五十代。”可是五十年也没有。可见，家有点什么也都是空的。

我刚来台时的南北两大财主：南唐荣（1880—1963，执台湾钢铁业牛耳）、北李建兴（1891—1981，台湾矿业巨子）。然不旋踵间如海市蜃楼，皆烟消云散了！认清时势，必要实事求是。靠什么生活？自己如真有能，就不必出卖自己的人格。

现在人有三个儿子都有汽车，但是每家都不开伙，老头要自个儿烧饭，到底孝在哪里？我未在饭摊吃过饭，没有那个习惯。讲容易，行可难，行必得发自内心才能够持久。

我是教做人，不是教读书，做人处世为第一要义。做人绝对不可以有愧于心，否则，绝无好子孙，欺心绝对报在子孙。

读书就是要明理，明理了就要行。如对读书没有高深的趣味，倒不如学得一技之长，至少可以谋生，但是能够谋国更好。

学文科的如学不好则谋生难，因为没有一技之长。谋生最为重要，没有一技之长只好以骗人为业了，只是骗法各有不同罢了。

说一句假话都是欺心。职业没有贵贱，要饭的最是可怜！

我现在一天就一个半馒头。

13. 子贡问君子。子曰：“先行，其言而后从之。”

此章有两种读法：

一、“先行，其言而后从之”：“先行”，然后按照自己的行事说出。是做了再说，行在言之先，言行一致。三不朽，立德、立功然后立言。所言皆言而有征。

二、“先行其言，而后从之”：先说再做，大言不惭。

14. 子曰：“君子周而不比（音bì），**小人比而不周。”**

蒋伯潜谓：王引之《经义述闻》云“周、比皆训为密、为合。以义合者，周也；以利合者，比也”，可见君子、小人之分，周、比之别，全在公私、义利之间。

此章谈君子与小人之分别。

“周”，周遍，“尊贤而容众，嘉善而矜不能”（《子张》），“君子不党”（《述而》），“义之与比”，义之与亲。

“比”，行也，《说文》“二人为从，反从为比”，朋比，偏党，亲狎。党同伐异，溺爱徇私。几个人总在一起，偏比成不了大事。朋比为奸。《韩诗外传》曰：“高比，所以广德也。下比，所以挟行也。比于善，自进之阶。比于恶，自退之原。”

谁说谁好，谁骂谁坏，都不必信，一笑置之。谁代表真理？应一视同仁，不专喜欢谁。

明理，不听闲言闲语，就检讨自己。

15. 子曰：“学而不思则罔（自欺），**思而不学则殆**（不妥）。”

此章讲学思并用。“学而不思”，自欺；“思而不学”，则不妥当。

“思”，心田，“心作良田，百世耕之”。“悟”，吾心。思而得通，“思之思之，鬼神通之”。精心寻思，学思并用。

《荀子·劝学》云：“小人之学也，入乎耳，出乎口，口耳之间，则四寸耳，曷足以美七尺之躯哉？”口耳之学，乃是“入乎耳，出乎口”，不足为学。

王引之《经义述闻》称：“思而不学，则事无征验，疑而不能定也。”《中庸》云：“博学之，审问之，慎思之，明辨之，笃行之。”《孟子》云：“心之官则思，思则得之，不思则不得也。”学而不思，迷惘无所得。《论语·卫灵公》子曰：“吾尝终日不食，终夜不寝，以思无益，不如学也。”徒思之无益。

你们再懒，也要学好一外语。早学，才可以达至精的境界，至少可以谋生，不可以空而无能。

16. 子曰：“攻（攻击）**乎异端**（不同的一端），**斯害**（有害）**也已**（语词）。”

朱子：范氏（范祖禹）曰“攻，专治也，故治木石金玉之工曰攻。异端，非圣人之道，而别为一端，如杨、墨是也。其率天下至于无父无君，专治而欲精之，为害甚矣”，程子（程颐）曰“佛氏之言，比之杨、墨，尤为近理，所以其害为尤甚。学者当如淫声美色以远之，不尔，则骎骎然入于其中矣”。

孙奕《示儿篇》，训“攻”为“攻人之恶”之“攻”；训“已”为“止”。攻异端，如孟子之距杨墨，能攻之距之，则其害止。

没有真知，就骗人！注解只能当作参考。

马一浮谓：盖"端"必有两，若攻其异之一端，则有害，还需求其同之一端，则诸子百家，皆有同之一端。即《易》所谓"天下一致而百虑，殊涂而同归"，诸子之道术虽不同，而其旨则一。

焦循《论语补疏》所说："攻"训为"治"，为切磨之意；"已"训为"止"。意思即攻乎异端，能相切磨攻错而不执一，则害自止。

"攻"，攻击。"攻乎异端"，攻击不同之事，有害。

"君子不器"，无所不容，"天下同归而殊涂，一致而百虑"（《易经·系辞下传》），"万物并育而不相害，道并行而不相悖。小德川流，大德敦化。此天地之所以为大也"（《中庸》），善体天地之化，自由之极则。

17. 子曰："由（称弟子名）**！诲**（教导）**女**（汝）**知之乎？知之为知之，不知为不知，是知也。"**

此章谈教育之道。为学的态度：虚才能受。

《史记·仲尼弟子列传》：子路性鄙，好勇力，志伉直，冠雄鸡，佩豭豚，陵暴孔子。孔子设礼稍诱子路，子路后儒服委质，因门人请为弟子。

《荀子·子道》记子路初见孔子，孔子告子路："故君子知之曰知之，不知曰不知，言之要也；能之曰能之，不能曰不能，行之至也。"又《儒效》云："知之曰知之，不知曰不知；内不自以为诬，外不自以为欺。"

“是知也”有二解：一、是真知。二、是智者，要事上磨炼。

做任何事，必抱此一学习的态度，则日久自有进益。人只要有良知的存在，就会有愧悔，所以才能够成圣成贤。

“子路有闻，未之能行，唯恐有闻”，闻，是知。子路是“知行合一”的祖师爷。

18. **子张**（颛孙师，字子张。小孔子四十八岁）**学**（问）**干**（求）**禄**（禄位）。**子曰：“多闻阙**（同‘缺’）**疑**（存疑），**慎言其余，则寡**（少）**尤。多见阙殆**（不妥当），**慎行其余，则寡悔。言寡尤**（怨，怪罪），**行寡悔，禄在其中矣。”**

《论语述何》：阙疑者，史阙文也。信以传信，疑以传疑，慎之至也。

“多闻阙疑”：“闻”，知；“阙疑”，存疑。多求真知，保留疑惑。

蒋伯潜谓：多所闻，于其疑而未信者，则阙而不言；其余无可疑者，亦谨慎言之。则言论可以少过尤。

“慎言其余”：“慎”，真心。小心求证，谨慎地将其余真知讲出。

“则寡尤”：“尤”，罪过。则少怨天尤人。

“多见阙殆”：“殆”，不妥当。信以传信，疑以传疑，慎之至也。

蒋伯潜谓：多所见，于其疑而未安者，阙之而不行；即其余无可疑者，亦谨慎行之。则行为可以少悔恨。

时常作修正，寻找致误原因，实事求是的精神，不怕错，错了就是交学费。

“言行，君子之枢机；枢机之发，荣辱之主也”，故“言寡尤，行寡悔，禄在其中矣”。

19. 哀公（鲁国君，姓姬，名蒋，死后谥“哀”）**问曰：“何为则民服？”孔子对**（下对上）**曰：“举**（用）**直错**（教育）**诸**（之于）**枉，则民服；举枉错诸直，则民不服。”**

程子曰：“举错得义，则人心服。”

朱子曰：“错，舍置也。诸，众也。”

蒋伯潜谓：“错，废置。举用正直之人，废置邪枉之人，则民服；反之，则民不服。”

如上解，则社会岂不成两种人处于对立：枉者与直者，焉能大同？

应是以前人错误的例子，作为教训。

《论语述何》：举正直之人，措之枉曲之上，贵教化也。

“错诸”，举而加之也，举直者加之枉者之上，是“君子在位，小人在野”。“举直错诸枉”，“错”，教育，同“它山之石，可以攻错”之“错”。

“举直错诸枉，则民服”，用正直的人教育不正直之人，使贤者得以尽其才；“举善而教不能，则劝”，不肖者劝勉，而能有所受治，日久远离不仁之事。社会上就没有对立、冲突，百姓就心服。

“举枉错诸直，则民不服”，如用枉者教育正直者，百姓就不服。

“举直错诸枉，能使枉者直”“舜有天下，选于众，举皋陶，不仁者远矣”（《颜渊》），日久使不仁之事远离不仁之人，“仁者居之，何陋之有？”（《子罕》）

20. 季康子（鲁卿，季孙肥。“康”是谥）**问：“使民敬、忠以**（而）**劝**（互相劝勉），**如之何？”子曰：“临**（居上临下）**之以庄**（庄重），**则敬**（敬事）；**孝慈，则忠；举善而教不能，则劝。”**

季康子，鲁国季孙氏，名肥，季桓子季孙斯之子。鲁哀公三年（公元前492年），季桓子去世，季孙肥继位，为鲁国大夫。

王引之《经传释词》：以劝者，而劝也。

“临”，面对天下，君临天下。“庄”，《说文》云：“上讳。”引申为庄大盛严。“敬”，敬事能信，敬业乐群。

“孝慈”：孝生我者，慈我生者，均无条件。子女善事父母为“孝”，父母对子女为“慈”。“忠”，尽己之谓。

“老吾老以及人之老，幼吾幼以及人之幼”（《孟子·梁惠王上》），现在大陆提倡孝道，正本。

禽兽知慈而不知孝，人懂得性之全体大用。人必用人性对治，人性即“孝”与“慈”，文化即用此二字维系。

“举善而教不能，则劝”：举善教不能，举直错诸枉；“劝”，

《说文》云："勉也。""举直错诸枉，则民服"(《为政》)，悦从。

说千言万语，也帮不上你们的忙，皆自得也。

21. 或(设词)**谓孔子曰："子奚**(何)**不为政**(从政)**？"子曰："《书》云'孝乎惟孝，友于兄弟**(兄友弟恭)，**施**(行，加)**于有政**(《古文尚书·君陈》"惟孝友于兄弟，克施有政")。**'是亦为政，奚其为为政？"**

"政者，正也"(《颜渊》)。

搞政治，要从何入手？孝友。"孝乎惟孝，友于兄弟"，孝顺父母，兄友弟恭。孝友，乃齐家之要。

"孝"，无法讲价，人的第一次投胎没有选择权；"友"，同一公司的出产品。"孝弟也者，其为仁之本与"。"孝友家庭"要自本身做起。孔子"志在《春秋》，行在《孝经》"。

"施于有政"，加在现在政治上；"是亦为政"，亦即为政。

齐家、治国、平天下，首为"夫妇之道"，故曰"刑(型，以身作则)于寡妻，御于家邦"(孟子引《诗经》"刑于寡妻，至于兄弟，以御于家邦")。

传统的思想是行，不是讲的。没做，就等于不知。

22. 子曰："人而无信，不知其可也。大车(载重之车)**无輗**(音 ní)，**小车**(乘人之车)**无軏**(音 yuè)，**其何以行之哉？"**

"信"，言可复也。人无信，不立。

"輗、軏"，是"辕"(车前用来套驾牲畜的直木)与"衡"(车辕端的横木)相接之关键。牛车与牛脖子上衔接的东西，大车为"輗"，小车为"軏"，乃车的关键之所在。

"诚者，天之道；诚之者，人之道"，"诚者，自成也"(《中庸》)，不诚无物。

“人而无信，不知其可也”，到社会上失信于一人，就能失信于很多人。嗜耍小聪明者，没有能成大业的，因为社会不能完全用术。

一个男人的私生活，没有能瞒过太太的，真叫太太佩服了，才叫成功。尧将二女下嫁于舜，以试知舜的私生活。通过诸多考验，再将帝位传给舜。

《尚书·舜典》：“虞舜侧微，尧闻之聪明，将使嗣位，历试诸难。”《尧典》：“帝曰：‘我其试哉！女（以二女嫁舜）于时（是），观厥刑（型）于二女。’厘降二女于妫汭，嫔于虞。”

夫妇间应相敬如宾，“敬”，即严己身，当彼此尊重。

23. 子张问：“十世可知也？”子曰：“殷因于夏礼，所损（减）益（加）可知也；周因于殷礼，所损益可知也。其或继周者，虽百世可知也。”

《论语述何》：继周者，新周，故宋，以春秋当新王。损周之文，益夏之忠；变周之文，从殷之质。百世以俟圣人而不惑者也，循之则治，不循则乱，故云可知。

“世”，《说文》云：“三十年为一世。”即一代。

“十世”，十代，三百年，言其极远也；“可知也”，可以前知。

“因”，袭，仍，根据，承，传，传统。因而不失其新，“苟日新，日日新，又日新”。夏、商、周，通三统，三统相因。

社会即“损益”。“损”，减，裁前代之所已有余者而节去之；

"益",加、增,补前代之所不及防者而加密焉。《易·杂卦传》称:"损益,盛衰之始也。"非但顺知既往,兼亦预知将来,"俯察时变……却观未来,豫解无穷"(《春秋公羊传·哀公十四年》何注)。

损益之道,损益不是执一,"损益盈虚,与时偕行"(《易经·损卦》),"礼,时为大"(《礼记·礼器》),不合时者损之,合时者益之。适时、合时,"礼也者,义(宜)之实也","可以义起也"(《礼记·礼运》)。

因往推来,虽百世之远,不过如此而已矣,"百世以俟圣王而不惑"(《中庸》)。"见其礼而知其政,闻其乐而知其德,由百世之后等百世之王,莫之能违也"(《孟子·公孙丑上》)。

要"通古今之变"(《史记·太史公自序》)。

24. 子曰:"非其鬼而祭之,谄(求媚)也。"

《论语述何》:如隐公"钟巫之祭"(何休注:在钟巫事鬼神,祷解以治病,请福者也)之类。

传统上我们没有宗教观,祭祖是报本、报恩。

《礼记·祭法》称:"人死曰鬼。"即祖考,自家祖先。祖庙,天天于家堂供奉祖宗,每餐吃饭必得祭。时祭,祭家鬼。

"非其鬼而祭之,谄也",祭淫祀,谄也,"淫祀无福"(《礼记·曲礼》"非其所祭而祭之,名曰淫祀。淫祀无福"),有求媚要(音 yāo,求也)福之心。千万不能妄求,自私之迷,自误。

推原其病之所自来:一、不当为而为,要福,求免祸。二、当为而不为,畏难,思避祸。

活着等死,和尚领着活人讲鬼话。

“见义不为，无勇也。”

《论语述何》：如孔父“义形于色”、仇牧“不畏强御”，皆勇以成义也。

《释名》云：“义，宜也。裁制事物，使各宜也。”“见义不为”，畏惧退缩，“无勇也”。真勇，是不为人知的。勇以成义，但很难做到。

谁的话都不听，只有当你说的话碰上他的心眼了才听，就直肠子。什么也不怕，到时开溜。到哪儿，必了解民族性。没有文化，读书，不过是学点技术而已。

咱们都在危险中，谁能无时无刻看住小孩？大环境很重要。自“人”入手，才能达“大人”的境界。

对学问真有趣味，得下真功夫。人必有业，女人当医生、老师好。家有什么，都靠不住，宣统帝是穷死的。宣统帝到紫禁城，“皇上，请买个票吧！”唯有自己能谋生，才可靠。

你们要有久远之计，研究怎么做买卖，要想穷办法。传统讲“天下一家”，我们先“奉元一家”。

传统思想真不得了，讲三界：天、地、人。供天地的牌位：“天地三界主，十方万灵神。”是有人的地方，都一界。佛讲法界，但有非法界。

八佾第三

“养浩然气，读有用书”，不要浪费宝贵的时间，读书要选一选。

要精一外国语，贵精不贵多，程度必与当国学人程度相等。学外国语，看名著可以通微，连骂人的窍门都懂得。

有了专学，但常识必知。不能只有专学，而没有常识。

读《论语》，可以其智慧处理一切，可以应世、应事。要好好培养自己，环境冷热、四时变化，必要知，如培养一盆花。严格训练自己。

年轻人绝对不要盲从，否则将来后悔不及。“五四”新文化，《新青年》为大本营。今天台大社团如此多，真是“行有余力”！在校读书时，不要想力所不及的事，应脚踏实地读书，为未来储备自己。

我年轻时好动，叱咤风云，不像你们。

年轻人要好好培养，不必早参加政治运动，不要做力所不及的事。

1. 孔子谓（评论）季氏（鲁大夫季孙氏）："八佾（列）舞于庭（庭院堂前），是（这种事）可忍（可以做出来）也，孰（又有什么）不可忍（不可以做出来）也？"

《论语述何》：此篇类记正名辨分之事。《传》曰："天子八佾、诸公六、诸侯四。"隐公始僭八佾于惠公之庙，又僭六佾于仲子之宫，自是而后群公之宫皆僭八佾矣。乐、舞以象功德也，大夫、士无庙、乐，乡饮、乡射、笙歌、琴瑟而已。三桓设公庙于私家，因僭八佾，不仁之甚也。

《史记·孔子世家第十七》：季氏亦僭于公室，陪臣执国政，是以鲁自大夫以下皆僭离于正道。

乐舞，以象功德，功成作乐。天子八佾、诸侯六佾、大夫四佾、士二佾。

周公对周朝有贡献，乃以天子之礼祭之，用八佾乐舞。

佾舞，与宫廷乐舞相同，有文舞和武舞。文舞，文德之舞，右手执羽，常用雉尾，左手执籥，即短笛形的竹管，分别有立容、立声之意。每个动作皆代表一个字，一节乐曲一组动作。武舞，干戚之舞。

"八佾"，乐舞之行数、人数，纵横皆同，以八人为一行列，共八排、六十四人。

孔子被封为文宣王，祭孔用佾生。王本应用六佾舞，但天子祭孔必磕头，乃改封"至圣先师孔子"之神位，用八佾舞。

祭孔的乐舞，采用六佾规格，始于南朝宋。至清光绪三十二年（1906年），朝廷升级祭孔为大祀，祭孔的乐舞为八佾。

“八佾舞于庭”，“庭”在宗庙中，“八佾”应用于宗庙。正名辨分。季氏是权臣，能欺君，设公庙于私家。八佾舞于“庭”，一字之贬！圣人骂人。

“是可忍也，孰不可忍也”：“忍”，一、《新书·道术篇》云：“恻隐怜人谓之慈，反慈为忍。”僭越，越权冒用，像这样僭越无礼之事都可以做出来，还有什么事做不出来？二、解为“容忍”，欠妥。

有心人能不注意今日社会风气？由开始的不合理，大家不以为是，习以为常。作伪，习以为常，人人竞相作秀。个人亦如是，喝酒，开始喝一杯，渐渐失控，《易·未济》“饮酒濡首，亦不知节也”。

父母死，办丧事还请人跳脱衣舞，多荒唐！成立“治丧委员会”，是对国家有功劳，或是死了无亲友。自己父母还用“治丧委员会”？拉一批人当委员，其实无一人与你有关，送的挽联，谁认识死者？伊始即自欺，到一发不可收拾。

家庭更得防微杜渐。小孩一开始有问题，就要加以注意；看的书一定要随时注意，否则偶一不慎，问题就来了，《易·坤·文言》“其所由来者渐矣，由辨之不早辨也”。

2. 三家（三桓）**者以《雍》**（《雍歌》）**彻**（祭毕收其俎）。**子曰：“‘相**（助祭者，傧相）**维**（语助词）**辟**（音bì，君也）**公**（辟公，诸侯），**天子**（主祭者）**穆穆**（温恭貌）**’，奚**（何）**取于三家之堂？”**

三家，即鲁国三桓，卿大夫季孙氏、叔孙氏、孟孙氏。鲁桓公有四子，嫡长子鲁庄公继承鲁国国君；庶长子庆父（谥共，又称共仲，其后代称孟孙氏，又称仲孙氏、孟氏）、庶次子叔牙（谥僖，其后代称叔孙氏）、嫡次子季友（谥成，其后代称季孙氏、季氏），均被鲁庄公封为卿，后代皆形成了大家族，由于三家皆出自鲁桓公之后，所以称为“鲁三桓”。

“以《雍》彻”，天子行禘祭，祭毕，歌《雍》以彻。《雍》，《诗经·周颂》篇名，其辞：“有来雍雍，至止肃肃。相维辟公，天子穆穆。于荐广牡，相予肆祀。假哉皇考，绥予孝子。宣哲维人，文武维后。燕及皇天，克昌厥后。绥我眉寿，介以繁祉。既右烈考，亦右文母。”多祈祷语，述祭祀之隆重，与祭者之肃穆。“相维辟公，天子穆穆”，此为《雍》诗之辞。

“相”，助祭者。“辟公”，诸侯、亲王；“穆穆”，庄严肃穆，温恭貌。古时祭太庙，诸侯、亲王为宾相助祭，在堂歌《雍》以彻。

开国承家，卿大夫称“家”。“三家”，三桓，皆鲁桓公之后，为大夫，权臣。“堂”，在宗庙中。僭越，目无天子、诸侯，三家亦歌《雍》以彻。

何取于三家之“堂”？一字之贬！圣人骂人不忠、不臣、僭越、目无长上。

知“礼之本”，则能通文质之变，以救世运。礼坏乐崩，如习非为是，欲不崩坏而不可得矣！

3. 子曰：“人而不仁，如(奈)礼何？人而不仁，如乐何？”

“礼云礼云，玉帛云乎哉？乐云乐云，钟鼓云乎哉？”（《阳货》）“礼者，履也”，“言而履之，礼也；行而乐之，乐也”（《礼记·仲尼燕居》）。

“乐由中出，礼自外作”，“合情饰貌者，礼乐之事也”（《礼记·乐记》）。“礼也者，反其所自生；乐也者，乐其所自成”（《礼记·礼器》），故“观其礼乐，而治乱可知也”（《礼记·礼器》）。

“礼”，同中求异，齐之以礼，立于礼；“乐”，异中求同，成于乐，乐以和性。“礼节者，仁之貌；歌乐者，仁之和也。”（《礼记·儒行》）仁者爱人。“人而不仁”，礼乐的根本精神没了，如何行礼乐？

一个人“不仁”，什么也感化不了他。弑父母、子女如同杀猪，能不令人惊心？

据乱世，一切拨之以礼，即“约之以礼”。家必要树立一制度，树立家风，以身作则，持己功夫必要够，由自己开始树立，身教重于言教。孩子多读书，气质必然不同。不必天天告诉他怎么做。

4. 林放（一以为孔子七十二弟子之一，一以为季氏世臣）**问礼之本**（大本）。**子曰：“大**（赞词）**哉问！礼，与其奢**（过分，超过本位）**也，宁俭**（不足）；**丧**（父母之丧），**与其易**（外表漂亮）**也，宁戚**（哀戚在心）。”

《论语述何》：林放，季氏之世臣也，见周之敝文而不惭，故问礼之本。

《论语述何》：曰“与其奢也，宁俭”，言救文虽莫如质，亦贵中也。

“礼也者，反本修古，不忘其初者也。”（《礼记·礼器》）

“问礼之本”，可见那个时代已经不懂礼，讲乱了，所以林放才有此问。

“大哉问”，“大哉”，赞词！孔子赞美林放懂得问题之所在。

“与其易也，宁戚”，“过犹不及”（《先进》），“宁俭、宁戚”，此即传统上的谦德。

“质胜文则野，文胜质则史。文质彬彬，然后君子”（《雍也》），“救文虽莫若质，亦贵中也”，但难！“中庸不可能也”（《中庸》）。

5. 子曰：“夷狄之有君，不如诸夏之亡（无）也。”

《论语述何》：夷狄之者，《春秋》于中国无礼义则狄之。

“夏”，篆体字为“[illegible]”，从夊从頁从臼。頁，人头；臼，两手；夊，两足也。合起来象人形，《说文》云：“中国之人也。”引申为“大”。“夏”，中道之国的人，懂得礼仪。“中国，礼义之国也”（《春秋公羊传》何注》）。

三夏：夏、诸夏、华夏。中国，中道之国，以“夏”作为范围；许多人“入中国”，则成“诸夏”，“诸夏”并非最高境界。由“诸夏”到“华夏”，入中国则中国之，“华夏”才是大一统境界，此时“夷狄进至于爵，天下远近小大若一”（《春秋公羊传·隐公元年》何注），“人人皆有士君子之行”（《春秋繁露·俞序》），“人人皆可以为尧舜”（《孟子·告子下》），就没有野蛮人了。大居正，大一统，华夏，日月光华，日月以光华天下。

“《春秋》无通辞，从变而移”（《春秋繁露·竹林》），“夷狄入中国，则中国之”（《春秋公羊传》），中国无礼义，则夷狄之。

“《春秋》者，礼义之大宗也”（《史记·太史公自序》），一切决之以礼义。夷夏之别，乃决之以礼义。

《春秋》之号夷狄，谓其政俗与其行事。夷狄入中国则中国之。《春秋》之中国、夷狄，本无定名。有夷狄之行者，虽中国也，而夷狄之；无夷狄之行者，虽夷狄也，中国之。

文化的夷狄观。没有接受夏化的，就还是夷狄。中国由“夏”到“诸夏”，夷狄是以文化分，非以民族分。不论种族，而视入“中道”与否。

“不如”：一、当“不及”讲。夷狄之有国君，也比不上诸夏之无国君也。此乃骄傲的说法。二、先秦文中之“不如”，作句中主句之谓语。“君者，群也”（《春秋繁露·深察名号》），君者，群之首。“夷狄之有君”，连夷狄皆知有国君，哪像诸夏之不知有国君，僭乱、无上下之分？

华夏，将“夏”华于天下，日月光华。《法华经》是成佛的“法华”，佛法能华于天下，人人皆成佛了。中国对佛教贡献太大，看《心经》译文之真，了解中国文化之深，含妙智慧，直入人心。寥寥数语，道出“般若”之妙智慧。

有闲工夫欣赏古人文章，要有好奇心。看完一篇，又想看一篇。

看古人用字之精练，“六王毕，四海一，蜀山兀，阿房出。覆压三百余里，隔离天日”（杜牧《阿房宫赋》）。

到哪儿都要细看，中国文化历史悠久，要留心看。看北京天坛之美，究竟是谁画样的？将中国的礼书懂得那么彻底，无一处无根据。

天坛，被两重坛墙分隔成内坛和外坛，形似“回”字。两重坛墙的南侧转角皆为直角，北侧转角皆为圆弧形，象征着“天圆地方”，俗称“天地墙”。主要建筑都集中在内坛，南有圜丘坛和皇穹宇，北有祈年殿和皇乾殿，两部分之间有隔墙相隔，并用一座长360米、宽28米、高2.5米的“丹陛桥”（砖砌甬道）连接圜丘坛和祈谷坛，构成了内坛的南北轴线。

看了，说没有什么，证明他脑子一点文化都没有，“一言以为知（智），一言以为不知”。

研究中国文化，不下功夫，完了！

要好好多看书，但必要有计划、有系统地看，谈自己懂的，井井有条，不要读成杂货铺。“知其所以然”最难！

6. 季氏旅（马融：祭名）**于泰山**（泰山神）。**子谓冉有曰：“女**（汝）**弗能救**（阻止）**与？”对曰：“不能。”子曰：“呜呼！曾**（乃）**谓泰山不如林放乎？”**

《春秋公羊传·僖公三十一年》《传》曰：天子祭天，诸侯祭土。天子有方望之事，无所不通。诸侯山川有不在其封内者，则不祭也。

《论语述何》：惟天子有三望之祀，无所不通。盖鲁始僭三望，季氏因之，犹八佾也。林放知问礼举以厉，冉有之诡随也。

刘宝楠《论语正义》：据《周礼·春官·大宗伯》，谓旅为天子祭山之名，且非常祭，有大故乃举行，以璧陈列几上，祈而埋之。

“季氏”，三桓之一，大夫专政；“旅于泰山”，要行旅祭，于泰山行旅上帝之礼，有僭窃之罪。

大夫专国政，季氏处处要与鲁君相争，君怎样，我也怎样，欺君到什么程度！

冉求此时仕于季氏，故孔子问责于冉求。

“曾谓泰山不如林放乎”，连林放都知问“礼之本”，难道泰山之神会不如林放懂得礼之有本？如懂得，那季氏岂不就白祭了？因为“神不享非礼”。

7. 子曰：“君子无所争，必也射（音shí，比试）**乎！揖让而升，下而饮**（音yìn，饮罚酒）。**其争也君子。”**

此章讲争的规矩，游戏规则。

虽争，是有君子风度的争。“射有似乎君子”，射时所争的是君子之道，心正则矢直，中的，“失诸正鹄，反求诸其身”（《中庸》）。

“射者，进退周还必中礼，内志正，外体直，然后持弓矢审固；持弓矢审固，然后可以言中，此可以观德行也。”（《礼记·射义》）

“揖让而升，下而饮”，以让化争，虽争，犹不争矣。“其争也君子”，此君子之争。

古有乡射礼，“射者，仁之道也”，“射求正诸已，已正而后发，发而不中，则不怨胜已者，反求诸已而已矣”，“射者，所以观盛德也”（《礼记·射义》）。

昔日作揖，多卫生，多进步，多简单，省事又文明！现在何以不用？一举一动都是智慧。动物都啃腮帮子。

8. 子夏问曰：“‘巧笑倩（好口辅也）**兮，美目盼**（目白黑分明）**兮，素**（白质，白纸）**以为绚**（采）**兮’，何谓也？”子曰：“绘事**（文彩）**后**（动词，后于）**素**（纯白）。”

《论语述何》：素以为绚，近于野容，而非天质矣。礼本乎天，言内心也。子夏怪以为绚为粉饰，故问之。

曰：“礼后乎？”子曰：“起予（教学相长）**者商也，始可与言《诗》已矣。”**

《论语述何》：子夏因“后素”之说……故夫子以“起予”嘉之，而删“素以为绚”之句。见子夏明“无邪”之旨，发“止礼”之训，有赞述之功也。

“甘受和，白受采”（《礼记·礼器》），必本质好，才有文采。

“巧笑倩兮，美目盼兮”（《诗经·卫风·硕人》），言其容貌之美。“巧笑、美目”，得有底质，才有此二者。“巧笑”，得“倩兮”，表情、神态美好；“美目”，得“盼兮”，两目清澈明亮、黑白分明，顾盼才能生姿。人有美质，才可加以文饰。

以前女人有古典美，是学习的，因为有那个环境，耳濡目染。一个环境表现得完满，所有的环境都得配合得好。如无“倩”的环境，就怎么装模作样，也无法能有“巧笑”。

京剧四大名旦（梅兰芳、程砚秋、尚小云、荀慧生），是乾旦，但扮相比女人还美，举手投足，仪态万千。但老明星再出山，应唱老旦了，识时务者为俊杰。

“素”，一尘不染谈何容易？没有洁白的纸，绝对画不出文采。“绘事后素”，本质糟，何能有文采？不圣洁，焉能文采灿烂？说一人知礼，必其人有洁白的人品。

“八大胡同”的礼，是为你的钱而礼的，不行！

“八大胡同”乃北京前门外大栅栏附近青楼妓馆云集的八条胡同，是一总称，而非某条胡同名称，后成“花街柳巷”的代名词。

为趋炎附势而摇头摆尾，人品不足，人会说你拍马逢迎、谄媚！

“礼后乎？”礼必本于人性，“礼云礼云，玉帛云乎哉”？

“起予者商也”，孔子大加赞许子夏，说“始可与言《诗》已矣”，因为子夏“闻一以知二”。

9. 子曰：“夏礼，吾能言之；杞（夏之后）**不足征**（验）**也。殷礼，吾能言之；宋**（殷之后）**不足征也。文献**（文，典册；献，贤也，知历史）**不足故也。足，则吾能征之矣。”**

此章为孔子“郁郁乎文哉！吾从周”的时代。

《史记·孔子世家》：孔子之时，周室微而礼乐废，《诗》《书》缺。追迹三代之礼，序《书传》，上纪唐虞之际，下至秦缪，编次其事。曰：“夏礼，吾能言之；杞不足征也。殷礼，吾能言之；宋不足征也。足，则吾能征之矣。”观殷夏所损益，曰：“后虽百世可知也，以一文一质。周监二代，郁郁乎文哉！吾从周。”

此通三统，讲“因革损益”之道。

损益之道，损益不是执一，“礼，时为大”，不合时者损之，合时者益之，适时、合时，“礼也者，义之实也”，“可以义起也”。

中国讲存三统、张三世、华三夏，纯文化的。三统：忠、质、文。三世：据乱世、升平世、太平世。三夏：夏、诸夏、华夏。层次、距离、远近不同。

《白虎通·三正》：王者所以存二王之后，何也？所以尊先王，通天下之三统也。明天下非一家之有，谨敬谦让之至也。故封之百里，使得服其正色，用其礼乐，永事先祖。

孔子，“其先宋人也”（《史记·孔子世家》）。

“吾犹及史之阙文也”（《卫灵公》），历史写得多，离得愈远。无征不信，故不禁流连三叹之！于残编断简中，因流穷源，由微知著，才言其概。

“所见异辞，所闻异辞，所传闻异辞”，真是哲学！三个不同时代，恩情不同。所传闻异辞，“夏礼，吾能言之；杞不足征也”。作假，说得比真的还清楚。

国可亡，史不可亡，况一代有一代的典章制度？“述九圣之雄图，宪历代之令典”。

此师尊述书院总纲之一。九圣：伏羲、神农、黄帝、尧、舜、禹、文王、周公、孔子。雄图：首出庶物，万国咸宁。九圣雄图，图天下安仁。“宪华夏之令（美）典”，也不忽略九圣以外之成就，只要是中国人的思想都作为参考。夏学，华夏之令典。对任何东西都不排挤，当作肥料。

要知其所以，才懂得怎么培养。吃素，越淡越清香，既吃出豆腐味，也吃出菜根香。真滋味，自淡中求，唯淡可以长久。君子之交，淡如水。

今人许多宝贵光阴，都让骗子给浪费了。读书，必要懂得怎么选择，否则，书到用时方恨少，恨读得太晚了！有人手不释卷，其实如同抽鸦片，是书呆子，中毒了。“积财万贯，不如薄技在身”，人要有一技之长。

练习自己能读书，必要打好基础。我来台就坐屋中，看书消磨时间。看书，在消愁解闷；久了，就成为习惯。成为习惯，则时间一到，就做什么。每天似睡非睡，就养神，所以活得长。

10. 子曰：“禘（音dì）**自既灌**（以酒洒地，以迎神）**而往者，吾不欲观之矣。”**

《论语说义二》：宗庙五年一禘，以审禘昭穆，宗庙之大祭，故亦名禘。鲁之禘祭，既灌以后，皆以天子之礼僭于群庙，故孔子不欲观。

“禘祭”，帝王家五年一大祭，远祖之祭。

开门即迎神，迎神后即灌酒，再行祭礼。古代祭祀不立木主，用尸，以童男童女为之。尸，着死者衣服，置于灵前，大家拜。“孙可以为王父尸”（《礼记·曲礼》）。第一次献酒给尸曰“祼”。“灌”同“祼”。

古时，祭政合一。“祭如在”，祭在诚，“诚之者，人之道”，不可以马虎，“有孚颙若”（《易经·观卦》），为标准的祭祀态度。

“既灌而往者”，供品一摆，就往地上倒酒。灌礼之后，就不合理，太马虎了！“吾不欲观之矣”，不忍心看了！

11. 或问禘之说（道理）。**子曰：“不知也。知其说者之于天下也，其如示**（视）**诸斯乎！”指**（示）**其掌**（掌中）。

《论语说义二》：鲁郊谛非礼，以“不欲观”“不知其说”，以为国讳。其大者，既奢僭，而不知本，其余祭必皆虚文而无实。

“禘之说”，禘尝之义。

“禘祭”，天子之祭，五年一祭，民间不可以祭；“尝祭”，民间之祭，一年一祭，祭分枝祖宗。

“不知也”，此孔子巧辩之答话方法。《春秋》之笔法，为鲁讳，为尊者讳。

中国祭政合一，“明乎郊社之礼、禘尝之义，治国其如示诸掌乎”（《中庸》），就如同看自己手纹那么清楚，一目了然。若指掌之易明，但是真正了解自己手纹者仍少。

禘祭之道，人人皆知，但知道去实行的特别少。儒家之学贵乎行，越容易的事，大家越是马虎。知容易，行特别难！许多事一体悟，即知“知易行难”。

做事第一个想到“我”，就坏！此即私。天道尚公，“万物皆备于我”（《孟子·尽心上》），是人所需要的，天都预备好了。

看破坏自然界，到无所不至！现在大家都喊“环保”。

如都能顺自然生活，自然之谓美！违背自然，一个“私”字害尽天下苍生，叫子子孙孙永不能享受。帝王之私，个人之私，只要于自己有好处，还管对人类如何？

私与公。天道，是“生而不有，为而不恃”（《老子》第十章）；

人事，专重私。“率性之谓道”，“己所不欲，勿施于人”。处世之不易！没有群德，绝不能成事。

12. 祭如在，祭神如神在。子曰：“吾不与（亲自参与）**祭，如不祭。”**

“如在”，无论是祭祖或祭神，就如同其在那儿。

“鬼神之为德，其盛矣乎！视之而弗见，听之而弗闻，体物而不可遗。使天下之人，齐（斋）明盛服，以承祭祀。洋洋乎如在其上，如在其左右”，“微之显，诚之不可掩，如此夫！”（《中庸》）

祭祀，不可用代祭，必亲自参与。

“不与祭，如不祭”，如不能亲身参与，找别人代理，就如同不祭。“祭如在”，代祭如不祭，谁也不能代祭。

“事死如事生，事亡如事存”（《中庸》），有“如在”的观念，就有“光宗耀祖”之志，人能不像样？

“如在”的观念，是自“忠、敬”来的。忠，尽己之谓；敬，肃也，在心为敬。

家严，能严己身，乃家之所敬也，事父日严（敬），《易·家人》云：“家人有严君焉，父母之谓也。”

祭天祀地，是报恩报德，不是迷信。神，是有遗爱在民者。传统讲“水源木本”，祖师庙是供奉发明家。

祭祖，“祖”字的构架有深意，是祖 = 示 + 且。“示”，篆字“示”如三脚架，上面摆一块肉，拜男性生殖器（且）。中国人伊始就没有宗教的观念，就是敬祖宗，供奉男女生殖器，代表生生不息。

中国文化是自环境得启示，而有了思想。

我们历经了一百多年的软弱，乃为人师的忽略了启发人的智慧。

过去的都得过去，活得长才看得到，当亡国奴之苦，真苦！种瓜得瓜，种豆得豆，好耍小聪明者皆自掘坟墓。唯德是尚，人绝不可以缺德，必须要走得正、行得正，没有德绝不能成事。

我是过来人，八十几岁才懂得应怎么做，但太晚了！生活心里之苦，但不同于蒋家之苦。至死不悟的，活不到年龄就死了。宋美龄而今安在哉？我就阿Q心理，死后犹能埋大陆，胜于蒋氏父子。

13. 王孙贾（卫国大夫）**问曰："'与其媚于奥，宁媚于灶**（喻执政）**'，何谓也？"子曰："不然！获罪于天，无所祷**（求福）**也。"**

《论语说义二》：盖在当时，上下神祇至于五祀报告之礼，皆失本源。圣人不言，孰救其弊？"获罪于天"之说，至是乃发者，圣人之心悲乎举世矣。

"奥神"与"灶神"，旧时代家中的两个神。奥神，在室的西南角，地位尊，但不管事；灶神，主管日常饮食，位低但有实权，是一家之主，日常生活所在，掌实权的。

王孙贾暗示孔子，要做官就找我这个权臣，不必找国君。

孔子则是山东人性格，按正规做事，说不管有权无权，"获罪于天，无所祷也"。

走后门，成功者甚少。按理行事，可以少害多少人。

每章要知要旨之所在。每章皆是实事，可以得启示。

14. 子曰："周监（鉴）**于二代**（夏、商），**郁郁乎文哉**（文物盛貌）**！吾从周。"**

此章讲因革损益之道。夏、商、周，存三统，通三统。

"周监于二代"，周以夏、商二代作为鉴，作为一面镜子，因为承接二代，截长补短可以少犯错，所以有"郁郁乎文哉"的成就。

"文"，是经纬天地，治国平天下的大道。"郁郁"，形容文之盛，治天下之文成功了！

周朝确实有一段"郁郁乎文哉"的成就，此时孔子对周文化佩服得五体投地。这是孔子"从周"的时代，还是土包子。

《论语》的编排，并没有前后时间的次序；知此，就容易看。

孔子的思想，在《论语》有三个境界：一、"郁郁乎文哉！吾从周。"此为三十岁前后。二、"吾不复梦见周公矣！"已经有疑惑了，"四十而不惑"。三、"吾其（岂）为东周乎""五十知天命""五十以学《易》"，另立公天下的新王之制，否定家天下的旧制。

此亦同人的智慧境界，智慧与年龄并进。

历史是一面镜子，是前人智慧的结晶，可用以启发自己的智慧。

做坏事者无一有好报应。一个人活着不要净是动心眼，唯德是尚。亏心、缺德，上天将你缺的地方显现出来。

礼法制度，乃治国平天下之文。没有文化，才会乱。既是一个民族，就要有一套文化。

我教外国学生，对他们说："得全身没毛了，才懂得中国文化。”钱是小事，必得说真话。

15. 子入太庙，每事问。或曰：“孰（谁）**谓鄹人之子**（孔子父叔梁纥，治鄹，此称孔子）**知礼乎？入太庙，每事问。”子闻之，曰：“是礼也？”**

《论语述何》：每事问者，不斥言其僭，若为勿知而问之，若曰“此事昉（起始）于何时？其义何居耳？”以示天子事，鲁不当有也。或人习而不察，故正言以告之。

《论语说义二》：《春秋》定公十年，鲁始用孔子。孔子先尽事君之礼。礼莫重于祭，入太庙，每事问，宜在此时。

《左传·定公十年》记载，鲁定公与齐景公夹谷盟会，孔子时代理鲁相。齐暗地里嗾使莱人手执兵器，鼓噪喧呼，想要劫持定公。孔子说：“裔不谋夏，夷不乱华，俘不干盟，兵不逼好，于神为不祥，于德为愆义，于人为失礼。”

鲁国何以有太庙？周朝之兴，是兴于周公。因周公有功，乃祭周公以天子之礼，故称太庙。鲁之家庙，即太庙，鲁国祀周公之庙。

盖当时周祭祀诸典，已多不合礼，但人皆习焉不察。

许多东西无法讲明白，但一看就明白了。所以，孔子入太庙“每事问”。有人就批评了。

孔子学的都是礼，却不懂太庙所摆的，故问：“是礼乎？”一、是礼吗？这句话极为不客气。二、孔子非不知、不懂，而是对方不知礼。“不是我不知礼，而是你们做事千奇百怪，我不知是礼。”

皆家自为俗，“是礼吗？”没有文化，社会上就“或曰”者多。

“拨乱反正”，正，止于一。决之以礼义，“《春秋》者，礼义之大宗也”。

台湾今天情形，“是礼也？是教也？是德也？是智也？”能不惊心动魄？了解，试看你们的知识境界如何。

在大陆，家有丧事，丧主得三天不举火，由邻居提供。台湾，丧主与客人一同喝酒吃肉。问：“是礼也？”说：“我们都这么干。”

读书只知字面，完全用不上。这样的教育是教育？

清入关，将明太庙搬家。想恢复也难，就是不对。看过，知道不对，但后悔来不及了！

有工夫，要好好看《存斋随笔》（熊十力最后一部著作，写成于1963年），可见熊十力对中国文化的贡献。你们至少要看三遍，最多看懂七成。

你们连一封信都写不明白，教授越教越瘦！

16. 子曰：“射（乡射礼）**不主皮**（中心点，以皮为之），**为力不同科**（等），**古之道也。”**

《论语说义二》：盖不仁则尚力，尚力而无礼，礼乐之比已废于战争，孝弟之心不达乎道路。圣人思古之道，伤今之俗，欲一变焉。自二者始，故言宗庙祭祀而遂及之，其亦由无争之意，寻揖让之风与！

“射不主皮”，射，点到为止，目的在“中的”，并不在于穿透。心正矢直，其争也君子之道。

“为力不同科”：一、为国家做劳力事，也不同等。二、力量不同等。

“古之道也”，所争乃古之道。

17. 子贡欲去告（音 gǔ）朔之饩（音 xì）羊。子曰：“赐也，尔爱其羊，我爱其礼。”

《论语说义二》：天下有道则不失纪，无道则正朔不行于诸侯。幽厉之后，周室微，陪臣执政，史不记时，君不告朔，故畴人（掌天文历算者）子弟分散，此天子不告朔始也。

这章说什么？为什么说？

“告朔”，古代的一种祭祀仪式。天子在年终时，将来年历书颁给诸侯；诸侯将它藏在祖庙中，每月朔日（初一）以活羊告祭于庙，然后听政。告朔之礼，每月初一请出一个月的朔。

鲁至文公“四不视朔”之后，而告朔朝庙之礼废。饩羊，生牲未杀，有司每月供羊牲，而君不以祭。刘逢禄《论语述何》云：“大恶不可言也，故于饩羊发之。”

孔子的时代，中国的历法已经完整了。

《尚书·帝典·尧典》载尧功勋：“百姓昭明，协和万邦，黎民於变时雍。”尧修订历法，使百姓懂得用时。《史记·五帝本纪》：

“乃命羲、和，敬顺昊天，数法日月星辰，敬授民时。”

“尔爱其羊，我爱其礼”，早晚有一天昏君不昏了，就可以再行告朔礼。

《乡党》记孔子“吉月，必朝服而朝”，月朔必服以朝，即“我爱其礼”也。

现在传统的婚礼、丧礼已经难见了。如“礼”都不要，那这民族的文化是什么？一个民族如果没有民族特色了，焉有文化可言？

袁项城（袁世凯，1859—1916）想当皇帝，尚绿，如癞蛤蟆，八十三天就垮了。蛤蟆，代表不会久。“太太死了，满街白；老爷死了，没人抬”，时也，哪家皆如此。

蔡锷反对袁世凯称帝，秘密逃出北京，在云南与唐继尧组护国军，1915年12月25日起兵讨袁。接着，各省接连宣布独立。帝制遭到广泛反对而失败，袁世凯尽失人心，于1916年3月22日宣布取消帝制帝号，称帝仅83天。袁氏陷入众叛亲离的困境中，欲续任大总统亦不可得，5月下旬忧愤成疾；6月6日，因尿毒症不治病死。时年57岁。

说千言万语，就是要保留中国文化，早晚有一天可以兴起来。良知、率性之学，早晚可以恢复。

18. 子曰："事君（为国服务）**尽礼**（按礼行事），**人以为谄**（谄媚，拍马）**也。"**

《论语说义二》：尽礼，为事君之道，而当时之人但以礼为谄媚求福之用也。

"尽礼"，完全按礼行事；"人以为谄"，一句话道尽了人之情！自此了解人性之所在。习性，无形中造成许多越分的人！

"事君尽礼，人以为谄也"：记住公式，好好演。一个公式，可推很多事。

做坏事，人皆批评。表现好，按本分行事。一个人的本分是什么？先改变器质，拉出架子，有个人样了，再加以充实，则事半功倍。至少心不迷于欲，也可以清凉些。

昏就迷，不昏能迷？欺世，自以为聪明，不明白"人之视已，如见其肺肝然"，自欺！我跑龙套，看尽天下的名角。

每次一有事情，就说要培养人才，而几年后又如何？就是做泥娃娃，也必须经过几道手续，唱戏也必要有几年的工夫，"台上三分钟，台下十年功"，岂是易事？

没有真心，换不来至宝。人家修养的东西，绝不会白白给你。你们每晚到我这儿做什么？必有初心。人做事时，必"毋忘初心"。但此不同于立志，"十有五而志于学"是志。

我非讲文学，而是讲境界。

有目的，有好坏。如追女朋友，是伟大的事，但问题在于手段。最大的错误，在教育对"两性"问题不敢开口。

19. 定公（鲁定公）**问："君使臣，臣事君，如之何？"孔**

子对曰："君使臣以礼，臣事君以忠。"

当时太阿倒持，故鲁定公有此一问。

君臣，指主管与部下的关系。今无"君臣"，但"主从"永不变，永远有主事者。

君臣关系，是相对的，并不是绝对的。"君使臣以礼"则"臣事君以忠"，"君之视臣如手足，则臣视君如腹心；君之视臣如犬马，则臣视君如国人；君之视臣如土芥，则臣视君如寇雠"(《孟子·离娄下》)。

君臣以义合，"和顺于道德而理于义"(《易经·说卦传》)，"将顺其美，匡救其恶，故上下能相亲也"(《史记·管晏列传》)。

先秦以后，拿孔子东西"挂羊头卖狗肉"，并不真讲孔子思想。

"臣事君以忠"，"忠"，尽己能力行事，如力能担五十斤，拿五十斤，即忠；拿十斤，即不忠。无求媚于上，尽己之谓忠。要做官，必有操守为国服务。

"君使臣以礼"，不以礼，如何忠？仆，代表身份，非卑贱。今以古人语为封建，因没深思。

知你有偏好，少有不逢君之恶者。

我提，是针对时弊。今之乱，在忽略礼。"尽礼"，要使人观感舒服。

20. 子曰："《关雎》，乐而不淫（过分），**哀而不伤**（伤生人之性）。"

《关雎》是《诗经》第一篇，谈恋爱事，告诉人如何用情，道尽生人之性、生人之情。人的第一个志、人生第一课，即恋爱学。

“君子之道，造端乎夫妇”，夫妇正则父子亲。人生最重要的事，即两性之事。《易》基乾坤，乾、坤是小两口的卦，即“关雎卦”。“关关”，说话声，谈恋爱能不说话？所有东西皆有两性。《易・序卦传》：“有男女，然后有夫妇。”要是没有男女，哪会有君子之道？

古人讲伦常，伦常中间即分，处朋友，守分寸。“乐而不淫”，乐节之以礼，相与和乐而恭敬。恋爱时总有高兴，乐也；“淫”，过分，如淫雨、淫用。男女之间虽很乐，但高兴了也不能过分，恐乐极生悲。男女朋友，即男女朋友，尚未举行婚礼，行为超过了，即淫。

“哀而不伤”，哀节之以礼，哀而不伤，不以死伤生。人生不如意事，十之八九，两人吵架、起纷争了，也不要认真跳楼、自杀，吵架是自然的，可不要伤“生人之性”，事情总会有转圜的余地。

“《关雎》，乐而不淫，哀而不伤”，描写人性，何等逼真！认识人生的价值，择偶为第一要义。“窈窕淑女，君子好逑”，“窈窕”，是幽娴贞静的淑女，不是指身材苗条。因有德，才能成为淑女，是有德君子的好匹配。“逑”，是匹配。

此无形中告诉我们择偶的条件——“贤贤易色”，要重德轻色，人长得俊不俊不重要。男孩长大后找女朋友，自己要先修成君子，要用《关雎》的办法。男女都要修德，要重德轻色。婚，礼之本，“刑（型）于寡妻，以御于家邦”，配偶关系你的终身，怎可不慎择？

我这些年来，看同学结婚真正美满的少，多半未真正情投意合。如真懂得类情，那情就能投了！其动机，是“类”的功夫；经此步骤，才能情投。

变成利刃了，才不会任人宰割。对事必要理智，不能净是感情用事。理智从哪儿来？理智，是自性智来的，“穷理尽性以至于命”（《易经·说卦传》），要复性。

办事的方法——“和顺于道德而理于义”，义者，宜也，恰到好处。将人性的智慧还原了，即复性。

要用脑子，将我的话都整理在一起，在启发你们。

政治家不分男女。现代以来，女人较有成就的是宋庆龄（1893−1981）。

好的幕僚很重要，要慎思、明辨、笃行。曾文正成于其幕僚，学人特别多，是秀才造反成功者。

没有道交的朋友，没用。“以道事君，不可则止”（《先进》），朋友必得道交，君子之交淡如水。你们有几个好朋友？有没有一个交往三年以上的朋友？如再不能深入，你们实太浅了！你们会用环境？懂得交之道？出去一趟，结几个果？

不论什么环境，你们也不会用。没有机会，要制造机会，有机会还不会用？就是做特务，也得有几个路子。懂得乘势？会用？

可以到外国去，但不要入外国籍。

学过的智慧，得用上，否则就不是智慧。“无入而不自得”，做贼的到哪儿，都不能空手回。你骂我老狲，那我就到处演老狲，此即乘势。话少说，说多了，为人开路。

21. 哀公（鲁哀公）问社（社主，今农业试验所）于宰我。宰我对曰："夏后氏以松，殷人以柏。周人以栗，曰'使民战栗（敬谨）'。"子闻之，曰："成事（事之已熟）不说（音 shuì），遂事（事之已行）不谏（改正），既往不咎（加上罪过）。"

《史记·仲尼弟子列传》：宰予，字子我。言语科，利口辩辞。

《论语说义二》：文公失丧礼三年之意，欲为久丧……自是鲁之丧法遂阙，沿至哀公之世。疑而问主于宰我，宰我陈用栗之义，曰"使民战栗"。《尧戒》曰"战战栗栗，日慎一日"。战栗者，敬谨之谓也。

社主：因土地之宜，种一种树木于社，以明这个土地之性质、宜种何种树木。

皇天后土。"社"，五土之神，能生万物者。

五土：东方青土，南方红土，西方白土，北方黑土，中央黄土。五色土覆于坛面，象征国土。古代把祭土地的地方、日子和礼都叫社。

人说话，得有分寸。多说话，坏了！无一人因为多言而成功的。

《论语说义二》：公患三桓之侈，三桓亦患公之妄，皆无"战栗"之意。昭公哀公，其祸一辙。孔子烛之于微，知谏无益，故曰"遂事不谏"……然皆始于文公无君无天，以致政在大夫，陪臣执国命，其咎皆在于"既往"。

"成事不说，遂事不谏"，不要重视人家的过去，已经成的事，再啰唆有用？以之作为借鉴，不必重视已经过去的。"来者可追"，要重视未来。

"既往不咎"，已经过去的，就不要再加上罪咎了。

22. 子曰："管仲之器（治器）小哉！"

器小易盈，管仲有一统天下的机会，却不去做。讥管仲是伪君子。

《春秋繁露·精华》：齐桓挟贤相之能，用大国之资，即位五年，不能致一诸侯，于柯之盟，见其大信，一年，而近国之君毕至，鄄幽之会是也。其后二十年之间，亦久矣，尚未能大合诸侯也，至于救邢卫之事，见存亡继绝之义。而明年，远国之君毕至，贯泽、阳谷之会是也。故曰："亲近者不以言，召远者不以使。"此其效也。其后矜功，振而自足，而不修德，故楚人灭弦而志弗忧，江黄伐陈而不往救，损人之国而执其大夫，不救陈之患，而责陈不纳，不复安郑，而必欲迫之以兵，功未良成，而志已满矣。故曰："管仲之器小哉！"此之谓也。自是日衰，九国叛矣。

既是器，也必要培养器质，有器识、器量。如见人好，不舒服，就是器量太小，嫉妒。嫉妒者，最是卑鄙！

看自己有德否，如见人好不舒服，就代表你缺德。人家不好，你说什么？一说，你与他都不是人，是非者就是是非人。没有比自己再知自己的。你在我面前说人，我就知你是坏人。道德，非自己说好坏。第一看"德"，第二看"量"，对人即知一二。

做领袖，必先守“分”与“寸”，再培养器识、器量。为人，要懂得“分”与“寸”。德最重要，先自“守分”入手，有守才有为。无守，官大胆大，一判罪，就无期徒刑。

读书，在改变器质。扩大器识、器量，都是用培养的，《中庸》“博学之，审问之，慎思之，明辨之，笃行之”。“君子不器”，器有定量，不器才能“与天地合其德”。器识、器量完全是学养。学得去行，即学养。

领袖怎么养自己？如种花不易，养人品更是不易。不是有地位就伟大，有人因官大才坐牢。学了，得养，要用各种成分培养。想成才，必学而后养。现在人人皆不学，只要你肯学，必定成功。

世纪要变了，应到改头换面之时了。要奉元，二十一世纪绝不是出卖祖宗了。人必得有梦，才能往下奋斗。

中国是大国，二十一世纪人类文化之先，要以何方式走入二十一世纪？物资早晚必缺，不足以耀世。

不能解决问题的，就不是真学问。欺世盗名能成就事业？每天尽作秀，无一件真事。早晨起来，就是欺。

我教书时，学生不读书，是他祖上无德、儿孙不争气，只要卷上有字给六十分，不看。当所长则不然，要尽责，论文必看，所请教授必慎重。

我在日本时代，不做汉奸；蒋家天下，不当走狗。

或曰：“管仲俭乎？”曰：“管氏有三归，官事不摄（摄，一人兼二职），**焉得俭？”**

“俭”，不侈，不同于“吝”，是自己该有而不有。“俭者，不夺人”（《孟子·离娄上》），故俭能养廉。

“三归”，三个家，三归台。

“三归”释义：一、三处家庭。俞樾《群经平议·论语一》云：“所谓三归者，即从管仲言，谓管仲自朝而归，其家有三处也。”二、地名。指管仲之采邑。《晏子春秋·内杂下二八》称：“昔先君桓公，有管仲恤劳齐国，身老，赏之以三归，泽及子孙。”三、台名。汉刘向《说苑·善说》：“管仲故筑三归之台，以自伤于民。”宋王应麟《困学纪闻·论语》云：“《说苑》：管仲筑三归之台，以自伤于民。”朱熹《集注》取之。四、指按常例缴纳给公家的市租。清郭嵩焘《释三归》称：“此盖《管子》九府轻重之法，当就《管子》书求之。《山至数篇》曰：‘则民之三有归于上矣。’三归之名，实本于此。是所谓三归者，市租之常例之归之公者也。”

“官事不摄”，没有兼差的，用许多官。

有功的人，没有不骄的。

“然则管仲知礼乎？”曰：“邦君（国君）**树塞门**（木屏风或土墙），**管氏亦树塞门。邦君为两君之好**（外交关系），**有反坫**（音diàn，返爵用，如今茶几），**管氏亦有反坫。管氏而知礼，孰**（谁）**不知礼？”**

“树塞门”，用屏风挡住门。“反坫”，为两君之好敬酒，有放置酒杯的设备。

管仲功高震主，国君用什么礼法，他就用什么礼法。

人守分太难！此即“淫”，越分，无守。

23. 子语（告）**鲁大师乐**（乐官），**曰："乐其可知也。始作，翕**（合乐）**如**（形容语尾词）**也；从**（纵，乐音扬开后）**之，纯**（音调和谐）**如也，皦**（音 jiǎo，音节分明）**如也，绎**（相续不断，一气呵成）**如也；以成**（奏完一个组曲）。**"**

《论语说义二》：《孔子世家》于鲁哀公十一年，孔子反鲁后，记孔子语鲁太师乐其可知也……即"乐正、雅颂得所"之事。

音乐之道，乐、政均有律。音乐的道理，与做事的道理同。"声音之道与政通"，闻其声，知其政。《春秋公羊传·宣公十五年》曰："什一者，天下之中正也。什一行，而《颂》声作。"民以食为本，此帝王之高致也。

"乐其可知也"，奏乐都有一定的步骤。一拍即合，太危险！

以前的人都会一点音乐，聪慧者懂得愈多。

"始作"，开始奏乐。"翕如"，要合乐器，先和弦，看是否同调，许多不同乐器合奏，成乐律。

调众，是个功夫，万民同心，如和弦，必要费很多工夫。

"从之"，纵之，如乐音扩展开后。"纯如也"，其声纯一，和而不杂；"皦如也"，宫、商、角、徵、羽皆清清楚楚、明明白白，节奏分明；"绎如也"，相续不断绝，一气呵成。

"以成"，奏完一个组曲。乐一终为一成，《尚书·益稷》"箫韶九成"。以前奏乐，一成、一段、一乱。乐之卒章曰乱，"关雎之乱"。乱，结论，结尾之引文。

做事，均几个曲成一组；都做完，才叫"成"。做事必合，合最难。各重己私，还能合？五育——德、智、体、群、美。

群德，培养合，“群而不党”（《卫灵公》），一结党，就偏私。“百忍堂中有太和”，开会决议了，就得合作。

亲兄弟上法院，就为争利，人性何在？到底留东西否？台湾要好好树立德风。“晏平仲善与人交，久而敬之”（《公冶长》）。台湾的选举文化，把人性都弄没了，口不择言。

我不主张人从事杀生的行业，宁可卖豆腐，也不要卖鸡鸭鱼肉。它活，何以叫它不活？心里舒服？也绝不可以做官，要选择有利于仁的职业。做官，十个有九个有害于仁，不做官也不会弄到家破人亡。如真有宗教观，台湾将来必遭劫，专吃生猛海鲜。

以前吃完饭含槟榔，在消齿缝渣，中药店有。不可以常轻视人家文化！文化可以比较，不可以轻视，但有主观。

人生最要紧的是择偶与择业。娶妻以德，人的伟大在能尽人的责任。

如尽求美满，到不美满，就很痛苦。没有全，经验完，慢慢就明白。不求全，但基本的德不可少。

生小孩，照顾不好，莫不如不生。既然成年了，就要过人的生活，不要索隐行怪。

人就是人，是人，就会犯人的错误。责备一个人的伪，不能伪，此为自欺。欺人不易，自欺的人永不悔改，将自己限制住必作假。我不喜欢说假话的人。欺人谈何容易？人之视己，如见其肺肝然。

知自己责任之所在，大家好好学，别被客观环境所转。我生在亡国奴的时代，不做汉奸。

我是清室“宗社党”硕果仅存者。

宗社党，正式名称“君主立宪维持会”，由满族贵族组成。

“人之生也直”，直人即真，失真，即失直，“罔之生也，幸而免”。要有正知正见。你们没有自持之力。“持”，住持、操持、持斋。

你们生于盛世，不要做梦。你们也会过去，认清时，好好努力，不要妄想。

《易》，元之体；《春秋》，元之用。今后奉元，世界大同，二十一世纪必是人性化的文化。

每一堂课好好听，都能做事。

我以前的纳税者，有台湾五倍大，我都不在意，号“安仁居士”，患难、富贵、夷狄，皆一也。

必要走得正、行得正。有所畏惧，就有所屈，到哪儿也走不通，人一有屈，就站不住。不能说出口的事，千万不要做，权势一过，就要坐牢。

24. 仪封人（封疆之官）**请见，曰：“君子之至于斯也，吾未尝不得见也。”从者**（弟子从孔子者）**见之。出曰：“二三子**（诸位）**何患**（担心）**于丧**（道没了）**乎？天下之无道也久矣，天将以夫子为木铎**（传道人）**。”**

“仪封人”，边防小官。自其说话的口气，可知为一仁者，有道德、有学问，但为谋生，当一小吏。

不必担心天下无道，天下无道已经很久了。但现在开始，天将以你们的夫子作为传道人。

25. 子谓（评论）《韶》（舜乐）："尽美矣，又尽善也。"谓《武》："尽美矣，未尽善也。"

《春秋繁露·楚庄王》："凡乐者，作之于终，而名之以始，重本之义也……舜时，民乐其昭尧之业也，故《韶》。'韶'者，昭也……文王之时，民乐其兴师征伐也，故《武》。'武'者，伐也。"

"尽美"，指乐音；"尽善"，指乐德。尧舜以揖让得天下，故《韶》乐尽美又尽善。

《武》乐，有杀伐之音，因以武力得天下，缺德。

"声与政通"，闻其声，知其政。

《礼记·乐记》：凡音者，生人心者也。情动于中，故形于声。声成文，谓之音。是故治世之音，安以乐，其政和；乱世之音，怨以怒，其政乖；亡国之音，哀以思，其民困。声音之道，与政通矣。

26. 子曰："居上（在上位者）不宽（容人之量），为礼不敬，临丧不哀，吾何以观之哉（还值得看）？"

此章讲观人、任人之道。

宽，才能容，"宽裕温柔，足以有容"（《中庸》），能得众。要培养器识。

《尚书·舜典》"敬敷五教，在宽"。"处大官者，不欲小察，不欲小智"（《吕氏春秋·贵公》），"古者圣主冕而前旒，所以蔽明也；纮纨（音 hóng dǎn，古代垂于冠冕两旁悬瑱的带）充耳，所以掩聪也。水至清即无鱼，人至察则无徒"（《孔子家语·入官》)。明有所不见，听有所不闻，“无求备于一人”(《微子》)。

“为礼不敬”，礼主于敬，“毋不敬”(《礼记·曲礼》)，“礼云礼云，玉帛云乎哉”！

“临丧不哀”，丧时，食旨不甘、闻乐不乐、不歌，哀戚在心。

孔子活着时，穷得要死；死后，走运，吃了几千年的生猪肉。

孔子以外之学，在历代被视为异端。元、明、清三代讲朱学，因为朱子值得利用。

天天学传统东西，那传统的学问是什么？孔学，一家之言。显学，老子、庄子、墨子。今天不是讲一家之言的时候，讲夏学，不论时代、不论书的真伪，非尽讲仁义。

中国思想有八家必看：孔子、韩非、荀子、墨子、商君、孙子、老子、庄子。

称“夏历”，没学问才叫农历。中国自开始就称“夏”，《尚书·舜典》称“蛮夷猾(音gǔ，乱也)夏”。唐尧，美国有唐人街，即中国人的街。日本学唐朝文化，是武则天时代。天照大神，实是“天朝大臣”的音转，即徐福。

“天命之谓性，率性之谓道，修道之谓教”(《中庸》)，生就是性，“人之生也直”，“生生之谓易”。

我以前出门要请假，唯一方便的是听演讲，但叮咛：“不可以听胡闹的。”此太师母称胡适，因为胡适骂孔老夫子最厉害。

你们要好好读书，你们一无所知，连一点也不知道，太贫乏了！就只懂与生俱来的智慧。连五十岁的人都少有会写信封的。传统学问是什么？过去的中国人被愚民太久了，只会高喊“皇帝万岁，万岁万万岁”，必要洗洗脑。

你不喜欢听我的，就像我不喜欢听你的一样。有儿子还饿死，没有儿子可以到养老院。

我养成早晨必散步的习惯。刚来台时，草山（阳明山）连面线也没有。那时人穷，但有人性，卖东西先送块品尝。

必得自己认识自己，要好自为之。生于斯、长于斯，何以还天天做白日梦?

今天，表面光有钱，但没有文化基础，成什么社会了？不是有钱，就代表这社会好。每天有事，奸、盗无日无之，人家怎么评价？没有深厚的文化不行。教育为第一要义，但也非一日之功。

文化是从想法来的，即思想。有思想了，就有文化。

传统文化是什么？传统思想是什么?

民族依赖文化，你们又了解多少中华文化？北大对办事者皆称“老师”，不叫“先生”。台湾基础没那么深厚。港、澳、台，是中华文化最浅的地方。

南方文化，不是《梁祝》，就是《三笑》，净风花雪月。中国那么大，南北就差那么多。

现在学校的风气坏，教授开课专为讨好学生。

你们要好自为之。有些做官的无一人会做事，将公帑用于争名夺利。官有人做，但是什么问题都解决不了，就因为“不学无术”！一个人的一举一动，代表其家庭环境、教育程度、“教养”与“学养”。

清朝刚逊位时，民初思想界百家争鸣，极为热闹，结果一事无成。

汉奸之误国，尤其以引狼入室的汉奸最为可恶。

国家，任谁也毁不了，人必要有远见。

大玉儿（孝庄文皇后）等于当政三朝，其家在今天的内蒙古，与蒙古国相接。

1. 子曰："里仁为美。择不处仁，焉得知（智）？"

朱熹注："里有仁厚之俗为美，择里而不居于是焉，则失其是非之本心，而不得为知矣。"朱子此解有所疏失。立说必要小心，不可以随兴之所至。

古有八股，今亦有。所有的注解，都有其时代背景。讲书要仔细，不可以信口开河，所以要依经解经。

"里仁为美"，为择居；"择不处仁，焉得知"，为择业。不是都谈择居。《论语》文字简练，应不致重复。

依《孟子》"矢人与函人"之说，亦可证之。《孟子·公孙丑上》："矢人岂不仁于函人哉？矢人（造箭的）惟恐不伤人，函人（造甲的）惟恐伤人；巫匠亦然。故术不可不慎也。孔子曰：'里仁为美；择不处仁，焉得智？'夫仁，天之尊爵也，人之安宅也；莫之御而不仁，是不智也。不仁不智，无礼无义，人役也。人役而耻为役，由弓人而耻为弓，矢人而耻为矢也。如耻之，莫如为仁。仁者如射：射者正已而后发；发而不中，不怨胜已者，反求诸已而已矣！"所以"术不可不慎也"，因为人的职业不同，心地亦不同。

不处于仁者之业，为求职业上发展而有所失德，所以择业必须注意。虽不是做矢人，而做的是同于矢人的事，则人必对你加以小心。如果没有智慧做一事，可能成为终身之忧，"故术不可不慎也"。

"择不处仁"，可见是以"仁"作为择业的标准，因为"仁"乃"天之尊爵，人之安宅"。"焉得智"，不懂得择处于仁的职业，怎能称得上是智者？可见择业是何等重要！

出生，是人的第一次投胎，没有选择权。职业，是人的第二次投胎，应慎于取舍，前途好坏完全在自己。人生的两件大事：择偶与择业。如两件事都择错，那这一生也就完了！一件择错了，就半身不遂。

择偶的原则："贤贤易色"，重视对象的德，而轻其色貌。一个人遇事，必要深思。旧社会是"娶妻以德、纳妾以色"，所以有智慧，必得用在知人上。

人生，必要像个人生，要有个好的家庭与职业。择业，业如择不好，还可以更换；择偶，老婆没有择好，可不能随便换，所以更是要"慎择"。人生不美满，绝不是一般人能过得去的。人都是迷，知人特别难！

知识最为重要，但仍要有修养，否则知识用偏了，就坏！满族女人好的如孝庄太后、慈安太后，坏的如慈禧太后。慈禧是秀女入宫，比慈安大两岁，荣禄曾与她定过亲。皇后是以德为尚，咸丰帝敬其后慈安。

2. 子曰："不仁者，不可以久处约（困穷），**不可以长处乐**（快乐环境）。**仁者安仁，知**（智）**者利仁。"**

生生之德为仁，皆禀于天性。

"不仁者"，失去大本者，久贫则为盗，久贱则为谄，到快乐环境也变。所以要"复性"，"复其见天地之心乎"。

仁者爱人，仁者无不爱也。"君子体仁，足以长人"（《易经·乾卦·文言》），昔有"体仁阁大学士"。

"仁者安仁"："其心三月不违仁"，"造次必于是，颠沛必于是”，“素富贵行乎富贵，素贫贱行乎贫贱，素患难行乎患难，素夷狄行乎夷狄”（《中庸》），到任何环境皆行其仁，安而行之，“安仁者，天下一人”（《礼记·表记》）。

“智者利仁”：智者有慧眼，不迷，所做的事皆于仁有利，但仍未到“安仁”的境界。不糊涂，知道“利而行之”，但只到“利仁”的境界；如能由之再往前，则达于“安仁”的境界。

3. 子曰：“唯仁者能好（音hào，当动词，喜好）**人，能恶**（音wù，当动词，讨厌）**人。”**

“仁者”，有正知正见，“遏恶扬善”（《易经·大有》），故能喜好好人，能讨厌恶人。知识分子要培养正知正见，做时代的中流砥柱。

常人则是“非我族类，其心必异”（《左传·成公四年》），认为只要是臭味相投，就是好的。

“乡原（愿），德之贼也”（《阳货》），乡愿不得罪人。但是遇事，往往没有是非标准可言，乡愿乱德，《孟子·尽心下》曰：“恶似而非者：恶莠，恐其乱苗也；恶佞，恐其乱义也；恶利口，恐其乱信也；恶郑声，恐其乱乐也；恶紫，恐其乱朱也；恶乡原，恐其乱德也。”

4. 子曰：“苟（诚，真的）**志于仁矣，无恶**（音è）**也。”**

“志”，心之所主，念兹在兹。如真有志于仁，那就不会做恶事了。

人因所志不同，而结果有别，“观过，斯知仁矣”。

发现自己一有坏心眼，应快快律己。人要坏，四十开外，因为有了经济基础，正是坏的开始，至死方收心。戒之！至死方休！

5. 子曰：“**富**（有钱）**与贵**（有地位），**是人之所欲也，不以其道得之**（太丢脸），**不处也。贫与贱，是人之所恶也，不以其道得**（应是‘去’）**之，不去也。君子去仁，恶**（音 wū）**乎成名？君子无终食**（音 sì，一饭之间）**之间违**（离）**仁，造次**（急遽之时，‘仓卒’之转音）**必于是**（仁），**颠沛**（流离之际，‘颠仆’之转音）**必于是。**”

欲，有欲乃有惑，而惑于欲。“四十而不惑”，是能不惑于欲。“嗜欲深者，天机浅”，智者能不惑于欲。

“贫与贱，是人之恶也，不以其道得之，不去也”，“得”字应是“去”字误。但是中国的旧规矩，经书有错也不能改。

贫与贱，是人之所不喜的，但是要去贫、去贱，亦得有道。“天行健，君子以自强不息”（《易经·乾卦》），行健不息是“去贫、去贱”的不二法门。

“君子去仁”，此处“君子”，指有地位者。

“君子务本，本立而道生。孝弟也者，其为仁之本与”（《学而》），“仁者，人也”，即为人之道。

“仁者安仁”，不论在仓促之间、流离之际，无一会儿之间离开仁，“素富贵行乎富贵，素贫贱行乎贫贱”，实至名归，名实相副。“道也者，不可须臾离也；可离，非道也”（《中庸》）。人要无德，绝不能成事。

人在患难环境中，必要有所守；偶一不慎，任何人都会打死你。要手段、费尽心机而致祸者，极为危险。乱世中杀一个人，比杀一只鸡容易。人在生命攸关之际，想法就多；在逃难时，极为难守，而无不为矣！

6. 子曰：“我未见好仁者、恶（音 wù，讨厌）**不仁者。好仁者，无以尚之**（高尚无比）。**恶不仁者，其为**（行）**仁矣，不使不仁者加乎其**（己）**身。有能一日用其力于仁**（行仁）**矣乎？我未见力不足者。盖**（疑词）**有之矣，我未之见也。”**

《论语说义二》：此其好恶皆秉于性分之中，而不为智诱于外，岂易见其人哉？

《论语说义二》：伤一世之心术日离于仁，重言“我未之见”，视未见好仁之语，其意益深切矣。

“好仁者”，是仁者安仁，故“无以尚之”，是一等。

“恶不仁者”，是智者利仁，不使不仁者加乎己身，是一等。

“用其力于仁”，即勉力以行仁，强仁，“强恕而行”（《孟子·尽心上》），又是一等。

“盖有之矣”，有上三等人，但“未之见也”。

“为仁由己”（《颜渊》），不由人，自在，皆自得也。

“为长者折枝”，乃是举手之劳，“非不能也，是不为也”（《孟子·梁惠王上》）。日行一善，勿以善小而不为。你们要困知勉行，“困而不学，斯为下矣”（《季氏》）！

《论语说义二》：伤一世之心术日离于仁，重言“我未之见”，视未见好仁之语，其意益深切矣。

三个“未见”，在层次、德行上有何不同？不明白，即无法学怎么做。悟不明白，就没有读中国书的程度。

读古书，有那么简单？以你们的程度，必须读四五十年。

经书，是讲行的方法，都得做。《大学》，从修身开始到天下平，即大同世，亦即华夏世界。民族精神，是要用行为表现出来，不是用言语讲的。

我在铜锣有三十几甲地。苗栗县最为安分，但一年就有两个杀夫的，而且一杀十一刀，直至对方不动为止。没有法律常识，否则离婚即可。社会至此，谁来负责？法官一年办两个杀夫案，慨叹！

7. 子曰：“人之过也，各于其党（类）。**观过，斯知仁矣。”**

一、看一个人所犯的过，就可知其仁不仁。哪一种人犯哪一种过。

“不识其人，则视其友”，物以类聚。孤高自赏，因没类也。

《孔子家语·六本》：“不知其子，视其父；不知其人，视其友；不知其君，视其所使；不知其地，视其草木。故曰：与善人居，如入芝兰之室，久而不闻其香，即与之化矣；与不善人居，如入鲍鱼之肆，久而不闻其臭，亦与之化矣。丹之所藏者赤，漆之所藏者黑。是以君子必慎其所与处者焉。”

二、有时为行仁而得过。有过，才显出他是仁，有时会因过得福。

只要纯仁为之，就不会有可耻。

小的过，如子路为其姐舍不得除服。

《礼记·檀弓上》：子路有姊之丧，可以除之矣，而弗除也，孔子曰："何弗除也？"子路曰："吾寡兄弟而弗忍也。"孔子曰："先王制礼，行道之人皆弗忍也。"子路闻之，遂除之。

"观过，斯知仁矣"，因人有过，才显出他是仁。人做事，都会有人批评。

证严，有人批评她下面的人有骗她的。但她不但不恨，还为他祷告，证明证严之仁！

人真的懂是非？愈做好事，愈是有人抹黑。

哪类人，犯哪类过错。什么社会？何以出手必置人于死地？仁心与仁术完全没有。蝼蚁尚且偷生，遇危机，仍会乱窜。

真想有成就，必要有精神力量，才能"造次必于是，颠沛必于是"，懂得仁义、是非、黑白。

今天读书人明白的少。中国人就有中国人的道德水平，所行必得符合标准，做错事掩饰都不行。

过，咎悔，或于衣食住行，或于声色货利上，人的良知，自许多不值钱的东西表现出。良知之美，连一个小东西都爱，何况于人乎？

有害于自己的，为小过；有害于人的，为大过。"小人之过也，必文；君子之过也，如日月之食焉。过也，人皆见之；更也，人皆仰之"（《子张》），"求仁而得仁，又何怨？"（《述而》）

颜回"不迁怒，不贰过"，贰过，才是过。孔子"五十以学《易》，可以无大过"，仍小过不断，但不害其成圣。

我在台坐五十年，如稍一马虎，在台北就可能儿女成群。

8. 子曰："朝闻道，夕死可矣！"

形容闻道的重要！知而必行。

必好好认识中国文化，知道中国人为什么而活。

"人能弘道"（《卫灵公》），人活着，就是要行道，立身行道，本良知、天性做事。行道，"力恶其不出于身也，不必为己"（《礼记·礼运》）。

天吏，是替天行道之吏。

《尚书·胤征》："天吏逸德，列（烈）于猛火。"《孟子·公孙丑上》："无敌于天下者，天吏也。"赵岐注："天吏者，天使之也。为政当为天所使，诛伐无道，故谓之天吏也。"唐皮日休《手箴》："身高道端，毫直国吏。敬之戒之，俟为天吏。"宋陈师道《理究》："贤而在下，谓之天民；贤而在上，谓之天吏。"

"朝闻道，夕死可矣"，知道是多么重要！知道要能行。"道"，不是空的，"率性之谓道"，能"尽性"，按本性做事，尽己之性→尽人之性→尽物之性，最后"与天地参矣"！

孔子"五十而知天命"（《为政》），绝对本人性做事，即尽性。"五十以学《易》，可以无大过"，即知道，本着人性做事，尽性。

尽性，是从学《易》来的；学好了，必给学生讲；学生听不懂，故曰"夫子之言性与天道，不可得而闻也"（《公冶长》）。

什么叫文章？即内圣外王之道，大块文章。你们写的文章，比丝还乱，谈何容易！

“不易乎世”（《易经·乾卦》），不要被世俗改变。作秀，丑态毕露，哀莫大于不知耻！尽性的人，就知耻。人活着，就是要尽性，本良知、天性做事，就是一天，也就够了。有一天能本着天性做事，就是晚上死，也就够了。证明人一天难以本着良知做事。

读书，是为了改变器质，要行得好。知行合一，叫作学；知行不能合一，不叫作学。

9. **子曰：“士志于道，而耻恶**（音è，粗劣的）**衣恶食者，未足与议**（议道）**也。”**

《论语说义二》：正人心者，始于端士习；端士习者，始于识廉耻也。

“士”，抱十合一，是读书开始做事时。知道→志于道→行道。

衣、食，乃最起码的行为，人每天都需要。但读书人“耻恶衣恶食”，以吃、穿不好为耻者；“未足与议也”，不足以与之议道。

子路不以穿破袍子为耻。重口体之欲者最没出息，是最自私的，就怕因此而无不为矣，不足以与之议道。“风俗之厚薄，系乎一二人心之所向”（曾国藩《原才》）。

教什么？学什么？“率性之谓道，修道之谓教”（《中庸》），性生万法。

看一个人的行为，就知其人如何。到外面必接触人，有个标准。

一个眼科医师嫁给演员，真是奇迹！所为何来？绝没学好，医亦有医道。如深于医道，也不会看脸嫁丈夫。

10. 子曰：“君子之于（对于）**天下也，无适**（音dí，专主观念）**也，无莫也，义之与比**（音bì，亲比）。”

做事以“义”作为标准，凭良心做事。

“无适”，无主观见解；“无莫”，无绝对不做。

“义之与比”，就看合乎“义”否，再决定做与不做，唯义是从。

“不义而富且贵，于我如浮云”（《述而》）。“见义不为，无勇也”（《为政》）。

以仁治人，以义治我。治人者，必始于治己。

《春秋繁露·仁义法》：仁之法在爱人，不在爱我；义之法在正我，不在正人。我不自正，虽能正人，弗与为义；人不被其爱，虽厚自爱，不予为仁。

我们是天下观，没有际、界。国际有际、世界有界，要“泯（除，去掉）际界”，天下一家，人类大同。

自根上来，有步骤、有章法，一步一步来，把宇宙事调理得有条不紊。

孔子何以为“圣之时者”？“可以仕则仕，可以止则止，可以久则久，可以速则速”（《孟子·公孙丑上》），“无可、无不可”（《微子》）。

每句话都“我”不要，焉能有希望？谈话净是主观。什么书都读过，但什么都没懂。应是“不因人废言”（《卫灵公》），但一般人都因人废言。

六祖的东西，并不深奥，但是出自良知，从人性出发。如他认字，应是自《中庸》来的，但他不认字，是自性来的，性生万法。

要琢磨：何以不合理？有根据，依经解经。

11. 子曰：“君子怀德，小人怀土。君子怀刑（型），**小人怀惠**（贪利）。”

“德”，善行的结果，道之舍（止），是有利于别人的行为。

“德”与“贪”相对，戒贪。昔日衙门的影壁，画“贪”。

照壁，又称影壁或屏风墙。衙门的照壁，不但有风水上的含义，上面的画还有着警示官员的作用。照壁的背面，通常会画有一只怪兽，名字叫“贪”，四蹄似牛，头上长角，身上有鳞，尾巴翘得很高，嘴巴张得很大，两眼突出，身上挂满了宝贝还不满足，恨不得把太阳吞下去。足见其欲望和野心有多大！主要是警戒官员要克己奉公，清正廉洁，不要贪赃枉法，否则会自取灭亡。

修德，有得于心，心得。“怀德”，对社会有什么贡献。“君子怀德”，君子应怀对社会有什么贡献。

“小人怀土”，“安土敦乎仁，故能爱”（《易经·系辞上传》），“衣食足，然后知荣辱”（《管子·牧民》）。一般人“分地利以养父母”（《孝经·庶人章》），古人拿“父母”代表整个家。

“怀德”，自“怀刑”来的。“怀刑”，“刑于寡妻”，“刑”，型也，“见贤思齐”。见温文儒雅者，想与之学习，向他看齐。孔子为儒者之型。

但“怀型”，则囿于“型”。乱世，大家都想做诸葛亮。

“怀刑”，成德之谓君子，君子还怕犯法？是“怀型”。古“刑”同“型”，“刑于寡妻”，即“型于寡妻”，做妻子的模范。

有宗教信仰者要“怀型”，必须行为赶上他所怀型的对象。

“怀惠”，老百姓就想五亩地怎么种，可以比别人的十亩地生得多，所以怀惠。“惠”，《说文》云：“仁也。”“安民则惠”（《尚书·皋陶谟》），“其养民也惠”（《公冶长》），“惠而不费”（《尧曰》），老百姓认真工作，得了惠，也不费什么。

如果每个人都守分、安分，那天下怎么会乱？老子说“生而不有，为而不恃”，孟子说“万物皆备于我”，应是多么知足，何以要拼命糟蹋？老子、孟子此二思想完全不同。要领悟思想的层次。

太慢了，整理不完。人真明白，不易。熊十力有很多书要写，却没有完成，上帝不帮忙。

熊十力的智慧高。后天培养固然重要，但生而知之更为重要。

12. 子曰：“放（音 fǎng，依也）**于利而行，多怨。”**

人皆好利，好处想一人得，独占，得不到的，绝对怨之。

凡事依例而行，多惹人怨！不要有独占的心理，太自私！现在人多半不知道有别人的存在。

昔日限制为官者与民争利，《大学》云：“畜马乘不察于鸡豚，伐冰之家不畜牛羊，百乘之家不畜聚敛之臣。与其有聚敛之臣，宁有盗臣。此谓国不以利为利，以义为利也。”“何必曰

利？上下交征利，而国危矣！”（《孟子·梁惠王上》）

《易》称“利者，义之和也”，“能以美利利天下，不言所利，大矣哉”（《易经·乾卦·文言》），谋的是天下人之大利；董子说“正其谊不谋其利，明其道不计其功”（《汉书·董仲舒传》），知识分子在正义明道，何必净谋利、计功？孟子说：“上下交相利，而国危矣！”（《孟子·梁惠王上》）

想有成就，要先立身。有好的行为表现，即为德，是利他的行为。儒者，人之所需，是利他的。

13. 子曰：“能以（用）**礼让为**（治）**国乎，何有？不能以礼让为国，如**（奈）**礼何！”**

《论语说义二》：不以礼让，则诸侯僭天子，大夫僭诸侯，其祸相因，亦由己而推。

能以礼让治国，何难之有？即没有难处。

“礼”，是让之文；“让”，是礼之实。不行礼让，那礼有何用？

《尚书》首让，尧、舜行禅让之制。“泰伯，其可谓至圣也已矣，三以天下让，民无得而称焉”（《泰伯》）。

14. 子曰：“不患（担心）**无位**（职位），**患所以立**（立于此位）。**不患莫己知**（莫知己，没人知我），**求为可知也。”**

《论语说义二》：“不学礼，无以立”，是所以立者礼也。

“位”，有天爵、有人爵，学术之位、德位，“圣人之大宝曰位”（《易经·系辞下传》）。

“不患无位”，不必担心你自己没有位；“患所以立”，应担心的是：你用什么来立自己的位？“何以守位曰仁”（《易经·系辞下传》）。

《白虎通·三纲六纪》：“君者，群也，下之所归心。”君，群之首，一位也。“贤者在位”（《孟子·公孙丑上》），要“素其位而行”，“不素餐兮”（《孟子·尽心上》），不能尸位素餐。

“不患人之不己知，患其不能也”（《宪问》），做可叫人知的事，不叫人知都不行，故曰“人不知而不愠，不亦君子乎”，何等坦荡荡！

积财万贯，不如薄技在身，不要总是想攀关系，就看你自己能干与否。只要你真能了，马上就起来，因为社会就是需要而有用，“要有用时，自找上门来”。

不必求人，而是要求己，因为无论好坏，皆操之在己。“求，则得之；舍，则失之。”（《孟子·尽心上》）万物，皆自得也。

印老（印顺法师）有证严一队仔，就够了！书读多少，知道怎么做事，不易！

15. 子曰：“参（曾参）**乎，吾道一以贯之。”曾子曰：“唯**（是，敬词）。”**子出，门人问曰：“何谓也？”曾子曰：“夫子之道，忠恕而已矣。”**

伏羲“一画开天地”→演一。

老子“道生一，一生二，二生三，三生万物”（《老子》第四十二章），“昔之得一者，天得一以清，地得一以宁，神得一以灵，谷得一以盈，万物得一以生，侯王得一以为天下贞”（《老子》第三十九章）。

孔子问道于老子，“得一”了，对弟子说“吾道一以贯之”。此应是孔子“得一”时所说的。但孔子也没有谈及他是如何“得一”的，只对学生说“吾道一以贯之”。证明此时孔子“得一”了，但仍崇拜传统道家之学，以此唬弟子。

“唯”，答应声，是恭敬词。“诺”，是普通词。看层次。

你和我老打什么谜语？曾子又将一变为二，说是“忠恕”，“忠恕，违道不远矣”（《中庸》）。曾子所答与孔子所说，层次不同。

孔子“得一”。孟子亦“得一”，问：“天下恶乎定？”答：“定于一。”问：“孰能一之？”答：“不嗜杀人者能一之。”（《孟子·梁惠王上》）

孔子最后觉得“一”不够圆融，乃“变一为元”，《春秋繁露·玉英》称：“惟圣人能属（音 zhǔ）万物于一而系之元也，终不及本所从来而承之，不能遂其功，是以《春秋》变一谓之元。元，犹原也，其义以随天地终始也。”

“属一系元”，由一变元，孔子自此走到老子的前头，思想更进一步，思想境界更高。《易经·乾卦·文言》曰：“元者，善之长也。”《易经·乾卦》曰：“大哉乾元，万物资始，乃统天。”自元入手，要脱掉一切环境的束缚。

“元”动以后，就六点，我（·）、你（··）、他（∴）。孔子之学讲“元”，《大易》与《春秋》皆讲元，故称“元经”。

讲书，不可以没有根据。孔子说“吾道一以贯之”，要将《四书》《五经》都串在一起，依经解经。

你有脑子，天下异说多得很，要自己下功夫，必要求真知，虚心学。看书越多的，胆子越小。不读书的，眼睛一瞪，谁都要听他的。

中国今后绝对是强国，必要在文化上树立强国，不要随着西方起舞，要真下功夫。

注，是一家之言，可以有百样。要看古人是怎么想的，不能用今天的思想解释古人的思想。

了解古人的思想有源，那支流要怎么流都可以，“万物并育而不相害，道并行而不相悖。大德敦化，小德川流”（《中庸》）。

16. 子曰：“君子喻（明白，晓然于心）**于义**（宜），**小人喻于利**（惠）。”

《论语述何》：董子曰：“皇皇求仁义，常恐不能化民者，卿大夫之意也；皇皇求财利，常恐匮乏者，庶人之事也。”故君子不可货取，而小人常因其所利而利之。

“义”，“见得思义”（《季氏》），一介不取。“利”，“小人怀惠”，分地之利。此君子与小人之别。

君子、小人，即义利之辨。“孳孳为利者，跖之徒也。”（《孟子·尽心上》）

《庄子·盗跖》：孔子与柳下季为友，柳下季之弟，名曰盗跖。盗跖从卒九千人，横行天下，侵暴诸侯。穴室抠户，驱人牛马，取人妇女。贪得忘亲，不顾父母兄弟，不祭先祖。所过之邑，大国守城，小国入保，万民苦之。孔子谓柳下季曰：“夫为人父者，必能诏其子；为人兄者，必能教其弟。若父不能诏其子，兄不能教其弟，则无贵父子兄弟之亲矣。今先生，世之才士也，弟为盗跖，为天下害，而弗能教也，丘窃为先生羞之。”

君子、贤人、圣人、大人，天爵也。按你的德行，给你官做：三公，与天地合其德，得无私，天地尚公；诸侯，天子的斥候，是看家犬；王者，天下所归往，大家都拥护你，你就成为王。但后来变成“胜者王侯，败者贼寇”。

“君子儒”与“小人儒”之别：“君子儒”，喻于义，“古之学者为己”，为自己学；“小人儒”，喻于利，“今之学者为人”。今天学计算机，为好找事；以前学使皇帝得什么好处，可以升官发财。兵家、法家之所以被看低，在此。

未听说有“新儒、旧儒”，怎可如此分？熊十力自以为是孔子后第一人，什么“新儒祖师”？

17. 子曰：“见贤思齐（等）**焉，见不贤而内自省**（察）**也。”**

“齐”，与之平等，“妻者，齐也”（《白虎通德论·嫁娶》），齐家，是一辈辈齐。

见贤者，“思齐”，想与他平等，怀型。见不贤者，“内自省”，“三人行，必有我师焉，择其善者而从之，其不善者而改之”（《述而》），可以“为法”与“为戒”，故曰“无友不如己者”（《学而》）。

不可以专门重视别人的毛病，而忘了反省自己。应不管别人的闲事。

18. 子曰：“事父母，几（音jī，微也）**谏。见志不从，又敬**（恭敬）**不违**（违背）**，劳而不怨。”**

《大戴礼记·曾子本孝篇》曰：“微谏不倦。”委婉地劝。又《曾子大孝篇》曰：“谏而不逆。”《曾子事父母篇》曰：“孝子之谏，达善而不敢争辩。”

“几谏”：一、微谏，慢慢地谏。二、见机而谏，因为不谏，乃是陷父母于不义。父母也不是没有毛病，有过错，要看时机，相机而谏。

“见志不从”，这个志，父母不从；“又敬不违”，还得恭敬，不能违背。

“劳而不怨”：一、屡次的几谏，父母不听，自己劳亦不怨。二、劳父母的责打，自己也没有怨言。

“人之异于禽兽者，几希”（《孟子·离娄》），“为礼以教人，使人以有礼，知自别于禽兽”（《礼记·曲礼上》），故“子为父隐，父为子隐，直在其中矣”（《子路》），“人之生也直”（《雍也》），直人就是“真”。

19. 子曰：“父母在，不远游；游（不得已游），**必有方**（方所）。”

父母没有不担心儿女的。古时，父母在，不能远游；不得已，游必有方所，不使父母挂心。

昔人出门，按时必有一定的家书。有急事，必叫父母知道你在何方。《礼记·曲礼上》称：“为人子者，出必告，反必面，所游必有常。”

现在联络更方便，出门要让父母知你的所在，不要让他们操心。

20. 子曰：“三年无改于父之道（善道），**可谓孝矣。**”

《论语正义》：《论语》中重出者数章，自缘圣人屡言及此，故记者随文记之。《春秋繁露·祭义》："孔子曰：书之重，辞之复。呜呼！不可不察也，其中必有美者焉。"

此与《学而》"父在观其志"章重出。"父在，观其志；父没，观其行。三年无改于父之道，可谓孝矣"（《学而》）。

"三"，虚数。"三年"，即多年。"孟庄子之孝也，其他可能也，其不改父之臣，与父之政，是难能也"（《子张》）。

孝者，继志述事。此指好的方面而言。不好的方面，则"干父之蛊，意承考也"（《易经·蛊卦》）。

21. 子曰："父母之年（年龄）**，不可不知也；一则以喜，一则以惧**（惧与主日近）**。"**

"一则以喜"，喜父母高寿；"一则以惧"，惧父母将衰亡。

"喜"与"惧"之间，事情就多了，不是空的，要给父母进补、定期检查身体。

"父兮生我，母兮鞠我。拊我畜我，长我育我。顾我复我，出入腹我。欲报之德，昊天罔极。"（《诗经·小雅·蓼莪》）父天母地，旧社会对父母，绝无道理可讲，是天经地义的。儿子必亲尝汤药，晨昏定省。父母上厕所时，夜具由儿子、媳妇亲手拿。

22. 子曰："古者言之不出，耻躬（身）**之不逮**（及）**也**（办不到）**。"**

"先行，其言而后从之。"（《为政》）"有德者，必有言；有言者，不必有德。"（《宪问》）立德、立功、立言，三不朽。

“君子欲讷于言，而敏于行”，谨言慎行。

千万不要多言，力行不在多言。

23. 子曰：“以约失之者，鲜矣。”

《礼记·曲礼上》：傲不可长，欲不可纵，志不可满，乐不可极。

“博我以文，约我以礼”（《子罕》），“博学而详说之，将以反说约也”（《孟子·离娄下》），由博返约。“博学于文，约之以礼”，以礼约身，“克己复礼”。以礼约身，则失败少。

24. 子曰：“君子欲讷（迟钝）**于言，而敏**（审）**于行。”**

“讷于言”：“讷”，《说文》云：“言难也。”“为之难，言之得无讱乎”（《颜渊》）。“大巧若拙，大辩若讷”（《老子》第四十五章）。

“君子耻其言而过其行”（《宪问》），慎言，话到舌边留半句。少说，不说。

“敏于行”：“敏”，审慎，“虑深通敏”，遇事，能考虑得很深再去做，“敏则有功”（《阳货》）。忙中，必出错。

“言行，君子之枢机。枢机之发，荣辱之主也”（《易经·系辞上传》），要谨言慎行。

25. 子曰：“德不孤（子处），**必有邻**（近，亲也）。”

“德不孤”，“有德者居之”（《中庸》），以德服人，“君子居其室，出其言，善则千里之外应之，况其迩者乎？”（《易经·系辞上传》）不会“独学而无友”。必要有群德。

“必有邻”，“有朋自远方来”，是积善累德之效，因为“同声相应，同气相求”（《易经·乾卦·文言》），臭味相投，物以类聚。“不是一家人，不会一家门”。

养德，“贤贤易色”。德行，为孔门“四科”（德行、言语、政事、文学）之首。孔门四教：文、行、忠、信。“忠信，所以进德也。”（《易经·乾卦·文言》）

26. 子游曰：“事君数（音shuò，屡次责善），**斯辱矣；朋友数，斯疏矣。”**

“事君数”，天天数其过，面相责难，烦渎，则“言者谆谆，听者藐藐”（《诗经·大雅·抑》）。“斯辱矣”，乃自取其辱。要见机而谏，不数也！要识相！惟李世民能容魏徵，成就贞观之治。

“朋友数，斯疏矣”，与人相处，要识相；见面，看相再说话。如处不来，就离远些。许多事要学会用脑，至少要懂得自保。

不立信，就没人和你办事。求人最难！求人，必叫人摆弄，自取其辱。净求人，人能不辱你？我在屋中坐，谁也不理。

朋友之道，“忠告而善道（导）之，不可则止，毋自辱焉”（《颜渊》），“再三渎，渎则不告”（《易经·蒙》）。对朋友可以劝，但不可见面就啰唆。

“父子之间不责善，责善则离”，所以古人“易子而教”。

《孟子·离娄上》公孙丑曰：“君子之不教子，何也？”孟子曰：“势不行也。教者必以正；以正不行，继之以怒；继之以怒，则反夷矣。‘夫子教我以正，夫子未出于正也。’则是父子相夷也。父子相夷，则恶矣。古者易子而教之。父子之间不责善，责善则离，离则不祥莫大焉。”

追女友，得柔顺。看《易·履卦》，履何以能成功？“柔履刚也”，故能“说（悦）而应”。

显得越多，越是招忌。看别人好，心里就不舒服，证明你“缺德”。必得有知识、有修养，才能成为政治家。好好培养，三年有成。不下功夫，那“术”从哪里来？

我回去一个月，急着回台，家人起“惑”心。一个人最要的是情。伏羲画卦，就为了“通德”与“类情”。人要欲不多，头脑才清楚。

要是没有“盛唐”，焉有中国文化灿烂的一段？自宋以后，就没有脑子了，北宋亡于金，南宋亡于元。一个民族到外敌入侵，就软弱了！

清太宗皇太极将“后金”改为“清”。清能入关，就得力于明朝的内奸。防外寇，必然的；而更重要的是，要防汉奸。敌人不易了解，有内奸就坏，所以我不允许有“双重国籍”者。要了解深意之所在。

字，是一个人的脸面，必要下点功夫习字。字如好看，可让人有美感。

公冶长第五

做事，当尽其在我，不必管儿孙，该怎么做就怎么做，不要有“子孙万年”的思想。

历代皇家无不希望“子嗣繁衍，瓜瓞绵绵”，“望子成龙、望女成凤”，出土的青铜器上多刻有铭文，如“子子孙孙万年永宝用”“万年眉寿”“子子孙孙永宝”，此乃“子孙万年”的思想，为“家天下”的核心，就为成一家之私，一世、二世，自家子孙万年，永享福泽。

有时间，应做人应该做的事，不必有太多的贪图，要开阔自己的心胸。

孔子以后，孔家又出了几个学人？孔颖达的《五经正义》毁了孔学。

“五经”，指五部儒家经典著作，即《诗》《书》《礼》《易》《春秋》。汉武帝时，朝廷正式将这五部书宣布为经典，故称“五经”。

唐太宗时，孔颖达与颜师古、司马才章、王恭、王琰等诸儒受诏撰定“五经”义训，凡一百八十卷，名曰《五经正义》。《五经正义》是唐代颁布的一部官书，流传全国，在各级学校和民间发挥作用，作为科举考试的标准，不仅对唐代文化、思想、哲学、教育、伦理、社会舆论等的发展变化起过一定的作用，也对后世产生重要的影响。

《五经正义》摒弃其余杂说，对前代繁杂的经学解释进行一番统一整理，为经学义疏的结集，是一部典型的“以疏解经”的著作。但在被定为官方统一教材后，变成“经院式教条”，很快失去其价值和生命力。

大家争着上北京，但历代皇帝又有几个是北京人？

一个人的成就，不在地和术，在任何地方都可以有成就，但绝不可以耍术。

1. 子谓（评论）**公冶长**（孔子弟子，字子长）：**“可妻**（音 qì，当动词，以女嫁之）**也。虽在缧绁**（léi xiè，监狱）**之中，非其罪也。”以**（主婚）**其子**（女儿）**妻**（作为其妻）**之。**

“观过，斯知仁矣”，“馋当厨子，懒出家”。

公冶长虽然坐牢，但“非其罪也”，并不是他本身的问题。他是有志节之士，“利见大人”（《易经·乾》“九二，见龙在田，利见大人”），有厚望焉。

昔日男女皆称“子”，后来女儿加“女”，称女儿。

“同声相应，同气相求”，所以，孔子将自己女儿嫁给公冶长。冤狱自古有之，孔子不怕女儿守寡。

选女婿，一、选有长才；二、选有革命精神。应选有志节之士。

2. 子谓南容（南宫括，字子容。孔子弟子）：**"邦**（诸侯国）**有道不废**（见用，必请他做官），**邦无道免于刑戮**（可见为人谨慎）。**"以其兄之子妻之。**

孔子为其庶兄孟皮之女选女婿，不同于自己选女婿，次一等的，土博士，太平宰相。

《论语》中谈及孔子家世极少，公冶长与南容这两段必有深意在。但古时留下就不清楚。

此二人以后都没大出息，不过是圣人之徒耳！

孔门两千多年，也没有出一学人，被历代当政者当宠物养，废了，做官失败！

将相本无种，男儿当自强。老子是谁，与你无关。

3. 子谓子贱（宓不齐，字子贱。小孔子三十岁）：**"君子哉，若**（此）**人！鲁无君子者，斯**（指子贱）**焉**（安）**取**（取样，见贤思齐）**斯**（指君子之德）？"

《新序·杂事》记子贱治单父，单父大治。《韩诗外传》亦记子贱治单父而民附。

子贱，孔子的弟子。"君子哉，若人"，是君子的典型。

发蒙，要"利用刑（型）人，用脱桎梏"（《易经·蒙卦》）。人容易蒙，故"利用刑人，以正法"（《易经·蒙卦》），利用典型教育小孩，使他能“见贤思齐”。

“蒙以养正，圣功也”（《易经·蒙卦》），不是普通的成就，而是养正，成圣功。

鲁国若是没有君子，那子贱何所取以成其君子之德？孔子的“斯焉取斯”，二“斯”字通神，吹牛！

看两千多年前，文笔之美、思想之致密！

4. 子贡问曰：“赐（子贡之名）**也何如？”子曰：“女**（汝）**器也。”曰：“何器也？”曰：“瑚琏也。”**

器，有定型定用。孔子称子贡“器”也。

“瑚琏”，是庙堂重器。但最高是“君子不器”，瑚琏并非至高之境。

“女器也，瑚琏也”，夫子术之高，于此可见！

5. 或（设词，有人）**曰：“雍**（冉仲弓）**也，仁而不佞**（无口才）**。”子曰：“焉**（安，何必）**用佞？御人**（对付人）**以口给**（言辞敏捷，舌辩），**屡**（多）**憎于人**（被人讨厌）。**不知其**（仲弓）**仁**（仁或是不仁），**焉用佞？”**

孔门四科中，德行：颜渊、闵子骞、冉伯牛、仲弓。

孔子以仲弓为有德行，说：“雍也可使南面。”（《雍也》）

有人说：“仲弓仁，但没有口才。”说：“处事何必用佞？”“佞”，巧谄捷给。佞者对付人，完全用嘴上功夫，不靠真本事。

“利口覆邦家”（《阳货》），孔子“恶夫佞者”（《先进》），说“巧言、令色，鲜矣仁”（《学而》）。

"不知其仁"，孔子少以"仁"许人。

"焉用佞？"不是靠嘴片子吃饭。人多说，绝对失格。

6. 子使（令）**漆雕开仕**（做官）。**对曰："吾斯**（此，是，指仕此事）**之未能**（不能有）**信**（信心）。**"子说**（悦）。

漆雕开，名启，字子开，蔡国人，小孔子十一岁。为孔子一门生，以德行著称。成年之后，拜师于孔子门下，潜心钻研学问，不愿做官，很得孔子赞扬。曾受膑刑，传习《尚书》。

孔子主张"学而优则仕"(《子张》)，故"三年学，不至于穀，不易得也"(《泰伯》)。孔子认为，弟子必学到一个程度，才可以做官。所以，漆雕开不信自己有从政能力。

"吾斯之未能信"；"子说"，悦弟子能够自知。人自知，最难！

7. 子曰："道不行，乘桴（竹筏、木筏）**浮**（漂浮）**于海**（渤海，欲居九夷）。**从**（音 zòng，跟从）**我者，其由与？"子路闻之喜。子曰："由也，好勇过我，无所取材。"**

孔子叹"道不行"，"甚矣，吾（道）衰也"(《述而》)！

"大道之行也，天下为公"(《礼记·礼运》)，天下本是公，但是被一群土匪霸占了，"天下之无道也久矣"！所以仪封人认为"天将以夫子为木铎"(《八佾》)，传道人。

"子路闻之喜"，圣人门徒亦如此，像乡下小孩一般，听到老师赞美，就乐不可支。子路，猛张飞般，好勇！

"无所取材"，材、裁（裁度），双关语。一、不是可取之才。二、做桴之材还没有。此解太绕弯。

8. 孟武伯问："子路仁乎？"子曰："不知也。"又问。子曰："由也，千乘之国，可使治其赋（军赋，养兵的用度）**也，不知其仁也。""求也何如？"子曰："求也，千室之邑**（有一千人家的县）**，百乘之家**（卿大夫之家）**，可使为之宰**（邑宰，家宰）**也，不知其仁也。""赤**（公西子华）**也何如？"子曰："赤也，束带立于朝**（当外交官）**，可使与宾客言**（办外交）**也，不知其仁也。"**

孟武伯，姬姓，名彘，世称仲孙彘，是孟懿子的儿子，曾于孔子处求学。鲁哀公十四年（公元前481年），父亲仲孙何忌去世，袭父爵，为鲁卿大夫。

孟武伯是要问到底。

孔子将弟子分科。孔门四科：德行：颜渊、闵子骞、冉伯牛、仲弓；言语：宰我、子贡；政事：冉有、季路；文学：子游、子夏。

孔子弟子皆各有长才、各有所能。

子路，是政事科，善治军旅，可以办军需之事。

冉求，是政事科，善治赋，为季氏"附益之"，孔子对他"鸣鼓攻过"。

孔子弟子虽仁不足，但是皆各有所能。无所能，则连养身都办不到。

"束带立于朝"，昔日做官，朝服必加带。外交官必整饬衣冠。

士绅，过去有地位者，以前有所谓门第、衣冠、势族（上品无寒门，下品无势族）、世家（世代为官）、巨室。

人贵其德，昔日"德"与"位"必须相称。《白虎通·爵》曰：

“公之为言，公正无私也；卿之为言，章善明理也；大夫之为言，大扶进人者也。”

9. 子谓子贡曰：“女(汝)**与回也孰愈**(胜)**？”对曰：“赐**(师前称己名)**也，何敢望**(不敢相比)**回？回也，闻一以知十；赐也，闻一以知二。”子曰：“弗如也。吾与**(许)**女，弗如也。”**

《论语说义二》：子贡曰：“有一言而可以终身行之者乎？”子曰：“其恕乎！己所不欲，勿施于人。”由己以及人，赐之所以闻一知二也。克己复礼，忠也，敬也，仁恕也。“一日克己复礼，天下归仁焉”者，始终本末，一以贯之。回之所以闻一知十也。天地之数，始于一，终于十也。

《论语述何》：世视子贡贤于仲尼，子贡自谓不如颜渊。圣人溥博如天，渊泉如渊也。若颜子自视，又将谓不如子贡矣！以能问于不能，以多问于寡，有若无，实若虚，圣贤所以日进不已也。

子贡是“言语科”，颜回为“德行科”(《孟子·公孙丑上》“冉牛、闵子、颜渊，则具体而微”)。

子贡，言语科，辩才无碍，且有干才。曾任鲁、卫两国相，善于经商之道，曾经商于曹、鲁两国之间，富致千金，为孔门弟子中首富。

数，始于一，终于十，孔子曰：“推十合一为士。”士，事也。十，《说文》：“数之具也。‘一’为东西，‘丨’为南北，则四方中央具矣。”引申为多、完备、杂，十全十美、十八般武艺、十拿九稳。

颜回用什么功夫能“闻一以知十”？颜回“以能问于不能，以多问于寡。有若无，实若虚”(《泰伯》)，孔子“见其进也，未见其止也”(《里仁》)，日进不已。

孔子称子贡“告诸往而知来者”(《学而》)，子贡自称“闻一以知二”。何以子贡能“闻一以知二”？“告诸往而知来者”的功夫是怎么来的？

“弗如也”，因为颜回“以能问于不能；以多问于寡；有若无，实若虚，犯而不校”(《泰伯》)，日进不已。

“吾与女，弗如也”，孔子称许子贡有自知之明。如解为“孔子谓我和你都不如颜回”，依此，则孔子不是过谦，就是欺人！

《论衡·问孔》：使子贡实愈颜渊，孔子问之，犹曰不如；使实不及，亦曰不如。非失之欺师，礼让之言，宜谦卑也。今孔子出言，欲何趣哉？

人都一样，不要自以为高人一等。一般人总怕别人不了解自己。知人太难了，知人才能善任。

你们遇事要深入，不可以轻忽。遇事，不可以说风凉话，应设身处地想，“率性之谓道”，顺着人性做就是道。

10. 宰予（宰我，字子我。利口辩辞）**画寝。子曰：“朽**（腐）**木不可雕也，粪土**（秽土）**之墙不可杇**（音乌，镘，粉饰）**也。于予**（宰予）**与**（一、欤；二、犹），**何诛**（责备）？”

一、“画寝”，绘画寝室。春秋时代士大夫的风尚，俗尚奢华，宰我也从俗。二、“昼寝”，睡午觉。

画寝，当时风尚所在。许多人皆打肿脸充胖子，没有看看自己的本钱如何。“于予与，何诛？”孔子以为皆一丘之貉，又何必独责备宰我？

经义所在，发人深省。容其貌、容其身，皆失其原貌，文饰必要适中，“自然之谓美”，“天工与清新”。

中流砥柱，是一个标杆，绝不可以偶俗，为俗所流转。

子曰：“始（昔日）**吾于人也，听其言而信其行**（音 xìng）**；今**（今后）**吾于人也，听其言而观其行。于予与，改是**（改掉上面的观念）**。”**

《史记·仲尼弟子列传》：宰我为临菑大夫，与田常作乱，以夷其族，孔子耻之。

说了，不做。不懂，就不能改自己的行为。

孔子以前是“听其言而信其行”，从宰我一事以后，乃改掉上面的观念，说今后要“听其言而观其行”。

但是这话说了，不够至圣！

《论衡·问孔》：论人之法，取其行则弃其言，取其言则弃其行。今宰予虽无力行，有言语。用言，令行缺，有一概矣。今孔子起宰予昼寝，听其言，观其行，言行相应，则谓之贤，是孔子备取人也。“毋求备于一人”之义何所施？

听其言即信其行，是冒险的，许多事审察为要。如同下棋，一子下错，满盘皆输。

时代不好，不必伤心，“一方水土养一方人”，没有不能生存的环境。

11. 子曰：“吾未见刚者。”或对曰：“申枨（申党）。**”子曰：“枨也欲，焉得刚？”**

申枨，字子周，《史记》称申党，字周；《孔子家语》称申绩。精通六艺，生年无考，是孔子弟子。

有欲，“焉得刚”，无欲乃刚。人都有欲，为欲所役，则永远刚不起来。有人因为好名，而倾家荡产。迷信，就因为有欲而愚。

社会上用人，都有个标准；达不到此标准，人亦不用之。

昔日世家小孩必严格训练，不可轻易对人说出自己的嗜好，因此关系自身前途甚大，唯恐有人投你之所好，以达毁你的目的。

好装腔作势，人就投你所好。《金刚经》云：“应无所住而生其心。”

改造时代，从自己开始，必要了解时代病源之所在。

12. 子贡曰：“我不欲人之加（施）**诸**（之于）**我也，吾亦欲无加诸人。”子曰：“赐也，非尔所及也。”**

“我不欲人之加诸我也，吾亦欲无加诸人”，出于自然，比“己所不欲，勿施于人”的境界高，此杨朱所谓“拔一毛而利天下，不为也”，其实是“人人为我”，谁也不必帮谁，是大同世的境界，即《易·乾》“见群龙无首，吉”。

"赐也，非尔所及也"，泥菩萨过江，不是你之所能及。

孔子此话极为不客气，如此揭人之短，多酸！

可能是子贡束脩交得太慢。人就是人，有情！

13. 子贡曰："夫子（子贡称孔子）**之文章，可得而**（能）**闻**（知）**也；夫子之言性与天道，不可得而闻**（听不懂）**也。"**

《论语述何》："文章"，谓"《诗》《书》执（藝）《礼》"；"性与天道"，微言也，《易》《春秋》备焉，难与中人以下言也。

《论语说义三》：《易》明天道，以通人事，故本隐以之显。《春秋》纪人事，以成天道，故推见至隐。天人之际，通之以性，故曰"性与天道"。

"文章"，纹章。有了结构，就成章。有了纹理，一看就明白。

礼法制度，是文章，但非最高境界。"孔子以《诗》《书》《礼》《乐》教弟子"（《史记·孔子世家》）。孔子为中国文化之"集大成"者，义理之学、知行合一之学。

子贡反应多快，马上拍老师，说听不懂"性与天道"。

圣贤与常人一样，此为人事。

自此，亦显见孔子固尝言"性与天道"，即《大易》与《春秋》。性，指《易》；天道，指《春秋》，奉元。

中国人之行为，处处有一准则，中国所守为"中道"。中，礼义，"《春秋》者，礼义之大宗"（《史记·太史公自序》），一切决之以礼义。"用中于民"，"君子而时中"（《中庸》），实际去做，必恰到好处。《易·说卦传》称"和顺于道德而理于义"，义者，宜也，为一切治事的原则。

《论语》何以无提《春秋》？证明《论语》并不全。可见古书丢太多。《孟子》中提孔子作《春秋》。

《孟子·滕文公下》说："世衰道微，邪说暴行有作，臣弑其君者有之，子弑其父者有之，孔子惧，作《春秋》。《春秋》，天子之事也，是故孔子曰：'知我者，其惟《春秋》乎！罪我者，其惟《春秋》乎！'"又谓："孔子成春秋，而乱臣贼子惧。"又说："昔者禹抑洪水而天下平，周公兼夷狄、驱猛兽而百姓宁，孔子成《春秋》而乱臣贼子惧。"

司马迁《史记·太史公自序》太史公曰：余闻董生曰："周道衰废，孔子为鲁司寇，诸侯害之，大夫壅之，孔子知言之不用，道之不行也，是非二百四十二年之中，以为天下仪表，贬天子，退诸侯，讨大夫，以达王事而已矣。子曰：'我欲载之空言，不如见之于行事之深切著明也。'"

14. 子路有闻（知），未之能行，唯恐有（又）闻。

子路知而必行，是实践者，为"知行合一"的祖师爷。后来，被王阳明捡去，倡"知行合一"之学。

15. 子贡问曰："孔文子（卫国大夫，名圉）何以谓之文（谥号）也？"子曰："敏而好学，不耻下问，是以谓之文也。"

孔文子，名圉，卫国大夫。公元前480年，孔文子去世。谥号文。子路曾为孔圉宰。

《谥法》称:“勤学好问曰文。”孔文子为人踏实。

“敏”,虑深通敏,深深地考虑,审慎。“好学”,勤学。

“不耻下问”,人必有所不知,孔子“吾不如老农”(《子路》),不以下问为耻。俞樾《群经平议》云:“非仅以贵下贱之谓,凡以能问于不能,以多问于寡皆是。”

“舜好问,好察迩言。舜无一不取于人”(《中庸》),一般人则自以为官大学问大。

16. **子谓**(评论)**子产**(郑大夫子产,公孙侨):“**有君子之道四焉:其行己也恭**(行事恭己),**其事上也敬**(敬其事),**其养民也惠**(以惠为之),**其使民也义**(合宜)。”

郑子产,姬姓,公孙氏,名侨,字子产,又字子美,谥成。是郑穆公之孙,公元前554年为卿,公元前543年执政,先后辅佐郑简公、郑定公,卒于公元前522年。

此孔子对郑子产的评论。

“行己也恭”:恭己,非恭人,是不懈于位,不是见人即打躬作揖。恭而好礼,“恭己正南面而已矣”(《卫灵公》)。

“事上也敬”:在上的对你必有所任事,应敬其事,“敬事而信”。“敬事而爱人,使民以时”(《学而》),敬业乐群,使民不违农时。

“养民也惠”:“唯以一人治天下,岂为天下奉一人”(清雍正帝在养心殿所写的对联)。“小人怀惠”“小人怀土”,政治要实际,以惠为之。

孔子称子产“惠人也”(《宪问》);子产死,称“古之遗爱也”

(《左传·昭公二十年》)。

“使民也义”，合宜，不以私见使民。

17. 子曰：“**晏平仲**（齐大夫，晏婴，字仲，谥平）**善**（最会）**与人交**（懂交友之道），**久而**（能）**敬之。**”

孔子评晏子，说晏平仲最懂得交友之道，与人交久，犹能尊敬对方。

晏婴，字仲，谥平，多称平仲，亦称晏子。齐国莱地夷维人，是齐国上大夫晏弱之子。灵公二十六年，晏弱病死，继任为上大夫。历任灵公、庄公、景公三朝，辅政长达二十二余年。

《晏子春秋·外篇上》孔子称晏子曰：“灵公污，晏子事之以整齐；庄公壮，晏子事之以宣武；景公奢，晏子事之以恭俭：君子也！相三君而善不通下，晏子细人也。”《内篇·杂篇·杂上》称：“不以已之是，驳人之非，逊辞以避咎，义也夫！”

《史记·管晏列传》太史公曰：“方晏子伏庄公尸哭之，成礼然后去，岂所谓‘见义不为无勇’者邪？至其谏说，犯君之颜，此所谓‘进思尽忠，退思补过’者哉！假令晏子而在，余虽为之执鞭，所忻慕焉。”

要懂得如何交友。交友之道，贵乎能相敬如宾；如交久而轻佻，最后无所守，然后谁也不往来了。许多人相处几年，一句话就绝交，乃缺乏彼此尊敬的功夫。

就是夫妇之间，也应相敬如宾，保持彼此的尊严，如吵开就坏。人皆咎由自取。

《论语》每章皆能行，必行；否则无修为，难以成大事。

18. 子曰：“臧文仲（鲁大夫，臧孙辰）**居**（养）**蔡**（大龟），**山节**（架梁节上刻山）**藻**（水草）**棁**（梁上短柱），**何如其知**（智）**也？”**

臧文仲，姬姓，名辰，臧孙氏，谥文，历事鲁庄公、闵公、僖公、文公四君。他建造自己的宗庙，房顶呈拱形，柱子上画着水草图案，庙内还养着大龟，就像天子的宗庙一样。

“居蔡”，养大乌龟。龟为灵物，所以卜吉凶。昔日帝王才用龟卜。“山节藻棁”，是天子的庙饰。藏龟必于庙。

臧文仲宝藏大龟，作龟室以居之，是王八才懂得王八的心理。养王八的屋子，都如此花费！失所守，失常。

他那浪费公帑的行为，我们比不上！圣人骂人，连个样子都不露。看多活泼！

臧文仲有僭越行为，孔子骂之。但是孔子很会吃豆腐，吃得很文雅。《春秋》笔法，骂人不露。

19. 子张问曰：“令尹（楚国执政之官）**子文**（姓鬬，名谷，字于菟）**三仕为令尹，无喜色；三已**（止，罢官）**之，无愠色。旧令尹之政，必以告新令尹。何如？”子曰：“忠矣。”曰：“仁矣乎？”曰：“未知，焉**（安）**得仁？”**

《论语述何》：忠，未有不仁者。子文之忠，忠于其职耳。

“旧令尹之政，必以告新令尹”，办移交时，有器度，心里没有不愉快。

尽己之谓忠，忠于其职。

“忠矣。”“仁矣乎？”“未知，焉得仁？”说话多么传神！

“崔子（崔杼，齐大夫）**弑齐君，陈文子**（齐大夫，名须无）**有马十乘，弃而违**（离去）**之。至于他邦，则曰‘犹吾大夫崔子也’，违之。之**（往）**一邦，则又曰‘犹吾大夫崔子也’，违之。何如？”子曰：“清矣。”曰：“仁矣乎？”子曰：“未知，焉得仁？”**

崔杼，齐国大夫。弑齐庄公，立庄公弟公子杵臼为君，是为景公。景公即位后，任命崔杼为右相，庆封为左相。晏婴不肯参盟，庆封想杀晏婴，崔杼说晏婴是忠臣，放过他。

陈文子，即田文子，谥文，其祖陈完，陈国内乱，避于齐，齐桓公以之为至正，改姓田。

“有马十乘”，下大夫之禄。陈文子力不能讨崔杼，故“弃而违之”，往他邦，以为君讨贼。但无一应之者，皆如鲁三家。

此章给人许多暗示：此时到哪儿都一样，天下乌鸦一般黑，又何必跑？

水清无大鱼，“圣之清者”，不发挥作用。环境清不清，不怕；自己得清。

20. 季文子（鲁大夫季孙行父。文，谥）**三**（多也）**思而后行。子闻之，曰：“再，斯**（语词）**可矣。”**

季文子，姬姓，季孙氏，名行父，是鲁庄公之弟季友之孙，齐仲无佚之子。鲁襄公时，季孙行父执政，执政有二十四年，此时鲁国政局相当稳定，死后谥号为“文”。

“三”，多也。“三思”，多思，则生疑，人皆如此。

许多事，皆因生疑而坏，最后不可收拾。故再思，就可矣。

21. 子曰：“宁武子（卫大夫宁俞。武，谥），**邦有道，则知**（显其智）；**邦无道，则愚**（装傻）。**其知**（智）**可及**（赶得上）**也，其愚不可及**（赶不上）**也。”**

宁俞，谥“武”，又称宁武子，卫文公、成公时大夫。成公无道为晋所攻，失国奔楚、陈，卒为晋侯所执。宁俞不避艰险，周旋其间，卒保其身，而齐其君。

“邦有道，则知”，得视环境，显己之智慧、大能。

“邦无道，则愚”，佯愚！人存身最难！商君可以强秦，但不能自保，终落个五马分尸的下场。

“其智可及也，其愚不可及也”，写实，大智若愚！孔子因不及，才周游列国。明哲保身、大智若愚，太难了！

人皆想显己是智者，但要视环境显智、显愚。“尺蠖之屈，以求信（伸）也；龙蛇之蛰，以存身也”（《易经·系辞下传》）。

22. 子在陈，曰：“归与！归与！吾党（故乡）**之小子**（弟子）**狂简，斐然**（有文采貌）**成章，不知所以裁**（裁成）**之。”**

孔子在陈国，见道不行，而思归鲁。

孔子年五十七，适陈。《史记·孔子世家》孔子曰：“归乎归乎！吾党之小子狂简，斐然成章，吾不知所以裁之。”子贡知孔子思归，送冉求，因诫曰“即用，以孔子为招云”。至后周游天下，辗转列国，见道义不行，退而居鲁国，设教于杏坛。

“不得中行而与之”，此时颜回已死。“必也狂狷乎！狂者进取，狷者有所不为也”(《子路》)，其余弟子就两种：狂者与狷者。“狂者进取”，志大而略于事，经验尚少。进取心甚，应谨慎行事，不应大而化之。要历事锻智。“狷者有所不为”，“简”，马虎，有所不为。

“斐然成章”，有文章，“不成章，不达”(《孟子·尽心上》)。裁成，智者之事，“裁成天地之道，辅相万物之宜”〔《易·泰》“《象》曰：天地交，泰。后以财（裁）成天地之道，辅相天地之宜，以左右民”〕。

“不知所以裁之”，因为没有标准，不知“准是”。

回去教弟子，以其“所以”裁度其道。

23. 子曰：“伯夷、叔齐不念(识录)**旧恶**(故憾)**，怨是用希**(少)**。”**

伯夷、叔齐，殷末孤竹君之二子，父殁，让国于中子，闻文王善养老，而往归焉。武王伐纣，二人隐居首阳山，采薇而食，卒饿死。

求全之毁，最使人受不了！要“以人治人，改而止”(《中庸》)，“朝有过，夕改则与之；夕有过，朝改则与之”(《大戴礼记·曾子立事》)。

因“念旧恶”，算旧账，才怨。净用怨，就气绝。“怨是用希”，很少用“怨”字。

能豁达忘怀，故与人怨少。仁者不忧己私。

24. 子曰：“孰谓微生高直（持疑）？**或**（有人）**乞醯**（音 xi，醋）**焉，乞诸**（之于）**其邻而与之。”**

此章讲做人之道，失分寸就违法，有时不以为非的行为，但失去了做人之道。

“孰谓微生高直”，微生高素有直名，孔子却不以为然。以“乞醯”为例，说没有就没有，转手为善则掠人之美。

《庄子》《汉书·古今人表》，“微”皆作“尾”。高，有直名，与女子约会于桥下，女子未至。大雨，水至，高守其信，抱桥柱不去，溺死。时人以为信。

应守住分寸，失分寸就违法。“人之生也直”，直人就是真人。拿野猪还愿（用别人的东西许给人家，自己不掏腰包），不正直。

25. 子曰：“巧言、令色、足（音 jù）**恭**（恭得过火），**左丘明耻之，丘**（孔子自言）**亦耻之。匿**（隐藏）**怨而友**（动词）**其人，左丘明耻之，丘亦耻之。”**

“巧言、令色”，无实无质；“足恭”，恭敬得过火，不合理。

“匿怨而友其人”，不能表里如一，多卑鄙，不道德。

左丘明，与孔子同时代之人。与《左传》之左丘明，应不是同一人。

“左丘明耻之，丘亦耻之”，因这句话，《左传》借以立。

但自《左传》文字来看，绝非孔子时代的文字。一时代，有一时代的文笔。

26. 颜渊、季路（子路）**侍。子曰：“盍**（何不）**各言尔**（你们）**志？”子路曰：“愿车马衣**（音 yì，动词，穿）**轻**（阮元以‘轻’为衍字）**裘，与朋友共，敝**（坏）**之而无憾**（恨）**。”颜渊曰：“愿无伐**（夸）**善**（有德），**无施**（张大）**劳**（功劳）**。”子路曰：“愿闻子**（师尊）**之志。”子曰：“老者安之，朋友信之，少者怀**（养教）**之。”**

子路是莽夫，总怕赔本，凡事抢在前头。

“愿车马衣轻裘，与朋友共，敝之而无憾”，车同坐、衣共穿，流氓的行为！

“无伐善”，不伐善；“无施劳”，不夸己功。不伐善、不施劳，即“虚其心”，“谦谦君子，卑以自牧”（《易经·谦卦》）。

颜回“有若无，实若虚”。《易·谦》称“谦谦君子，有吉”“劳而不伐”；《易·坤》云“含章可贞”“无成有终”“知终终之”。

论语》如同公式，许多观念自此引出。

“老者安之”，使老年人安定、安宁；“少者怀之”，对少年人教之、育之。安老怀少，孔子是第一个谈老人及少年问题的人。

熊十力《乾坤衍·辨伪》说：“新道德之养成，莫大乎扩充事亲之孝德，以敬天下之老；扩充爱子之慈释，以抚育天下之幼。敬老、慈幼二德双修，人道终始备矣。”即《礼记·礼运大同篇》所谓“不独亲其亲，不独子其子”。

不能光讲，贵乎能行，要能解决问题，而今天老人、少年问题尤其严重，能不正视此一问题？

“老吾老以及人之老，幼吾幼以及人之幼”（《孟子·梁惠王上》）的境界犹不足，“不独亲其亲，不独子其子”（《礼记·礼运大同》）的境界高。“使老有所终，壮有所用，幼有所长，矜寡孤独废疾者，皆有所养”，今天犹做不到。看街上，多少老人流离失所，能不好好加以安置？

今天的儿童，究竟应接受什么教育？《千字文》要读，其余则贵乎使其会想。不要净教授些“三家村”的东西。

今天教学童读经，读《老子》《庄子》有什么用？还要儿童穿着今天连死人都不穿的衣服，一面背诵古书，岂不落伍？

“德”与“艺”，两者缺一不可。小孩子应使其能想，使父母快乐；中学生要教学做人，大学生则教学做事。

为政者必知本，不能舍本逐末；今皆逐末，大本不立。

“朋友信之”，朋友以信，朋友之道就一个“信”字，“主忠信”（《学而》），“知足常乐，能忍自安”。人生必要有几个患难之交，可以托妻寄子的（《泰伯》“可以托六尺之孤，可以寄百里之命”）。

27. 子曰：“已矣乎（算了吧）**！吾未见能见其**（己）**过，而内自讼者也。”**

“讼”，吵架，争是非。“自讼”，告自己的状，给自己一拳。内心深处良心发现，一念头如有不正，应马上自讼。

“自讼”与“自省”，有何不同？别人不知，自己能不知自已的好坏？做亏心事，永远抹不掉；自愧多，则苦不堪言。

人皆有自讼，而在于能不能改。贵乎能改，“过而能改，善莫大焉”（《左传·宣公二年》）。

28. 子曰：“十室之邑（言其地方之小），**必有忠信如丘者焉，不如丘之好学也。”**

“十室之邑，必有忠信之士”，人彼此说真话，多美！

“知人者哲，惟帝其难之”（《尚书·皋陶谟》），“千里马常有，而伯乐不常有”（韩愈《马说》）！

“丘”读某，尊孔，不直称其名，称某。

中国有几千年的文化，人与人之间有一定的称呼，如称人父为“令尊”；对老师、师父尊称“师尊”；称人子女为“令郎、令嫒”。问人的表字：“请问尊姓、台甫？”

孔子是大智者，又如此好学，何况一般人？孔子自称“好学”，“丘非生而知之者，好古敏以求之者也”（《述而》）；又称“颜回好学”，“退而省其私，亦足以发”（《为政》）。

可贵在有好学之精神，必养成习惯。

真做了，知要有成就很难！要在生活中锻炼智慧，如做事不够水平，人家对你有印象，可以不用你。

做事犯最大的毛病，给他做事，他搞自己的事，不忠！扯闲，不忠。点名，是小事，可是我的大事。

如对老师都不忠，能对谁忠？给你一个团体，你怎么领导？同学都来了，你在台上能讲得出话来？除了自私自利、无耻以外，一点知识也无。你拉谁，我都笑一笑。

必懂得什么叫作智慧，不要净做傻事、愚人。无知，搞什么做大事业？尽扯闲，不知自己是什么玩意儿，不能解决实际问题。

一动笔，我即了解这个人有无成就。是训练你们能做事，不是坐在屋中抄书。继夫子之志，知识分子是要给天下解决问题的。必把知识用到生活上，慢慢才会有成就。不能用到生活上，绝不是学问。智慧会用，很不容易。遇急事，会想到他？小事，也要用智慧，做事一定要有守。

用什么能力来领导？还争领导权？同学在台，当中学教师的至少有五千人，“部长”级的有好几个，一流教授更不知多少，还有许多名律师、名杂志发行人，要用什么领导？

对一人必深刻了解，然后才能用他，因为将来是要成事。要有所用，必有所试。成事不易，必找“同声相应，同气相求”。

聪明，但没一样能表现出，台湾的奇迹！始终不知自己缺什么。太落伍了，白混！这么多年，没接到一封明白的信。

同学包罗万象，要用什么智慧领导？聪明、智慧、修养。一动以为智，一动以为不智，一举一动都可以影响你一生。聪明，大智若愚，不抢、不夺、不露。不抢，非常态、非常人，“民无德而称”。常人，都要抢第一。

“屡以天下让”，则何处不能让？读书明白了，有大智，才“三以天下让”（《泰伯》）。不抢旗、不夺号，每天干自己的事。

许多人就是横行！不强求，人比人得死。都抢，东西必摔坏了。

“不敢为天下先”（《老子》第六十七章），就能为天下长。争，就能得到手？最后送给不抢的人保存。必要有真智慧、真修养。

等得越久，得的越完整。听明白了？用上了？

一个人的本质很重要，不是教来的。成大事的不搞鬼，东扯西扯还能成大事？千言万语，你们必要懂得怎么做人。

我不动心，因你非大才，不与你起舞。做事，所学智慧完全用不上。

读书，在改变器质，巧言令色谁不会？好话说绝，坏事也做绝。净拉帮，多可耻！一点亏也不吃。有这个念，绝不能成事。

有成就，必自根上改变。都说梦话，必知得失才能改变。小人之行，无往而不利于君子。

你要是清，水清无大鱼，在社会上半点作用也不能发挥。想为人类谋福利，得在浑水中蹚。不怕环境清不清，自己得清。有守，超过自己范围的绝不做，不多言。

行政官不是讲哲学，有学问未必懂得行政，万般不与政事同。如撑不住，不能搞政治。

“决定不移，戒急用忍”，实是搞政治的不二法门。

“戒急用忍”是康熙帝给雍正帝的座右铭。雍正帝即位后，便敬书于居室之所，制作铜胎吊牌与木作吊屏，悬挂在生活起居厅殿中，日日观瞻自警，具有耳提面命之功效。

我在有条件下讲书，但将来你们绝对不可能。

人贵乎有志，“死生有命”（《颜渊》），不能逆料。

我健康，就因为不胡思乱想，绝不想办不到的事。人生最苦的，即求不得之苦。不苦，要无求，人到无求品自高。

读书，要培养志趣。

饰，有一定的限制。我到气温十三度时穿皮袍，是江南织造署的。

明清时期，江南成为最为重要的丝织业中心。清代在江宁（南京）、苏州和杭州设立三个织造衙门，各从内务府司员中简派监督一员，简称“织造”，合称江南三织造。

狐貉虽讲究，但不暖和。狗皮才暖。

殷尚白、食狗肉，朝鲜亦然。吃驴肉，必配荞面。

我是正红旗，老舍有《正红旗下》一书。

老舍（1899—1966），原名舒庆春，字舍予，笔名老舍。正红旗人，本姓舒穆禄，生于北京。中国现代著名小说家、文学家、戏剧家。《正红旗下》是一部老舍先生倾注了极大心血却没有完成的作品。这是一部以清末北京社会为背景的家传性质的历史小说。

我晚上下课后，至少做四小时工作。混，莫不如自杀，人必得有志，知道为什么活。什么都要打算，活着要有意义。

人生特别苦，就是苦。人有思想，就是当皇帝也苦，不及僧家半日闲。

清顺治帝《慈善寺题壁诗》云：“朕为山河大地主，忧国忧民事转繁。百年三万六千日，不及僧家半日闲。来时胡涂去时迷，来去昏迷总不知。不如不来亦不去，亦无欢喜亦无悲。”

活，要活得有滋味，人生的确不容易。孔子把人生当成无穷的希望，每天要蒸蒸日上。

“新京”（长春），平地起，比东京美，离长白山天池近。清分三段祭祖，北京、东陵、西陵。

行有余力，再去做别的。一个人要是一个不真，一生就不真。自小，不要塑造成与人不同，净说假话。

人必得真，不要自欺。会做人，就会做事。

真实行传统思想，则不知有多少人才。愚民政策限制愈严，知识分子愈少。

历史皆钦定，必得另注。我自“元”开始，一切都否定。要“诊钦定，另辟天地”。

看完许多书，知道什么意思？读完《孙子》了，有无好好构想？“君子居之，何陋之有？”（《子罕》）好好修能，让人觉得非你不可。自己要有做人的立场。

做人，绝不能失本，有修养可以合作。

你们必须练习写读书心得。《四书》真想明白，一遍没有办法，日久就完全明白。《论语》每章都是活学问，在生活都能用上。

雍也第六

读书要特别细心，你们什么书也看不懂。你们写的文章，我完全看不懂。要下功夫，练习能动笔，“辞，达而已矣”，要词能达意！

社会谋生不易，人生很不容易，尤其想要活出一点价值。

有清三百年，思想界只出一个魏源。

魏源（1794—1856），原名远达，字默深，一字墨生，又字汉士，号良图。湖南省隆回县金潭人，晚清思想家，是近代中国“睁眼看世界”的文人之一，著有《海国图志》一百卷、《圣武记》，辑《皇朝经世文编》一百二十卷。《海国图志》阐述“师夷长技以制夷”的思想，主张学习国外先进的科学技术以抵御外国的侵略，使中国走上富强的道路。

熊十力（1885—1968）有思想，讲自己的一套。民国就熊十力一人而已！

熊十力，曾参与孙中山领导的护法运动，后以已非有政治长才，弃政向学。1922年，在南京从欧阳竟无（1871—1943）学佛教唯识学，后受聘为北京大学特约讲师。1928年，在国立中央大学（南京大学）讲学，逐渐由佛学转为研究儒学。抗战时，熊十力入川，继续著述讲学。抗战末期出版《新唯识论》语体文本和《读经示要》。1949年后，续被聘为北大教授，著有《原儒》《体用论》及《明心篇》等。1968年5月23日，因反对“文革”绝食，病逝于上海，享年84岁。

冯友兰，河南人。

冯友兰（1895—1990），字芝生，河南南阳唐河人，著名哲学家。抗战时，先后出版了《新理学》《新事论》《新世训》《新原人》《新原道》《新知言》六部书，构成了一个完整的“新理学”哲学思想体系，总称为“贞元之际所著书”或“贞元六书”。

他在《新原人》自序中表述：“为天地立心，为生民立命，为往圣继绝学，为万世开太平，此哲学家所应自期许者也。况我国家民族，值贞元之会，当绝续之交，通天人之际，达古今之变，明内圣外王之道者，岂可不尽所欲言，以为我国家致太平、我亿兆安身立命之用乎？虽不能至，心向往之。非曰能之，愿学焉。此《新理学》《新事论》《新世训》及此书所由作也。”

梁漱溟，对佛学无熊十力清楚。

梁漱溟（1893—1988），青年时代一度崇信康有为、梁启超的改良主义思想。辛亥革命时，参加同盟会京津支部，曾热衷于社会主义，著《社会主义粹言》，宣传废除私有财产制。二十岁起，潜心于佛学研究，几度自杀未成，经过几年的沉潜反思，重兴追求社会理想的热情，又逐步转向了儒学。

梁受泰州学派的影响，在中国发起过乡村建设运动，并取得可以借鉴的经验。著有《乡村建设理论》《人心与人生》等。他把孔子、孟子、王阳明的儒家思想、佛教哲学和西方博格森的“生命哲学”糅合在一起，把整个宇宙看成是人的生活、意欲不断得到满足的过程，提出以“意欲”为根本，又赋予中国传统哲学中“生生”概念以本体论和近代生物进化论的意义，认为“宇宙实成于生活之上，托乎生活而存者也”“生活就是没尽的意欲和那不断的满足与不满足罢了”。

沈刚伯（1896—1977）、方东美（1899—1977）的书，没有什么自己的思想。不要盲目与人跑，否则跟刚伯，却成“铁伯”了。

曾文正用经史百家培养自己，其编《经史百家杂钞》是在培己，以增加智慧，造成他事业上的成功。

《经史百家杂钞》一书，从清末到民国，在社会上流传很广、影响较大，是继姚鼐《古文辞类纂》之后的又一部有名的古文选读本。全书共分论著、辞赋、序跋、诏令、奏议、书牍、哀祭、传志、叙记、典志、杂记十一类。《杂钞》里不仅有“文”，而且有“道”，是“文”与“道”结合的一部书。比诸注重辞章的《类纂》《杂钞》，实用价值无疑是远超其上的，将义理、辞章、考据大体都归宿于经济，并新增了经、史、子三类的文章，约占全书四分之一，从而体现了曾氏注重经济、归宿于经济的治学精神，体现了当时的时代要求。

其所选文章，多为具有代表性的作品，选择精当，内容丰富，范围广泛，体裁兼备，故可作为研读经、史、哲学等方面的基础读物，各种文体的示范读物，还可作为中国文学史的对照资料。

清朝中兴，完全是秀才造反成功的。事业有成者绝对有德；德的要点如达不到，即缺德。

清末有湖南帮、安徽帮，到台湾仅剩下湖南帮了。

想做什么得好好培养。你们什么书也没读，小学生的智慧。就因为混，没有一个家像个家，吃饭如同喂狗般，现在有几个小孩会拿筷子？这种环境怎么培养人才？没有规矩，不能成方圆。

读书得深细，才能读出境界。

廖平，思想有六次变迁，但无出色。

廖平（1852—1932），初名登廷，字旭陵，号四益；继改字季平，改号四译；晚年更号为六译。这些名号的更改，反映了他的思想和经学的变化过程。

康南海，受廖平的影响。

康有为（1858—1927），原名祖诒，字广厦，号长素，又号明夷、更生、西樵山人、游存叟、天游化人。汉族广府人，生于广东省广州府南海县丹灶苏村，人称康南海。主要著作有《康子篇》《新学伪经考》《孔子改制考》《日本变政考》《大同书》和《欧洲十一国游记》等。

“三不朽”，立功、立业必得有德，钻尖取巧绝对办不到。

人太平凡，一举一动就平凡。你们要好自为之，不要自欺，每天必要读书。

我一生尽在江湖中过活，但没有想到死。九十多年，就像昨天。

1. 子曰：“雍（仲弓，德行科）**也可使南面。”仲弓问子桑伯子**（鲁人）。**子曰：“可也，简。”仲弓曰：“居敬而行简，以临其民，不亦可乎？居简而行简，无乃大**（太）**简乎？”子曰：“雍之言然。”**

“南面”：一、南面为君。道学家反对此解。其实人人皆可以为尧舜，有何不可为君？二、使于南面，作为君前的重臣。

昔日不论大小主管，都南面而坐。大小衙门的门口，都从南面开。

“简”，厚重简默。《易》“易简之道”“易则易知，简则易从”“天下（易简）之理得，而成位乎其中矣”（《易经·系辞上传》）。

“居敬”，敬事而信；“行简”，简，言简意赅，要言不烦。愈熟练愈简。“居敬而行简”，平时即守住敬事之道，行事才能简单。

“临”，面对。“临民”，君临天下。

“居简而行简”，平时大而化之；“无乃太简乎”，不行。此为人最大的毛病。

“雍之言然”，“夫人不言，言必有中”（《先进》）。

2. 哀公问：“弟子孰（谁）**为好学？”孔子对曰：“有颜回者好学，不迁怒**（移怒），**不贰过**（复过）。**不幸短命死矣。今也则亡**（无），**未闻好学者也。”**

“不迁怒，不贰过”，人最易犯的毛病，即迁怒；贰过，才是过，人不可能没有过，“过，则勿惮改”。

颜回“有不善，未尝不知；知之，未尝复行也”，即深于《易》。

《易·系辞下传》：子曰：“颜氏之子，其殆庶几乎！有不善，未尝不知；知之，未尝复行也。《易》曰：‘不远复，无祗悔，元吉。’”

故能“择乎中庸，得一善，则拳拳服膺而弗失之矣”（《中庸》），“其心三月不违仁”，“不贰过”。

“短命”，父母在，先父母而死，不管年纪多大。

自此章看什么是“好学”。知行合一谓之学。

3. 子华（公西赤，字子华。小孔子四十二岁）**使**（出使）**于齐**（时为季氏宰），**冉子为其母请粟。子曰：“与之釜**（六斗四升，今容量一斗二升八合）。**”请益**（加）。**曰：“与之庾**（十六斗）。**”冉子与之粟五秉**（八十斛）。**子曰：“赤**（老师叫学生名字）**之适**（动词，到）**齐也，乘肥马，衣**（音 yì，动词，穿）**轻裘。吾闻之也：‘君子周急不继富**（锦上添花）。**’”**

此章系冉有弟子所记，故称“冉子”。

描写一人的心理，人的一举一动代表其思想。讨价还价后，犹不满足；自己有权，乃多给。

学生不骗老师？此为常情，所以才有礼法。没常情，就反常。

学生的一举一动，皆在自己的掌握中。哪个时代都有情报员，自古皆如此。

圣人境界，就是常人境界。人人皆可以达圣人境界。

“周急不继富”，此为真理，要如此做事。救急，不救贫；继富，乃是锦上添花。

4. **原思**（原宪，字子思）**为之宰**（孔子为鲁司寇，原宪为家宰），**与之粟九百，辞**（不肯受）。**子曰：“毋**（不必辞）**！以与尔**（你）**邻里乡党**（邻舍同里）**乎！”**

原思，太食古不化了，呆头呆脑！

《史记·仲尼弟子列传》：孔子卒，原宪遂亡在草泽中。

古时四个地方单位：五家为邻，二十五家为里，一万二千五百家为乡，五百家为党。

证明原宪住在贫民窟。

《庄子·让王》：原宪居鲁，环堵之室，茨以生草；蓬户不完，桑以为枢；而瓮牖二室，褐以为塞；上漏下湿，匡坐而弦歌。子贡乘大马，中绀而表素，轩车不容巷，往见原宪。原宪华冠縰履，杖藜而应门。子贡曰：“嘻！先生何病？”原宪应之曰：“宪闻之，无财谓之贫，学而不能行谓之病。今宪，贫也，非病也。”子贡逡巡而有愧色。

自己应得的，不害于仁；应不辞谢，而将自己之有余给不足者。

看孔子怎么处理事、对学生之清楚。

经义全在自己去体得，《论语》每章皆有深意。

5. 子谓（谈）**仲弓，曰：“犁牛**（杂色的牛）**之子，骍**（音 xing，纯赤色）**且角**（牛角周正，长短合式），**虽欲勿用，山川**（山川之神，喻公）**其舍诸**（语词）？”

《史记·仲尼弟子列传》“仲弓，父贱人，孔子曰犁牛之子”云云，以耕牛之子，不失为骍牛为喻。《论衡·自纪》云：“母犁犊骍，无害牺牲。”《淮南子·说山训》曰：“犁牛……生子而牺，尸祝斋戒以沉诸河。河伯岂羞其所从出，辞而不享哉？”

骍牛，毛极整齐，无杂色，合乎标准。

“犁牛之子，骍且角”，好汉不怕出身低，虚伪之心不可有。

孩子本身好，父母不能影响他，给人盼望。相反，也有扶不起的阿斗。

一个人的伟大，绝不在于父母的出身，自己本身最为重要。但是父母不好，小孩也很难好。

尧、舜如真好，何以还有四凶？

“山川”，山神。“虽欲勿用，山川其舍诸”，山神都没有阶级观念，喻“公”。

孔子自谓“吾少也贱，故多能鄙事”（《子罕》）。

历代虽尊孔、祭孔，可不信孔。历代考试必看其三代出身，此限制根本不同于孔子的思想，使人才受到限制。

应自《论语》中体验孔子的思想所在，重新正视儒家思想。中国思想必要另辟天地。

6. 子曰："回也，其心三月不违（离）**仁；其余，则日月至焉而已矣。"**

此章为孔子给弟子的评语。颜回，中行之士，德行科；其余，皆狂狷之士。公道！

"三月"，言其久。"三"，虚数，多也。吾日"三"省吾身。

"其心三月不违仁"，日求精进不已，持之以恒。以仁存心，"仁者安仁"，恒其德，如"天行健"，好学，"自强不息"。仁道，爱人之道。仁者爱人，难免有所牺牲。

"日月至焉而已矣"，"智者利仁"，但无行健功夫。

7. 季康子问："仲由（子路）**可使从政也与？"子曰："由也**（语助词，肯定的）**果，于从政乎何有**（何难之有）**？"**

子路，政事科。有一技之长即可从政。

"政者，正也。子帅以正，孰敢不正？"（《先进》）能自正了，方能正人。

"果"，有果行。"君子以果行育德"（《易经·蒙·大象》），想有德必育之。"子路无宿诺"（《颜渊》），见义必为。

没有学问，但不能没德。乱伦，是最缺德的事。

曰："赐（子贡）**也，可使从政也与？"曰："赐也达，于从政乎何有？"**

子贡，言语（外交）科。

《史记·仲尼弟子列传》：子贡一出，存鲁，乱齐，破吴，强晋而霸越。子贡一使，使势相破，十年之中，五国各有变。

“达也者，质直而好义，察言而观色，虑以下人”（《颜渊》）。“不成章，不达”（《孟子·尽心上》）。“诵《诗》三百；授之以政，不达；使于四方，不能专对；虽多，亦奚以为？”（《子路》）

章，《说文》云：“乐竟为一章。从音从十。十，数之终也。”乐曲尽为竟，事之所止。谋篇布局，章法，章程，“含章可贞”（《易经·坤》）。达，《说文》云：“行不相遇也。”后训为“通达”，通也。

读书在明理，即达也。

“下学上达”，“君子上达”（《宪问》），修至大人，则“与天地合其德”（《易经·乾卦·文言》）。“不怨天不尤人，下学而上达，知我者其天乎？”（《宪问》）

曰：“求也可使从政也与？”曰：“求也艺，于从政乎何有？”

“艺”，应包含很多种，非指今天的“才艺”“多才多艺”。

礼、乐、射、御、书、数，六艺之用；《诗》《书》《礼》《乐》《易》《春秋》，六经。均为实用之学，是一切做事的技术与手段。

《尚书·舜典》称：“归，格于艺祖。”《孔传》：“艺”，文也。“艺祖”，文德之祖。《春秋繁露·玉杯》云：“君子知在位者不能以恶服人也，是故简六艺以赡养之。《诗》《书》序其志，《礼》《乐》纯其美，《易》《春秋》明其知，六学皆大，而各有所长。《诗》道志，故长于质；《礼》制节，故长于文；《乐》咏德，故长于风；《书》著功，故长于事；《易》本天地，故长于数；《春秋》正是非，故长于治人。能兼得其所长，而不能遍举其详也。”

学到一个程度了，则“无所不用其极”（《大学》）。“所”，地方；“极”，最高的手段。没有哪一地方，不用六艺的最高手段。

“无入而不自得”（《中庸》），皆自得，进入一环境，势必得到自己之得。

孔子“吾不试，故艺”（《子罕》），因没人用，拼命努力，才练出艺。没有当政，冷眼旁观，看尽人生的疾苦，有独门学问，“子所雅言，《诗》《书》执（艺）《礼》”（《述而》）。

孔子的艺，传给了冉求。“求也艺”，达到艺了，“于从政乎何有”，于从政何难之有？因为已经“无入而不自得”了。

8. 季氏（鲁国执政大夫，季孙氏）**使闵子骞**（闵损，字子骞。小孔子十五岁）**为费**（音 bì，季氏的食邑）**宰。闵子骞曰：“善为我辞**（辞谢）**焉。如有复**（再来找）**我者，则吾必在汶上矣。”**

《史记·仲尼弟子列传》谓闵子骞：“不仕大夫，不食污君之禄。如有复我者，必在汶上矣。”

闵子骞，德行科。季孙氏不臣，其邑宰数叛，闻闵子骞贤欲用之。闵子骞逃之。

“汶”，汶水，在齐、鲁交会处。“上”，为水之北。

“善为我辞焉”，不愿为季孙氏家宰；“必在汶上”，托辞，必去鲁，往齐。

9. **伯牛**（冉耕，字伯牛）**有疾**（恶疾，传染病），**子问**（慰问）**之。自牖**（窗）**执其手**（把其脉），**曰：“亡**（没命了）**之，命矣夫！斯人也而有斯疾也！斯人也而有斯疾也！”**

冉伯牛，德行科。

伯牛命在旦夕，孔子与之永诀。

“斯人也而有斯疾也！斯人也而有斯疾也！”重言之，慨叹之言。叹这种好人，怎么会得不治之症？

10. **子曰：“贤哉！回也。一箪食**（音sì，饭），**一瓢饮**（水），**在陋巷**（贫寒），**人不堪**（忍受）**其忧；回也不改其乐**（乐道之心）。**贤哉！回也。”**

《韩诗外传卷十》颜渊问于孔子曰：“渊愿贫如富，贱如贵，无勇而威，与士交通，终身无患难。亦且可乎？”孔子曰：“善哉！回也。夫贫而如富，其知足而无欲也；贱而如贵，其让而有礼也；无勇而威，其恭敬而不失于人也；终身无患难，其择言而出之也。若回者其至乎！虽上古圣人，亦如此而已。”

《潜夫论·遏利》云：“因馑于郊野，守志笃固，秉节不亏。宠禄不能固，威势不能移。虽有南面之尊，公侯之位，德义有殆，礼义不班，挠志如芷，负心若芬，固弗为也。”

颜回，德行科，有圣人之道，“具体而微”（《孟子·公孙丑上》)。为七十二贤之首，孔庙四配之一——复圣，能“克己复礼”。

孔子之所以重视颜回，因其有所志、有所乐。常人则往往受不了此种忧而改其志，唯有颜回能“素患难，乐乎患难；素贫贱，乐乎贫贱”，任何环境都不改其所志、所乐，并非傻呆呆也。

孔广森《经学卮言》云：“古之得道者，穷亦乐，达亦乐，所乐非穷达也，道得于此，则穷达一也。”

颜回乐什么？乐天之道，天道行健（《易经·乾》“天行健，君子以自强不息”），“诚者，天之道；诚之者，人之道”（《中庸》)。“用之则行，舍之则藏”（《述而》)，“隐居以求其志”（《季氏》)。“养其身以有为”（《礼记·儒行》)，“君子以饮食宴乐”（《易经·需卦》)，饮食宴乐以养之，当隐则隐，“不易乎也，不成乎名”，“隐而未见，行而未成，是以君子弗用也”（《易经·乾卦·文言》)，潜龙也。

11. 冉求曰：“非不说（悦）**子之道，力不足也。”子曰：“力不足者，中道而废。今女**（汝）**画**（止也，画地自限）。”

冉求未做先画格，画地自限。“求也退”（《先进》)。

孔子曾对冉求鸣鼓攻过。

“有能一日用其力于仁矣乎？吾未见力不足者。”（《里仁》）社会上即人为。中国重视群德，其表现即仁。

为学有四失：贪多不求甚解，少得就满足，见异思迁，画地自限。

12. 子谓子夏曰：“女（汝）为君子儒，无为小人（普通）儒！”

《论语述何》：君子儒，所谓贤者识其大者；小人儒，所谓不贤者识其小者。识大者，方能明道；识小者，易于矜名。子游讥子夏之门人小子是也。孙卿亦以为子夏氏之陋儒矣。

儒，人之需。学而有术，即儒（《法言》“通天地人曰儒”，《说文》“儒，柔也，术士之称”）。儒，无新、旧之分，只有“君子儒”与“小人儒”之分。

“君子儒”与“小人儒”，两者有什么区别？君子、小人，即义利之辨。君子儒“以道殉身”（《孟子·尽心上》），“君子喻于义”，学为己之学，道就是你，你就是道；小人儒“以道殉人”，“小人喻于利”（《里仁》），学为人之学，以儒为业。

“古之学者为己，今之学者为人”（《宪问》），君子修天爵、成天德，为己之学，有外柔内刚的应世精神，“和而不流，强哉矫；中立而不倚”，“合内外之道”（《中庸》）。

自此章，证明子夏就缺此一功夫。

13. 子游为武城（鲁邑名）宰（邑宰）。子曰：“女（汝）得人（培育人才）焉耳乎？”曰：“有澹（音tán）台（澹台，复姓）灭明（名灭明，字子羽。少孔子三十九岁）者，行不由径（小路）。非公事，未尝至于偃（子游名）之室也。”

成就大事业以造就接班人为第一要义，做事没有人才行吗？

孔子为政，以“举贤才”为要；要弟子留心人才，“举尔所知”（《子路》）。

宰相为天子择百僚，要培育人才，培养接班人。

子游为武城宰，澹台灭明任幕僚，后亦为孔子弟子。《史记·仲尼弟子列传》载：“澹台灭明，武城人，字子羽。状貌甚恶。欲事孔子，孔子以为材薄。既已受业，退而修行。行不由径，非公事不见卿大夫。南游至江，从弟子三百人，设取予去就，名施乎诸侯。孔子闻之，曰：‘吾以言取人，失之宰予；以貌取人，失之子羽。’”

明太祖朱元璋曾取消复姓，澹台姓改为“台”。前台大教授台静农，即为澹台之后。

“行不由径”，双关语。走后门，行由径。

“非公事，未尝至于偃之室也”，这是什么行为？

14. 子曰：“孟之反（鲁大夫，孟之侧）**不伐**（夸功）。**奔**（败逃）**而殿**（在后拒敌），**将入门**（国门），**策**（以马鞭鞭马）**其马，曰‘非敢后也，马不进也’。”**

鲁哀公十一年（公元前484年）春，齐国进犯鲁国。齐鲁交战，先是鲁国右军奔逃，齐国追赶。陈瓘、陈庄徒步渡过泗水，孟之侧在全军之后最后回来，他抽出箭来打他的马，说：“我走在最后，是马不肯往前走。”鲁军在冉求的指挥并身先士卒下，作战勇猛，以步兵执长矛的突击战术，终取得胜利。

此必有托文，或是深意。

“孟之反不伐，奔而殿”，败逃在后面拒敌；“将入门，策其马”，将入国门，以马鞭鞭马，曰：“非敢后也，马不进也。”

此“不伐之伐”，伪君子，净说违心之言。

15. 子曰：“不有祝鮀（卫大夫，字子鱼）**之佞**（有口才），**而**（与）**有宋朝**（宋公子朝）**之美，难乎免于今之世矣**（非此难免）！”

《经学卮言》：言有祝鮀之佞，或有宋朝之美，乃免于今之世，不然则难矣！

激乱俗，自古认识真材实料者太少！

“祝鮀”，卫国大夫，善言辞，以佞谄受宠于卫灵公，“治宗庙”（《宪问》）。

“宋朝”，宋公子，仕卫为大夫，以美色见爱于南子。

“祝鮀之佞、宋朝之美”，盖伤时之言！“吾未见好德如好色者也”（《子罕》），要“贤贤易色”（《学而》）。

16. 子曰：“谁能出不由户，何莫由斯道也？”

出入由户，喻出入由仁，从此道而行。

经，为常道，如日月经天、江河行地，为人日用所需。

“率性之谓道”，“道不远人，人之为道而远人”，“道也者，不可须臾离也；可离，非道也”（《中庸》）。但“百姓日用而不知”（《易经·系辞上传》），能用，但不知其所以然。

17. 子曰：“质（本质）**胜文**（文饰），**则野；文胜质，则史。文质彬彬**（相配），**然后君子。”**

《论语述何》：文质相复，犹寒暑也，殷革夏，救文以质，其敝也野。周革殷，救野以文，其敝也史。殷周之始，皆文质彬彬者也。《春秋》救周之敝，当复反殷之质，而驯致乎君子之道。

“野”，“敬而不中（合）礼，谓之野”（《礼记·孔子燕居》）；“史”，金玉其外。历史，说假的。

“文质彬彬”，乃表里如一；“然后君子”，君子乃言行一致，表里如一。人而不学，虽有美质，不可恃；必学，才能明理。

《春秋繁露·玉杯》云：“志为质，物为文，文著于质，质不居文，文安施质？质文两备，然后其礼成”，“《春秋》之序道也，先质而后文，右志而左物，故曰：‘礼云礼云，玉帛云乎哉！’”

礼，天理之节文也。当损有余，而补不足。

说易，行可太难！

18. 子曰：“人之生（性）**也直，罔之生也幸而免**（幸存）**。”**

人性直无伪，直人即真，亦即真人。应“直养而无害”（《孟子·公孙丑上》），直其道，正道。

“诚者，天之道；诚之者，人之道”，“天地之道可一言而尽也，其为物不贰”（《中庸》），存诚，“主忠信”（《学而》）。天地以至诚生物，“不诚无物”（《中庸》）。

“罔”，自欺欺人，“自作孽，不可活”（《尚书·太甲》）。

“罔之生”，离正道修身，不招灾难，是“幸而免”。

19. 子曰："知之者不如好之者，好之者不如乐（贫而乐道）之者。"

学之境界，有深有浅：知之、好之、乐之。

"乐之者"，乃浸淫其中，乐此不疲。不论学什么，不眠不休，才能达一境界。

看书、读书、念书，三种境界不同。

20. 子曰："中人以上，可以语（音 yù，告，教）上（高深的学问）也；中人以下，不可以语上也。"

孔子因材施教。人之材有别，应按其材而教之，方能使其得益。教人而不能尽其材，则事倍功半，是整个人材的浪费。

讲书，谈何容易！人的智慧与了悟，绝对不一样。

"中人以上，可以语上"，智慧中等以上，可以告诉高深的学问，"下学上达"（《宪问》）。

"性相近，习相远"（《学而》）。"中人以下，不可以语上"，"唯上智与下愚，不移"（《阳货》），秀才遇到兵，有理说不清。"语之而不知，虽舍之可也"，即《孟子》"欲其自得之"，《中庸》所谓"皆自得也"。

中等人，易于见异思迁，要"循循善诱"（《子罕》"夫子循循然善诱人"），"学不躐等"（《礼记·学记》"时观而弗语，存其心也；幼者听而弗问，学不躐等也"），学不越次，循序渐进。

21. 樊迟问知（智）。子曰："务（专心致志）民（人）之义（宜），敬鬼神而远（音 yuàn，远离）之，可谓知（智者）矣。"

智者“务民之义”，有目标，当务之为急。

儒家平日“敬鬼神而远之”，不活在宗教世界。

中国为鬼神观。“鬼”，家鬼，自己祖先；“神”，有遗爱在人。有天齐庙、祖师庙、文庙、武庙。祭鬼神，在报恩。

神鬼观，宗教。

问仁。曰：“仁者先难（事）**而后获**（得），**可谓仁矣。”**

“仁者先难而后获”，做一般人认为难做的事，“先事后得”，先义后利。治身，崇（积）德，先难而后获。

仁者，是为别人活，忘我、无我，先事后食，“不素餐兮”。

《诗经·魏风·伐檀》斥责贵族不劳而获：“坎坎伐檀兮，置之河之干兮，河水清且涟猗。不稼不穑，胡取禾三百廛兮？不狩不猎，胡瞻尔庭有县貆兮？彼君子兮，不素餐兮！坎坎伐辐兮，置之河之侧兮，河水清且直猗。不稼不穑，胡取禾三百亿兮？不狩不猎，胡瞻尔庭有县特兮？彼君子兮，不素食兮！坎坎伐轮兮，置之河之漘兮，河水清且沦猗。不稼不穑，胡取禾三百囷兮？不狩不猎，胡瞻尔庭有县鹑兮？彼君子兮，不素飧兮！”

22. 子曰：“知（智）**者乐**（音 yào，喜好）**水，仁者乐山。知者动**（自强不息），**仁者静**（无欲）。**知者乐**（音 lè），**仁者寿**（与天地同寿）。**”**

中国学问，是法自然。山水，大自然给人的启示，动静皆自在，“必仁且智”（《春秋繁露·必仁且义》“莫近于仁，莫急于智”）。

“智者利仁”，有似于水，周流不滞，达于事理。“智者动”，流水之为物也，不盈科不行，永远在流动。“智者乐”，无所不达，“盈科而后进”（《孟子·离娄下》），不遗小间隙，淌满了再往前走。

“仁者安仁”，有似于山，厚重不迁。“仁者静”，无欲才能静，“宁静以致远”，定、静、安、虑、得。“仁者寿”，与天地同寿，精神长在，恒也。

23. 子曰：“齐一变（进步），**至于鲁**（以鲁当新王）；**鲁一变，至于道**（大道之行也，天下为公）。”

张三世，存三统。

《春秋》为况，《大易》为象。《春秋》，是孔子的理想国，以之为况。“以鲁当新王”，乃借事明义。

“齐一变，至于鲁”，齐，霸道；一进步，至于鲁，以鲁当新王，由霸道到王道。

《说文》云：“伯，长也。”“霸”古多作“伯”。“伯”者本字，“霸”者假借字，后假借字通用。五霸者，诸侯之长也。《白虎通德论·号》称：“王者，往也，天下所归往。”《孟子·公孙丑上》云：“以力假仁者霸，霸必有大国。以德行仁者王，王不待大。”“以力服人者，非心服也，力不赡也；以德服人者，中心悦而诚服也。”

“鲁一变，至于道”，再一进步，由王道达于大道，“大道之行也，天下为公”。

24. 子曰:“觚（音 gū）**不觚**（不像觚形），**觚哉！觚哉！”**

“觚”，酒器，喇叭形口，细腰，高圈足，腹部和足部各有四条棱角，有一固定的型。

“觚不觚”，觚如果没有棱角，就不像觚的器形，又怎能叫作觚？“觚哉！觚哉”，是觚吗？是觚吗？

命名，“必也正名乎”（《子路》），有个样子，名正言顺，实至名归，名实相副。“《春秋》慎辞，谨于名伦等物者也。”（《春秋繁露·精华》）

以此为定理：“人不人，人哉！人哉！”人不像人，永远不能成事。

人的格，在“孝、慈、义”，否则是两条腿的畜牲。

25. 宰我问曰：“仁者，虽告之曰‘井有仁（人）**焉’，其从**（音 zòng）**之**（随之入井）**也？”子曰：“何为其然**（如此）**也**（犹‘邪’、‘焉’）？**君子可逝**（往）**也**（犹‘焉’），**不可陷**（陷身于法网）**也；可欺也，不可罔**（昧之以理之必然）**也。”**

宋翔凤《过庭录·卷十三》：宰我本鲁人，简公在鲁，故事之而有宠；及即位，而使为政，为陈成子所惮，有正色立朝之概……然既用于时君，社稷系命，惟在知周仁足，事出万全，否则引身而退……则顾不能，终于身祸君弑，“可逝而不可陷”，孔子早已戒之，所谓“耻之者”，此也。

“可逝”，可前往；“不可陷”，不可陷身于法网。

“可欺”，因其“欺之以方”；“不可罔”，不可昧之以理之必然。

“君子可欺以其方，难罔以非其道”（《孟子·万章上》），“可罔”，才“可陷”。遇事必冷静，“好仁不好学，其蔽也愚”（《阳货》）。

“博学之，审问之，慎思之，明辨之”（《中庸》）。遇事必明辨之，然后笃行之。懂得明辨是非了，才是知识分子。谣言止于智者。

26. 子曰：“君子博学于文，约之以礼，亦可以弗畔（同‘叛’）**矣夫**（犹‘乎’，叹词）**！”**

《论语述何》：“文”，六艺之文；“礼”，贯乎六艺。故董生云：《春秋》者，礼义之大宗也，其事则齐桓晋文，其文则史，可谓博矣。君子约之以礼义，继周以俟百世，非畔也。

“礼”，理也，一切行事为人的标准。“《春秋》者，礼义之大宗也”（《史记·太史公自序》），一切决之以礼义，“和顺于道德而理于义”（《易经·说卦传》）。

“博学于文”，什么书都看，但得以礼约知（文）。

“约之以礼”，“不学礼，无以立”（《季氏》），以礼约身，则不叛道。

人的本性上皆能做圣贤，一步错就坏，应责备自己，不能骂父母。

27. 子见南子（卫灵公夫人），**子路不说**（悦）。**夫子矢**（一、陈言；二、誓言）**之曰：“予所**（誓辞。王引之释为‘若’）**否**（抱负不通）**者，天厌**（一、讨厌；二、阻止）**之！天厌之！”**

《史记·孔子世家》：灵公夫人有南子者，使人谓孔子曰：“四方之君子，不辱欲与寡君为兄弟者，必见寡小君。寡小君愿见。”孔子辞谢，不得已而见之。夫人在絺帷中。孔子入门，北面稽首。夫人自帷中再拜，环佩玉声璆然。孔子曰：“吾乡为弗见，见之礼答焉。”子路不说。孔子矢之曰：“予所不者，天厌之！天厌之！”

孔子见南子，弟子疑。

孔子被学生一句话打乱了，“矢之”，忙着发誓，表明没有动心。

以自己抱负之所以不能通者，实乃天阻之，与见不见南子无关。

“和而不流”，才有影响力。

懂得坏事，做了坏事定知道忏悔。人生最重要的是过理智生活。

反经行权，行权必返经，正经的都成功了。

28. 子曰：“中庸之为德也，其至(至德)矣乎！民鲜久矣。”

《论语述何》：春为阳中，万物以生；秋为阴中，万物以成。《春秋》贯乎六艺，而主乎用。自东周以后，无用之矣。子思子发挥大义，康成氏能言之。

《中庸》，学用中之道。汉儒郑康成注：“名曰《中庸》者，以其记中和之为用也。”

“喜怒哀乐之未发，谓之中；发而皆中节，谓之和。中也者，天下之大本也；和也者，天下之达道也。致中和，天地位焉，万物育焉。”(《中庸》)中者，礼义。中国，用中之国，礼义之邦。

“孝为德本”(《孝经》),“苟不至德,至道不凝焉”,“苟非其人,道不虚行”(《易经·系辞下传》)。

“中庸之为德也,其至矣乎”,《中庸》云:“中庸其至矣乎!”中庸的境界很高。“民鲜久矣”:一、一般人不知“用中”之德已久矣;二、一般人少能长久用中道,因难持之以恒,多是“日月至焉而已矣”。

29. 子贡曰:“如有博施(不挑选)**于民**(老百姓),**而能济众**(恩泽于民),**何如?可谓仁乎?”子曰:“何事**(止)**于仁,必也圣乎!尧舜其犹病**(苦恼,愁)**诸**(做不到)**!夫仁者,己欲立而立人,己欲达而达人。能近**(自左近)**取譬,可谓仁**(行仁)**之方也已。”**

《论语述何》:《春秋》录内略外,必先正君,以正内外,所谓取譬不远也。

“博施、济众”,尽己之性→尽人之性→尽物之性。

“恕”,如心,推己及人。己欲立而立人,己欲达而达人。

必自己有能力了,才能救别人,否则到头来,反成为被救济的对象。

“博施、济众”,“必也圣乎”,其唯圣人能之,圣人贵除天下之患。

“尧舜其犹病诸”,尧舜都还愁做不到博施济众。尧,犹有四凶。

仁者,己立立人,己达达人,推己及人。

“克己复礼”,非礼,勿视、听、言、动,去外诱之私,存本然之善，为立身之要道。“为仁由己”（《颜渊》），非由人，不外求。一切行动，皆在立身规范之内；能立身，就能行道。

“能近取譬”，从左近找到明道之事，体悟、实践、笃行之；“可谓仁之方”，是

“一日克己复礼，天下归仁”，“尧舜之道，孝弟而已矣。子服尧之服，诵尧之言，行尧之行，是尧而已矣”（《孟子·告子下》）。道在近，不必求诸深、求诸远。佛在家中坐，何必远烧香？

读书在明理，明辨是非；明辨是非，才能治国、平天下。

人愈是圣洁愈芬芳，此芬芳在灵性里。人就是圣洁，不论男女。不圣洁，则无永固的感情。

人必要有人的价值，“人之异于禽兽者，几希”（《孟子·离娄下》），君子存之，小人去之。人伦，无新旧之分。

仁人、圣人、大人，有何区别？

述而第七

你们读书必脚踏实地，以《四书》作基础。

思想必要创新，要与时俱进。

《墨辯》真是“莫辨”，《离骚》应读其思想。何以古人环境那么单纯，思想却是那么丰富？读《易》，许多人本文不懂，但讲历代贩子的东西。

何以古人有如此致密的构思？以今天的想法想，绝对与古人不合。何不以今天的环境构思，我们为何要读古书？是在以古人的智慧启发我们的智慧。今天的环境充实，思想应更为充实，应超过前人，但必得“因而不失其新”。

我称“夏学”，因为不再碎尸万段，凡是中国人的东西都收，有如矿山，有发掘不完的宝藏。思想是一个系统的，孔子“吾道一以贯之”，“变一为元”。我们奉元，接着可成“扁”的。

我在帝国主义的阴影下长大。美帝、俄帝、日帝，为百年中国之三大老板。美国知道其未来的大敌即中国，日本则微不足道。今后中国无外来的影响，可以自己好好地发展。

台湾地区犹在美、日的势力笼罩下。被敌人控制，不会拿你当人，绝对不同于“本国人”。我在日本时代不做汉奸，已经是英雄。

我喜欢想，但是想一辈子，也可能“吓死”！你们要放松脑子去想，不要天天在情爱中打转，不要浪费有用的时光与智慧。

一个民族的荣辱，完全系于思想，思想历久而弥新。

1. 子曰：“述（祖述）**而不作，信而好古**（述古），**窃**（私，我）**比**（音 bì，窃比，尊之之辞）**于我**（表亲切）**老彭。”**

此系孔子“郁郁乎文哉”时的境界。

“盖有不知而作之者，我无是也”，“好古，敏以求之”（《述而》）。

“述”，祖述，父作之，子述之，“数典不忘祖”，此为中国人的民族精神。“述而不作”，接着前人，用前人智慧启发自己的智慧。接着前人，不凭空杜撰。

“信而好古”，信很重要，以人性作标准，看自己心里舒服否？

述古，多么认真！证明仍土，境界最低时。刚开始接触文化，似懂非懂。

“窃比”，尊之之辞。“我老彭”，“我”表示亲切，必是觌面亲授者。“老彭”是谁，不得而知，但绝非凡人。

学问，应是活活泼泼的，如同打一剂强心剂。学问，必与年龄俱进。接着做，“祖述尧舜”，要拨乱反正。

2. 子曰：“默而识（音 zhì，了悟在胸）**之，学而不厌**（足），**诲**

人不倦，何有于我哉？”

此章为一总纲，是功夫，可知道怎么读书。

“默而识之”，“默”，非可以言传，尽在不言之中；“识”，心会神通。人思想家自此过来。没有“学不厌”，又以什么“默而识之”？

“学而不厌”，学，乃知行合一，“学，然后知不足”“知不足，然后能自反也”（《礼记·学记》）。“诲人不倦”，尽责任。但如不是人，就不必诲之。“学不厌，诲不倦”，成已成人，学之全功。

“何有于我哉？”上三者，对我而言，何难之有？没有难处。

我喝茶，默念。孙女监督，瞪着眼说：“茶凉了！”我有点境界是自“默而识之”来的。熊十力则是“用心深细”。

“默而识之”，懂得千千万万，对你们说一点，已属不易。默，比禅高，心会神通，儒家最高的功夫。

3. 子曰：“**德之不修**（修德），**学之不讲**（讲学），**闻义不能徙**（徙义），**不善不能改**（迁善改过），**是吾忧也**。”

此章是孔子骂弟子之言。

“修德”，德，是实际行为的表现，有善德、有恶德。“修”，是功夫，切磋琢磨，不好的去之。人不可以缺德，应“约之以礼”。意淫，就是淫。

讲学，切磋琢磨，以成其道。

徙义，知义，还要能徙于义。

迁善改过，“见善则迁，有过则改”（《易经·益》），“过而能改，善莫大焉”（《左传·宣公二年》）。

"是吾忧也"，仁者不忧己私，是忧徒儿。德之必修，学之必讲，闻义必徙，不善必改，是吾徒也。

为人师岂是易事？君、师是有责任的，"配天"。为师者，应长学生之善，而救其失。教书，是引导学生，不是牵着他的鼻子走，开导启发，使学生养成独立思考的能力。教导学生，应循序渐进、有先后缓急，《大学》所谓"知所先后，则近道矣"。如不循序渐进地教，学生即使学了，也一样没能修成。光是讲书本或是讲义，一部讲义可教上三十年。不然，就专讲些术数，谈玄、谈妙，不敢谈真理。越没学问的人越喜讲术数，使人不了悟。教人完全不由"诚"入手，也不尽力教，更不能因材施教。

"师严然后道尊，道尊然后民知敬学"（《礼记·学记》），为师能严己身，为人所敬，道才能尊；师道尊，人才能敬其所学。

"讲学"不如"奖学"，这是我晚年的慨叹！

有人对你说不良之言，应马上告诉他不能做。叫你偷偷了解谁，必要骂他。"仲尼之徒，无道桓、文之事者"（《孟子·梁惠王上》），奉元书院同学无道什么？

4. 子之燕居，申申（言其敬）**如**（望之俨然）**也，夭夭**（言其和）**如**（即之也温）**也。**

此弟子记孔子之态度，学生看老师怎么活。

朱子引杨氏（杨时）曰："申申，其容舒也；夭夭，其色愉也。"又引程子曰："今人燕居之时，不怠惰放肆，必太严厉。严厉时著此四字不得，怠惰放肆时，亦著此四字不得，惟圣人便自有中和之气。"退朝而处了，还要装腔作势？朱子并非不懂，但是在那个环境，必得那么讲，否则其书如何流传？

"望之俨然，即之也温"，即"申申如也，夭夭如也"。

《礼记》中有《仲尼燕居》与《孔子闲居》二篇。"燕居"，不同于"闲居"。昔日闲居犹见客，燕居则已退至内房，不再见客了，因已穿睡衣了。

人活着必有美感，要维持礼。今人不懂何为礼。

学什么，必脱胎换骨，才算是自己的。

5. 子曰："甚矣，吾（道）衰也！久矣，吾不复梦见周公！"

《论语说义四》：《史记·孔子世家》言定公五年，阳虎囚季桓子，季氏亦僭于公室，陪臣执国政，是以鲁自大夫以下皆僭离于正道。故孔子不仕，退而修《诗》《书《礼》《乐》，弟子弥众，至自远方，莫不受业焉。此孔子不仕，谓"不可求"，修《诗《《书》《礼》《乐》为从吾所好。孔子自述出处之际，故以两"吾"字明之。

思想随年龄、学识而有所改变。此时孔子已经有自己的主张。自《论语》可见孔子思想有三次变迁。孔子一辈子栖栖遑遑，即要行自己的道，做自己的梦。

"吾衰"，吾道衰也，天下为公之道衰。道衰，乃因不能行，因为环境已经变迁得厉害！

"不复梦见周公"，此时孔子不"从周"了，已有自己的主张！智者无梦，因其能了解如何去处世为人，绝无做白日梦之事。

我不知死后，大家能给我写多少真话。

大丈夫不可一日无权，但国民党就不给权。我教书，首次上"政大"，一见"果夫楼"，骂两个小时，仍然叫座，挤得水泄不通。我强调"有守"。就因为无守，利害一冲突了，尽做不义的事，一见利，就忘义了。

6. 子曰：“志（主）**于道**（大道），**据**（守）**于德，依**（有所依）**于仁**（生），**游**（游心）**于艺。”**

为什么活？志在行道，“大道之行也，天下为公”（《礼记·礼运》），祖述尧舜之“公天下”，“老者安之，朋友信之，少者怀之”（《公冶长》）。

“志于道”，“志”，心之所主。“道”，率性之谓。道还能外求？非能从外买。绝不违背良知做事，心之所主在于良知。

我依经解经。有传道之责必特别注意，今天复兴华夏文化为第一要义。处处违背天意，必得灭亡。今后谁也不敢碰中国，中国永不亡。

“据于德”，“据”，守也。失据，今天好，明天不好。

毛病都去掉，智慧才走上正路。守住善行，天天忙正事。本人性做事，有德不能变，“不贰过”（《雍也》）。

“依于仁”，“休”的本义，人依木息止，有所依也。“仁”，生也，生生之谓仁。依靠仁，“依于仁”的境界。

闲暇无事曰“游”，“游于艺”，游心于六艺：礼、乐、射、御、书、数。

熊十力以“凡智慧、知能之学，皆可名为艺”。《礼记·学记》云：“不兴其艺，不能乐学。”“游于艺”，才能乐学。游学，以文会友。

昔以唱诗词、歌赋为游乐，既可增加知识又好玩。清唱，纯唱诗词。喝酒，也不可喝闷酒，要行酒令、诵词、行令、押韵、传花。

昔日天天读书（文）、射箭（武），以写字、磨墨、画画作休息。文人画，墨戏，功夫在画外。

孔子“不试，故艺”（《子罕》），“求也艺”（《雍也》），孔子的艺为冉求得去。得深入研究艺。孔子“博学而无所成名”（《子罕》），不以一技一艺名，通理而应万事，一法通，百法通。

把式，即师傅，做什么有一定的师傅，有车把式、马把式，北京有天桥把式。“师父领进门，修行在个人”。

7. 子曰：“自行束脩（贽，物之薄者）**以上**（动词，上束脩），**吾未尝无诲焉。”**

此章讲孔子有教无类，诲人不倦。

“自行”，行礼，主动的，“只闻来学，未闻往教”（《礼记·曲礼》“礼闻来学，不闻往教”）。

“束脩”，不是一块，是馈问之物，即今天学费。

“以上”，上束脩，上供、上寿，皆敬辞。

“自行束脩以上”，证明教书是看钱，传道是假的！

“吾未尝无诲”，诲人不倦，有教无类。

古代学在官，孔子设教于杏坛，开私人讲学之风，以“藏道于民、有教无类”两个术打倒家天下。

8. 子曰：“不愤不启，不悱不发。举一隅，不以三隅反，则不复（再告）**也。”**

《论语述何》：圣人之言，皆举一隅而俟人之以三隅反，故文约而旨无穷。

《春秋繁露·精华》：弗能察，寂若无，能察之，无物不在。

是故为《春秋》者，得一端而多连之，见一空而博贯之，则天下尽矣。

此为孔子教书的原则：启发式教学，要学生举一反三。

孔子学生，除颜回“闻一知十”外，至少也是“闻一知二”的。

“愤、启、悱、发”四字必研究明白了，才能通神。

“愤”，《说文》称：“懑也。”发愤忘食。“启”，《说文》称：“教也。”启蒙，启发。“不愤不启”，学有不通，亟欲求通，因而启导之。是启发教育，不是灌输、填鸭。

“悱”，《礼记·学记》云：“时观而弗语，存其心也。”“力不能问，然后语之。”“发”，起，开，兴也，引申义：出发，发凡起例。“不悱不发”，口欲言，而力不能问，因而开导之。

“举一隅，不以三隅反”，举一反三，“反”，告诉我，相印证。举一反三，此乃基本的智慧。

“不复”，“语之而不知，虽舍之可也”（《礼记·学记》），即《孟子》“欲其自得之”，《中庸》所谓“皆自得也”。

“则不复也”，也太无耐力了，无爱心也！我教书，学生不读书，乃是其祖宗无德！

9. 子食于有丧者之侧，未尝饱也。子于是日（这一天）**哭，则不歌。**

此章记孔子吊丧时的态度，做人的原则。

临丧则哀，所以“未尝饱也”。

往吊而哭，余哀未灭，所以“不歌”，否则太无伦序了！

人一天要有常。哭了，就不能歌。

反证，孔子平日爱歌。

10. 子谓（告诉）**颜渊曰："用之则行**（行道于世），**舍**（不用）**之则藏**（藏道于民），**唯我与尔**（我和你）**有是夫**（吧）**！"**

孔子以"藏道于民、有教无类"两个术打倒家天下。

"用之则行"，则行道，"大道之行也，天下为公"（《礼记·礼运》）。颜回深得此意，故回死，孔子叹："天丧予！天丧予！"

"舍之则藏"，不用则"隐居以求其志"（《季氏》），藏道于民。真思想家不在乎自己的成功，成功不必在我。"三世必复，九世必复，虽百世可复也"。

教书，不是法院，是要将坏人变成好人，把不正常的人变成正常的人。但谈何容易？读中国书，贵乎实行。

"精用六九，足以使天下平"，出自《易经》。

《易·乾》云："用九，见群龙无首，吉。"《小象》曰："用九，天德不可为首也。"《易·坤》曰："用六永贞，以大终也。"《易·乾卦·文言》称："乾元用九，天下治也。""用九，乃见天则。"

他们上太空，咱们天下平，得"见群龙无首"，才天下平。"用九，天下治也。""乃见天则"，天则，是有步骤的，"大人者，与天地合其德"（《易经·乾卦·文言》）。

子路曰："子行三军，则谁与（动词）**？"子曰："暴虎冯**（音píng）**河，死而无悔者，吾不与也。必也，临**（面对）**事而**（能）**惧，好谋**（好好计划，深谋远虑）**而成者也。"**

子路不服，将了老师一局："子行三军，则谁与？"

"暴虎冯河"，空手打老虎，你不怕，那人亦不怕你！真老油条了，见谁都不轻视。

"死而无悔"，死了，哪有机会后悔？

自此看孔子喜欢什么人。

"临事能惧，好谋能成"，戒慎、冷静。做事要特别慎重，孔子慎战，战则必克。

"临事而惧"，临深履薄，戒惧谨慎，审以出之，"知彼知已，百战不殆"（《孙子兵法·谋攻篇》）。

"好谋而成"，始计，庙算，深谋远虑，好好计划。谋，几个人坐着开会，几个臭皮匠胜过一个诸葛亮。容乃大，非一人能成事。好谋，还要能断；临事不断，必自乱。

或问："有学问，可为王莽师？"我答："现也没有王莽了。"

昔日中国人绝不轻易将国土送人。老蒋将外蒙"假独立之名，给苏联之实"。分裂国土"唯一死刑"。美国说强话，但绝不会为台出兵。

11. 子曰："富（富贵在天）而可求（求到）也，虽执鞭之士，吾亦为之。如不可求，从吾所好。"

"可求"，"赵孟贵之，赵孟贱之"；"不可求"，富贵在天。

据《周礼》，有两类人可以执鞭：一、天子、诸侯出入时，有二至八人执鞭以开道；二、市场守门人，执鞭以维持秩序。

"从吾所好"，学不厌，乐此不疲，"不如丘之好学也"。

我一生不想（求）自己办不到的事。多少年轻人妄想，妄想不是志。

12. 子之所慎（谨慎）**：齐**（斋，祭也）、**战**（战争）、**疾**（疾疫，流行病）。

古人祭政合一，祭重于政。

“斋”，敬也，诚也，“祭如在”。有天坛、地坛、日坛、月坛、社稷坛、太庙。

“战”，孔子慎战，不打没有把握的仗，“战无不克”（《礼记·礼器》子曰：“我战则克，祭则受福，盖得其道”）。

兵法和《大易》相通。皇、帝、王、霸，是《武经》之要。

“登东山而小鲁，登泰山以小天下”（《孟子·尽心上》），“治大国若烹小鲜，友世界以小天下”。《易》旅卦，专讲小。

《易·旅卦》：《彖》曰：旅，小亨，柔得中乎外而顺乎刚，止而丽乎明，是以小亨，旅贞吉也，旅之时义大矣哉！

“疾”，疾疫，传染流行病。

13. 子在齐，闻《韶》，三月不知肉味（学乐之专）。**曰：“不图**（不料）**为乐之至于斯也。”**

《论语说义四》：虞时，合乐用《箫韶》，故曰“《箫韶》九成”。齐之《韶》乐，亦以合乐用之，故曰“不图为乐之至于斯”。必合乐，乃得言乐也。

《春秋繁露·楚庄王》：舜时，民乐其昭尧之业也，故《韶》，韶者，昭也。

《韶》乐，舜之乐，尽善又尽美。

《礼记·乐记》：治世之音安以乐，其政和。乱世之音怨以怒，其政乖。亡国之音哀以思，其民困。声音之道，与政通矣。

“乐其可知也”（《八佾》），“闻其声，知其政”。

“三月不知肉味”，音乐的最高境界，能使人忘食：一、乐，音 yuè，音乐可以令人不知肉味；二、闻乐，可以乐道，让人乐此不疲。“率性之谓道”，有人性。

孔子喜音乐且懂音乐，能够欣赏，而陶醉其间。

14. 冉有曰：“夫子为（助）**卫君**（卫出公）**乎？”子贡曰：“诺**（应辞）**，吾将问之。”入，曰：“伯夷、叔齐何人也？”曰：“古之贤人也。”曰：“怨乎？”曰：“求仁而得仁，又何怨？”出，曰：“夫子不为也。”**

卫灵公的孙子辄，辄的父亲蒯聩是灵公的太子，因罪逃往国外。灵公卒，由辄继为卫君。

晋国赵鞅助聩返卫国戚邑。鲁哀公三年春（公元前 492），卫石曼姑等帅师围戚。此后蒯聩一直居在戚邑。至鲁哀公十五年（公元前 480）冬，聩与浑良夫等潜入卫家，挟持孔悝，强迫与之结盟，聩遂立为庄公。明年春，辄出奔，因此称为出公辄。二人以父子而争位。

孔子于鲁哀公六年（公元前 489）自楚返卫，时在卫君出公辄四年。当时孔子弟子高柴、子路等皆仕于卫。“卫君欲得孔子为政”，应在此时。

此章讲孔子不助人为恶。

伯夷、叔齐以兄弟而让位。孔子称伯夷、叔齐是“古之贤人也”。

伯夷、叔齐让位，逃之；后反对武王“以暴易暴”，采薇而食，饿死首阳，殉自己的政治主张。孔子以为他们是“求仁而得仁，又何怨？”

自孔子对伯夷、叔齐的评价，子贡知夫子不助卫君相争。

自此看孔子所谓“忠”的观念，实不同于召忽的愚忠。我强调思想，中国思想不同于历代的帝王思想。

道，得一，体；儒，得仁，用。孔子得一，后改一为元。儒家天天求仁、得仁。仁，元之用。儒家的爱是从“安土敦乎仁”（《易经·系辞上传》）而来的。

我为孙子取字“存赤”，不失其赤子之心。

《春秋》比《大易》谜还难猜。

时，是孔学之要，《大易》讲时，《春秋》讲如何行时。

没有中心思想，缺德，天天争利，乱。同学能给走狗当走狗？那讲学岂不是白讲了？

读书，在改变器质，则“觉今是而昨非”。

陶潜《归去来兮辞》：归去来兮！田园将芜胡不归？既自以心为形役，奚惆怅而独悲？悟已往之不谏，知来者之可追；实迷途其未远，觉今是而昨非。

人，得有人格；学，得有学格。有学问，在立德、立功、立言，“有德者，必有言；有言者，不必有德”（《宪问》）。

想要名满天下，那就努力“求为可知也”（《里仁》）。

奉元，人人体元，则足以生生，能“无忝所生”。

“蒙以养正”（《易经·蒙》），守正居正，以学成就圣功。“人人皆有士君子之行”（《春秋繁露·俞序》），“无忝所生”。

《易》乾卦“用九。见群龙无首，吉”，坤卦“用六。利永贞”。精用六九，则天下平。

最重要的是“立元神”（《春秋繁露》有《立元神篇》）。上帝，最上的主宰，称“元神”，为一切之本。立本、立直、立真，皆元之用。

每个民族，都有其民族精神。

五十年来，奉元书院的是是非非太多了！

大家不要因一时、一念之差而为人奴。一做，就显出毛病。有知识、学问，可以为敌人所用？

自人的一举一动认识他、评论之。李敖此回必然失多于得，言多必失。李庆华一家人，太聪明了，焉知将来不都落空？

小问题看不清，大问题可不能不看清。今天，如贴上“民进党”标签，将来绝不被原谅。

你们生逢“胜世”，何以不好好努力？中国科技史未逾三十年，今天就有此成就！

15. 子曰：“饭（动词，吃）**疏**（同‘蔬’）**食**（音 sì，饭），**饮**（音 yìn，喝）**水，曲肱**（臂）**而枕**（动词，枕着）**之，乐亦在其中矣！不义而富且贵，于我如浮云。”**

《论语述何》：此章因上章而类记之。不义之富贵，不特蒯聩与辄也，即如石曼姑之受命于灵公，皆不义也。际可之仕、公养之仕，诚不如疏水曲肱矣。

《孟子·万章下》:“孔子有见行可之仕,有际可之仕,有公养之仕也。于季桓子,见行可之仕也;于卫灵公,际可之仕也;于卫孝公,公养之仕也。”

“饮水”,水,凉的;“汤”,热的,扬汤止沸,探汤。

我刚来台时,北投如日本的小乡村,有许多温泉。

“乐亦在其中”,无愧、无悔、无咎之乐,乐道,乐此不疲。

“不合乎义的富与贵,于我如浮云”,发牢骚!人生真是没法想,一切如浮云,皆过眼烟云。不义之富贵,有如浮云,风轻轻一吹,即过去了。

我阿玛曾对我说:“你如此守分,可以过上五十代。”何曾料到,太师母即遭罪了!

读《论语》,得行,立德、立功、立言为三不朽。

许多事,要自“性”上认识:如果是自己,愿意如此做?认识问题,则知止。此即天则。

16. 子曰:“加(假)我数年,五十以学《易》,可以无大过矣!”

这句话应是孔子五十岁以前说的。

《史记·孔子世家》:孔子晚而喜《易》,序彖、系、象、说卦、文言。读《易》,韦编三绝。曰:“假我数年,若是,我于《易》则彬彬矣。”

“五十而知天命”,因学《易》了,了解人性,知道以性行事,

“率性之谓道”，当然没有大过。此即实学，成为生命，一生就不会做不义之事。

大过，有害于人。《易》是悔过之书，学《易》以后，不再有害人的思想、行为。学《易》，心卜，绝不能有害于人。

讲《易》学，何以不会做事？因为没有学《易》。《易》学，不同于学《易》。

无大过，但仍有小过，尚未至“定”的境界。小过，见什么动心眼。小过时时有，一动念、离本位，即小过。

小过，可不许贰过，有限制。“素其位而行，不务乎其外”（《中庸》）为一标准。但人必务乎其外，人总是有毛病，“过，则勿惮改”，要能“不贰过”。

贰过，天天在过之中。一个人心常存过，头脑绝不会清晰，不会有超人的建树。

“嗜欲深者，天机浅”，此为中国人思想的范畴。

修行几十年，仍未定住，小禅师请教老禅师。老禅师临终说真话：“你还没有死！”还没死，当然还动心。

闭关，眼不见，不动心。用心卜，一动念，即知问题出在哪儿。

没有做，可以无大过：要如此学《易》。

是学《易》，不是《易》学。学《易》的目的，在“求无大过”；《易》学，则与你无关。学佛，才能成佛；佛学，不能成佛。

要读书，先自脑子革命起，人格才能够升华。

孟子讲尽性，即发挥人的本能；不能尽性，则废事。能尽己之性，才能尽人之性、尽物之性，最后“与天地参矣”，即“与天地合其德”，成为“大人”，天人的境界。

17. 子所雅言，《诗》《书》、执（艺）、《礼》，皆雅言也。

《史记·孔子世家》：孔子以《诗》《书《礼》《乐》教，弟子盖三千焉，身通六艺者七十有二人……颇受业者甚众。

“雅言”：一、常，天天讲的；二、“雅”，与“夏”古音相近，夏为中原地带，为周统治区。雅言，为周时官话，山（山西）陕（陕西）语言。

“《诗》《书》、执、《礼》”，“执”，一、作艺。熊十力于《原儒·原学统》谓“晚明方密之（方以智）通《雅》，释此章曰：诗书执礼，四者平列，不可执作执守豐。执与艺，古可通用。此中执字，当作艺读。”“《诗》《书》、艺、《礼》”，孔子以此四者天天教弟子。二、作守，守礼。

《诗》可以兴，可以观，可以群，可以怨。《书》，即《尚书》，中国最早的一部政书。政治乃管理众人的事，必有政治伦理，即礼。人之礼，即人伦。人伦上，表现出“君子之道，造端乎夫妇”，后面跟着礼。懂得有男女、名分了，就有礼、法、制度，此即智能之层次，培智必有层次。

“艺”，六艺——礼、乐、射、御、书、数，射、御。“礼”，立于礼；“乐”，成于乐；“射、御”，卫民保国，都得动，故曰“游于艺”；“书”，习字；“数”，算数。

“大道之行也，天下为公”，大公。历史上就因一个“私”字而亡国。不义，就为了私而伤品败德，一个“私”字害尽天下苍生。

老蒋固然不堪，但并没有对不起台湾人，想在台成立基地，再“反攻”回大陆，以成其私。

我身临其境，什么都经过，始知什么都是假的。

读书的目的，在改变器质。

《易经》，中国人几千年前的思想，思想之致密！

好好看熊十力的书，学他求学的方法，接着往前去做。今天真懂得熊先生东西的，没几人。

如怕死，可以研究学问；如怕累，还谈什么？人活，必要活得有价值。

“因毓老是某某之后，必给予地”，多么刺激人！我要在十年内，将“华夏学苑”至少完成一半。

我赶上三次“亡国”——清室、复辟、“满洲国”。刚上台，就落幕了，真非“仓皇”二字所能形容！宣统帝（溥仪）在中山公园卖过票。只有身历其境，才知个中辛酸。我现在又有谁侍候？

千言万语，真话都告诉你们了。如表现得好，必要有自知之明。你们责无旁贷，要好好求学。“工欲善其事，必先利其器”，第一要义外语要学好。培养智慧，不要尽吹牛。

18. 叶（音shè）**公**（楚大夫）**问孔子**（事）**于子路，子路不对**（答）。**子曰：“女**（汝）**奚**（何）**不曰‘其为人也，发愤忘食，乐以忘忧，不知老之将至云尔**（如此）**’？”**

《史记·孔子世家》：孔子自蔡如叶。叶公问政，孔子曰：“政在来远附迩。”他日，叶公问孔子于子路，子路不对。孔子闻之，曰：“由，尔何不对曰‘其为人也，学道不倦，诲人不厌，发愤忘食，乐以忘忧，不知老之将至云尔’？”

有广告机会，为何不做？孔子真会骗人！

“发愤忘食”，不愤不启，自己努力向上。振奋，主动的。你们发愤忘食了？不要懒！一勤天下无难事，就怕有心人。

“乐以忘忧”，一、乐道，忘了忧己私，仁者不忧己私；二、乐在其中，又焉有忧？是“乐此不疲”的境界。“温故而知新”，如何不忘忧？

人皆有所忧，有忧不必怕，找一乐子则可以忘忧，至少也可以冲淡，愁城易破“谁”为兵？

19. 子曰：“我非生而知之者，好古（信而好古），**敏以求之者也。”**

“非生而知之者”，自谦，示有所本。

“好古”，一切皆有所本，数典不忘祖。

“因不失其新”，此所以孔子能“集大成”，集古圣先贤之大成。孔庙有“大成殿”。

“好古”，温故能知新，如何不忘忧？

“敏以求之”，敏，虑深通敏；审慎，才能想到真理。

20. 子不语：怪、力、乱、神。

“言”与“语”，两者有何区别？要点如抓不住，又如何深入？

“怪”，异乎常者；“力”，暴力；“乱”，以下犯上；“神”，有遗爱在人者。

祭神，是在报恩。“人死曰鬼”（《礼记·祭法》），“非其鬼而祭之，谄也”（《为政》）。平日则“敬鬼神而远之”，务人之义，故不语神。

不卜而已矣，不讲卜筮，是讲心卜。

真读《易经》了，焉有今天失败的行为？

21. 子曰：“三人（多数人）**行，必有我师**（师法）**焉。择其善者而从之**（为法，思齐）**，其不善者而改之**（为戒）**。”**

“三人行，必有我师焉”，一者为法、一者为戒，有可以作为我所师法的对象，也有可以作为我所警戒的对象。

“择其善者而从之”，“主忠信，无友不如己者”（《学而》），能够“见贤思齐”。

“其不善者而改之”，见人之不善则反思，改自己之短不是改别人的短，“过，则勿惮改”。

不要净是挑别人的毛病，却忘了自己的不是。“二人同心，其利断（音 duǎn）金。同心之言，其臭（音 xiù）如兰”（《易经·系辞上传》）。

同学这些年来真肯认真，成功了，却一事无成！因为都聪明过度，忘了自己该干什么。

做买卖、做福利，办事以台人为主，外省第二代以顾问帮忙，绝不可以争权夺利。

22. 子曰：“天生德（善行）**于予，桓魋**（音 tuí，宋司马）**其如予何？”**

《史记·孔子世家》：孔子去曹适宋，与弟子习礼大树下。宋司马桓魋欲杀孔子，拔其树。孔子去。弟子曰：“可以速矣。”孔子曰：“天生德于予，桓魋其如予何！”

"天生德于予，桓魋其如予何"，此宗教家之言。

天德好生，圣人自师己性，故能尽性，知善而必行，其余则与常人同。

"有为者，亦若是"，"人同此心，心同此理"。

《孟子·滕文公上》颜渊曰："舜何？人也；予何？人也。有为者，亦若是！"

小人之行，无往而不利于君子。自己不能成事，还能帮人成事？

23. 子曰："二三子（诸位）**以我为隐**（隐瞒）**乎？吾无隐乎尔**（语末助词）**！吾无行而不与二三子者，是丘**（孔某人，自称名）**也。"**

《论语述何》：《易》本隐以之显，《春秋》推见至隐。不足以至隐者，不著也。其事与文，则众著者；其义，则二三子皆身通之。故曰"无行不与"。

孔子与学生生活在一起。

"丘"，读某，避讳，此为中国礼法，有中国文化背景。遇父母名讳，读别音。

我四十二岁来台。我的外国大弟子在我六十岁时出一本书，取《无隐录》，高帽戴得多好！那时我还抽烟。上课前面摆五个烟斗，后来得知抽烟会致癌就戒了。老朋友讥："你能戒烟，我就戒饭！"说："真戒了。"又骂："早知你薄情，少提太太。"女人的嘴真是无边！人生最宝贵的是朋友。我真的戒烟，别人都感到不易！

做事绝不可靠其他力量。一个人如不能管好自己，绝对不能成事。

我的这些外国学生不错，但没有一个真懂中国的道。中国文化，不是从字面就能了解的，必须身体力行，不是形而上。必悟了，才明白。

24. 子以四教（音 jiāo）**：文、行、忠、信。**

此章讲孔子教人之法。

“文”：一、礼法制度；二、属智慧之事，开始为知，有结果为智。

“博学于文”，经纬天地之道，能旋乾转坤。御天，政治学，不是讲的，在行。

尧为“文祖”，是政治家的祖师爷。《尚书·尧典》称尧“钦明文思安安”，“钦”，以前诏书后面用“钦此”，即要按规矩行事，“钦”比“敬”慎重。“明”，明明德。“文”，经纬天地。“思”，心之官则思。经“钦、明、文、思”四步骤了，终致“安安”，即海晏升平。

“行”，知行合一，学而时习之，身体力行，脚踏实地。

“忠、信”，主忠信，“忠”，尽己之谓；“信”，言可复也，一点骗人都没有，所说的话都能兑现。

“行、忠、信”是在完成“文”的力量。

儿女不必管，全靠德行感，言教不如身教。现在问题多，为师的责已不足，你们才尽走糊涂路。

同学无一有成就者，成就不在官的大小。成就，是必须立得住，无论环境怎么变，永远站得住，能有“时乘六龙以御天”的智慧。

25. 子曰：“圣人（博施济众）**，吾不得而见之矣；得见君子**（成德）**者，斯可矣。”**

“圣人，吾不得而见之……”此为孔子的感叹，看不见圣人、君子。

“圣人”，“知进退存亡而不失其正者”（《易经·乾卦·文言》），皆恰到好处。“君子”，成德之人。

任何时代皆有慨叹，但是不能绝望！

子曰：“善人，吾不得而见之矣；得见有恒者，斯可矣。亡（无）**而为有，虚而为盈，约**（困约）**而为泰**（安泰）**，难乎有恒矣。”**

《春秋繁露·深察名号》孔子曰：“善人，吾不得而见之；得见有常者，斯可矣。”使万民之性皆已能善，善人者何为不见也？观孔子言此之意，以为善甚难当。

“善人，吾不得而见矣；得见有恒者，斯可矣”，今天能碰到“有恒者”，是奇迹。

“亡而为有”是常态；知此，我见什么都无动于衷。

看不见善人、有恒的人，所见尽是“亡而为有，虚而为盈，约而为泰”的人！

人必要有恒，有恒，为入德之门，“不恒其德，或承之羞”（《子路》）。

以什么况“恒”？日月星辰，“譬如北辰，居其所，而众星共之”(《为政》)。《易》讲象，《春秋》讲况，即比方。

每个人都是“明王”，在明明德。读书要深思。不自欺，绝对有成就，但一般人无自欺之才，专有自妄之实。自欺则可悲，难以有恒。

看看始皇陵出土的秦俑，想见种种，而今安在哉？

26. 子钓而不纲，弋(音yì)**不射**(音shí)**宿**(趁鸟睡时，欲出其不意)。

此见孔子之“存心”与“待物”。

“纲”，用大绳连接网，绝流捕鱼，想一网打尽。

“弋”，用丝吊在箭上射鸟。

纲、凡、目。“名也者，名其别离分散也。号凡而略，名详而目。目者，遍辨其事也。凡者，独举其大也”(《春秋繁露·深察名号》)，纲举目张。

古时男人得备祭品，要祭祖、祭天，此为男人的责任。

“钓、弋”，为充祭祀俎豆之用。子孙必亲自钓弋，不钓、不弋则不敬。

射空中飞鸟，在练眼力。

27. 子曰：“盖(发语词)**有不知而作之者，我无是也。多闻**(知)，**择其善者而从之；多见而识**(音zhì)**之，知**(智)**之次也。”**

《论语述何》：不知而作，谓不肯阙疑也。多闻，谓兼采列国史文；择善而从，取其可征者，寓王法也；多见，谓所见世，识其行事，不著其说也。

孔子“述而不作”。“不知而作之”，盲干，是巫婆。

“多闻”，“博学于文”，多方面找参考数据。

“择其善者而从之”，择善固执，“学，则不固”(《学而》)，固陋。

“多见而识之，知之次也”，必知智者到什么境界，才知怎么做仅次于智者。智者不惑，智者利仁。

28. 互乡难与言(互乡之人多自以为是)，**童子见**(音xiàn)，**门人惑。子曰：与**(许)**其进也，不与其退也；唯**(叹词)，**何甚**(何必逼人太甚)！**人洁己**(自洁)**以进，与**(许)**其洁也，不保其往也。**

《论语述何》：“《春秋》，列国进乎礼义者，与之；退，则因而贬之。此其义也”，“诸侯、卿大夫所行多过恶，而有一节可以立法，圣人所不遗，亦其义也”。

“言”与“语”有别，言，言为世则，“子所雅言”；语，论难之语，“子不语：怪、力、乱、神”。

“难与言”，不能讲道德、说仁义，可以与之胡扯。

“门人”，不一定真的理路清楚，乃有“惑”。对或不对，不知。

“疑”与“惑”，两者不同。惑属欲，疑属智。疑，对事清楚，属慧。

“与其进也”，“与人为善”(《孟子·公孙丑上》)。既来之，则教之。

“不保其往”：一、不保其过去，“不追治前事，孔子曰不教而杀谓之虐”(《春秋公羊传·隐公元年》何注)；二、不保其将来，即回去以后如何。

29. 子曰：“仁远乎哉？我欲仁，斯仁至矣（为仁由己）。**”**

“仁者，人也”，“在人曰性”，性也，生之机，用。

“反身而诚”（《孟子·尽心上》），为仁由己，“在明明德”。

“仁”是什么？仁者爱人，仁者无不爱。“求仁”，为了爱而活。仁者不忧己私，忧天下，“先天下之忧而忧”。

“求仁”，是服务他人；“而得仁，又何怨”？求，有对象、有目的，是主动的，“求，则得之；舍，则失之”，“求仁而得仁”。

30. 陈司败（官名）**问：“昭公**（鲁君）**知礼乎？”孔子曰：“知礼。”**

《春秋繁露·楚庄王》：季孙专其位，而大国莫之正，出走八年，死乃得归，身亡子危，困之至也。君子不耻其困，而耻其所以穷。昭公虽逢此时，苟不取（娶）同姓，讵至于是；虽取同姓，能用孔子自辅，亦不至如是。时难而治简，行枉而无救，是其所以穷也。

《论语述何》：《春秋》于孟子不书逆女、不书薨葬于卒也。不书吴盈，讳文也。陈司败若问：“昭公取同姓，可为知礼乎？”则夫子不答也。

诡实以避，易名以讳，随其委曲，彰以晦示，此讳文见义。

《春秋繁露·玉英》：《春秋》之书事，时诡其实，以有避也。其书人，时易其名，以有讳也。

于诡辞，不可不察。然则说《春秋》者，“入则诡辞，随其委曲而后得之”。

孔子退（走）。**揖**（拱手行礼）**巫马期**（孔子弟子）**而进之，曰：“吾闻**（知）**君子不党**（党，尚黑。代表偏私），**君子亦党乎？君取**（娶）**于吴，为同姓，谓之吴孟子**（讳同姓，骗外人）。**君而知礼，孰不知礼？”**

《春秋公羊传·哀公十有二年》“夏，五月，甲辰，孟子卒”，《传》曰：“孟子者何？昭公之夫人也。其称孟子何？讳娶同姓，盖吴女也。”何注：“昭公既娶，讳而谓之吴孟子……不称夫人，不言薨，不书葬者，深讳之。”

为尊者讳，孔子非不知礼，并没有错。错在陈司败。

鲁昭公为周公之后，吴则为泰伯之后，故昭公与吴俱为姬姓。依《周礼》，同姓不得通婚。昭公讳娶本家子，乃称“吴孟子”。

所见，为尊者讳，微其辞。所闻，痛其祸。所传闻，杀其恩。

《春秋公羊传·定公元年》《传》曰：“定、哀多微辞，主人习其读（经）而问其《传》，则未知己之有罪焉尔。”何注：“此孔子畏时君，上以讳尊隆恩，下以避害容身，慎之至也。”

《春秋繁露·楚庄王》：《春秋》分十二世以为三等：有见、有闻、有传闻……于所见微其辞，于所闻痛其祸，于传闻杀其恩，与情俱也。

巫马期以告（告诉孔子）。**子曰：“丘也幸**（庆幸），**苟**（真）**有**

过，人必知之。”

无过者，太少！稍动偏念，即过；做了，即大过，于人有害。想有成就，绝对要有立身之道。

31. 子与人歌而善，必使反（不等于“复”）**之，而后和**（音hè，唱和）**之。**

孔子喜音乐。孔子之智，过目成诵。

“乐，其可知也”（《八佾》）。“必使反之，而后和之”，与人唱和。

32. 子曰：“文莫，吾犹人（没有比不上别人）**也；躬行**（实践）**君子**（君子之道），**则吾未之有得。”**

“文莫”有二解：一、“莫”，疑辞，不也。“文不？”凡言文者，皆不胜于人。二、“文莫”，黾勉，“忞慔”假借字，努力。“行仁义也”，勉强而行。

“君子”，成德之谓。德者，得也，实践的功夫。

“躬行君子”，“由仁义行，非行仁义也”（《孟子·离娄下》），安行，自然而行之。

“有得”：一、德者，得也；二、行道之方式。

孔子不自居于“生知”，说“我非生而知之者”，而以自己为“好学”，说“不如丘之好学也”。

讲容易，做可不容易！行要有层次。但懂得层次，也未必能做。

33. 子曰：“若圣与仁，则吾岂敢？抑（转折连词）**为**（行）

之不厌，诲人不倦（倦怠），则可谓云尔已矣。”

“圣与仁”，“尧舜其犹病诸”（《雍也》）。

孔子自谓“学不厌，教不倦”。

《孟子·公孙丑上》：“昔者子贡问于孔子曰：‘夫子圣矣乎？’孔子曰：‘圣则吾不能，我学不厌而教不倦也。’子贡曰：‘学不厌，智也；教不倦，仁也。仁且智，夫子既圣矣！’夫圣，孔子不居，是何言也？”

“可谓云尔”：一、有此。二、可以这样说。

公西华曰：“正唯弟子不能学也。”

弟子马上投降。

34. 子疾病（病重），**子路请祷**（祈神保佑）。**子曰：“有诸**（有这回事）？**”子路对曰：“有之。《诔》**（音 lěi，祷篇名）**曰：‘祷尔**（语词）**于上下**（天地）**神祇**（音 qí）。**’”子曰：“丘之祷久矣！”**

祷祀用《诔》，累功德以求福。

天神曰“神”，地神曰“祇”。

“丘之祷久矣”，就在日常行为中。

看孔子多有智慧，不迷信！

35. 子曰：“奢（过分）**则不孙**（同‘逊’，顺于礼），**俭**（不及，少于标准）**则固**（固陋，不中礼）。**与其不孙也，宁固。”**

《论语述何》：救春秋之乱，宁俭而不中礼。矫枉者无过其正，不得直也。

中国处处表现“中道”，此为中国人的真精神。

过与不及，中国以“不及”为美。

“礼以时为上”，“礼时为大，顺次之”（《礼记·礼器》），合时，可以义起。

36. 子曰：“君子坦荡荡，小人长戚戚。”

“君子喻于义，小人喻于利”（《里仁》）。

心境不怀其私，不争。得其所得，则“坦荡荡”。

“长戚戚”，为物所役，患得患失。

37. 子温而（能）**厉**（励），**威**（威仪）**而不猛**（粗暴），**恭**（恭己）**而安**（安己位，守位）。

此章记孔子的仪态。

“温而厉”，“望之俨然，即之也温，听其言也厉”（《子张》），说勉励人的话。《礼记·聘义》云：“相厉以礼。”“厉”，同“励”。

“威而不猛”，“礼仪三百，威仪三千”（《中庸》），“君子不重则不威”（《学而》）。

“恭而安”，“恭己正南面而已矣”（《卫灵公》），修己之身，正己之责。能恭己，则能安其位。一个人能安于位太难，“素其位而行，不务乎其外”（《中庸》），不想办不到的事。

古人的观念：一日为师，终身弟子。

今后再不复兴中国文化，岂对得起祖宗？八十多年来，中国人有重视中国文化？1920年，废除祭孔、读经，但民间犹存之，只是一般老百姓不受教。

中国经过新文化运动、五四运动，接受过“无政府主义”，等等。当时中国，虽无瓜分之名，却有瓜分之实。为了强国，而无所不用其极，中国乃成为所有外国思想的实验场，结果人不成人，才痛定思痛。

我绝不离四约：害人之心不可有、防人之心不可无、每天戒备自己、了解时事。

“又一村”要来个“均天下”，“天下一家，中国一人（员）”。“均无贫”，“不患寡而患不均”（《季氏》）。“夏，中国之人也”（《说文》），三夏：夏、诸夏、华夏。

你们师母八十岁走了，之前送来乌玉观音一尊。

熊十力放弃钦定，自元开始，走第一棒。读熊十力书，作为入门。

我们要“学校钦定之枉，道正率性之元”。许多注解皆是钦定的。帝王时代出书不易，政府支持印的书，必须是皇帝满意的。

读书，必要认识真理。

泰伯第八

台湾有今天，教书的老师都得负责，从小学到大学，老师教过做人吗？居然有大学生到酒店当“牛郎”“公主”！要怎么救？既不告诉学生怎么做人，也不告诉学生怎么应世，完全不伦不类！

有些人完全不懂自己不懂，多悲哀！连一封信都不会写，称谓都不知。读到大学，英文既不会说，也不会写，多少外国博士不会说写英文。

你们要练练字，字怕习，常写必然不同。先练习“永字八法”，用笔不成问题了，再学字的结构。手勤，字就像样，不是不能。

字，代表一个人，必得端正。你们的字能看？人家看了，岂不是打折扣？

“辞，达而已矣”，笔之于书，就看出程度。你们还天天自我陶醉，夜郎自大！好好检讨自己。在台就混，因为都低能。

早起，念外国语，看小说。没有下功夫，将来用什么来求职？

聪明过度的人，就是呆子。知道自己有所不足，得如何发愤图强！如还不到一个境界，生活也绝达不到一境界。

天下没有养老院，骗不了行家。一无所能，如何与人竞争？

既没有谋生技能，又好吃懒做，就抢了、夺了！人家吃一次亏，下次离你远远的。要在社会混得像个样子，可是不容易！

读书要明理，按理行事。是普通人，就应普普通通做事，不必费尽心机。不取之以道，人家都骂。不了解自己的身份，怎知如何做？

人要活下去，就要平平安安活，不要侵害任何人。

人必有原则，至少要“无忝所生”，不丢祖宗的脸。我在台，绝不去演讲，也不写应酬文，为人歌功颂德。懂得“立场”了，有守，方足以有为。

下乡，喝瓶啤酒，其乐也融融！不叫人侵害，亦不侵害人。失了德，就亏了心，不舒服。何不平平安安、快快乐乐？

喝茶，上一炷香。我喜闻香、上庙，但又天天骂和尚。就一个“真”，赞成和尚娶妻。一个人“存真”，特别难！“人之生也直”(《雍也》)，直人，就是真。

好好努力，走上正途。做人是第一要义。有道合的朋友，才谈得来，非牟利。

教书，是育英，至少混饭吃，还斗什么，拉什么帮！

我不上教授休息室，因为是“是非窝”，上完课就走，中间不休息。

打倒人，多卑鄙！既要斗，何以要到教育界斗？一个人不要卑鄙，如卑鄙，就一无可取。看台大教授之斗、校长选举之丑！

我什么坏道都会，看太多了！今天有点东西，是当年在南京家摆样的。东西丢了，反正也不是好来的。我至今未贪过一分钱。

我专吃本土水果，鲜，有养。不要好面子，要求实，平平淡淡，按己身份做事。做人最为重要。

做事要抓住“时”，是时不时，不在早晚，“时至而不失之”（《淮南子·卷六览冥训》“夫圣人者，不能生时，时至而弗失也”），抓住时，下手就成功。现在“正是时候”，刚开始。太早，时未到，饭未做好；太晚，时过了，人家吃光了。

不论什么团体，“信”一旦失掉，就垮了。一个人如连自家都没有弄好，不必骗人。齐家最难，要“齐之以礼”，以修身为本。

1. 子曰：“泰伯，其可谓至德也已矣！三（屡次）**以天下让，民无得而称焉**（称之）。”

周古公亶父（姓姬，名亶，中国上古周族领袖）生有三子：泰伯、仲雍、季历。季历生昌，即周文王。古公见昌与众不同，想把君位传于季历，再传于昌。泰伯知古公意，乃让位于季历。在古公病时，逃至江南，建立日后的吴国。季历接位，再传文王，文王之子武王，遂有了天下。

吴国，是泰伯之后，封于蒋，以国为姓。

蒋复璁，是昆曲大家，自称“南方一个蒋”。社会都是假的，真的出不来。

“至德”，德之最高者，止于至善。“苟不至德，至道不凝焉”。

“三以天下让”，“三”，虚数，喻多次；以让化争、化夺。

“民无得而称焉”，无能以最高名词称之。武则天立“无字碑”。

2. 子曰：“**恭而无礼**（不合乎礼）**则劳**（劳顿），**慎而无礼则葸**（音xǐ，畏怯），**勇而无礼则乱**（悖乱），**直而无礼则绞**（急切）。**君子**（在上位者）**笃于亲**（事亲无妄），**则民兴于仁；故旧**（老臣，老朋友）**不遗**（遗弃），**则民不偷**（薄于义）。”

一切行动都当以“礼”为范围。

礼者，理也，“天理之节文”；履也，足所履，立于礼。动作不合于礼，都有毛病。无礼，乱于礼，没有修养。

人在社会上必注意到礼貌，应按名分恭维人，否则，“恭而无礼则劳”。“劳”，《说文》云：“剧也。”用力过甚，劳累困顿。

“恭、慎、勇、直”是四美德，但不合于礼，就成“劳、葸、乱、绞”四蔽。

孔子自一人之日常生活态度，判一人之吉凶。如一人天天骄傲，不会有好结果，多少人的失败多自骄傲来。要谦恭有礼，“谦尊而光”（《易经·谦卦》）。

“君子笃于亲”，事亲无妄，“孝弟也者，其为人之本与”，“则民兴于仁”。儿女不必管，全靠德行感，上好下甚，上行下效。

“故旧不遗”，“故旧无大故，则不弃也”（《微子》），久能敬之；“则民不偷”，不薄于义。

读书，是活学问，即生活方式。

我在台五十年，除教书外，绝不做任何事。

必得知怎么做事，此是真学问。

人就是人，还有特殊的？成龙说他“犯了男人犯过的毛病”。

3. 曾子有疾，召门弟子（亲弟子）**曰：“启**（省视）**予足！启予手！《诗》**（《诗经·小雅·小旻》）**云：‘战战**（恐惧战栗貌）**兢兢**（谨慎小心），**如临**（居上临下）**深渊，如履**（践）**薄冰。’而今而后**（从今以后），**吾知免夫**（免掉战战兢兢）**！小子！”**

此章为曾子临终之言。曾参门弟子所记，故称曾子。

《论语》不是出自一人之手，大家的笔记，至少三代。

修《春秋》，“修”，前有一东西，将之调整。修史，前有材料，据此修。

孔子“志在《春秋》，行在《孝经》”。

《孝经·开宗明义章》：“仲尼居，曾子侍。子曰：‘先王有至德要道，以顺天下，民用和睦，上下无怨，汝知之乎？’曾子避席曰：‘参不敏，何足以知之。’子曰：‘夫孝，德之本也，教之所由生也。复坐，吾语汝。身体发肤，受之父母，不敢毁伤，孝之始也。立身行道，扬名于后世，以显父母，孝之终也。夫孝，始于事亲，（中于事君），终于立身。’”“中于事君”一句，乃汉儒所加，汉室以“孝悌力田”治天下。

孝，继志述事，续莫大焉。

“启予足，启予手”，“启”，省视，看。看看我的脚，没有走不义之路；看看我的手，没有拿过不义之财。一个人可以欺心乎？

“战战兢兢，如临深渊，如履薄冰”，临事能惧，面对任何事都有所戒惧。必也临事能惧、好谋能成，不能“暴虎冯河，死而无悔”。

“参也鲁”（《先进》），曾子严己以礼，是“狷者有所不为”，为“忌惮之士”而有成就的代表。

孔子“不得中行而与之，必也狂狷乎”，“狂者进取，狷者有所不为”，狂者进取，终日乾乾，行健不息；狷者有所不为，有守才足以有为。

4. 曾子有疾，孟敬子（仲孙捷，孟武伯之子）**问**（探问）**之。曾子曰：“鸟之将死，其鸣也哀；人之将死，其言也善。君子所贵**（重）**乎道者三：动容貌，斯远**（音 yuàn，远离）**暴**（粗暴）**慢**（放肆）**矣。正颜色，斯近信矣。出辞气**（声调），**斯远鄙倍**（鄙俗背理）**矣。笾**（音 biān）**豆**（祭祀器皿）**之事，则有司**（专管笾豆的官）**存。”**

此章告诉人修身是最重要的。

“人之将死，其言也善”，悲由心生，临死前不保留，都说真的。此人与禽之分。

善世之言，老不舍心。以我的经验，你们可以跑接力，省掉许多麻烦、痛苦。

“容”，脸；“貌”，人的仪态。“动容貌”，举止行动。要重视仪态，举止行动必要中规中矩，“出门如见大宾”（《颜渊》）；“斯远暴慢”，人对你无礼，皆咎由自取。

“颜”与“面”，有何区别？“颜”，眉间；“面”，颜前，像人面形。“正颜色”，不嬉皮笑脸；“斯近信”，则近于信，“信则人任焉”（《阳货》）。

“出辞气”，出辞要文雅，声调要得宜。说话必得练达，言辞之美、声调有抑扬顿挫，是训练出来的。环境使然也（《孟子·尽心上》“居移气，养移体，大哉居乎”）。“斯远鄙倍”，则没有鄙俗背理之情事。

闻其声，知其德。要修已身，不要天天求神问卜。佛讲去五毒——贪、嗔、痴、慢、疑。

一个人如谈不到修己，也不能承祭祀。中国祭重于政，郊天、祀地、祭祖。

你们绝不可以接近卑鄙的人——缺德、造孽，做事都要牺牲别人，达自己的目的。为人师表，拿学生前途为学校争一时之名，造成自己一点成就，焉有人性可言？

做任何事都要三思，此乃我的良知之言。你在我门口站不住，一生都站不住。我这个家可是千年之秀！人生就“据于德”（《述而》），要“不贰过”（《雍也》），好自为之。

5. 曾子曰：“以能问于不能，以多问于寡。有若无，实若虚，犯（侵犯）**而不校**（计较）。**昔者吾友**（指颜回）**尝从事于斯矣。”**

此章是曾子以旁观者立场说颜回。

如自以为如此，则是假惺惺的伪君子。

“以能问于不能，以多问于寡”，为求学的态度。孔子说他“不如老农”，有学问未必会种地，对一事能，并非事事能。不知，必得问，要不耻下问，自两方面了悟。

“有若无，实若虚”，持盈保泰之道，满则溢。人必得有修养，不能骄傲。人失败，多在傲。要天天问自己：自己究竟能做什么？知此，哪有工夫扯闲！做人为第一要义，必要有人品。

"犯而不校"，此为做人的态度，别人侵犯了我，根本没有时间去与人计较。但自己心里明白，要"不贰过"。

自己每天的态度应留心，人的特长就是嫉妒。

不是文章，皆能行。

6. **曾子曰："可以托**（托付）**六尺**（约今1.38米，一般指十五岁的人）**之孤**（孤儿），**可以寄**（托付）**百里**（百里侯）**之命**（政令，民命），**临**（面临）**大节**（贞节）**而不可夺**（夺其死节之志）**也。君子人与**（欤，疑词）？**君子人也**（决词，肯定语气）。"

古人讲"托妻寄子"，"临大节而不可夺"，可算是"君子人"，重道德。

懂得"志于道"了，则将小孩都当成自己的儿女。

人各有所长，最重要的是打基础，要为子孙谋。

7. **曾子曰："士**（最低阶的公务员）**不可以不弘**（志气远大）**毅**（刚强不屈），**任重而道远。仁以为己任，不亦重乎？死而后已**（止），**不亦远乎？"**

此章讲任重道远，来日方长。

皆操之在己，统天（乃统天）、御天（时乘六龙以御天），驾驭天下事。

能任事、任仁，才是学问。"任重而道远"，此一"任"字值得研究。

"行以为己任"，以行仁为己任，要"守死善道"。士皆如此，况卿大夫以上乎？

人的思想、行为，与年龄很有关系。读完《论语》，要能任仁。同学够格的，都是“任远董事”。

8. 子曰：“兴（起也，盛也）**于诗，立**（立德，复性）**于礼，成**（成性）**于乐。”**

《过庭录·卷十三》：兴于诗，养其性情也；立于礼，正其身体法度也；成于乐，使其气和平也。

“兴于诗”，“《诗》可以兴，可以观，可以群，可以怨”（《阳货》）。“诗言志”（《尚书·舜典》），在心为志，发言为诗，“不学诗，无以言”（《季氏》），读诗可以兴人之志，“志，心之所主”。“诗者，持也，持人情性”（《文心雕龙·明诗》），“持其志，毋暴其气”，把守住，不放失浩然之气，“学问之道无他，求其放心而已矣”（《孟子·告子上》）。

《诗三百》，发之于性，止之于情，故“乐而不淫，哀而不伤”（《八佾》），想得开，不伤生人之性，道出人的真性情，故能传得久。

“立于礼”，礼者，理也，履也；因人之性而制礼，“克己复礼”。立于礼，按礼行事，受严格训练，不做不合理的事。能立于世在学礼，“不学礼，无以立”。

“成于乐”，因人之性而作乐，乐是在陶冶人的性情，听音乐养性，使之“发而皆中节”。发之于性，止之于情，性即情，情即性。“乐由中出”，乐以和性，“平好恶而反人道之正”。“乐行而伦清，耳目聪明，血气和平，移风易俗，天下皆宁”（《礼记·乐记》），中和乐章，安于乐。

“兴于诗，立于礼，成于乐”，诗、礼皆天理之节文，如四时、日出、日落、月圆、月缺。人性之表达，同于天理之节文，故“成于乐”，乐以和性，故能达性理情。

昔人每天必弹琴、唱歌，念诗赋、击磬。以前家庭男女都会一样乐器，名门则精通琴、棋、书、画。

“诗书传家久，礼乐继世长”，道出人的真性情，故能传得久。

今天也不可以离开人的生活。在任何方面都没有修养，看乱到什么程度！

9. 子曰：“民可，使由之；不可，使知之。”

《春秋繁露·深察名号》：今万民之性，有其质而未能觉，譬如瞑者待觉，教之然后善……民之为言，固犹瞑也，随其名号，以入其理，则得之矣。

此章历代因标点不同，解释多有出入，意思有别。

一、“民可使由之，不可使知之”。何晏、邢昺、杨伯峻多采此解，以“圣人之道远，人不易知”，既不易知，使其知极麻烦，就不用使知了。近人以此为孔子的愚民政策，并以此批孔。熊十力认为，此为孔子刺古帝王之辞，因当时学在官，民间无学术。

二、“民可使，由之；不可使，知之”。“使”字解为“被支使”或“被使用”。即百姓若可任使，就让他们听命；若不任使，就让他们明理。

三、“民可，使由之；不可，使知之”。此标点较好，因为孔子要“有教无类”，将学术思想普及于民间，所以藏道于民，讲学于野。

10. 子曰：“好勇疾（讨厌）**贫，乱也。人而不仁**（此人性也），**疾**（压迫）**之已甚**（厉害），**乱也。”**

“好勇疾贫，乱也”，老百姓明知造反会被枪毙，而去造反，必详究之。

“人而不仁，疾之已甚，乱也”。为政必记住：宁可得罪十个君子，也不得罪一个小人。

11. 子曰：“如（真）**有周公之才之美，使**（假使）**骄且吝，其余不足观也已。”**

韩愈《马说》：食不饱，力不足，才美不外见。

朱熹《论语集注》：骄者，吝之枝叶；吝者，骄之本根。

“吝”，应予不予，有损于人。“出纳之吝，谓之有司”，自己可以俭，但不可以对人吝。

《易》为悔吝之书，“悔吝者，忧虞之象也”（《易经·系辞上传》）。

“使骄且吝，其余不足观也已”，骄又吝，不必再去研究了！

12. 子曰：“三年学，不至于穀（禄，做官），**不易得**（不易有所得）**也。”**

一、三年为学问而学问，不求做官，像这种人实在难能可贵！

二、三年学，不至于有能力做官。不易有所得，有点危险！

孔子说“先进于礼乐”，“吾从先进”（《先进》），主张“学而优则仕”（《子张》）。

“万般不与政事同”，学必学到一个程度，有实力才能做官，否则为“贼夫人之子”（《先进》）！

13. 子曰：“笃信（比信加强）**好学，守死善道。危邦不入**（入其朝），**乱邦不居**（不当官）。**天下有道则见**（现），**无道则隐**（藏道于民）。**邦有道，贫**（没钱）**且贱**（没地位）**焉，耻也；邦无道，富且贵**（不义之富贵）**焉，耻也。”**

“笃信好学”，信道之坚，学道之勤。“守死善道”，守善道至死，不改变操守。孔子逃亡，犹领着学生讲学。

“天下有道则见”，“见龙在田，利见大人”（《易经·乾卦》），“见龙在田，天下文明”（《易经·乾卦·文言》），见身行道。

“无道则隐”，藏道于民，“潜龙勿用，阳气潜藏”（《易经·乾卦·文言》）。不为他们任事，不助人为恶。

“邦有道”，应显己之才能，用世，“见龙在田，德施普也”（《易经·乾卦》）；“邦无道”，“不义而富且贵，于我如浮云”（《述而》）。“得志，与民由之；不得志，独行其道”（《孟子·滕文公下》）。

如既得之又失之，乃无智也。“既得之，患失之。苟患失之，无所不至矣”（《阳货》）。

14. 子曰：“不在其位，不谋其政。”

“位”，“贤者在位”，有位就有政。“政”，包含很多，有国政、家政。“政者，正也”（《先进》），必使之有条不紊。

“不在其位，不谋其政”，不在其位专谋其政，乃管闲事。管好自己，不多管闲事，“孔子尝为委吏矣，曰‘会计当而已矣’。尝为乘田矣，曰‘牛羊茁壮，长而已矣’”（《孟子·万章下》）。

反之，在其位，必谋其政，如学生之位，乃读书也，必把书读好。

人要“知其所止”（《大学》），“时止则止，时行则行，动静不失其时，其道光明。艮其止，止其所也。”（《易经·艮卦》）知止，而后有“定、静、安、虑、得”，才能“无所不用其极”（《大学》），而“无入而不自得”（《中庸》）。

15. 子曰：“师挚（鲁太师）**之始**（乐之始，升歌），**《关雎》之乱**（乐之终，合乐），**洋洋乎**（美盛貌）**盈耳哉。”**

《经学卮言》：始者，师挚在官之时，《雅》《颂》尚未失所。自初秦以迄，终乱合乐，《关雎》洋洋尽美。今自师挚适齐，此音不可得闻矣，故追而叹之！

凌曙《礼经释例·杂例》：凡乐皆四节：初谓之升歌，次谓之笙奏，三谓之间歌，四谓之合乐。

古代乐曲，第一节曰“升歌”，最后一节曰“乱”。

“《关雎》之乱，以为《风》始”（《史记·孔子世家》）。鲁太师挚识《关雎》之声。鲁国乱，礼坏乐崩，乐师流落四方，“大师挚适齐”（《微子》）。

孔子知音律，追述太师挚在鲁之盛事：“师挚之始，《关雎》之乱，洋洋乎盈耳”，形容乐曲入耳之盛！

16. 子曰："狂而不直，侗（音 tóng）**而不愿，悾悾**（音 kōng）**而不信，吾不知之矣。"**

"狂者进取"（《子路》），狂者必正直，直爽。"狂而不直"，今之狂者，却不直！

"侗"，无知貌；"愿"，谨厚。以前无知者都谨厚，今天无知的都骗人。，"侗而不愿"。

"悾悾"，无才能貌。"悾悾而信"，无才能的多信实，尚有一端可取。"悾悾而不信，吾不知之矣"，我怎知他能立世？

此章慨叹世风日下！

17. 子曰："学如不及，犹恐失之。"

此章讲如何为学。

"学"，求学，求己之所无，要曲求之，"学而时习之"。

为学之要："日知其所亡，月无忘其所能。"（《子张》）"少年易老学难成"（朱熹《偶成》），真发愿学的人就像来不及了，学完后又怕丢掉。

18. 子曰："巍巍（高大貌）**乎！舜、禹之有天下也，而不与**（音 yù）**焉。"**

伟大在德而不在位，"仁者寿"（《中庸》）。孔子无位而德盛，成为"至圣"。

地位之高，不在其"巍巍乎"，而贵乎其有德，"恭己正南面而已矣"（《卫灵公》）。

19. 子曰："大哉（赞词）**，尧之为君也。巍巍乎**（形容事之词）**，**

唯天为大，唯尧则（效法）**之。荡荡**（宽大无边）**乎，民无能名**（以名赞之）**焉。巍巍**（高大壮观）**乎，其有成功也；焕**（明）**乎，其有文章。荡荡**（宽大无边）**乎，民无能名**（以名赞之）**焉。"**

"大哉！"赞尧是好人君。

"唯天为大，唯尧则之"，尧则天，即学天之行健，有恒。

则天，前有一个准是——天则。"则"：名词，法则、天则；动词，效法，则天。

"唯天为大，唯尧则之"，尧则天，天道尚公、"天无私覆"（《礼记·孔子闲居》）。尧能则天，其德乃同于天。

"巍巍乎，其有成功也；焕乎，其有文章"，形容尧的功业成就。"文"，经纬天地；"章"，章于天下。"文章"，即经天纬地的成果，《尚书·尧典》序称："昔在帝尧，聪明文思，光宅天下。将逊于位，让于虞舜"。尧为"文祖"，政治祖师爷。

不要天天争名、争利，应"素其位而行，不务乎其外"（《中庸》）。

"荡荡乎，民无能名焉"，无能得一好名赞之，"博学而无所成名"（《子罕》）。

20. 舜有臣五人而天下治（太平）。**武王曰："予有乱臣**（乱，治，反训。治臣）**十人。"**

"舜有臣五人"：禹、稷、契、皋陶、伯益。"而天下治"，能用人才，则"垂衣裳而天下治"。

"乱"，《说文》称："治之也。"《尔雅·释诂》云："乱，治也。相反为训。"

“武王有乱臣十人”：周公旦、召公奭、太公望、太颠、毕公、荣公、闳夭、散宜生、南宫适、邑姜。邑姜，为太公女，武王后。《尚书·泰誓中》称：“予有乱臣十人，同心同德。”可见此时百姓已难治，有知识。

孔子曰：“才难！不其然乎（岂不然乎）？**唐虞**（唐尧、虞舜）**之际，于斯**（人才）**为盛，有妇人焉，九人而已。三分天下有其二，以服事殷；周之德，其**（指物词）**可谓至德也已矣。”**

“才难”，干才难得！

“唐虞”，唐尧虞舜。尧，为陶唐氏首领，称唐尧。“唐”，大也。唐人，中国人。海外有唐人街。

《尚书·尧典》云：“蛮夷猾夏。”“夏，中国之人也。”

周文王，“三分天下有其二，以服事殷”，不简单；周武王，小老虎，革命成功。

21. 子曰：“禹，吾无间（音 jiàn，非也）**然矣。菲**（音 fěi，薄也）**饮食，而致孝乎鬼神；恶**（音 è）**衣服**（穿粗衣）**，而致美乎黻冕**（礼服礼冠）**；卑宫室，而尽力乎沟洫**（田间水道）**。禹，吾无间然矣。”**

禹“菲饮食”，“禹恶（不喜好）旨（美）酒而好善言”（《孟子·离娄下》），禹拜昌言。“恶衣服，卑宫室”，禹自奉甚俭，勤政爱民。

“致孝乎鬼神，致美乎黻冕”，中国重祭祀，祭政合一。祭祖祭神，乃在报恩，不数典忘祖。

“尽力乎沟洫”，“禹疏九河，瀹济漯，而注诸海；决汝汉，排淮泗，而注之江，然后中国可得而食也”（《孟子·滕文公上》)。“当是时也，禹八年于外，三过其门而不入”(《孟子·滕文公上》),“禹思天下有溺者，由己溺之也”(《孟子·离娄下》)。

“禹，吾无间然矣”，重言之，孔子称禹有俭德、勤政爱民，对其个人品德无所批评。

但是禹这么好，何以还有人评其“至于禹而德衰”？因为他“不传于贤，而传于子”(《孟子·万章上》)，为“家天下”乱制之始。“家天下”与“公天下”相对，尧舜为公天下，传贤不传子。

中国文化特别宽宏，中国是礼义之邦。中国难生，特别看重“中”，即礼义。中国，礼义之国。“入中国，则中国之”，“来者勿拒，去者勿追”(《春秋公羊传·隐公二年》何注)，视其行为合乎礼义与否。

“中国”，非指国境，是文化、思想、道德之内。如每天以机心用事，焉有道德可言？合乎“中道”，就是“中国人”，不论种族。

华夏，天下，中国人常讲“天下平”，《中庸》“舟车所至，人力所通……日月所照，霜露所坠”，都是“中国”，远近大小若一，此《孟子》所谓“居天下之广居”，即人所广居之地，凡是天下有人住的地方，就应是我们所守的地方。

“中国”是有包容的，不喜有界，主张无界。称寰宇、天下，不说世界。“中国”是以“天下”为标准，“天下一家”，不讲界与际。没有界、际，才谈得上寰宇、天下。

观念必要弄清。树叶无论是怎么密，仍是有间，阳光自树叶间隙穿透。无界、无际，证明是一体的，“民吾同胞物吾与也”，同元共生。

“统一”，并不是中国的传统说法；“一统”，才是中国的观念，因一了，才统；非因统，而一了。“一统”，是王道。大家都一样，统了，是自然、人性的。

要很慎重地了解中国人的思想。有些人净说人话，但做尽缺德事。

在“同”下求得福利，共同的福利。欧元，自异中求同，为未来的福利，有智慧！

知识分子绝不可以被标准流氓支配。我一生绝不接受任何人，完全按己做事。坐牢，就是换个地方吃饭。明天谁先死，犹未知！我靠死多少人！知识分子就因为有知识，和一般人不同，社会就有盼望。

看古人的思想，孔子“不患寡而患不均”（《季氏》）。想求天下均富得自哪儿入手？孟子说“万物皆备于我”，谁也不可多得一分，否则侵害了别人。

均，不是布施、恩德，乃是自己本来应享的权利。天民、天爵（大人、圣人、贤人、君子）、天禄、天权（此我所加），都是自己与生俱来的权利。

我称“奉元”，是要自根上了解中国人的思想。“天贼”时代，已经过去了。既是“天民”，就不可以做缺德事，要自尊自贵，天爵自尊吾自贵。

中国人必要了解中国思想，历代帝王扭曲了人性，是“天盗、天贼”。天贼横行，犹维护之，乃是助纣为虐。“天下无道，富且贵焉，耻也”，是最好的注解。

要有正知正觉，“无上正等正觉”（《金刚经》）。读书，要自根上了解思想。为人师表如讲不清楚，那小孩焉能懂得做人？

老师净为盗，亦教学生为盗，敢正视自己？办学校者知耻乎？完全不堪入目！为人师的要负莫大的责任。

敢冷静看自己？要自觉，何以几年即至此？要先自我革命，革自己的脑子。第一步要革己之脑，换个脑子。

均，“万物皆备于我”，本是自己应得的。不是“慈济”，否则接受者岂不痛苦？是慈济，或是贼头、祸首？巧取豪夺，却以剩余还污辱我们，说是自己做功德。

“天均”（《庄子·齐物论》），“万物皆备于我”，必得均。

我乐观，所以活得有劲！因为脑子清，才这么苦，清苦。

理论好，也得实行，要自哪儿入手？自“联”。不联在一起，怎能“均”？联合国，好的开始。养军队，出兵，是征不服也。其他国家则不可以养兵。人都有劣根性，任何时代都有败类，脑子不清楚。

未来有希望，要懂得“联”。中国人能办得到，而且有办法，有文化的本钱、人的本钱，中国有全世界五分之一的人口。由限武，谈到各国不养兵。有“联”了，未来必有“均”。此思想与办法，就在《周官》。看《周官》，可以先看《原儒》。看老祖宗的智慧，留待后人实行；不是要后人作注，而是实行的方略、大纲。

到什么时候喝什么茶，是一定的。我早上喝浓茶，晚上喝清茶。晚上上课，是我的消遣，还有人给钱。如活一辈子，临老还要找消遣，根本就不懂得乐。

走错路，犹不知，还一代传一代。写那么多书，输了！我藏拙，没写过书。千古文章，一大抄也。非搜集数据，而是脑子要放射资料。不要抄书，写自己脑子放射出的东西才有用。

“读有用书”，有界说，看与所学有关的书，树立自己的专学。了解古书难，因为环境不同。可以讲书，但不一定真懂书。

《易·系辞上传》说“圣人以此洗心，退藏于密”，“洗心”二字，我犹不懂。古人说了，焉知不是错误的？一个人少说真话。

屈原的《离骚》，今天亦无一人真懂，是思想。没有接受的智慧，因没有生在那个时代，他们没有懂，我怎会懂！《离骚》满心愤，真精神！

我讲五十年《论语》，犹有不懂之处。可能是那个时代的普通话，今人没那么讲。

《红楼梦》是满族文化，徐高阮（1914—1969，字芸书，浙江杭州人。清华大学毕业，受业于陈寅恪。1949年赴台，任职于“中央研究院”）研究此。

黄朝琴（1897—1972）有我的书信，三十年前写的。其子为我最早的学生。

八行，旧信纸只八行，每行七字，在八行内写完。昔信封、信纸，都有一定。

什么都可以研究，承哪个学都可以。人活着，必要从吾所好，才能有所成就。

教主，人之为道，伪人。

“闻其声，不食其肉，故君子远庖厨”（《孟子·梁惠王上》），伪仁，此孟子之所以成为“亚圣”。人真正表里如一、化性化情，太难！

人必要有基本的智慧，搞政治必须有智慧。康熙帝、雍正帝是明君，乾隆帝不然，在位太久。

海南岛，有苏轼（1037—1101）的“东坡书院”。

东坡书院位于中国海南省儋州市中和镇东郊，为苏轼故居遗址。明清时期改建。书院包括载酒亭、载酒堂、耳房、廊舍和奥堂龛等。

台湾，延平郡王郑成功。

郑成功（1624—1662），国姓爷郑成功之父郑芝龙，曾为海盗，后为南明水师将领，出生于明朝福建省泉州府南安县安平港；母田川氏，出生于日本肥前国平户岛。郑成功出生于母亲的故乡平户。六岁时，为父亲接往福建老家，及长被送往金陵求学。

后继承发展父业，曾垄断福建和东洋的贸易，凡福建商船出海均需向郑氏纳税，若不交税必遭倭寇袭击。又组织福建移民屯田台湾，因此与荷兰人的远东利益冲突。在明朝尚存时，尚与荷兰人殖民的台湾和睦共处，向荷兰的台湾殖民当局交税。

在明朝政权陷落后，郑成功失去大陆基地，为夺得台湾为落脚点，其令福建商船不与荷兰人管理的台湾贸易，断其殖民利益大半，最终成功驱逐荷兰人的台湾殖民政府，以台湾为基地建立南明政权。

1645年，清军攻入江南，不久芝龙降清、田川氏在乱军中自尽；郑乃率领父亲旧部在中国东南沿海抗清，成为南明后期主要军事力量之一，一度由海路突袭、包围清江宁府（原明朝南京），但终遭清军击退，只能凭借海战优势固守海岛厦门、金门。

1661年，率军横渡台湾海峡。翌年，击败荷兰东印度公司在台湾大员（今台湾台南市境内）的驻军，开启郑氏在台湾的统治。

但不久即病死。

陈永华，郑经的岳父，道德、学问都好。

陈永华（1634—1680），1656年（永历十年），得兵部侍郎王忠孝推荐，与郑成功论政，分析未来，深得郑赏识，被誉为“今之卧龙”，授予“咨议参军”职，委为其子郑经（1642—1681）之师，日后成为郑家的麾下谋将。

“嘉庆君（1760—1820）游台湾”，是神话。李勇，是武官，雾峰林家也是武官。

板桥林家，有官衔无权，但有钱，后与清几个大官结亲。林熊祥（1896—1973，台湾首富板桥林本源记第六代）母陈芷芳，陈太傅（宝琛）妹。

辜振甫（1917—2005，字公亮，辜显荣儿子）在“二·二八事件”后坐牢，因为表现宁静，天天读英文，林熊祥乃将外甥女“妻之”，即严复（1854—1921）孙女严倬云。

台岛民迷信太厉害，非好事。我六七年前犹教卜筮，用五十根筮草。卜与迷信，两件事。台的邪风，已经吹得大家晕头转向。

“旗鼓倒置”，出奸臣。此非迷信，是自经验得来的一套想法，不易改变。

子罕第九

政治家必要有远见，你们不要读死书，必要懂得怎么活用。你们每天要善用智慧读书，要懂得辨忠奸、善恶、是非。

读书，是在以古人智慧启发自己的智慧，再创新思想。

今天要百家争鸣，不能再钦定了，就看谁能被接受。孔子、老子与今天何干系?

读《四书》，其中思想新者甚多。《四书》必下功夫，如真读懂了，除《大易》《春秋》以外的书，都可以自己看。

弘三夏——夏、诸夏、华夏。由“夏”到“诸夏”到“华夏”，“内其国而外诸夏，内诸夏而外夷狄”。

“入中国，则中国之”，不管什么民族，只要入中国文化、礼法，就承认你是“中国人”，“中国”是“诸夏”。但仍有未入者，乃未得“中道”。

“人人皆有士君子之行”“夷狄进至于爵，远近小大若一”“天下一家，中国一人”，此一境界即“华夏”的境界。此为今文家（公羊学家）的解释。

我现在所言，皆百分之百的真，“人之将死，其言也善”，和任何人没有利害关系。真差不多了，把东西都拍卖，将所得的钱给基金会，百事非财莫举，在安你们的心，这百余年饱受外人、汉奸的蹂躏。

只要肯脚踏实地下功夫，必能有成。现在学十年的英文，既不会说也不会写，真是奇迹！二十一世纪外文不行能做事？每天应有一二小时读外国语。如不知当务之急，那读书有何用？

今天的选举令人讨厌，台湾风气之败坏，与选举有直接的影响，许多人心之坠落、风气之败坏，皆与之息息相关。

知识分子应拨乱反正，要怎么拨？知识分子是天地的良心，如不能拨乱，岂不是行尸走肉？你可以胡搞，但最后必自愧，历史到最后必有公断。如是与草木同朽者，那又何必在乎别人骂？

林则徐（1785—1850）被流放到新疆，但他既不怨天也不尤人，犹致力于建设新疆，挖“坎儿井”。新疆百姓至今犹感念之。

坎儿井，即“井穴”，维吾尔语称为“坎儿孜”。坎儿井是荒漠地区一特殊灌溉系统，普遍于中国新疆吐鲁番地区。坎儿井与万里长城、京杭大运河并称为中国古代三大工程。吐鲁番的坎儿井总数达1100多条，全长约5000公里。

1. 子罕（少）**言利，与**（一、或；二、赞许）**命与仁。**

“罕言”，非不言。“夫子言性与天道，不可得而闻也。”（《公冶长》）“天何言哉？四时行焉，百物生焉，天何言哉？”（《阳货》）

“利”，“君子喻于义，小人喻于利”（《里仁》），“利者，义之和也”，“利物足以和义”，兼利万物，与众共之，如办义田、义学，“能以美利利天下，不言所利，大矣哉！”（《易经·乾卦·文言》）

“与命与仁”：“与”，一、或；二、赞许。

“命”：“天命之谓性，率性之谓道”（《中庸》），“各正性命，保合太和，乃利贞”（《易经·乾卦·文言》），“不知命，无以为君子”（《尧曰》）。

“仁”：“君子体仁，足以长人”，仁者爱人，而无不爱。孔子少以仁许人。

2. 达巷（党名，如今某坊、某村）**党**（五百家曰党）**人曰：“大哉**（赞词）**孔子！博学而无所成名。”子闻**（知）**之，谓门弟子曰：“吾何执**（专务）？**执御**（驾车）**乎？执射**（射击）**乎？吾执御矣。”**

《论语说义五》：达巷党人先知受命，独发此言，一人而已……受命之故，存乎微言。

《论语说义五》：恐门弟子性质未明，骤听此理，转滋疑惑。不使躐等，故就其身体之事，择乎六艺之中射、御二者，御尤切身，举而示之，以合“礼乐斯须不去”。此文章之教，日用而不知者也……别举门弟子者，不使同乎达巷党人也。此圣人设教之权衡也。

《论语》每章皆无连贯性。此章要好好想一想。

“博学而无所成名”“君子不器”（《为政》），所学都够分量，学到一境界，而不在一事一艺上成名。

“射”，可卫国。“御”，必公平，如赶车，必按目标而行，双手必平，手不能乱斜。

“吾执御矣”，双关语。御天下，“时乘六龙以御天”（《易经·乾卦》）是最高的境界。卫天下，不如御天下。

3. **子曰：“麻冕**（缁布冠，细密难织），**礼也；今也**（者）**纯**（丝），**俭**（丝易成，故俭）。**吾从众。拜下**（拜于堂下），**礼也；今拜乎上**（拜于堂上），**泰**（骄）**也。虽违众**（与众不同），**吾从下。”**

《论语说义五》：立一王之法，成一代之礼，必以所损益者顺乎人情，即以所不变革者维乎世运。

自此章看孔子在什么地方从众（俗）、什么地方不从众。

“麻冕，礼也；今也纯，俭。吾从众”，日常生活可以从众，变而从时，随时制宜。

“拜下，礼也；今拜乎上，泰也。虽违众，吾从下”，大礼上不可以从众。

“子入太庙，每事问。”“是礼也？”就因为不是礼，才要问。“礼上不可时中”（《礼记·乐记》“礼也者，理之不可易也”），日常生活可以从众，但是大礼上不可以从众。

4. **子绝**（去之尽）**四：毋**（禁止之词）**意**（亿，臆度），**毋必**（有成见），**毋固**（固陋），**毋我**（自我）。

《论语》每章皆活学问。

“毋”，禁止之词，如莫、勿、不要。“毋意”，意者，亿也，臆度，未做之前揣度。

对任何人不先推测，不相信他或他不相信我。今天年轻人最大的毛病，刚开始就有自卑感，而净怀鬼胎。

“毋必”，不有成见，“唯义与比”。

“毋固”，不固陋。“学则不固”，学就不孤陋寡闻。“三人行，必有我师焉”。

“毋我”，人地位愈低愈好自专，“贱者好自专，愚者好自用”。凡事都把自己置于前头，则成“剩人”。

要冷静，要深思，“毋意，毋必，毋固，毋我”，有主观能判断事？人一有主观，就完了。

清康熙帝有学有术，朱子出名同关公，是他捧出来的。

记住：一失足成千古恨。尔今尔后，会看到多少同学狼狈不堪。

做事千万不可以盲从。我表示立场，为好人说的。

5. 子畏（受危难）**于匡**（地名，本郑邑）。**曰：“文王既没**（殁），**文不在兹**（此）**乎？天之将丧斯文也，后死者不得与**（参与）**于斯文也。天之未丧斯文也，匡人其如予**（我）**何？”**

此章孔子在匡地，遭遇危难。

《史记·孔子世家》：将适陈，过匡，颜刻为仆，以其策指之曰：“昔吾入此，由彼缺也。”匡人闻之，以为鲁之阳虎。阳虎尝暴匡人，匡人于是遂止孔子。孔子状类阳虎，拘焉五日……匡人拘孔子益急，弟子惧。孔子曰：“文王既没，文不在兹乎？天之将丧斯文也，后死者不得与于斯文也。天之未丧斯文也，匡人其如予何！”孔子使从者为宁武子臣于卫，然后得去。

“文”，性之用。性生万法，即“性生万文”。“文王”，文德之王，《春秋》讲“素王”，有王之德，无王之位。“法其生，不法其死”，谁有文德，谁就王天下。“文〔武〕之道未坠于地，在人”(《子张》)，人人皆可以为尧舜，人人皆可以为文王。文，并不会因文王的死而牺牲了，文化才能够生生不息。孔子一辈子宣文，死后成为“文宣王”。曲阜孔庙大成殿有“斯文在兹”匾。

“天之将丧斯文也，后死者不得与于斯文也；天之未丧斯文也，匡人其如予何？”可见传承的重要，要为往圣继绝学。

一部《论语》讲“文没在兹”，此即为华夏精神，儒家的真精神所在。“文没在兹，有为若是”，这是读书人的责任；知此，就不必羡慕别人，也不必作践自己，要知道自己责任之所在。

“匡人其如予何”，吹口哨壮胆！如宗教家之言。

6. 大宰问于子贡曰：“夫子圣者与？何其多能也？”子贡曰：“固天纵（肆，言不为限量也）**之将圣**（大圣），**又多能也。”子闻之，曰：“大宰知我乎？吾少也贱**（无地位），**故多能鄙事。君子多乎哉？不多也。”**

孔子“博学而无所成名”，君子不器。

“天纵之将圣”，乃是生而知之者。

“吾少也贱”，“贱”与“贵”相对，“贱”指没有地位。好汉不怕出身低。“故多能鄙事”，一般有地位人家不做的鄙事，孔子都能做，如执鞭之士。

《史记·孔子世家》：孔子贫且贱。及长，尝为季氏史，料量平；尝为司职吏，而畜蕃息。

身体力践，事情的经验很重要，历事煅智，孔子的多能、多艺、博学自此来。

“君子多乎哉？不多也”，此“君子”，指有地位者，与“贱”相对。做官的能有“多鄙事”的经验吗？不多也。

7. 牢（孔子弟子，琴开，名牢）**曰：“子云‘吾不试，故艺’。”**

孔子“我宋人也”，宋，是殷皇族之后。

“不试”：一、不为世用；二、保留，再推敲如何解。

“艺”，为孔门一科，“游于艺”。“求也艺，于从政乎何有？”何难之有？没有什么难，因为学到一相当境界。将有关谈艺者聚在一起，加以印证。

8. 子曰：“吾有知乎哉？无知也。有鄙（昔五百家为鄙，边邑）**夫**（老百姓）**问于我，空空如也**（虚心听其说），**我叩**（音 kǒu，反问，不马上答）**其两端而竭焉。”**

孔子的时代喜用“两端”的观念。

事情皆有两端，如善恶、美丑、黑白、好坏等。“攻乎异端，斯害也矣”（《为政》），“万物并育而不相害，道并行而不相悖”。舜“执其两端，用其中于民”（《中庸》）。

《春秋繁露》有《二端篇》，以为二端有形，要自无形之处入手，因为“有生于无”，所以要“览求微细于无端之处”，由本源找到无端之处，因为“诚知小之将为大也，微之将为著也”。

《春秋繁露·二端》：《春秋》至意有二端，不本二端之所从起，亦未可与论灾异也，小大微着之分也。夫览求微细于无端之处，诚知小之将为大也，微之将为著也。

处理事情有步骤，要看对象，自己不存主观的见解，“空空如也”，诚诚实实，一心不二。

“叩其两端”，先虚心地听对方说，对双方详细研究；“而竭焉”，不轻诺寡信，竭尽自己的智慧，研究如何解决，再给他答复。

“执两用中”，为他解决问题。舜做事，执其两端，用中于民。

9. 子曰：“凤鸟不至，河不出图，吾已（止）矣夫！”

《史记·孔子世家》：鲁哀公十四年春，狩大野。叔孙氏车子锄商获兽，以为不祥。仲尼视之，曰：“麟也。”取之。曰：“河不出图，雒不出书，吾已矣夫！”

此为孔子叹时之言，以“素王”自况，有王之名，无王之位。

孔子为“素王”，感己德不足，叹凤鸟不至！

龙、凤、麟、龟为四灵，在中国为吉祥物。龙凤呈祥。

“凤鸟至”，“有凤来仪”，指有德者。相传舜为天子时，凤鸟曾飞来；文王时，又鸣于岐山。

“河出图”，伏羲时，黄河中有“龙马负图”。伏羲自河出图得启示，画八卦。“洛出书”，《尚书》记载为政之道，是一部政治学。

孔子虽生在乱世，但“仁以为己任，死而后已”（《泰伯》），仍要守死善道，故不能止，乃修《诗》《书》、订《礼》《乐》，藏道于民。

10. 子见齐衰（音 zī chuī，粗麻布缘边部分缝整齐，丧服之一）**者，冕**（大夫以上冠）**衣裳**（大夫之礼服）**者与瞽者**（襄祭礼的乐工）**：见之，虽少**（年少），**必作**（兴，变容起立，以示敬）；**过之，必趋**（哈腰，迈小快步）。

"见之，虽少，必作"，"作"：一、兴，示敬；二、作轼为礼，按身份地位。哀有丧者、尊在位者、恤残废者，必变容而起敬。

"过之，必趋"，经过时，必走快些，以示敬。

11. 颜渊喟然（叹声）**叹曰："仰之弥**（越加）**高**（高山仰止），**钻**（钻研）**之弥坚**（钻不进）；**瞻**（看）**之在前，忽焉在后。夫子循循然**（一步步按次序）**善诱**（引导）**人，博我以文，约我以礼。欲罢不能，既竭**（穷尽）**吾才，如有所立，卓尔**（卓然而立）；**虽欲从之**（从道），**末由也已。"**

《论语说义五》：此颜子叹圣人微言，弟子不易知也……颜氏之子或可钻仰知其高坚，而后能言高坚也；存于瞻望，而后有在前在后也。惟习圣既久，斯能及乎恍忽之境，而深其叹美之情。故性与天道不可得闻者，所谓弥高弥坚者也。

"仰之弥高，钻之弥坚"："高山仰止，景行行止，虽不能至，然心向往之！"（《史记·孔子世家》）

"瞻之在前，忽焉在后"，前后左右看不透彻，摸不出是哪个形。不知头尾，不知何时开始，何时完了。

"循循然"，一步一步，循序渐进，学不躐等。"善诱"，用最好的方法。加一"善"字，活泼地形容孔子之德、之美！

《论语说义五》：文章可得而闻者，所谓循循然善诱人者也。

《诗》《书》、执、《礼》，皆文章也。

“博我以文”，此“博”字，形容词当动词用，将礼法制度尽量教我们学。广博传授，不拘一途。

《论语说义五》：颜子所传“博文约礼”与众人同，而“欲罢不能”与众人异。从不可形象，以见圣功之全体，知微言之所在。

“约我以礼”，以“礼”约我的“文”。学，得无所不学，什么都可以知，但是得“约之以礼”，可不能什么都做。

“如有所立，卓尔”，在道上有所得了。“虽欲从之，末由也”：一、不知从何入手；二、无法跟从。

《论语说义五》：“卓尔”，谓微言之卓绝也，此“闻一知十”之所至也。既见其所立，当有其所由。而云“从之末由”者，为“博文约礼”者言之也。

12. 子疾病，子路使门人为臣（扮作家臣，预备治丧）。**病间**（音jiàn。孔子病情稍轻些，有力气骂人了），**曰：“久矣哉！由之行诈**（有机心）**也，无臣**（现应是无家臣）**而为有臣。吾谁欺？欺天乎？且予与其死于臣之手也，无宁死于二三子**（诸位）**之手乎？且予纵不得大葬**（以大夫之礼葬之），**予死于道路乎？”**

大夫家有家臣，孔子为中大夫。

“吾谁欺？欺天乎？”人不能自欺，认为自己能欺人，但骗人谁也知。虽无揭露者，但人心里笑之。

必将古书读得活活泼泼地，才能用上。

“父为士，子为大夫，葬以士，祭以大夫”（《中庸》），所以昔人无不希望能有好子孙。

13. 子贡曰："有美玉于斯，韫（音 yùn，藏）**椟**（柜）**而藏诸**（语词）？**求善贾**（买家）**而沽诸？"子曰："沽之哉！沽之哉！我待贾者也。"**

"贾"：一、音 jià，价钱，"求善价"，被动的；二、音 gǔ，人，商贾，"待贾"，主动的。两者的境界大不同。一等价钱，一等好买家，必具有收藏的知识与能力，怕被转手图利了。

邦有道，能行道就卖；邦无道，不能行道就不卖。孔子"待贾而沽"。

择主而事，"待贾者"，不是"求善价"，遇高价就卖。两者的品德差太多。

"良贾深藏若虚"，指对外而言，因为不是储藏室，而是要"待贾而沽"，找主。待价而沽，是要不赔本。清仓，才求速卖。

"怀瑾握瑜"，什么东西怀之，不外露？什么东西握之？了解，即了解机。时机到了，机不可失。不失机，得知机。

诸葛亮"三分天下有其一"，那又何必出来？根本是混饭吃。

不显山、不露水，非无山无水，是不显不露。要一步步培养自己的智慧。

14. 子欲居九夷（朝鲜）。**或曰："陋**（没有文化），**如之何？"子曰："君子居之，何陋之有？"**

此有二解：一、成德者，循循然善诱；二、箕子到朝鲜，朝鲜还能没有文化？

那个地方陋不陋不管，到那里必使之不陋。自己无德，不能责备别人。

我的弟子有机心。

15. 子曰:“吾自卫反(返)**鲁，然后《乐》正**(正乐，然后乐正了)**,《雅》《颂》各得其所**(正所)**。”**

《史记·孔子世家》:孔子之时，周室微而《礼》《乐》废,《诗》《书》缺……“吾自卫反鲁，然后《乐》正,《雅》《颂》各得其所。”古者《诗》三千余篇，及至孔子，去其重，取可施于礼义，上采契后稷，中述殷周之盛，至幽厉之缺，始于衽席，故曰“《关雎》之乱以为《风》始,《鹿鸣》为《小雅》始,《文王》为《大雅》始,《清庙》为《颂》始”。三百五篇孔子皆弦歌之，以求合《韶》《武》《雅》《颂》之音。礼乐自此可得而述，以备王道，成六艺。

“三百五篇孔子皆弦歌之”，证明孔子的音乐修养不得了！“与齐太师语乐，闻《韶》音，学之，三月不知肉味，齐人称之”(《史记·孔子世家》)。

“自卫反鲁”，“孔子之去鲁凡十四岁，而反乎鲁”(《史记·孔子世家》)，是隐道于民时。孔子“用之则行，舍之则藏”，藏道于民。晚年“删《诗》《书》，订《礼》《乐》，赞《周易》，作《春秋》”。《五经》《六经》乃自然之形成与表现。严格说，中国就是《六经》,《乐经》没了，但乐的哲学仍有。乐之兴衰，历代皆有。《五经》(《诗》《书》《礼》《易》《春秋》)为大本，其他经为《五经》之传。

“成于乐”，人一高兴必鼓瓯而歌，即乐。“《乐》正,《雅》《颂》各得其所”，正《乐》,《乐》正了，乐以和性，音乐改变，人心之改变、人心之所趋。“尊人以和，太平之原实在乎是”（熊十力《原儒》）。

学问必下真功夫，学术东西，多活十年，就觉前十年幼稚！熊十力生在今文经盛行时，有接触而吸收之，无人知其为今文大师。

奏乐，必歌诗，载歌载舞。“《乐》正”，使《乐》一点也不含糊；“《雅》《颂》各得其所”，使之各回到本来面目，何等博学！思想正，使之各得其所。

“兴于诗”，诗是“性”与“情”的表现。孔子删《诗》。《诗经》分《风》《雅》《颂》。《雅》分《小雅》《大雅》。《小雅》七章、七十四篇，其中六篇有目无辞，为燕飨之乐；《大雅》三章、三十一篇，乃会朝之乐，多史诗。

《颂》，为宗庙祭祀乐歌，共四十篇：《周颂》三十一篇、《鲁颂》四篇、《商颂》五篇。“《诗》终之以三《颂》，新周、故宋，以鲁当新王。以《鲁颂》当立新王，而次之周后，复以《商颂》次鲁，而明继夏者殷，非所谓‘三王之道若循环’者乎？”（刘逢禄《春秋公羊传何氏释例》）

我，“长白又一村”的村长。

蒋伯潜以此章异说者多，举重要者如下：

一、《史记·孔子世家第十七》载孔子语太师乐云云，以孔子“正《乐》”即“删《诗》”。

二、郑众《周礼》太师注，郑玄《仪礼·乡饮酒礼》注，谓“正乐”即整理《诗》，故曰“《雅》《颂》各得其所”。

三、毛奇龄《四书改错》，以“正乐”即正乐章，正“《雅》《颂》”之入乐部者。

四、包慎言《敏甫文钞》谓“《雅》《颂》”指音律，不指《诗》篇言。“正乐”者，乃正其音律之错乱，非整齐其篇章也。

16. 子曰：“出（出仕）**则事公卿**（为国服务），**入**（在家）**则事父兄**（行孝悌），**丧事不敢不勉**（勉强行礼），**不为酒困，何有于我**（于我何难）**哉？”**

此章记孔子自言其日常生活。

“不为酒困”，孔子会喝酒，绝不喝醉。“唯酒无量，不及乱”（《乡党》），有酒品、酒德，喝酒有所节制。

“饮酒濡首，亦不知节也”（《易经·未济》），沉湎于酒，因不知节制，所以“未济”（《易经》最后一卦）。

17. 子在川上（水之北），**曰：“逝**（往）**者如斯夫！不舍昼夜。”**

马一浮以“子在川上”一章，显示“于迁流中见不迁；于变易中见不易之理”。

程颐曰：“天运之不已，日往则月来，寒往则暑来，水流而不息，物生而不穷。”

川流不息，宇宙迁流不已，万物生生不息。

于变化而悟恒常，于用而识体。道即性，亦即命，亦即天。悟变化之神。

真懂“逝者如斯”，才能博学笃志。

不论为学或是游玩，皆必好好计划，因为来日无多。

18. 子曰：“吾未见好（音 hào）**德**（善行）**如好色**（形形色色）**者也。”**

《史记·孔子世家》：居卫月余，灵公与夫人同车，宦者雍渠参乘出，使孔子为次乘，招摇市过之。孔子曰："吾未见好德如好色者也。"于是丑之，去卫，过曹。

"未见"，叹之！

德与色，人皆重色轻德。"未见好德如好色"，故要"贤贤易色"。

19. 子曰："譬如为山（做山）**，未成一篑**（音 kuì，一筐土）**，止，吾止也；譬如平地，虽覆**（倒）**一篑，进，吾往也。"**

此章孔子劝人勤学。

自"篑"可见"积"的功夫。之所以不成，就差一筐土。

《尚书·旅獒》云："为山九仞，功亏一篑。"《荀子·劝学》称："锲而不舍，金石可镂。"《孟子·尽心上》曰："有为者，譬若掘井；掘井九仞而不及泉，犹为弃井也。"

"进"与"止"，皆操之在己；"成"与"败"，皆在我自己。一个人的成败，全在于自己，别人是爱莫能助的！

懒而原谅自己，最为可怕！

20. 子曰："语（音 yù，告也）**之而不惰**（懈怠）**者，其回也与！"**

"不惰"，能马上去实行。颜回，"其心三月不违仁"，"不贰过"。

修德、练智，贵乎能行。明理，然后能行出。

懈怠懒惰，虽知道多，但一件也未行！

21. 子谓（评）**颜渊，曰："惜乎！吾见其进也，未见其止也。"**

此章乃孔子看颜回天天拼命，进而不止的精神。

日新不已，进修之益，自己造就自己。年轻人就是整天忙，也不会觉得累，要天天修德、练智。

必要养成"勤"的习惯，"业精于勤荒于嬉"，"学海无涯苦作舟"。

22. 子曰："苗（小苗）**而不秀**（开花）**者有矣夫！秀而不实**（结果）**者有矣夫！"**

此章孔子痛惜颜回，未能成功就死掉！

"苗"，根苗，秧苗，秀才是宰相的根苗。

有苗，就开花，开花就结果。但也有苗，既不开花，也不结果。

23. 子曰："后生可畏（敬畏），**焉知**（怎知）**来者之不如今也？四十、五十而无闻**（德名）**焉，斯亦不足畏也已。"**

自此章可知儒家是讲进化论。

"生乎今之世，反（返）古之道；如此者，灾及其身者矣"。学究往往以"今不如古"，害多少年轻人没有自信心、无上进心。

"后生可畏"，年轻人应更有上进心。孔子以为后生更精明，青出于蓝而胜于蓝。孔子"制《春秋》之义，以俟后圣"（《春秋公羊传·哀公十四年》），后圣接前圣，一棒接一棒。

我要你们"青出于蓝，更胜于蓝"，不要亦步亦趋，要接着讲，不是照着讲。

后生如不知上进，终无闻也，也不足以敬畏。

24.子曰：“法语之言（正言，标准的话），**能无从乎？改之为贵**（重要）。**巽**（顺，谦逊）**与之言**（委婉的劝导），**能无说**（悦）**乎？绎**（寻绎，研究其所以）**之为贵。说**（悦）**而不绎**（不寻绎微意所在），**从**（面从）**而不改**（不切实改过），**吾末如之何也已矣**（我对他也没办法了）。**”**

能从其正言，而改自己的毛病，最为可贵。

对人委婉的劝导，要听出“弦外之音”，方为可贵。

“过而能改，善莫大焉”，人能改过，为难！

25.子曰：“主忠信，毋友不如（比不上）**己者。过，则勿惮改。”**

“主忠信”，“忠”，尽己之谓；“信”，言可复也。“忠信，所以进德也”（《易经·乾卦·文言》）。

“毋友不如己者”，:《学而》“无友不如己者”，朋友以信，朋友之道贵乎责善，“忠告而善导之”（《颜渊》），互相切磋琢磨。“三人行，必有我师焉”。

“过，则勿惮改”，不怕有过，要“不贰过”。

26.子曰：“三军（军队）**可夺帅也，匹夫不可夺志也。”**

“志”，乃心之主宰。“三军可夺帅，匹夫不可夺志”，虽处困境中，志仍不可夺，坚刚不可夺志。身可死，志不可夺，亦不因暴利而改其意志。

士尚志，“志于道”，为目标奋斗一辈子，不论是患难、造次、颠沛皆必于是，绝不能改变，“守死善道”，故“富贵不能淫，贫贱不能移”，此之谓“大丈夫”。

27. 子曰：“衣（动词，穿着）敝缊袍（用旧絮做的棉袍），与衣狐貉（音 hé，著名的毛皮兽）者立，而不耻者（不认为不好看），其由（子路）也与。‘不忮（音 zhì，害，嫉妒）不求（歆羡，非分之求，妄求），何用不臧（善）？’（《诗经·邶风·雄雉》‘百尔君子，不知德行。不忮不求，何用不臧’）”子路终身诵之。子曰：“是道（不过是个道）也，何足以臧（尽善，不是至道）！”

《论语述何》：耻不若富贵，强者则有忮害之心，弱者则有求慕之心，故不能修身也。

“志于道”，心有所主，而不在衣着上。

子路即使是穿旧袍子，与穿着华服者并立，相形见绌，也不认为不好看。阿 Q 精神！

“不嫉妒、不歆羡，何用不善？”学生总是天真，经常将老师赞美的话挂在嘴边。

老师知道了，说：“不忮不求，这是做人的初步境界，并非最高的境界。”

28. 子曰：“岁寒，然后知松柏之后雕（凋谢）也。”

志节极值得重视，在危难之际才可以看出。“板荡识忠奸”，“家贫出孝子”。

有变时，才见出“节”；无变时，只能称“贞”。

29. 子曰：“知（智）者不惑，仁者不忧，勇者不惧。”

“智者不惑”，一、不惑于欲；二、没有疑惑，追根究底。“智者利仁”，行事皆有利于仁。

“仁者不忧”，不忧己私，先天下之忧而忧。“仁者安仁”，“安仁者，天下一人”。

“勇者不惧"，有操守，威武不屈，不惧人势，见义必为。

30. 子曰：“可与共学，未可与适道；可与适道，未可与立；可与立，未可与权（称锤，所以称物而权轻重）。**”**

《春秋繁露·玉英》:《春秋》有经礼，有变礼。为如安性平心者，经礼也；至有于性虽不安，于心虽不平，于道无以易之，此变礼也……明乎经变之事，然后知轻重之分，可与适权矣。

“适道”，行道，乃是为别人谋福利。

“立”，“三十而立”，立于道，“守死善道”，终身为道奋斗。

“权，知所以用理也”，通权达变。

《辜鸿铭的笔记·权》: 权也者，知所以用理之谓也。孔子曰：“可与共学，未可与适道；可与适道，未可与立；可与立，未可与权。”所谓可与适道者，明理也；可与立者，明理之全体而有以自信也；可与权者，知所以用理也。盖天下事，非明理之为难，知所以用理之为难。权之为义，大矣哉！

“穷则变，变则通，通则久”，儒家并不顽固。智必识时，行若时雨。

31. “唐棣（花名）**之华**（花），**偏**（翩）**其反**（翻然）**而**（语助词，形容花朵左右摆动）。**岂不尔思**（思尔，思念你）？**室是远而**（住得太远了）。**”**

此四句为逸诗（《诗经》未收的古代诗歌）。上两句无意义，起下两句。

“唐棣之华，偏其反而”，一般花皆先开后合，唐棣之花，初开反背，终乃合并，是反常的。

“岂不尔思？室是远而”，不是我不想念你，而是你住得太远了！

子曰：“未之思也夫（吧。武亿《经读考异》谓有咏叹之趣）**！何远之有？”**

《论语述何》：夫子以思为未思者，不欲诿咎于室，诚之至也。

《春秋繁露·竹林》：辞不能及，皆在于指，非精心达思者，其孰能知之？《诗》云：“棠棣之华，偏其反而。岂不尔思？室是远而。”孔子曰：“未之思夫，何远之有！”由是观之。见其指者，不任其辞。不任其辞，然后可与适道矣。

“未之思也夫”，没有想念吧！“何远之有？”真想念，还在远近？因为多说一句，把前面的都散了。孔子以“思无邪”评《诗》。

《诗》是社会学，可以“兴、观、群、怨”，故曰“不学《诗》，无以言”（《季氏》）。社会上就“兴、观、群、怨”四个动作。

读书有一定的方法，必要懂得用心去玩味。我读《易经》，将每卦看成是活的。卜，非同马路的，而是看我们做的事对不对，印证之，加以修正。学问，必做成活学问。

我的立场，就是求这块土的安宁，在安宁中进步。昔日盛世，喝酒，行酒令、作诗。

不应再有战争，近百年死多少人？但不战争，必要有方法。“养兵千日，用之一时”（《南史·陈暄传》“兵可千日而不用，不可一日而不备”），就看用上与否。

第一次“亡国”时，我还不懂事，但懂他们在过年哭。

溥仪于1912年2月12日（宣统三年阴历十二月二十五日）退位，结束清的统治政权。时溥仪年仅六岁，师尊与他同龄。

清宗室不过年，国殇，男人穿孝服到宗庙举哀。中国规矩，女人不可进庙，在家中哭。

最后“亡国”，我四十岁。

1945年8月17日午夜，“满洲国皇帝”溥仪举行退位仪式，宣布“满洲国”政府解散，“满洲国”正式结束。

王作荣写《壮志未酬》，我喷饭！男人都想叫太太听话，太太偏不听。知耻者少，就胡扯。

现在是要选“总统”，不是选圣人，“总统”在为民服务。

想当领袖，秘诀在宽。养成宽，宽则得众。

人的心里绝不可以卑鄙。如见谁都想欺负，就你一人跑单帮。多少人皆倒行逆施。

一个政治家，就看他的量是否能容。但并不是不分善恶，要“赦小过”（《颜渊》），大过绝不可赦，大过是有害于人的行为。我骂李，恐其侵害中国，不仅侵害别人而已。

“五十以学《易》，可以无大过”，可见不是没有小过。哪个人没有过？小过，“过，则毋惮改”。一般人目不转睛，还说目不斜视。

“食色，性也”，但要懂得节制，恐其有害于生命。人要不卑鄙，必得知耻，“知耻近乎勇”。

说闲话，是非者即是非人。问：“老师，她对您好不好？”答：“比你好，你给我烧过开水？”三姑六婆，淫盗之媒。要知怎么答话，做事必拒是非者于千里之外。

孔子一上台，先诛少正卯。自小就要好好培养自己，一个人如无所守，绝对不会成功。虑深通敏，遇事深深地考虑，深虑则有功。

“小人怀惠”，惠则足以使人。人如天天吃你的亏，谁还和你在一起？“朋友先施之”（《中庸》），处人之道，必先为对方着想，设身处地。

何以人无千日好？问：“您老有何秘诀，让他们和您住在一起？”答：“我没有骂他们。”你关心他，倒杯水摆在他面前，他心里多温暖！岂不是“惠而不费”？惠足以使人。孙子说：“我们家有爷爷！”我是冒牌的。

我的学生中也有许多子路。一个人小毛病多，必得改。愚忠，不分好坏就尽忠，就因为不学无术。

聪明过度者则有点放浪不拘，名士派。聪明过度，有时和傻子一样，“过犹不及”（《先进》）。一个人学厚道不易，学奸巧太容易了，一点就明。

人不多言，办事反应很快，可造之才。不要嫉妒，自己要修，修德修能。

乡党第十

唐日荣（1940—1998）死了，惊心，反省，以之作为借鉴。从上至下，以唐日荣作为镜子。

唐是台湾早期的大亨，台湾选美协会创办人、首任理事长，有“选美皇帝”之称。出生于重庆，随父唐毅来台。毕业于师大附中、东吴大学英汉语文学系。

早年，当过补习班英文老师，开过成衣工厂。自称于留学英国时，结识伊拉克总统萨达姆。在20世纪80年代两伊战争时期，承揽伊拉克军火及军品生意而致富，号称“中东王”。

1987年，他创立选美协会，重新启动在台中断了二十几年的选美活动。自1988年至1995年间，每年大肆举办“佳乐小姐”与“国际小姐”等选美活动，并亲自主持。

他经常高调接受媒体访问，家有黄金马桶，出入乘坐加长型白色劳斯莱斯大礼车，并有“黄金制”名片。公开露面时，必穿着标榜自己设计、颜色鲜艳、绣有金缕的“唐日荣装”，并自费聘请大批保镖随行。喜欢在豪宅内坐龙椅，脚踏虎皮，与大批仅穿着比基尼泳衣的选美参赛女子合照，宛若古代帝王之选妃。

他与选美比赛出身的模特姜文淑传出感情及财务纠纷，此后是非不断，并多次对簿公堂，互揭疮疤。选美活动也因此停办。

唐晚年落魄，离婚、官司缠身、负债累累，健康也急速恶化。1998 年，因肾衰竭病逝，享年 58 岁。

鉴，是用铜做的，铜镜必常磨。清代才用玻璃镜。现在进步得太快，但丢掉的也太多了。

现在帝国主义打中国主意是怕，以前则是欺。爱国必得辨忠奸，如没有卖国贼，美国焉能打我们的主意？

知识分子能不知耻？一个人必须要有正知正见，但正不易。读书的目的，在改变器质。秦桧（1091—1155）是状元，南京有秦状元巷。用事，必得分忠奸。

识时务者为俊杰。什么叫时务？时之所当务。说我有省籍之分，是小人之心，我是识时务者。贪名、利、势，没用！做事要发挥作用，必须识时务，要讲究实际。真懂得一句话，都可以成就千古事业。

何不将宝贵的光阴，为己之所当为？千万别因一时之贪，而造成千古憾事！人不在智慧高低，为事以德，德不足，绝不能成事。

我虽然没出息，但我额娘仍关心。我曾出生入死，我额娘害怕，我写“长白又一村”表明心迹。

我活得太长了！古时花甲未死，被送上山饿死，比活埋还惨。

《楢山节考》，日本小说，深泽七郎著，1956年在《中央公论》杂志11月号发表，叙述日本古代信浓国（今长野县）寒村的山林内弃老传说。

人生很苦，因人都有欲，活得太长，没有达到，就有遗憾！

人是很巧妙的动物，因为思想不同，构想亦不一。有人忽略了实际行动，永远幻想。人必得生活，生活必得自力，要天天想实际的事，不要巧取豪夺。

每天做事应有企划，即使要饭亦得用脑，不能光靠欺骗。

郑学稼（1906—1987）如今安在哉？

郑作《鲁迅正传》，从书名到内容，对鲁迅均持贬损态度。在台湾有一小批追随者和崇拜者。他在20世纪70年代前期，在政治大学讲授《社会主义运动史》《第三国际史》等课程。著名大陆文艺研究家周玉山（1950—）在“政大”东亚研究所时，深受郑学稼的影响，以其私淑学生的身份选择了“左联”作为硕士论文的题目。

郑学稼和叶青（1896—1990，本名任卓宣）、胡秋原虽被左翼人士视为一类人，其实这三人的地位及思想、治学方法，并不完全相同。

又何必争世俗之名？我说千言万语，即要你们做事时识时务。识时务，就得有所牺牲。

《乡党篇》谈生活方式，无一用不上。

1. 孔子于乡党（乡里，家乡），**恂恂**（温恭貌）**如**（形容词语尾）**也，**

似不能（非不能）**言者。其**（别异之辞）**在宗庙、朝廷，便便**（辩辩）**言，唯谨**（敬谨）**尔。**

此章看孔子如何生活。

孔子"望之俨然"，是慢慢修养而成的。

不要当空话读过，威仪是慢慢培养的，要训练、改变器质。

"百工居肆，以成其业"，如不知自己所处的环境，又如何适应环境？

看环境，再说话。在乡里，"似不能言者"，"似"字，即不显自己有学问，谁要问也不正面作答。不可以在不该显威风处显威风。

"宗庙"，议政之处；"朝廷"，施政之处。孔子当时是鲁国大夫。在宗庙、朝廷，"便便言"，对事认真应对，明辨是非地谈，绝不含糊、马虎；"唯谨尔"，但要敬谨，不可情之所至，乱放厥词。《古诗源·尧戒》称："战战栗栗，日谨一日，人莫踬于山，而踬于垤。"一个人如不能谨言，永远打不入核心。

2. 朝（上朝），**与下大夫言，侃侃**（侃侃而谈）**如也；与上大夫**（长官）**言，訚訚**（音 yín，和悦正直地争辩，中正没有偏倚）**如也。君在，踧踖**（音 cù jí，恭敬貌）**如也，与与**（威仪中肯、恭敬而中礼）**如也。**

此章记孔子在朝廷的态度。

在什么环境，怎么表态，要注意仪态。

3. 君召（上支配下）**使摈**（音 bìn，迎接宾客），**色勃如**（生气勃勃）**也，足躩如**（脚步迅速）**也。揖所与立**（与两旁人作揖），**左右手**（左右拱手）；**衣前后**（前后摆动），**襜**（音 chān）**如**（衣服整齐貌）**也。趋**（快步）**进，翼如**（两手不动，如鸟舒翼而翔）**也。宾退，必复命**（回报）**曰：“宾不顾**（宾不反顾）**矣。”**

此章记孔子迎宾客的仪态。

作揖时，“衣前后，襜如也”，衣服前后襟摆动得极为好看。

依《周礼》，根据双方的地位和关系，作揖有土揖、时揖、天揖、特揖、旅揖、旁三揖之分。“土揖”，是拱手前伸而稍向下；“时揖”，是拱手向前平伸；“天揖”，是拱手前伸而稍上举；“特揖”，是一个一个地作揖；“旅揖”，是按等级分别作揖；“旁三揖”，是对众人一次作揖三下。此外，还有“长揖”，即拱手高举，自上而下向人行礼。

“趋进”，往前走，弯着腰；“翼如也”，手拿东西，自后看，如鸟之双翼。

“宾不顾矣”，宾坐轿，不反顾了，尽到礼。

送客时，宾已三顾，不再顾了才回。

4. 入公门（朝廷大门）**，鞠**（敛）**躬**（身）**如**（鞠躬貌）**也，如不容**（如公门低小，不能容己身般）**。立不中门，行不履**（动词，践）**阈**（音 yù，门限）**。过**（经过）**位**（君主座位）**，色勃如**（起劲，生气勃勃）**也，足躩**（音 jué，快走）**如也，其言似不足**（说话不敢放肆）**者。摄**（撩）**齐**（音 zī，衣下摆）**升堂**（由外朝入雉门，升君主日常听政的治朝之堂）**，鞠躬如也，屏气似不息**（不大声呼吸）**者。出**（退朝，走出朝堂）**，降**（下）**一等**（阶）**，逞**（舒展）**颜色**（舒气解颜）**，怡怡**（怡悦）**如也。没**（末）**阶**（阶走完）**，趋进**（趋前）**，翼如**（如鸟舒翼而翔）**也。复其位**（班位）**，踧踖如**（恭敬谨慎）**也。**

此章记孔子趋朝的仪容。

“如不容”：一、肃己身走过。二、哈腰低头，如门低，不能容己身般。

“立不中门”，不立门中央，此尊者所立；“行不履阈”，走过门，不踏在门槛上。

“过位”，经过君位，如君在；“色勃如也，足躩如也”，表情显出有礼法；“其言似不足者”，说话声小些。

“摄齐升堂，鞠躬如也，屏气似不息者”，将升堂时，因拾级登堂，故须撩起衣裳下摆，以两手当裳前，提挈裳使起，恐衣长，转足时蹑履之。

“出，降一等，逞颜色，怡怡如也”，退朝，走出朝堂。先时摒气，下阶时，舒气现原形，不受约束。

“没阶，趋进，翼如也”，下完台阶，则疾趋而出。

“复其位，踧踖如也”，回其班位后，则又恭敬谨慎。

5. 执圭（玉，上锐下方。诸侯有命圭），**鞠躬如**（鞠躬貌）**也，如不胜**（力不能胜，敬之至），**上如揖**（作揖，高与眉齐），**下如授**（授物）。

此章记孔子聘问邻国时，授圭、享礼、私觌时的仪容。

聘问邻国，执持君之圭。“鞠躬如也，如不胜执圭”，敬慎之至，似有千斤重，不能站着，慎重其事，不可以嬉皮笑脸。

“上如揖，下如授”，说执圭的高低。郑玄曰：“上如揖，授玉宜敬；下如授，不敢忘礼。”聘问邻国，执持君之圭。鞠躬者，敬慎之至。

以前用“圭”，后来用“笏”，至明朝止，作为国书，为验明正身用。

清朝用“朝珠”，左手捏着，不可乱动，上朝时双手捧着。

朝珠，是清朝官服的一种佩挂物，挂在颈项垂于胸前。凡皇帝、后妃、文官五品及武官四品以上，另外侍卫和京官等，均可佩挂朝珠，并且可作为皇帝所赏赐的物品。朝珠两旁共附小珠二串：一边一串，另一边两串，名为“纪念”；另外有一串珠垂于背，称“背云”。朝珠源于佛珠，共108颗，每27颗间穿入一粒大珠，大珠共四颗，称分珠或佛头，据说象征着四季，而朝珠的质料也不尽相同。

勃如战色（起敬，有战战兢兢之色），**足蹜蹜**（音sù，小快步），**如有循**（次序，谨慎貌）。**享礼**（聘礼授圭，享礼授璧），**有容**（从容）**色**。

郑玄曰：“战色”，敬也。“足蹜蹜如有循”，举前曳踵行之也。“享”，献也。聘礼，既聘而享，用圭璧，有庭实。

《经学卮言》：“礼”与“享”，为二事。礼者，谓主人以醴礼宾时也。聘仪既聘乃享，既享乃礼，既礼乃私觌。

行“授圭礼”后，行“享礼”授璧。

“圭”，所以申信；“璧”，所以交欢。

私觌（音dí，见也），**愉愉**（和悦）**如也**。

郑玄曰：“觌”，见也。既“享”，乃以私礼见。“愉愉”，颜色和。

公礼已毕，以私人资格相见，轻松愉悦。

6. **君子**（孔子）**不以**（用）**绀**（音gàn，深青而扬赤色也）**緅**（音zōu，赤而微黑）**饰**（领缘，衣边）。**红紫不以为亵**（音 xiè）**服**（贴身服，内衣）。

此章记载孔子穿衣的情形。中国以前有服制。

“不以绀緅饰”，不用杂色作领饰。

“亵服”，挨着肉的，家居所着。“红紫”，女人用的。

当暑（暑热时），**袗**（音 zhěn，单衣）**絺**（音 chī）**绤**（音 xì，葛衣），**必表而出之**（须穿内衣，使身体皮肉不外露）。**缁**（黑色）**衣羔裘**（黑羊皮），**素**（白）**衣麑**（音 ní）**裘**（白色麑皮），**黄衣狐裘**（黄色狐皮）。

夏衫，须着里衣，使皮肉不致外露。

“缁衣羔裘，素衣麑裘，黄衣狐裘”，衣服，内外的颜色要相称。

亵裘（家居穿的皮裘）**长，短右**（手）**袂**（衣袖）。**必有寝衣**（被子），**长一身有**（又）**半。狐貉之厚以居**（坐褥）。

“亵裘长”，居家皮裘长，温暖；“短右袂”，短衣袖，是为做事方便。

“寝衣”，盖的被子；“长一身有半”，长于身子半身。

“狐貉之厚以居”，用厚毡之类作坐褥。

去丧，无所不佩（佩挂玉器）。**非帷裳**（音 cháng），**必杀**（音 shài，削也。两布接在一起，裁剪时必削去两侧以缝之）**之**。

昔人每天佩玉。父母死，才不佩玉。

《礼记·玉藻》云：“凡带，必有佩玉，唯丧否。”又云：“君子无故，玉不去身，君子于玉比德焉。”所谓“温润如玉”，即之也温，

“温良恭俭让”，有雅气。

《管子·水地》：夫玉之所贵者，九德出焉，夫玉温润以泽，仁也。邻以理者，知也。坚而不蹙，义也。廉而不刿，行也。鲜而不垢，洁也。折而不挠，勇也。瑕适皆见，精也。茂华光泽，并通而不相陵，容也。叩之，其音清搏彻远，纯而不杀，辞也。是以人主贵之，藏以为宝，剖以为符瑞，九德出焉。

礼服之裳，谓之帷裳，如今天的百褶裙。用整幅布作，不加以削减，褶叠缝之。

祭祀所穿的礼服，是用大块布做。

羔裘玄（黑色）**冠不以吊**（吊丧）。**吉月**（每月初一，君臣有至太庙视朔之礼），**必朝服**（皮弁服）**而朝**。

中国古代以白色作为素服，黑色为吉服。“羔裘、玄冠”，是吉服，不用以吊丧。

朝服，平日视朝之服，为玄（黑）冠、缁（黑）衣、素裳。

7. **齐**（斋），**必有明衣**（布作的浴衣），**布**。**齐必变食，居必迁坐**（改变居处）。

记孔子斋时衣食、居处之事。

凡祭祀必斋，齐其思虑之不齐。斋必沐浴，斋戒沐浴。斋浴更衣，即穿明衣，以待身燥。祭祀有“明器”。“明衣”，是专用词。“斋必有明衣”，祭祀时，必服装整齐。“祭如在”，郑重其事。

“斋必变食”，改常馔。不饮酒，不耽荤。

“居必迁坐”，易座位。在祖宗面前是晚辈，不可再坐主位，按身份坐。

古时女人无参与祭祖，嫡长子太太在家中预备祭祀事宜，不可假手于仆人，有责任感。

8. 食（音 sì）**不厌**（极）**精，脍**（音 kuài，肉切成丝）**不厌细。**

记孔子日常饮食之事。

“食不厌精”，一、不厌弃，喜欢。二、极。

《述而》：“孔子饭疏食，饮水，曲肱而枕之，乐亦在其中。”《里仁》：“士志于道，而耻恶衣恶食者，未足以议。”所以应是食不求极精。

食饐（音 yì，太烂）**而餲**（音 ài，变了味），**鱼馁**（鱼坏）**而肉败**（肉坏），**不食。色恶**（颜色不好），**不食。臭**（音 xiù，气味）**恶，不食。失饪**（火候不到或太过），**不食。**

饮食要合乎卫生，气味、颜色不好，火候不足，或是煮得过熟烂了，都不吃。

不时，不食。

《礼记·坊记》云：“食时，不力珍。”时食、时鲜，有养。

吃要合乎自然，吃当地、当令的蔬果有养。

吃饭，要定时、定量。

割不正（不按肉纹理切），**不食。**

切肉，必按肉的纹理切，即依肉性切。

怎么切、切几分，都有一定。

不得其酱，不食。

酱种类多，有几十种。

不同的菜，配不同的酱，有一定。

肉虽多，不使胜（超过）**食气**（“饩”的古字）。

饭作为主食。肉，所以佐食，应适当。吃肉，不可多于吃饭。

古人讲究五谷为养，五菜为充，五果为助。

“气”，习气，风气，有食气。气代表什么？

我尝新，不多食。吃素觉得清香，现在专吃青菜，吃十多年了。我不吃荤，每餐吃半个馒头，营养不是很足。

我的胃开过刀，医生不信能活十年，至今已十多年了；十多年来没有躺下睡觉，没有床。每个月给宋瑞楼看诊。

人身体的好坏，与所吃的东西有莫大的关系，必要持之以恒。

要懂得怎么养生，可操之在己。人能够调治自己，但必得有恒。人必要把持住，但是不易！

惟酒无量，不及乱。

孔子会饮酒，但是“不及乱”，喝酒不至于失仪态，有所节制。

东汉王充《论衡》中说：“文王饮酒千钟，孔子百觚。”晋葛洪《酒诫》中更称“嗜酒无量，仲尼之能”。

孔子“酒不及乱”，给后人定下了“酒德”的基本规范，喝酒不必设量，最重要的是自我控制，不乱为限，心不乱，语不乱，形不乱，行不乱。

沽（市上买）**酒、市脯**（干肉），**不食。**

市上卖的酒、市上卖的干肉，不随便吃喝，注意饮食卫生及安全。

不撤（去）**姜食，不多食。**

“不撤姜食”，夏天吃姜。

《本草纲目》载：“姜辛而不荤，去邪辟恶，生啖熟食，醋酱糟盐，蜜煎调和，无不宜之。可蔬可和，可果可药，其利博矣。凡早行山，宜含一块，不犯雾露清湿之气及山岚不正之气。”

“不多食”，我为此查遍医书。《本草经疏》说姜“久服损阴伤目”，姜多食伤目，知可能是指不多食姜。

现代临床药理学研究发现，姜含有多种营养成分，有加快人体新陈代谢、抗炎镇痛、同时兴奋人体多个系统的功能。例如姜中的挥发油类与血液循环密切相关，能帮助增强血液循环，让人体温上升，并且兴奋肠道，促进消化。姜醇则有抑制血小板凝集的功效，有利于对心血管疾病的预防。老年人经常吃一点姜还可以延缓衰老。

生姜不仅能防止含脂肪的食品氧化变质，而且当生姜的辛辣成分被人体吸收后，还能抑制体内过氧化脂质的产生。此外，姜能调节男性前列腺的机能，可以用于治疗中老年男性前列腺疾病以及引发的性功能障碍。

中、西医都证明姜能够对人体延缓衰老、常葆青春发挥一定作用。

什么都要仔细，不可以看过就完了。

冬天吃萝卜，可以通气，春天可不得传染病。

秋成，什么东西都可以吃。

祭于公（助祭于太庙），**不宿肉**（隔夜的祭肉）。**祭肉，不出三日；出三日，不食之矣**。

祭祀完毕，祭肉切块，分送近亲友。祭肉过了三天，就不能吃。

祭孔，第二天一大早祭毕，凡是参加祭祀的，都能分到祭肉。

9. 食不语，寝不言。

此记孔子食、寝时的仪容。

“言”与“语”之区别如何？《说文》称：“直言曰言，论难曰语。”言，讲正经的，言官、言责、言出法随、言之有据，“子所雅言，诗书艺礼”；语，什么都说，相答问辩难，语无伦次，“子不语怪力乱神”。

“食不语”，吃饭前不语，使心平气和了，再进食。“食不言”，吃饭时不讲大道理，恐影响进食情绪，重视饮食情境。

“寝不言”，睡前不言，排除杂念，使思虑平静，有利于睡眠。“寝不语”，睡眠时不可以谈《聊斋》、《红楼》之类的话题，重视睡眠情境。

10. 虽疏食、菜羹、瓜，祭，必齐（斋）如也。

记孔子祭时的仪容。

昔人每餐必祭，供祖宗，虽薄物，必祭。“祭之丰，不如养之薄”。

大祭时，必斋戒。

11. 席不正，不坐。

记宴客入席礼仪。

主人不正席，不入座。入席，三让之。

三个主客，年长坐首位，主人最后入座。

以帖子“正席”，分主、陪客。

答复写“敬陪末座”，出席；写“敬谢”，不出席。“忝居末座”，背朝门口，面对首席。

送“知单”，请客名单，最为尊贵的。

12. 乡人饮酒，杖者（年长者）出，斯出矣。

记孔子居乡之事。

乡饮酒，每家成年男子都去。

尚齿，必“敬陪末座”，听训。教敬，不能吃完就走，要老者先行，再出。

乡人傩（音 nuó），朝服而立于阼阶（东阶，主人位）。

“傩”，迎神赛会，以乐舞驱逐疫鬼。“冲傩”，必有锣鼓声。近乎台湾的拜拜。此时要陪祖宗，怕锣声惊了祖宗灵。

13. 问人于他邦，再拜（行拜礼）**而送**（亲送）**之。**

记孔子遣使遗（读 wèi）问友人，托人行礼。

14. 康子（季康子，鲁卿）**馈**（赠送）**药，拜而受之，曰："丘未达，不敢尝**（尝）**。"**

记孔子受人馈药。

"未达"，不了解药性。拜谢，让人带回。

《曲礼》云："医不三世，不服其药。"庸医杀人，十之八九。

15. 厩（马房）**焚。子退朝，曰："伤人乎不？"问马。**

记孔子马厩被焚时事。

此有二解：

一、"伤人乎？不问马"，贵人而贱畜。但是此解较为乡愿。宋儒改了原意。

二、"伤人乎不（否）？问马"。《经典释文》云："一读至'不'字绝句"，盖读"不"为否。先问"伤人乎否"，然后问马，先人而后畜。民胞物与，何贵贱之别？

16. 君赐食，必正席（坐正）**先尝之；君赐腥，必熟而荐**（进献给祖宗）**之；君赐生，必畜**（养至祭祖日，用以祭祖）**之。侍食于君，君祭，先饭。**

记孔子受君赐食及侍食的事。

大臣先尝，看有毒否。

子应为父母亲涤溺器、尝药。

17. 疾，君视（视疾）**之；东首**（睡时头在东），**加朝服，拖绅**（大带子）。

记孔子承君问疾时事。

“东首”，头在东方。东，为生方，万物始生。

“加朝服”，把朝服盖在身上；“拖绅”，绅拖在朝服上。

朝服见君，以尽礼。

18. 君命召（上呼下，召见），**不俟驾**（车驾）**行矣**。

记孔子奉君召时事。

急趋君命，马上穿官服往外走，一会儿也不许耽误。

19. 入太庙，每事问。

记孔子入太庙事。

与《八佾》重出。鲁有太庙，祭周公。

20. 朋友死，无所归（归葬），**曰：“于我殡**（办殡殓之事）。”**朋友之馈**（赠送），**虽车马，非祭肉，不拜。**

记孔子的交友。

朋友以义合。朋友死，没有家族来料理，孔子为他办殡殓事。

祭肉，分给关系近者，最多四两，不在多少。

祭肉，是祭拜朋友的祖宗，敬重朋友的祖先，故祭肉必拜而受之。

看古人对祖宗的恭敬。绝不可以数典忘祖。

21. 寝不尸（如尸首），**居**（家居）**不容。**

记孔子居家仪容。

《述而》记孔子"曲肱而枕"，可见孔子是侧卧。佛家称"吉祥卧"。

"居不容"，家居时随便些，可穿平常便服。

但女子得天天容，以前女子订婚后就抹胭脂。旧社会有一定的规矩，故有神秘感。

闺门，门前两堆土，有门禁。女子不常见，就是亲兄弟也是。

平常家庭，过了七岁，男女不可以在一床睡觉。三节二寿，吃团圆饭时才见面。

传统的建筑，较能维持人的尊严。客人来时，较有时间整服迎客，人与人见面绝看不到亵服。

22. 见齐衰（音 zī chuī，粗麻布，丧服之一）**者，虽狎**（亲昵，不拘礼节），**必变**（不同于平时）。

记孔子特施致敬的人。

"狎"，一日数见。"变"，异于平常，变成恭敬貌。

见冕者与瞽者，虽亵（同"狎"），**必以貌**（礼貌）。

"冕"，非常服，礼服，指在位者；"瞽"，盲人，残疾人。"子见齐衰者，冕衣裳者，与瞽者，见之虽少必作，过之必趋。"（《子罕》）

哀有丧，尊在位，矜残疾，虽是素日相识的，也必要有礼貌。

凶服（穿孝服）**者式**（轼，车上横木。当动词，表敬意）**之。式负**（捧着）**版者**。

“凶服”，孝服。“版”，版图，古时国家图籍，用木版、竹版写，即今天的户籍。

“轼”，车上横木，此用于车走远程时，可以趴着休息。“式”，引申为把身体凭在轼上，以表敬意。

可见古人对服丧者、国土及同胞之重视。

23. **有盛馔**（丰盛的酒席），**必变色**（指陪客）**而作**（起）。

记孔子宴会中的仪容。

宴客时，主菜由女主人送出，交给老爷送上。郑重其事，大家站起来，往上回敬一杯，长辈不必站起来。

外烩馆子。在家请客，馆子送外烩。

谦称己妻“拙荆”，荆，最笨的看门的，昔日以草做门。称“贱内”，不好听。

自戏剧，可以窥知中国文化：先生是一品官，太太则高一级，为一品夫人。二人要走时，老爷站起来，说“夫人请”。

24. **迅雷、风烈，必变**。

记孔子在天变时的仪容。

暴雷、烈风，天变了，敬天，敬慎之。

25. **升车，必正立，执绥**（用以上车的绳索）。**车中，不内顾**（往后看），**不疾言，不亲**（妄）**指**（指东指西）。

记孔子乘车时的仪容，可见乘车的规矩。

上车，“必正立，执绥”，不乱动。

在车中，不要回头看后面；说话不要很快，听不清；手不要乱东指西指。

26. 色斯（形容鸟惊飞貌）**举矣，翔而后集**（栖）。

记孔子与子路师徒二人郊游。偶见山梁雌雉，去之速，就之迟。

“色然，惊骇貌”（《春秋公羊·哀公六年》何注）。《说文》称：“翔，回飞也。”“集，本作雧。群鸟在木上也。”

见危即飞，勇于退也；欲栖先翔，审于进也。

曰：“山梁（桥）**雌雉，时哉！时哉！”子路共**（同拱，昔日答话必拱手）**之，三嗅**（张两翅）**而作**（飞举）。

《论语述何》：孟子曰：“可以仕则仕，可以止则止，可以久则久，可以速则速，圣之时者也。”《乡党篇》记夫子言行皆中乎礼，而归之时中，礼以时为大也。

夫子称此鸟之德，因赞之曰“时哉！时哉！”时者，识进退之时义也。

子路闻夫子之言，亦以此鸟足以取法，故拱手以示敬。

“三嗅而作”，而鸟不知，以为危，乃惊，数顾而飞。

见危速退，想进亦必慎察之，知进退之时，知危勇退，慎于进。经义垂教深远！

人也要审己之所栖，如所用非所学，乃不能审己之所栖。

先进第十一

头脑要清楚，遇事反应要快，必须训练反应快，要如常山之蛇，“击其首，则尾至；击其尾，则首至；击其中，则首尾俱至”（《孙子兵法·九地》）。你们应事的反应太慢，就是当秘书也不够格。

你们除自己的事外，别人的事绝不用心；少主动，必别人催，即使催也不做。这就是殖民地的毛病。

《易·蒙》上九“利用御寇，上下顺也”，顺以自保也。如何顺以自保，绝不吃亏？要用什么智慧迎接未来？要认识环境，适应环境，好自为之，实事求是，绝不可以画饼充饥，要自求多福。

以前凡不立于“家天下私利”的思想，往往不为历代帝王所喜。今天有志于学问的必好好下功夫，要言中有物。许多人用尽方法就为达利已，如有地狱应都是这些人下的。

今天台湾已到“人心惟危，道心惟微”，年轻人游手好闲，甚至逼打父母，如道心不微能弄至此，成脱了“人”的社会？

要拨乱反正，改正社会，将之导入正轨。要怎么改正此一环境？“惟精惟一，允执厥中”。“精”，纯一不杂；“一”，不二。能一心不乱，念七声佛，即上极乐世界。要诚诚实实地守住中道。

1. 子曰：“先进于礼乐，野人（老百姓）**也；后进于礼乐，君子**（有世爵的士大夫们）**也。如用之，则吾从先进。”**

《论语说义六》：礼乐者，治身、治民之具也……故《论语》言仕之先进、后进，皆以礼乐言。

自此章可见孔子主张选举制，反对世袭制。

“先进”，前辈，先进于礼乐者，必“学而优则仕”，有实学。

“兴于诗，立于礼，成于乐，“子所雅言，《诗》《书》、执、《礼》”，孔子平日以《诗》《书》、艺、《礼》教育弟子。

“野”，都之外曰郊，郊之外曰野；野，远方。“野人”，指一般老百姓，“礼失求诸野”（《汉书·艺文志》），民间犹保存一些古礼。

“先进于礼乐，野人也”，一般老百姓必先学了以后才能做官。“后进于礼乐，君子也”，以前凡是有世爵的士大夫们，不论学不学都是侯，故曰“后进于礼乐”。

“如用之，则吾从先进”，孔子主张选举制，“选贤举能”，“贤者在位，能者在职”。“祖述尧舜”，尧舜“选于众”，公天下。“至于禹而德衰”，“不传于贤，而传于子”（《孟子·万章上》），废选举而世及，开家天下之局。孔子“祖述尧舜”，即主张选举制，反对世袭制，以“世卿非礼也”。

《春秋公羊传·隐公三年》何注："礼，公卿大夫士皆选贤而用之，卿大夫任重职大，不当世，为其秉政久，恩德广大，小人居之，必夺君之威权。"此《春秋》讥世卿之义。

《礼记·郊特牲》云："天子之元子，士也。天下无生而贵者也。"《易》始于乾卦"见群龙无首，吉"，人人皆有士君子之行，人人皆可以为尧舜。

宰我曰："夫子贤于尧舜远矣！"因为尧舜犹有首，推贤举能，"首出庶物，万国咸宁"，王道的境界；孔子则达"见群龙无首"，大道的境界，人人皆可以为尧舜。子贡曰："由百世之后，等百世之王，莫之能违也。自生民以来，未有盛于孔子也。"(《孟子·公孙丑上》)。《易》终于"未济"，《春秋》绝笔于"获麟"，"穷则变，变则通，通则久"，豫解无穷，生生不息。

《礼记·礼运·大同篇》，为孔子真正思想所在。

《礼记·礼运》："大道之行也，天下为公。选贤与能，讲信修睦，故人不独亲其亲，不独子其子；使老有所终，壮有所用，幼有所长，矜寡孤独废疾者皆有所养。男有分，女有归。货恶其弃于地也，不必藏于己；力恶其不出于身也，不必为己。是故谋闭而不兴，盗窃乱贼而不作，故外户而不闭，是谓大同。"

"大同"：一、大处求同，小处不必同；二、人人皆有士君子之行，人人皆可以为尧舜，"天下一家，中国一人（员）"。大同，在大处同，不在小处必同，人性同，面包不必同，同而异。

"大同"与"小康"相对。孔子只以六君子为"小康之最"，并无说其为圣或贤。

《礼记·礼运》:“今大道既隐，天下为家，各亲其亲，各子其子，货力为己，大人世及以为礼。城郭沟池以为固，礼义以为纪。以正君臣，以笃父子，以睦兄弟，以和夫妇，以设制度，以立田里，以贤勇知，以功为己。故谋用是作，而兵由此起。禹、汤、文、武、成王、周公，由此其选也。此六君子者，未有不谨于礼者也。以著其义，以考其信，著有过，刑仁讲让，示民有常。如有不由此者，在势者去，众以为殃，是谓小康。”

“小康”，小安也。历代皆有小安的局面。“人存政举，人亡政息”(《中庸》)，一治一乱，在治乱循环中。

因为看到老是小康，老百姓只是小安，循环报应无已，孔子感到必要到“大同”才行。但从小康到大同，并非一蹴而就，所以《春秋》有三世：据乱（小康）世、升平世、太平世。慢慢地过渡，自据乱世开始拨除乱制，以进大同。

拨乱之三部曲：贬天子、退诸侯、讨大夫。“首出庶物，万国咸宁”，即进入升平世，尧舜为大同，诸夏，“同而异”。

进至太平世，夷狄进至于爵，远近大小若一，就成为“华夏”，人人皆有士君子之行，人人皆可以为尧舜。“君之始年”，群之始年，每人皆是王者，“见群龙无首，吉”。《易》“见群龙无首”，为终极目的。

仲尼尚公，孔子是大道学派。“大道之行也，天下为公”，为群之始年，成“公天下”之意。“公天下”，一切力量、东西皆天下人的，天下乃天下人之天下。

“见群龙无首”，“大道之行也，天下为公”，天下一家，即天下文化，可约言之，以六个字表达出：行礼运之至德。

“行礼运之至德”，“运”，《玉篇》云：“转也，动也。”日月运行，行之不息，流转不已。“礼运”，以礼运天下，由小康而大同；大同，不以武力。礼者，天理之节文也，随时运行。礼之待圣人而后运行，“苟非其人，道不虚行”（《中庸》）。

以礼运天下，才能“天下为公”。大同世界何以大同？因元同也，所以要奉元，养成万物。同元，故人性皆可走上正路，而世界大同乃可期。

大同，但小处有际，“性相近，习相远”。进入大同世的第一步？温故，亲故，继往，认祖、奉元。知新，超世纪的知新，开来。

今文经盛行于西汉，主张选举制，以天子不贤应行让位，要选贤举能，“尊贤使能，俊杰在位”，“贤者在位，能者在职”（《孟子·公孙丑上》）。

郑康成毁今古文，自己立说，但仍近古文。以后为帝王利用，不用其他注，郑玄是学术思想的第一个罪人。

历代帝王皆不喜今文经，古文经因维护帝王，故为历代帝王所重。孔子思想在历代皆成“挂羊头卖狗肉”，不易于明白。历代祭孔、尊孔，但帝王不过是利用孔子，以维护其专制政体而已。

2. 子曰：“从我于陈、蔡者，皆不及门也。”

孔子曾经受困于陈、蔡。此为周游列国归鲁后追述之言。

据《史记·孔子世家》有颜渊、子贡、子路，《仲尼弟子列传》

有子张，《吕氏春秋·慎人》有宰予，此外皆无考。

亲自受教、拜过师的称“及门弟子”。

从汉代始，受业弟子人们习惯称为及门弟子。也就是亲自登门，去老师（师傅）家里或教学地点受教育的学生，叫作及门弟子。

3. 德行：颜渊、闵子骞（闵损，字子骞）、**冉伯牛、仲弓**。

《论语说义六》：德行，修德行仁，作之君者也。

孔子是至圣，有教无类，但严于分科。依学生的专长，将之分为四科，因为“术业有专攻”。孔门四科：德行、言语、政事、文学。

孔子之学，是知行合一之学，教学做人，所以“德行”列在第一。

颜回为“德行”之首，“其心三月不违仁”，说：“舜何？人也。予何？人也。有为者，亦若是。”（《孟子·滕文公上》）深体尧舜之道。仲弓“可以南面”（《雍也》）。闵子骞为费宰有治绩，亦以德行著称。

“冉牛、闵子、颜渊则具体而微”（《孟子·公孙丑上》），皆有圣人之道。

言语：宰我、子贡。

《论语说义六》：传圣人微言，述而语之，以垂百世，作之师者也。

“言语”，犹今天的外交。宰我、子贡善于说辞。

“诵《诗三百》；授之以政，不达；使于四方，不能专对；虽多，亦奚以为？”（《子路》）“赐也，始可与言《诗》已矣！告诸往而知来者。”（《学而》）“赐也达”（《雍也》），有外交长才。

《韩诗外传》载，孔子与子路、子贡、颜渊游于戎山之上，问三弟子兴趣和志向。子贡答曰：“得素衣缟冠，使于两国之间，不持尺寸之兵，升斗之粮，使两国相亲如兄弟。”孔子曰：“辩士哉！”可见子贡有从事外交的志趣和才能。

“子贡一使，使势相破，十年之中，五国各有变”（《史记·仲尼弟子列传》），“乱齐，破吴，兴晋，强越”（《越绝书·外传本事》）。

政事：冉有、季路。

《论语说义六》：政事，食、宾师之事，任有司者也。

“求也艺”“由也果”，于从政何难之有？

冉求，出身于微贱家族，与冉雍、冉伯牛是同族。先为季氏家臣，继之随孔子周游列国。鲁哀公五年（前490）季康子任命他为“季氏宰”，成为季氏家族的总管。鲁哀公十一年（前484）他任左师统帅，以步兵执长矛的突击战术大败齐师，立下战功，可见其军事才能。孔子的艺，冉求得的最多，以“政事”著称，善于理财，帮助季氏进行田赋改革，聚敛财富，受到孔子“鸣鼓攻过”。孔子在外流亡十四年，他说服季康子迎回孔子。孔子晚年归隐鲁国，受到他很多的照顾。

子路，为人果烈刚直，事亲至孝，性格爽直，不但勇武，且信守承诺，忠于职守。他列孔门政事科，曾做过卫国孔悝蒲邑的“蒲大夫”，前后三年，取得不少政绩，深得孔子称许。孔子周游列国时，始终跟随孔子，他乃孔门前一太保，是孔子的保卫者。所以他一死，孔子伤心地说“天祝予”。

文学：子游、子夏。

《论语说义六》：文学，通六艺，备九能，为学士者也。

“文学”，是学术。“子夏、子游、子张皆有圣人之一体”（《孟子·公孙丑上》），于孔子死后传学。

颜回早死，子游、子夏是孔子后期学生中之佼佼者。

子游，亦称言游，又称叔氏，春秋末吴国人，是孔子七十二弟子中唯一的南方人，孔子去世后，子游南归授徒讲学，其后学在战国时期形成了一个颇有影响的学派，对江南文化的繁荣有很大贡献，被誉为“南方夫子”，尊称言子，唐开元封“吴侯”，宋封“丹阳公”，后又称“吴公”。

子夏，姓卜，名商，字子夏。他在孔子死后，隐居于西河（今陕西省韩城市至华阴市一带），魏文侯尊他为师，李克、吴起、西门豹都是他的学生，开创“西河学派”，培育出大批经国治世的良材，并成为前期法家成长的摇篮。子夏晚年为丧子而痛哭失明。曾参前往吊丧，子夏泣诉，曾子怒而举其三罪。

4. 子曰：“回也，非助（益）**我者也，于吾言无所不说**（悦）**。”**

学生质疑问难，才有助于师，“起予者商也，始可与言《诗》已矣”（《为政》）。

教学相长，“教者，学半也”。

《礼记·学记》：“教学相长也，《兑命》曰：‘学，学半。’其此之谓乎！”

5. 子曰：“孝哉闵子骞！人不（无）**间**（异，闲言；离间）**于其父母、昆弟**（兄弟）**之言。”**

闵子骞，德行科，排列仅次于颜回。

“孝”，不是说的，而是表现在行为上。

人不能间其父母、兄弟之言。

“人不间其父母、兄弟之言”：一、人对其父母昆弟无闲言；二、不能离间他们。

《艺文类聚》引《说苑》载：闵子骞兄弟二人，母死，其父更娶，复有二子。子骞为其父御车，失辔，父持其手，衣甚单。父则归呼其后母儿，持其手，衣甚厚温，即谓其妇曰：“吾所以娶汝，乃为吾子，今汝欺我，去无留。”子骞曰：“母在一子单，母去四子寒。”其父默然。后母闻之，卒悔。此即二十四孝之“单衣顺母”。闵子骞以纯真至孝处理与继母、父亲的关系，故被列入“二十四孝”之一。

6. 南容三（多次）**复**（反复念诵）**白圭**（白玉）**。孔子以其兄之**

子（侄女）妻（音 qì，动词，以之为妻）之。

《诗经·大雅·抑》:“白圭之玷（瑕疵），尚可磨也；斯言之玷，不可为也。”教人慎言。

南容常反复念诵此四句诗，其人能慎言可知，故能“邦有道不废，邦无道免于刑戮”（《公冶长》）。

孔子为侄女儿选婿，选可靠的。对自己的女婿则取才，公冶长有长才，富于革命精神。

孔子死后，葬在泗水边上（《史记·孔子世家》载“孔子葬鲁城北泗上”）。泗水是一条河，可见当时并不很重视他。现在河已经干涸了。但世界各大教派之中，只有孔子的墓是至今保存最为完好的。

复圣颜回、宗圣曾参、述圣孔伋、亚圣孟轲，称“四配”。孔、孟、颜、曾四家排一个字，延续至今，从不间断。

昔日讳名，取字、号。名，只有父母少数长辈叫，袁枚有“漫云海内推前辈，尚有慈亲唤小名”联。

“男子二十，冠而字”（《礼记·曲礼上》），“以字行”，是户名；表字，问人的别名；夫妇间亦叫字。“闻名即知其字，闻字而知其名，盖名与字相比附故”（《白虎通·姓名》）。名与字以外，有别号，境界愈高则号愈多。

7. 季康子问：“弟子孰为好学？”孔子对曰：“有颜回者好学，不幸短命死矣！今也则亡（无）。”

颜回病逝于鲁哀公十四年（公元前 481 年），孔子卒于鲁哀公十六年（公元前479年）。

传统学问为“知行合一”，颜回好学，“其心三月不违仁”。

不管年纪多大，死在父母之前皆称为“短命”，停灵于侧房。

“哀公问：‘弟子孰为好学？’孔子对曰：‘有颜回者好学，不迁怒，不贰过，不幸短命死矣；今也则亡，未闻好学者也。’”（《雍也》）再也未闻好学者，只有颜回日进不已。

8. 颜渊死，颜路（颜回父，亦孔子学生）**请子**（孔子）**之车以为之椁。子曰：“才**（成材）**不才，亦各言其子也。鲤**（孔鲤）**也**（语中助语）**死，有棺而无椁。吾不徒行**（步行）**以为之椁，以**（因）**吾从大夫之后，不可徒行也。”**

“椁”，是外棺，无底，像盒子。

昔天子七椁，诸侯五椁。其实只有一个木头，其余为绸子做的棺材套。

古代送丧事人家礼物，车马曰赗。颜路见孔子最爱颜回，家贫，乃请孔子之车马以为之椁。

“才不才，各言其子”，儿子都是自己的好。

孔子自己的儿子伯鱼死，并没有椁。

《史记·孔子世家》说：“孔子生鲤，字伯鱼。伯鱼年五十，先孔子死。”孔鲤死于鲁哀公十四年，在颜回之前。又称：“孔子年七十三，以鲁哀公十六年四月己丑卒。”

“从大夫之后”，谦辞。孔子为下大夫，不便徒行。

中国无阶级观，但身份不同则有别。

9. 颜渊死。子曰："噫（叹声）**！天丧予！天丧予！"**

《春秋公羊传·哀公十四年》：颜渊死，子曰："噫！天丧予。"子路死，子曰："噫！天祝予。"何休注：祝，断也。天生颜渊、子路，为夫子辅佐；皆死者，天将亡夫子之证。

"天丧予！天丧予！"重言之，痛惜之甚！

孔子叹，天丧失我的道，"不得中行而与之"，接班人早死！

10. 颜渊死，子哭之恸（悲伤过甚）。**从者**（跟从孔子往颜回家去的弟子）**曰："子恸矣。"曰："有恸乎？非夫人**（这个人）**之为恸而谁为？"**

《史记·仲尼弟子列传》：回年二十九，发尽白，蚤（早）死。孔子哭之恸，曰："自吾有回，门人益亲。"

孔子泣颜回。

弟子说："老师悲痛过度了吧！"

孔子说："我悲伤过甚了？我不为这个人悲伤，还为谁如此悲伤？"

11. 颜渊（大师兄）**死，门人欲厚葬之。子曰："不可。"门人厚葬之。子曰："回也，视予犹父也，予不得视犹子也。非我也，夫二三子也。"**

古时礼制甚严，丧葬都有一定的制度。

孔子认为，以颜回的身份不可以厚葬，厚葬超过其本分。否则名实不相称。“君子疾没世而名不称焉”（《卫灵公》），名不副实。

颜回厚葬为越分，但年轻人感情用事，还是厚葬了颜回。

颜回病逝，由于他家境十分困难，无力按照当时有关礼仪殡葬，他的父亲颜路四处筹措，其弟子及同门好友极力相助完成葬礼。葬于鲁城东防山前。

“回也，视予犹父也”，但孔子“不得视为犹子”，因为颜回有真爸爸在。犹父犹子，是师生关系，比不上真父真子。师生关系，守心丧三年。

我五十年不和女学生单独接见，因为“君子不处嫌疑间”，不可违伦。师生关系“犹子犹父”，绝不可以乱伦。

何以要在伦常内找？既不违良知与良心，有守方足以有为。人和畜牲不同，因为有伦。神父还俗与女学生结婚，宾四乃“始作俑者”。许多事应躲开的，就要躲开。

我怪，有洁癖、孤单、少与人打交道，一生绝无和第二个女人碰过手。不要在有关系内找，一乱，就乱了！我至今能够没有是非，因为和谁都保持一定的距离。人贵乎知心。

台湾讲理学的，唐君毅（1909—1978）不错，徐复观（1904—1978）也不太坏，牟老师（牟宗三，1909—1995）笑话多。

许多事必慎重，否则未来问题多。尽量守分，遇事稍微冷静一点，即过去。人就是人，必要给自己划一范围，用以约束自己，“博我以文，约之以礼”。如一随便，问题就来了。

不要给自己造成一个坏的环境。人常独处不好。人常有终身之恨，许多事自知，遗恨愈深。现在人太放浪于形骸之外。

12. 季路（子路）**问事鬼神。子曰：“未能事人，焉能事鬼？”曰：“敢问死？”曰：“未知生，焉知死？”**

中国是“鬼神观”，人死曰“鬼”，有遗爱在民曰“神”。“老吾老，以及人之老”。

《中庸》云：“事死如事生，事亡如事存。”儒家实事求是，懂得事人之道，就能事死。

生与死，其实无别，只是两个境界、两个地方。

孔子的思想少有宗教观念。宗教是迷，不要人疑惑。不要太迷信。

昔日批命，北京一流的。中国卜筮之书、医书，深奥。《黄帝内经》有些地方仍难以看懂，现在懂多少用多少，但已经震惊全世界了。

古人智慧确实高，因为他们嗜欲浅。今人没工夫想正经事，等于没有思想。前人的东西，我们都想不通。

伏羲是先觉者，他向谁学的？六祖所言皆白话，但有深意。你们看完书，有无深思熟虑？思，虑深通敏。

13. 闵子侍侧，訚訚（和悦正直貌）**如也；子路，行行**（音hàng，刚强貌）**如也；冉有、子贡，侃侃**（和适自得貌）**如也。子乐。“若**（逆料之辞，不能遽决也）**由也，不得其死然**（助词）**。”**

孙奕《示儿编》，以“子乐”应作“子曰”，声之误也，因下云子路不得其死然，何乐之有？朱子谓“乐得英才而教育之”。

《说文》云:“訚,和悦而诤也。”“与上大夫言,訚訚如也”(《乡党》)。闵子伺候在孔子身旁,貌和悦正直。

“子路行行”,态度不礼貌。目中无人,有骄气,如何成事?

“与下大夫言,侃侃如也”(《乡党》),侃侃而谈。冉求、子贡,和乐安适貌。

“不得其死然”,恐不得善终,死不得其所。正常人应“寿终正寝”。孔子忧子路,正是对弟子的深知与关切。“子路死,子曰:‘噫!天祝予!’”(《春秋公羊传·哀公十四年》)

《史记·仲尼弟子列传》:子路为卫大夫孔悝之邑宰……方孔悝作乱,子路在外,闻之而驰往。遇子羔出卫城门,谓子路曰:“出公去矣,而门已闭,子可还矣,毋空受其祸。”子路曰:“食其食者不避其难。”子羔卒去。有使者入城,城门开,子路随而入。造蒉聩,蒉聩与孔悝登台。子路曰:“君焉用孔悝?请得而杀之。”蒉聩弗听。于是子路欲燔台,蒉聩惧,乃下石乞、壶黡攻子路,击断子路之缨。子路曰:“君子死而冠不免。”遂结缨而死。孔子闻卫乱,曰:“嗟乎,由死矣!”已而果死。

自行为之角度看一个人,行动决定一切,所以必要修。

儒家讲修身之道,一个人的行为如不加深修,必遭殃。

14. **鲁人**(官府的人)**为**(改造,作)**长府**(库名,藏货财的府库)。**闵子骞曰:“仍**(因,根据)**旧贯**(旧事),**如之何?何必改作?”子曰:“夫**(音fú)**人不言**(平常不多言),**言必有中**(中肯)。”

鲁昭公预谋伐季氏,欲居此而先事改作。但季氏擅权,得民已久，非可以力制之，故子家羁曾力阻其谋，宋乐祁亦知鲁君之不得逞。闵子此言正指其事，但辞微而婉耳。故孔子称之。

“仍旧贯”，因旧事，只加以修缮即可。

“何必改作”，好好的为什么要改作？

闵子此人不多言，但言必中理。

为政不在多言。现在人净是作秀，而政绩又如何？

15. 子曰：“由之瑟，奚为于丘之门？”门人不敬子路。子曰：“由也（者）升堂矣，未入于室也。”

瑟，弦乐器，似琴。长近三米，古有五十根弦，后为二十五根或十六根弦，平放演奏。其声以和为要，而使人优游自得为上。子路好勇，故其鼓瑟有杀伐之音。

子路的性情暴躁，好勇斗狠，态度总是“行行”，鼓瑟似有杀伐之声。

孔子生气了，说：“由的这种瑟声怎么鼓到我门来？”

《孔子家语·辩乐解》：子路鼓琴，孔子闻之，谓冉有曰：“甚矣，由之不才也！夫先王之制音也，奏中声以为节，入于南，不归于北。夫南者、生育之乡，北者、杀伐之城。故君子之音，温柔居中，以养生育之气。忧愁之感，不加于心也；暴厉之动，不在于体也。夫然者，乃所谓治安之风也。小人之音则不然，亢丽微末，以象杀伐之气；中和之感，不载于心；温和之动，不存于体。夫然者，乃所以为乱之风。昔者，舜弹五弦之琴，造《南风》之诗，其诗曰：

‘南风之熏兮，可以解吾民之愠兮；南风之时兮，可以阜民之财兮。’唯修此化，故其兴也勃焉。德如泉流，至于今，王公大人述而弗忘。殷纣好为北鄙之声，其废也忽焉，至于今，王公大人举以为诫。夫舜起布衣，积德含和，而终以帝。纣为天子，荒淫暴乱，而终以亡。非各所修之致乎？由，今也匹夫之徒，曾无意于先王之制，而习亡国之声，岂能保其六七尺之体哉？”冉有以告子路。子路惧而自悔，静思不食，以至骨立。夫子曰：“过而能改，其进矣乎！”

弟子听了，看不起子路。

亲授业的称弟子。已则谦称门人、门下士、门生。

孔子知道了，说：“由也升堂矣，未入于室也。”人各有长短，子路并非一无所长。

讲人修为必经之路，自此章衡量一个人的观念。

“堂”，供祖宗处，神圣的地方。家堂，画木主，写历代祖先的名字。

前堂后室，“升堂入室”，指学问的层次。升堂，虽尚未入室，有厚望焉。“入室弟子”，大弟子，得真传的。

16. 子贡问：“师（颛孙师，字子张。小孔子四十八岁）**与商**（卜商，字子夏。小孔子四十四岁）**也孰贤？”子曰：“师也过，商也不及。”曰：“然则师愈**（胜）**与**（欤）**？”子曰：“过犹不及。”**

子张，姓颛孙，名师，字子张。孔子死后，子张独立招收弟子，宣扬儒家学说，是“子张之儒”的创始人。子张之儒列儒家八派之首。《大戴礼记·千乘》即子张之儒的文献。

弟子对师称名，所以尊师也。

“孰贤”，谁好？

过与不及，皆不能“中”，非中行之士。

子贡误以“过”好于“不及”。

“过犹不及”，有一标准，即“中”。抑其过，引其不及，使归于中。

《礼记·仲尼燕居》：子曰：“师！尔过而商也不及。”子贡越席而对曰：“敢问将何以为此中者也？”子曰：“礼乎礼，夫礼所以制中也。”

儒家讲中道、中行，以“中”作为标准。但是中极难把持。

“中”，礼义。“中国”，礼义之国。“《春秋》者，礼义之大宗也”（《史记·太史公自序》）。

17. 季氏富于周公（天子之宰），**而求也为之聚**（会）**敛**（收，急赋税）**而附**（加，益）**益之。子曰：“非吾徒也。小子**（长辈称年轻的，门人）**鸣鼓**（声其罪以责之）**而攻**（攻错，治也）**之，可也。”**

季氏不过是鲁国一贵族，其财富过于周王室冢宰，富可敌国。

冉求为季氏家宰，为其“聚敛”，附益人之恶，是“助人为恶”的祖师爷。《大学》云：“百乘之家，不畜聚敛之臣。”聚敛之臣“长国家而务财用”，则“上下交征利而国危矣”（《孟子·梁惠王上》）。

孔子深恶痛绝之，对冉求鸣鼓攻过，说“不是我的门生”，命弟子声罪致讨。

孔子要弟子不可以“助人为恶”。冉求为季氏“聚敛而附益之”，乃是助人为恶，故对他鸣鼓攻过。“鸣鼓攻过”，古时最大的处罚，使人皆知你的过。

《孟子·离娄上》：求也为季氏宰，无能改于其德，而赋粟倍他日。孔子曰“求非我徒也，小子鸣鼓而攻之可也”，由此观之，君不行仁政而富之，皆弃于孔子者也。

一个人的境界，没有力量改正天下为恶者，但是不可以助人为恶。乱鼓掌即是助人为恶。不发自良知的鼓掌，是最低的助人为恶。

虽未达君子、圣人之境界，而最要在不助人为恶。

18. **柴**（子羔）**也愚**（智不足，而厚有余），**参**（曾参）**也鲁**（迟钝而不灵敏），**师**（子张）**也辟**（音 bì，便僻，习于容止，少诚实），**由**（子路）**也喭**（音 yàn，强武粗率）。

孔子对学生了解，打了批。

子羔，“愚”，愚直。

《史记·仲尼弟子列传》：高柴，字子羔。少孔子三十岁。子羔长不盈五尺，受业孔子，孔子以为愚。

曾子，“鲁”，性迟钝，为忌惮之士。

《史记·仲尼弟子列传》：曾参，南武城人，字子舆。少孔子四十六岁。孔子以为能通孝道，故授之业。作《孝经》。死于鲁。

子张，“辟”，偏僻，言行不一。

子路，“喭”，“行行”，刚直，涵养有亏，圣人门前一太保。

《史记·仲尼弟子列传》：孔子曰：“自吾得由，恶言不闻于耳。”

我自你们的举止、行动，绝对了解你们的性格。你们看看自己在哪一圈里头。

做人为第一要义。“以人治人，改而止”，将人当人，宽厚待人，不可以圣贤标准期待人，躬自厚而薄责于人。

19. 子曰：“回也其庶乎（差不多），**屡空。赐不受命，而货殖**（积，生财）**焉，亿**（猜测）**则屡中**（音 zhòng）。**”**

《论语说义六》：此其能与孔子“素王”之德相称，若屡空、糟糠不厌，为“君子固穷”之义。“亿则屡中”者，即计然所谓“知阙则修，备时用则知物。二者形，则万货之情可得而观已”。

颜回“屡空”，腰带空，空于财。

子贡“不受命”：一、跑单帮的，没牌照（执照），第一个逃税的。圣人门前也有这种门徒。二、不肯听天命。真是天命，也很难挽回，“虽曰天命，岂非人事哉”，得“听天命，尽人事”。

“货财殖”，殖，生也，货财广生。“富无经业，则货无常主，能者辐凑，不肖者瓦解”（《史记·货殖列传》）。

必“自试”了，才知是否有“亿则屡中”的机会，显已之才华。做了，才知己之所长。做一分，有一分成就。富贵在人，自己有主张，很可取。

《史记·仲尼弟子列传》："子贡好废举，与时转货赀。喜扬人之美，不能匿人之过。常相鲁卫，家累千金，卒终于齐。"

《史记·货殖列传》记"子贡既学于仲尼，退而仕于卫，废著鬻财于曹、鲁之间，七十子之徒，赐最为饶益"。子贡能言善辩，反应敏捷，能及时掌握行情，"亿则屡中"并"与时转货"。

《论衡·知实》载："子贡善居积，意贵贱之期，数得其时，故货殖多，富比陶朱。"

20. 子张问善人之道。子曰："不践迹，亦不入于室。"

《辜鸿铭的笔记·践迹》：子张问善人之道，子曰："不践迹。"朱子解曰："善人质美而未学。"又引程子言曰："践迹，如言循途守辙。善人虽不必践旧迹，而自不为恶。"窃以为"践迹"一解，盖谓行善事不出诸心，而徒行其外面之形迹，即宋儒所谓客气。如"有事弟子服其劳，有酒食先生馔"，此皆所谓践迹之孝也，故孔子不谓之孝。曾子论子张曰："堂堂乎张也，难与并为仁矣。"朱子谓堂堂容貌之盛，言其务外自高。务外自高，而欲学为圣人之道，其学必不能化，其弊必至于践迹。故子张问善人之道，子曰："不践迹。"此孔子对症下药也。盖学圣人之道而践迹，即欲求为善人而不可得，况圣人乎？

"堂堂乎张也，难以并为仁矣"（《子张》），务外自高，其学必不能化。

“践迹”，一、宋儒所谓“客气”，行善事不出诸心，而徒行外面之形迹。无浩然之气存在，好作伪。二、践古人之迹，效前言往行，以成其德。

“入于室”，入圣人之门。

乡下有些受尊重者，一呼百诺，称某某善人，他并不曾读书，也没有拜谁为师。

善人、君子、贤人、圣人、大人，是道德的层次，为天爵。

善人是哪类人？有何好处、坏处？善人，是自“率性”来的，顺着人性（良知）去做事，是初步。善人质美未学，尚未识人性，非最高境界。

21. 子曰：“论（言论）**笃**（笃实）**是与**（欤，疑问词）？**君子者乎**（疑问词）？**色庄**（伪君子）**者乎？”**

知人最难！听一人言论笃实，就认为他是好人吗？还要加以分辨之，看究竟是君子，还是伪君子？明辨之，不可似是而非。

要自微小处看一人：“君子者乎？色庄者乎？”于日常行事、小事上看一人，看他究竟是君子还是伪君子。知人最难！

22. 子路问：“闻（知）**斯行诸？”子曰：“有父兄在，如之何其闻斯行之？”冉有问：“闻斯行诸？”子曰：“闻斯行之。”**

子路问：“听到一句话，就去做吗？”孔子要他先与父兄商量，再去做。事缓则圆，做事必衡量再做，话到舌边留半句。

冉求问同一问题。孔子要冉求听了就去做。

公西华（公西赤，字子华，长于外交）**曰："由也问'闻斯行诸'？子曰'有父兄在'。求也问'闻斯行诸'？子曰'闻斯行之'。赤**（在师面前称名）**也惑**（不解），**敢问？"子曰："求也退**（退缩），**故进之；由也兼人**（不让人，莽夫），**故退之。"**

弟子大惑不解！圣人门徒亦与我的学生差不多。

冉求遇事退缩，故要他听了就去做。

《孔子家语·七十二弟子》："冉求，字子有，仲弓之宗族。少孔子二十九岁，有才艺，以政事著名。仕为季氏宰，进则理其官职，退则受教圣师，为性多谦退。故子曰：'求也退，故进之。'"

子路是莽夫，不让人，好强，没想到别人，故施缓兵计，让他头脑冷静下来。

孔子因材施教，本身得有一标准：教做人与做事，不是读书。

23. 子畏于匡（被匡人包围），**颜渊后**（后到）。**子曰："吾以女**（汝）**为死矣。"曰："子**（夫子）**在，回何敢死**（何敢先死）**？"**

《史记·孔子世家》：将适陈，过匡，颜刻为仆，以其策指之曰："昔吾入此，由彼缺也。"匡人闻之，以为鲁之阳虎。阳虎尝暴匡人，匡人于是遂止孔子。孔子状类阳虎，拘焉五日。颜渊后，子曰："吾以汝为死矣。"颜渊曰："子在，回何敢死！"

孔子在匡地被包围，弟子失散。后来弟子渐渐复集，颜回后到。

孔子见颜回，说：“我以为你已经死了！”颜回说：“夫子还在，回怎敢先死？”

《论语正义》：《曲礼》云：“父母在，不许友以死。”颜子事夫子犹父，故云：“子在，回何敢死？”

“子在，回何敢死！”“非敢后也，马不进也。”人之言语为心声。一个时代，有其时代风气和口头语。

旧社会和现在的风气完全不同，你们今天穿的衣和袜，在我看来完全没有美感可言。

我的乳母是蒙古人，那时她当红娘，想方设法让未婚的师母过府；但是她们更坏，早有准备，要让我就是看不到。她们一来就七八十个人，一过二门，师母就被包围住了。结果我什么也没看到，只看到带来的诗和画。

社会的是非完全在乎自己，但是进步也得有一范畴，人的私心与嫉妒心永远不进步，“玉洁冰清”永远另眼看待。所以，人一定要自尊自贵。

24. 季子然（季氏子弟）**问：“仲由、冉求可谓大臣与？”子曰：“吾以子**（您）**为异之问**（不同的问题），**曾**（乃）**由与求之问**（在问子路与冉求如何）。**所谓大臣者，以道事君，不可则止**（不做官）。**今由与求也，可谓具臣**（备数之臣）**矣。”**

子路与冉求，为季氏家宰。孔子说：“我以为您问的是不同的问题。圣人并不乡愿。

孔子说大臣的定理：“以道事君，不可则止。”子路与冉求，不过是具臣罢了。

“具臣”，备数之臣，凑数的，智慧与学问都不足，不能发挥作用，人家说什么就跟从。才与智皆不足，皆具臣也。

好自为之，要学，药方多。尽人的责任，有才方可担负天下事。不在读多少书，而在有才与否。大才，生而知之者。

出身高低，与智慧不一定有关。刘邦，泗水亭长出身，但当皇帝有大度。

曰：“然则从之者与？”子曰：“弑父与君，亦不从也。”

又问：“那他们是否什么都听从？”孔子答：“弑父与君是大逆，也不从。”

孔子弟子都是忠孝之人，弑父与君的大逆不从，在大问题上不从。

民国是中国史上最败坏的一代，以前每一时代都有些“人范”。一般人必有许多人范，师范有无尽责？“模”与“范”，是铸器所用。

今天教育之所以失败，因为无师范，就只有麻烦。

25. 子路使子羔(高柴，字子羔)**为费宰。子曰：“贼**(害)**夫**(语词)**人之子。”**

《史记·仲尼弟子列传》记孔子以子羔为愚，并不怎么看重他。子路提携他作费宰。后来卫国乱，子路死，高柴逃归。孔子赞他明大义，善于保身。

《韩诗外传》哀公问于子夏曰：“必学然后可以安国保民乎？”子夏曰：“不学而能安国保民者，未之有也。”

子路那时为季氏家宰，他举子羔作费宰。

孔子说，“害了人家的儿子！”子羔，愚直，忠厚有余而才不足。

不可以乱期许于人，把自己的抱负期待别人实现，那是害了他。

孔子主张“先进于礼乐”，必先学到一个程度，才能从政。

子路曰：“有民（百姓）**人**（公务员）**焉，有社稷焉。何必读书，然后为学？”子曰：“是故恶**（讨厌）**夫佞**（御人以口给）**者。”**

古时祭政合一，社稷为祭神的地方。“社稷”：“社”，为土神；“稷”，为谷神。“社”，为五土之总神；“稷”，为五谷之神。社稷供奉土与植物，即今天的农业试验所。古时重视社稷，引申为江山、国家。今天中国十三亿人没挨饿，多不易！

人死前祭后土，感谢后土，借块土地埋。

子路强辩，说：“何必读书，然后为学？”先管理政事，“后进于礼乐”。

子路好强，不听，而且总是有理由。孔子骂他强词夺理！

不可以偶像式地看一件事、一个人，人就是人。

26. 子路、曾皙、冉有、公西华侍坐。子曰：“以（因）**吾一日长乎尔**（你们）**，毋吾以**（不要因此不敢说话）**也。居**（平时）**则曰：‘不吾知**（知吾）**也！’如或知尔，则何以哉？”**

孔子问：“如真有人了解你，那你用什么叫人了解你？怎么治国平天下？”

子路率尔（不假思索，直率）**而对曰：“千乘之国，摄**（夹）**乎**

大国之间，加之以师旅（战争），**因**（仍）**之以饥馑**（灾荒），**由也为**（治理）**之，比**（音 bì）**及**（等到）**三年，可使有勇**（见义勇为）**且知方**（处危之方）**也。”夫子哂**（音 shěn，有异于常笑）**之。**

子路总是抢答在前，不落人后。

“由也，千乘之国，可使治其赋（兵赋）也”（《公冶长》），子路长于治军。说自己治理三年，“可使有勇且知方”，百姓能见义必为。

准备到“黄花岗”吧！

1911 年 4 月 27 日，在广州起义中遇害的革命党人，后来葬于广州市东北郊黄花岗七十二烈士墓。

“夫子哂之”，对子路所言，夫子不敢大笑，怕把牙笑掉了！

“求，尔何如？”对曰：“方（面积）**六七十，如**（或）**五六十，求也为之，比及三年，可使足民。如其礼乐，以俟**（等）**君子**（老师）**。”**

“求也，千室之邑，百乘之家，可使为之宰也”，“求也艺，于从政乎何有？”（《雍也》）有政治长才。

冉求性退，自云治小国，可使“足民”而已，衣食足，民以食为天。富而后教，“有关礼乐的事，就等老师来指导吧！”

“赤（公西华），**尔何如？”对曰：“非曰能之，愿学**（试行之）**焉。宗庙之事**（朝聘），**如会**（参与）**同**（办外交），**端章甫**（祭祀时赞礼之人），**愿为小相**（佐理）**焉。”**

"赤也，束带立于朝，可使与宾客言也"，公西华长于外交。

外交官"受命不受辞"，临事要有应变之智，要以权巧应当前之变、未预之变。

"点，尔何如？"鼓（弹）**瑟希**（不可得闻），**铿尔**（铿然一声，奏乐最后之声），**舍**（离）**瑟而作**（作式为礼）。**对曰："异乎**（不同于）**三子者之撰**（具）。**"子曰："何伤**（何妨）**乎？亦各言其**（己）**志也。"**

曾点谦言。

孔子说："各言已志，何妨？"

曰："莫春（暮春）**者，春服既成**（衣无絮袷之春服）。**冠者**（二十岁以外）**五六人，童子**（未冠，参祭之佾生）**六七人。浴乎沂**（沂水），**风**（歌。春风'风'人）**乎舞**（乐舞）**雩**（祭台），**咏**（吟诗）**而归**（同'馈'，送祭物）。**"**

孟、仲、暮（季）。"暮春"，季春三月。

"暮春"，衣单袷之时。"春服既成"，春服应冬做，此谈"时"的观念。孟子称孔子为"圣之时者"。

"冠者五六人，童子六七人"，古时，男子二十行冠礼，冠者指二十岁以上；童子，未行冠礼的男孩，指二十岁以下。冠者、童子，因代有才人出，生生不息，才有希望。"焉知来者之不如今也""后生可畏"，儒家总认为一代比一代强。

有以五六为三十，六七为四十二，乃七十二贤。冬烘如此讲。

山东有沂水、泗水。沂水流经曲阜南，注入泗水。泗水今已干涸，代表天不满意。

“浴乎沂，风乎舞雩”，“浴乎沂”，浴在孔子之德，沂水，代表孔子。况，受沂水之教，代表浴乎孔子之德教。“风乎舞雩”，雩坛，求云台，在沂水之上。习礼乐，立于礼，成于乐。

昔日称有德者以地名称之，如曾国藩为湖南湘乡人，称“曾湘乡”。李鸿章为安徽合肥人，称“李合肥”。

“咏而归”，上祭品必咏歌，馈礼必唱诗，咏歌而祭。

整个孔学，包含时、礼、祭。

夫子喟然叹曰：“吾与（许，赞同）**点也！”三子者出，曾皙后**（在后，未离去）。**曾皙曰：“夫**（彼）**三子者之言何如？”子曰：“亦各言其志也已矣。”**

孔子听了，微微叹一口气，说：“我倒是赞同你的！”

人不管年纪多大，一当学生就天真！

曰：“夫子何哂由也？”曰：“为（治）**国以**（用）**礼，其言不让**（兼人），**是故哂之。”**

礼贵让，子路其言不让，故笑之。

“唯求则非邦也与？”“安（怎）**见方六七十，如五六十而非邦也者？”“唯赤则非邦也与？宗庙**（内政）**会同**（外交），**非诸侯而何？赤也为之小，孰能为之大？”**

皆诸侯之事，怎见“非邦”？只是较子路谦让而已。

赤谦言为小相，安见不能为大相？

此章为孔门师生平日谈话，多么入神！自此了解人生，就知道要怎么做人。

做买卖，必学同仁堂，“修合无人见，存心有天知”，绝不可以欺骗。要使中医承认，是对付行家，而不是对付门外汉。最宝贵的为“真”与“诚”。

现在的人少有人性，就是会说话。三年前说什么也不听，现在听我的。种参，有人参把式。现在房子已修三分之一了。

吃人参：五六片参、枸杞、红枣三粒，电饭锅用一格水煮开，每天喝。如鼻眼干，可以停几天。太年轻吃要小心。也可以用人参泡酒，睡前喝一小杯。但身体不虚时不要喝。

李时珍《本草纲目》记载：人参，味甘、微苦、性平，归脾、肺、心经。在传统药理应用上，人参主要用于虚证，如肢冷脉微、脾虚食少、肺虚喘咳、津伤口渴、内热消渴、久病虚羸、惊悸失眠、阳痿宫冷、心力衰竭、心源性休克等症状，有补充元气、增进体力、促进气血循环、改善脾肺胃、生津解渴、安神益智等作用。

台湾这么小有一百多所大学，根本是开自己玩笑，是学力而非学历，人必要有智慧。

《三国演义》以“蜀汉”为正统，此为罗贯中的偏见。孔明气死周瑜，也想气死司马懿，可是没想到却落得自己气得成心绞痛。司马懿乃是“尺蠖之屈，以求信（伸）也”（《易经·系辞下传》）。

《春秋繁露·灭国上》云：“王者，民之所往。君者，不失其群者也。故能使万民往之，而得天下之群者，无敌于天下。”首言“王往、君群”之义，下则谆谆于“用贤”。可见君之得民，唯在任贤以辅政，不在徇众以干誉。贤者，民之标准也。王，民之所归往，百姓都拥护你。群，不失其群者也。君，群之首也。

《春秋繁露·灭国下》云："纪侯之所以灭者，乃九世之仇也。一旦之言，危百世之嗣，故曰大去。""用心如此，岂不霸哉？故以忧天下与之。"灭国，是有原因的，有成方子，犯此病一定亡国。

我是说预言，你们要深深地领悟。最使我难以释怀的为纯百姓，要替政客所惹的祸受苦。一个人要是愚不可及，就没办法了！

奸贼特别敏感，净是投机，净做"你欺我诈"的事，专门刺探情报。人要卑鄙至此，就完了！可用之才太少，太呆了！

偷别人的消息，又能怎么样？我永远屹立不摇。"人上有人，天上有天"，就从你那个种，也成不了大事。愈是到乱世，愈要识忠奸。今天在台，十万元就可以买一条命，许多人被利用了犹不知。

说我不讲学，领着同学做买卖，真是丑陋、无知！一个人不自知的可怜！良贾深藏若虚。"哪里懂事？距离太远了！"一试，只有哭的余地，枉费心机！既不知学，也不知问。我做事，还不以人为对象，可能使他得脑出血。

要以团体对团体，团体能容纳很多，看要往哪方面发展，对方承认你就合法。

何以同学跑十年愈跑愈萧条？要学智慧，人生就是一盘棋，要研究人家是怎么摆棋子的，不可用自己的智慧去评一切。

许多人自以为高明，什么都有，就没有人品。乱世出英雄，要试一试。环境变窄了，再不积极，就跟不上步骤了。

同学会通知，但绝不游说。不要有奶便是娘，接触一人，要了解其一切，谈到问题要警觉。你卧底，牺牲好几人。

你朋友谈到团体的事，你必闭口，否则是出卖组织，对方是在刺探军情。要知道自己的立场。

我永远不召开大会，光有小组，出卖也只出卖几个。

为我做事的，绝不知他以外的事。叫他买鸡，就买鸡，不要他买蛋。组织愈是严密，愈有力量。

孔子有教无类，但不能不分科。不能叫“内奸出卖台”，更不能“引狼入室”。绝不可以私情害了公益。

你们太幼稚了，我没有对任何人谈五分钟话。要了解我，比登天还难！

严格训练自己，有担当得有骨气，板荡识忠奸。幸福，是自百折不挠来的，没有往哪儿站都占便宜的事。

“一旦之言，危百世之嗣，故曰大去”。我骂你，有根据，贻台后患无穷！人千万不要有私心，天下绝对一家。老蒋搞一辈子剩下什么？祸国也。我非说预言，别人早说了。

泯际界，无“际”与“界”，天下一家。但限制严格，才能发挥作用，术业有专攻，不养废才。分得愈是严密，成功的机会愈多。必做，非讲。

无声，天籁。净听有声，成就能多？将有用时间耗于无用之地，想尽方法探人之隐私。听于无声，才知有“哀哀无告者”。不听下贱事，要听天籁。有多少老先生卧倒在街上，年轻人做一件人事了？“天无私覆，地无私载”，天下万国无不尽责。

“群居终日，言不及义”，听于有声，净打别人的主意。就怕别人是真的，你是假的。

无我，才能为别人牺牲。社会就有使用权，没有所有权，万物皆备于我，每人都有一份，多占一份，就是造孽。

我牺牲自己，叫别人都有饭吃。如我不好，那你们为何要在这儿待？想要有成就，“道同不能相先，情同不能相使”，相先相使，乃示有形。

别人批评，说是宗教，此其教也。高级知识分子为盗、为娼、为匪，再不讲人性，就完了！

今后在此复杂环境下，必得“制势”。形势，瞬息万变，自然环境之势。权势，领导人必有权，下令的只有一个，控制形势、权势。

不怕世乱，养兵千日，用之一时。至少必要“奉元一家”，大家互相辅仁，要拣选、控制。虽有教无类，但严于分科，因为术业有专攻。

没有分别心，“是人”就够了。但是团体绝不可以有“不是人”。

骂，是无能，否则应诛。孔子为政先正名，诛少正卯，将“不是人”的杀掉。

孟子“得天下英才而教之”，有其短。是“人”，就够了！多读书，就会惭愧。

颜渊第十二

自己要随时造就自己，但非一日之功。“言行，君子之枢机”，自一人的言行，智与不智立判。“枢机之发，荣辱之主也”，要少说话。

传统文化不是中国人就懂，讲中国文化不可以掺杂其他。

活学问，熟能生巧；用不上，没有用。

台湾的风气，小孩完全浪费宝贵的时间与智慧。你们应负点责任，要发挥影响力。

1. 颜渊问仁。子曰：“克己复礼为仁。一日克己复礼，天下归（归向，称）**仁焉。为仁由己，而由人乎哉？”**

“克”，《说文》云：“克，肩也。”本义：胜任。引申义：克敌制胜，克勤克俭。“克己”，克制自己的情欲；“复礼”，回到礼；“为仁”，即行仁。

“礼（禮）”，示豊。豊，行礼之器。本义，举行仪礼，祭神。礼器，古时祭祀用的各种器物，如鼎、簋、觚、钟等。引申义：

一、《说文》称："礼，履也。"礼法，礼节。二、"礼者，理也。"（《礼记·学记》）"理"，玉里，加工雕琢玉石。《说文》称："理，治玉也。"树的纹理，一圈圈之距离相等；引申义，条理，自树木的纹理一二三来，再引申至"礼"。礼者，天理之节文也，"和顺于道德而理于义"（《易经·说卦传》），"义者，宜也"（《释名》）。

人本在理上，却丢掉理，因情欲而离本，故要"复"。"克己复礼为仁"，"克己"，反己，回到理。"礼者，理也"，理为体；行仁，"仁者，人也"（《中庸》），"仁"，桃仁、杏仁，有生之意，生生不息。在人曰性，体；礼，在事为礼，为性之表现在外，乃性之用。"和"，喜怒哀乐，发而皆中节，情能发得恰到好处。"礼之用，和为贵"。性，礼（理），和，体用关系。

"复以自知"（《易经·系辞下传》），"自知者明"，颜回体"复"，故能"不迁怒，不贰过"，"君子以见善则迁，有过则改"（《易经·益卦》）。

"复性归仁"，"归"：一、归向；二、称许。"复性"，返己之性，"复其见天地之心乎"（《易经·复卦》），一元复始，"乾元资始"。颜回，德行科，为复圣。人欲太多，不胜枚举，人每天在欲中活着，因情欲而离本，得克己之欲，才能回到礼上。"复，德之本也"（《易经·系辞下传》），修身为本。

"克"字功夫难，必要能忍，此即"法忍"。菩萨行法忍，得无量智慧，福德智慧具足，事事得如所愿。可见不只遇坏事要忍，即便是做好事、修己亦是要忍。

"天下归仁"，以仁安人，天下归仁。"自天子以至于庶人，壹是皆以修身为本"（《大学》）。"身"，《说文》云："象人之形。"身躯。在我为身，推己及人，己立立人，己达达人。

仁者，生也，果仁，天地之生机，坤元资生，“天地之大德曰生”（《易经·系辞下传》）。“为仁”，行仁。仁者，生也，天地之生机。

“为仁由己”，求则得之，舍则失之，由己不由人。“仁远乎哉？我欲仁，斯仁至矣”（《述而》）。必自己下功夫，行仁由己，别人是爱莫能助的，就是你老子也帮不上忙。

传统思想不是讲的，是知而必行。成立“胞与归仁社”，人与万物都得环保。

我是依经解经。必熟，熟能生巧，办事马上有主张。读古书即读成方，遇事就能用上。就因事事不经大脑，以至于不可为。

颜渊曰：“请问其目（细目）**。”子曰：“非礼勿**（禁绝词）**视，非礼勿听，非礼勿言，非礼勿动。”颜渊曰：“回虽不敏，请事**（奉行）**斯语矣。”**

《论语说义六》：“非礼勿视、非礼勿听、非礼勿言、非礼勿动”，皆以义治我，礼缘义起，而仁义之法相因。

颜回问“行仁”的细目。

四“勿”，戒也，戒慎，约之以礼。以礼戒“视、听、言、动”。“礼者，毋不敬”（《礼记·曲礼》），敬己，以礼修身，约之以礼。

“立于礼”，“不学礼，无以立”。人都喜看不正经的事，批评，证明你看了。“非礼勿视”，谈何容易！

“非礼勿视”，视之法，法即礼，礼法。因为情性不稳，才有礼，“约之以礼”。内治反礼以正身，“以义正我”“仁之为言人也，义之为言我也”（《春秋繁露·仁义法》），仁者爱人，义者正己。开始用脑时，一动念就有思想，但必约束之，使之尽量合乎法则。

“非礼勿视”，那要怎样看才合礼？忘了问。知其所以太难了！就说“请奉行此语”。

四“勿”，皆含“不贰过”之意。必经过了，才知道什么是不合礼；改了，就不是过。儒家讲“不贰过”，“过，则勿惮改”。

“回之为人也，择乎中庸，得一善则拳拳服膺而弗失之”（《中庸》），“其心三月不违仁”，故能“不贰过”，为中行之士。

不空讲“克己复礼”，“行仁”要先下“内圣”的功夫，“仁主人，义主我”“辨乎内外之分，而着于顺逆之处”（《春秋繁露·仁义法》）。如择偶，对象选不好，能使你不孝、不义，“夫妇以义合”。人生贵乎有一贤德太太，关乎一辈子的幸福，得她爱你才可靠，她会听你的。孔子也没有娶母圣人。婚后不可以任性。社会没好人，怎么换也一样。必相许以德，夫妇之道必须互相切磋琢磨，活一天学一天，此即行仁之道，实学也。

既无常又无德，当然败家。好好悟，多看几个家就明白了。今天“孝”已经没了，“人之本”完了，乱得无以复加，许多人不奉养父母。旧家庭，行为上没有人敢乱，就是假孝也得孝。

今天教育完全失败，台湾的可怜虫多！知识与生活打成一片为难！读书要能用，否则遇事完全和常人没两样，言语、行为表现出嫉妒。嗜好也是欲，超出自己用度外的，皆属欲。必控制好欲，才能成功。

2. 仲弓问仁。子曰：“出门如见大宾（重要宾客）**，使民如承大祭。己所不欲，勿施**（加）**于人。在邦**（诸侯之邦）**无怨，**

在家（士大夫之家）**无怨。”仲弓曰：“雍虽不敏，请事斯语。”**

此章告诉人要怎么做。齐家以礼，治国以法。

出门不要掉以轻心，就如同会见重要的宾客，举止动作必特别慎重，要有个人的样子，没有样子能成功？

出门应整理得干干净净。服饰即人的标志，要给人留下美感，彼此互相尊重。

就是夫妇之间也应相敬如宾，要保持人性的尊严，不可以因处久了，就无所谓，令对方感到不舒服。应始终保持美好形象与尊严的存在。夫妇如同床异梦，能好？

“使民如承大祭”，要慎重，有量，絕不可存輕忽之心。就是仆人，亦有其人格，何不尊之？当下人支配，他最多只是尽本分而已，绝无忠心可言；如尊其人格，则对你既尊敬又爱，能不尽事？

培量，就是开一豆浆店也必有量，用仁德。饱之，叫他吃，有感谢之心，吃多次后不吃了；如不许吃，就偷吃，扔掉的更多。要懂得做人，使对方满足，使仆如承大祭。明白此，想用一人，必相信他，否则不知之深，就不要用。

朋友要择而后交，绝不可以交而后择。朋友“久而敬之”，如净是“人无千日好”，那谁敢与你交往？年轻时，一切都在选择中，必先择而后决定。结死党，则无分离分子。

不要交聪明人。我的用人哲学：“如有所用，必有所试；若有所试，必有所悟。”你们做事时必用上。

做事要审慎。推己及人，即仁、恕。“在邦无怨，在家无怨”，没有结怨，当然无怨。自己不怨，人亦不怨我。“求仁而得仁，又何怨？”

以古、以人、以己为鉴，即为活学问。

腐儒说“读书人不谈政”，但中国书皆谈政，读书的目的在管理众人的事，能用上智慧。

做学问，非欺人，必深思，追根溯源，必有透亮的智慧，不是抄书。学会用脑，不可人云亦云。解决问题，得用智慧；强词夺理，亦得有理。头脑要用于正途，不要钻尖取巧。

《四书》下功夫，聪明智慧已经够用。为什么你们读那么多书了，仍不知东南西北？

3. 司马牛（名耕，字子牛，桓魋之弟）**问仁。子曰：“仁者，其言也讱**（忍）。**”曰：“其言也讱，斯谓之仁矣乎？”子曰：“为**（行）**之难，言之得无讱乎？”**

《史记·仲尼弟子列传》：牛多言而躁。

“讱”，《说文》云：“顿也。”《六书故》云：“言难出也。”

問仁，答：“其言也讱。”话到舌边要留半句，说话要缓。

弟子仍不明白：“其言也讱，这就是仁？”

搭：“行之难，要讷于言，敏于行。”“人无言，便是德”，不能多言多嘴。

真学问，是人人能接受、人人能办到的。听不懂的是宗教。

4. 司马牛问君子。子曰：“君子不忧（己私）**不惧**（人势）。**”曰：“不忧不惧，斯谓之君子矣乎？”子曰：“内省**（自省）**不疚**（愧疚），**夫**（启语词）**何忧何惧！”**

桓魋，有宠于宋景公，而为害于公，将有身败名裂，覆宗绝世之祸，故忧惧特甚。其弟司马牛有此一问。

问君子，答："君子不忧不惧。"乐以天下，忧以天下。

"不忧不惧，就是君子？"不明白夫子所言。

"内省不疚，何忧何惧"，不做亏心事，半夜不怕鬼敲门，又何必向人表白！就怕自己做了亏心事！

5. 司马牛忧曰："人皆有兄弟，我独亡（无）。**"子夏曰："商**（对朋友称己名）**闻**（知）**之矣，'死生有命，富贵在天'。君子敬而无失，与人恭而有礼，四海之内皆兄弟也。君子何患**（担心）**乎无兄弟也？"**

《左传·哀公十四年》记载桓魋有宠于宋景公，而为害于公，公将讨之。未发，魋先谋公。公伐桓氏，魋叛，奔卫，又奔齐。司马牛兄弟多人皆党恶。

"天命之谓性"，"在天曰命"。死生由天命，"虽曰天命，岂非人事哉"？

迷信也是欲，想上极乐世界。"死生有命"，何必迷信？台湾的活佛多。既是转世，那何以还需要读书？既认得佛书，何以不识前生所读的书？不迷能信。既是有鬼，何以他不自己破案、报仇？

我什么也不相信、不怕鬼，距离做鬼已近，还真想碰到鬼探探路。

"富贵在天"，"修天德，成其天爵"。死生、富贵皆掌握不了，那怎么活？

我体悟“敬而无失”最难！都知道身体很重要，但是有几人敬身了？深思，才明白；没真知，不能解决问题。切身问题必解决。

君子敬天、敬命，死生、富贵得正，正命，《易·乾》云：“各正性命，保合太和，乃利贞。”

修群德，自“恭而有礼”入手，养成群德的本钱，则四海皆拥护。“四海之内皆兄弟”，天下一家。

既是“四海之内皆兄弟”，又何必担心没有兄弟？

6. 子张问明。子曰：“浸润（如水浸物）**之谮**（音 zèn，谗言）、**肤受**（利害切身）**之愬**（音 sù，诉）**不行焉，可谓明也已矣。浸润之谮、肤受之愬不行焉，可谓远**（远离群小）**也已矣。”**

“明”，明事理，明是非、善恶，有正知正见。自知者明，知人则哲。

人很少明，好“说是非者”即是“是非人”。人无德，绝不能成事。

“浸润之谮，肤受之愬”，社会上这两种人，常把一糊涂人的感情给挑拨了。东家长西家短，专以挑拨为业，王婆。王婆式的谗言佞语，触人之痛处，败坏一切。“肤受之愬”，道人之短，对方就相信了？

“群居终日，言不及义”，还成一个团体？台之祸福，端视你们的智慧了！民无信，不立。

“浸润之谮、肤受之愬不行焉，可谓远也已矣”，不受离间，远离群小。以文王之德，犹“愠于群小”，知此，又何必太在意是非！

人都有个性，不要触犯人的忌讳。当老板必要有自己的主张，可以大胆做自己应做的事，别人怎么说你也没有关系。

我怪与绝，不随便与人接触，团体中五十年没有风波。如听是非觉得好玩，那团体就乱了！

7. 子贡问政。子曰：“足食，足兵（指装备，不指人），**民信之矣。”子贡曰：“必不得已而去，于斯三者何先？”曰：“去兵。”**

“足食”，“民以食为天”（《汉书·郦食其传》），“仓廪实而知礼节，衣食足而知荣辱”（《管子·牧民》）。

“足兵”，“兵”，此指装备，不指人。兵器充足，有备无患，就可以消灭战争，以战止战。武，止戈，用武之道。平日足兵，防流氓，使治安良好。

“民信”，“信则人任焉”（《阳货》），“无信不立”。

“食、兵、信，三去其一，以何者为先？”“去兵”。

子贡曰：“必不得已而去，于斯二者何先？”曰：“去食。自古皆有死，民无信不立。”

“食与信，何者可以先去？”“去食。”饿死事小，无信事大。

自古皆有死，民无信不立。

“无信不立”，为政者无信，百姓不信之。“未信，犹以为厉己也”（《子张》），什么事都做不成。

“民惟邦本”（《尚书·五子之歌》），信为德本，要树立民信。商鞅变法之前，以“徙木立信”的策略，先取得民信。

有人和你说话，绝对不可以说“是吗”，否则他绝对与你断交。可以不答复或说是。如不相信，又何必交你这个朋友？只说一遍，不再接受。

8. 棘子成（卫国大夫）**曰：“君子质**（本质）**而已**（已足）**矣，何以**（用）**文**（文饰）**为**（助词）**？”子贡曰：“惜乎！夫子之说君子也，驷**（四匹马）**不及舌**（一言既出，驷马难追。喻慎言）。**文犹质也，质犹文也。虎豹之鞟**（音 kuò，同鞹，去掉毛的皮，皮板子），**犹犬羊之鞟。”**

《论语述何》：君子救文以质，贵中也，举其偏者以补其弊而已，则三王之道相循环，非废文也。棘子成欲去文，则秦楚灭三代之礼法，贼民兴，丧无日矣。

棘子成欲去文。子贡不以为然。

“文犹质也，质犹文也”，比喻文质不分。“虎豹之鞟，犹犬羊之鞟”，分不出虎豹、犬羊。

“质胜文则野，文胜质则史。文质彬彬，然后君子”（《雍也》），文质两相配，既文雅又朴实。

质、文同一重要，不宜有所偏。一个人质而无文，又怎知他是君子或是小人？

《论语述何》：君子“救文以质，贵中也”，举其偏者以补其弊而已，则三王之道相循环，非废文也。棘子成欲去文，则秦楚灭三代之礼法，贼民兴，丧无日矣。

君子“救文以质，贵中也”，举偏以补弊。三王之道“忠、质、文”相循环，非废文也。

9. 哀公（鲁哀公）**问于有若曰：“年饥，用**（国家用度）**不足，如之何？”有若对曰：“盍**（何不）**彻**（什一税，十分取一）**乎？”曰：“二，吾犹不足，如之何其彻也？”对曰：“百姓足，君孰**（谁）**与不足？百姓不足，君孰与足？”**

鲁哀公问：“年年饥荒，国家用度不足，要如何？”

有若答：“何不行十分取一的彻税？”

什一税为井田制的理想，有“什一行而颂声作矣”之说。鲁自宣公十五年（公元前594年）“初税亩”，始履亩而税，田税已十分取二了。

哀公说：“现在田税已经是十分取二，仍然不足，如何能再行什一税？”

书呆子！光知理论，既无行政经验也无情报，鲁国自宣公十五年行“初税亩”，而此时税早已超过“彻”了。

《公羊传·哀公十二年》“春，用田赋”，《传》曰：“何以书？讥。何讥尔？讥始用田赋也。”何注：“哀公外慕强吴，空尽国诸，故复用田赋过什一。”“用田赋”，统一以“田”为单位计征，征纳物转变为以粮食为主，实际上与土地税接近。

“百姓不足，君孰与足？”文人谈政，这话能被采用？

“百姓足，君孰与不足”，君的足不足，在于百姓足不足。

“仓廪实则知礼节，衣食足则知荣辱”，足食，百姓温饱实为第一要义。

10. 子张问崇（积）德、辨惑。子曰：“主忠信、徙义，崇德也。爱之欲其生，恶之欲其死；既欲其生，又欲其死，是惑也。”

“崇德”，积德。“辨惑”，才能不惑。迷跟着惑，因迷才惑。此惑，非疑惑，乃迷惑。

“主忠信”，以忠信为本；“徙义”，见义，徙于义，搬到义上。“崇德”，积德，日行一善。

人皆有好恶、分别心，“爱之欲其生，恶之欲其死”，应一切没有分别心。

“既欲其生，又欲其死”，乃惑也。要辨惑，不要迷惑，否则将来自误。每个人的惑不同，其惑一也。真要做决定时，得有大智慧。一决定，定终身；荣辱于此分。

“夏，中国之人也”。三夏：夏、诸夏、华夏。

同仁堂能有四五百年的买卖，绝对有一套。

本身如是个错误，那“错在哪里”要知道。

有时你做正经事，不与他同，他就骂你。但纵使全世界都承认你，也不证明你是对的，全世界就权势、势利。

“诚不以富，亦祇（适）以异。”

《诗·小雅·我行其野》：“我行其予，言采其葍。不思旧姻，求尔新特。成不以富，亦祇以异。”

此乃衍文二句。

11. 齐景公问政于孔子。孔子对曰："君君，臣臣，父父，子子。"公曰："善哉！信如君不君，臣不臣，父不父，子不子，虽有粟，吾（疑有脱字，如焉、岂、恶）**得而食诸？"**

齐景公，原名姜杵臼，齐庄公的异母弟，在位时有名相晏婴辅政。《史记·齐世家》记载他"好治宫室，聚狗马，奢侈，厚赋重刑"。能纳谏，在位五十八年，国内治安相对稳定，是齐国执政最长的一位国君。但以继嗣不定，启"田氏代齐"之祸。

《论语述何》：时景公宠少子舍，而逐阳生。后阳生因陈乞弑舍而立，大乱数世，国移陈氏。故夫子之对，深切如此。

鲁昭公末年，孔子游历齐国。齐景公问政，当在此时。

"君君，臣臣，父父，子子"，君要像个君，臣要像个臣，父亲要有父亲的样子，身教重于言教。父亲在儿子面前如什么事都说，那儿子就无所不为了。在家说话应要特别小心。

"君不君，臣不臣，父不父，子不子"，君臣、父子，皆是相对的。"天子一位"（《孟子·万章下》），有其职，所以，君君、臣臣、父父、子子、兄兄、弟弟，一也，没有什么不同，"人无生而贵者"。

"善哉"，赞词。"信如君不君，臣不臣，父不父，子不子"，"君臣、父子、兄弟终去仁义，怀利以相接；然而不亡者，未之有也"（《孟子·告子下》），真至此，将危也，就是立储君，也是没有用的。

"虽有粟，吾得而食诸"，天下大乱常有抢米的事，储存粮食也没有用。就是家中有多少米吃，也不会安宁的。

12. 子曰："片言（单辞，片面之词）**可以折狱**（决断官司，判断是非）**者，其由**（子路）**也与！"子路无宿诺。**

《论语说义六》：单辞，为一人独言，未有与对之人。讼者，多直己曲彼，构辞诬人，单辞独为难听，故言之也。

听讼，只听一面之词，片言就可以定是非的，只有子路一人能够吧！

子路是个大老粗，"由也果"，遇事果决，一诺千金，以行直闻于天下，言出人信服，故可以"片言折狱"。普通人不敢以片面之词决定是非。

"无宿诺"：一、宿，留，隔夜。答应人了，马上做，不隔夜。今天做，不得今天成功，成功不必在我。二、宿，前、先。不能做之前不承诺，否则轻信寡诺。信在言前，故见信于人。

13. 子曰："听讼（审案），**吾犹人**（我也和人一样）**也。必也使无讼乎！"**

人与人之间发生不愉快，即"讼"。"讼"，自"小有言"来（《易经·讼》）。人与人之间天天讼，有口讼，有心讼。人何以出毛病？就是自欺。

"听讼"，《春秋》之听狱也，必本其事而原其志，原心定罪。

《春秋繁露·精华》：《春秋》之听狱也，必本其事而原其志。志邪者，不待成；首恶者，罪特重；本直者，其论轻。

孔子称自己能和人一样审案。但听讼，并不是最高的。

“无讼”，才是大本之所在。“物有本末”，要自本入手。“必也无讼乎”，无讼，比“听讼”重要，使天下人无诉讼。

“作事谋始”（《易经·讼卦》），谋始，防未然。在未讼之时，能以讼谋始，则可以躲开不宁。“必也，使无讼乎”，不是竞相当法官，而在使“无讼”。

《大戴礼记·礼察篇》：礼者，禁将然之前；而法者，禁于已然之后。是故法之用易见，而礼之所为生难知也……然如曰“礼云礼云”，贵绝恶于未萌，而起敬于微眇，使人日徙善远罪，而不自知也。

14. 子张问政。子曰：“居（守己责）之无倦（倦勤），行之以忠（尽己）。”

《孟子·滕文公下》云：“居天下之广居。”大一统。《春秋》“大居正”，养正守正。

“居之无倦”，居官行政，守己责任，始终如一。无倦，勤政爱民，“守位曰仁”（《易经·系辞下传》），不懈于位，不可倦勤。不做时，还得详细研究问题。

“行之以忠”，尽己之谓忠，主忠信。

15. 子曰：“博学于文，约之以礼，亦可以弗畔（叛道）矣夫。”

“博我以文，约我以礼”（《子罕》）。“博学于文”，“文”，经纬天地，博学之，无所不学。

“约之以礼”，人之欲望无穷，必用礼法约束，以礼约身。按礼行事，受严格训练，不做不合理的事。

"弗叛"，不叛道而行，"道也者，不可须臾离也"，不违道而行。

学病虫害，可以治病虫害；学医，可以为人治病。为何要学文史哲？学此做什么？台湾文史哲学系有何成就？能解答，即知应找个方向。

做人、做事为第一要义，不懂得做人所以不会做事。天下最难的是教书。台湾坏至此，有人懂得做人？不知道自己要做什么。搞一辈子，不知自己要干什么。必知为何要学文史哲，必达目的才是成功。如得博士犹不知，太可笑了！不知自己的责任与任务。

责任与任务，两者不同。责任，重责大任，"仁以为己任"；负任务，有时不一定是自己的责任。当务之为急，急所当务，急事。

遇事，得明辨之，看是责任还是任务，或是当务？明辨了，还必笃行之。

16. 子曰："君子成（促成）**人之美，不成人之恶。小人反是。"**

孔广森《论语补注》：彼有过者，方畏人非议，我从而为之辞说，则彼将无意于改，是成人之恶矣。故君子不为也。

小人"不成人之美，成人之恶"，想尽办法破坏人家。

以此衡量一个人，此良知之所在。

17. 季康子问政于孔子。孔子对曰："政者，正也（音近相训）。**子帅以正**（作为表率），**孰敢不正？"**

"政者，正也"，"必也正名乎"（《子路》）。

《大戴礼记·主言篇》：上者，民之表也。表正，则何物不正？

“子帅以正”，正人者，必先自正。“孰敢不正？”上好下甚。“其所令反其所好，则民不从”。

《易》“养正圣功”；《春秋》“拨乱反正”。一部《易经》开始讲“蒙以养正，圣功也”，全部《易经》即是要完成圣功。“圣功”是什么？智周万物、道济天下、裁成辅相，就是为了圣功。

“正”从哪里来？“正”与“元”有什么关系？“正”，止于一。“变一为元”，止于元，乾元、坤元。“元者，始也，言本正也”（《春秋繁露·王道》），“大哉乾元，万物资始”“至哉坤元，万物资生”。《易》八八六十四卦，乾坤为父母卦；屯，生；蒙，发蒙。“蒙以养正，圣功也”。用什么方法养正？

《易》讲养正、圣功。从养正到圣功（一统），策、谋、略皆在其中。

什么是王道之始？“养生丧死无憾，王道之始也”（《孟子·梁惠王上》）。王道荡荡（《尚书·洪范》“无偏无党，王道荡荡”），成圣功了。

“复正”和“反（返）正”有何区别？“载天下之贤方，表谦义之所在，则见复正焉耳”（《春秋繁露·正贯》），“正其谊不谋其利，明其道不计其功”（《汉书·董仲舒传》），“正义”与“明道”。《春秋》“大居正”，为“拨乱反正”之书。

今天要“正名”的地方太多了。原住民亦有其文化，不可以一知半解。必求真知才能用上。

发掘人性，自己有自制力才能不助人为恶。一个人不可以妄想，一举一动关系全盘民命。既是不能逃过，必要想办法解决，要用智慧解决。

练习真想，明辨、解惑了，才能用上。得天天为子孙谋。寄望“奉元书院永守住正，为台湾百姓谋福利”。福利，绝非天上掉下来的，也不是赐予，而是自求的，皆自求、自得。

18. 季康子患（担忧）**盗，问于孔子。孔子对曰：“苟**（假使）**子之不欲**（贪欲）**，虽赏之不窃。”**

《说苑·贵德》：天子好利，则诸侯贪；诸侯贪，则大夫鄙；大夫鄙，则庶人盗。上之变下，犹风之靡草也。

《说文》云：“盗，私利物也。”以盗为患，盗患。今盗患，有钱人以盗为患。盗，刑轻。

“苟子之不欲”，正欲，欲包含太多。解决问题应自根本入手。

《说文》云：“赏，赐有功也。”《集韵》称：“盗自中出曰窃。”窃、盗互训。

大盗盗国，上好下甚。上贪，下能不贪？要往上报销。己身不正，焉能正人？

19. 季康子问政于孔子曰：“如杀（戮）**无道，以就**（迁就，成）**有道，何如？”孔子对曰：“子为政，焉**（安）**用杀？子欲善，而民善矣。君子之德，风；小人之德，草。草上**（加）**之风，必偃**（卧倒）**。”**

《盐铁论·疾贪》：百姓不治，有司之罪也。《春秋》刺讥不及庶人，责其率也……君子急于教，缓于刑。

“杀无道，就有道”，以杀止奸，但有道、无道如何分辨？

今天的社会，你使他太过不去，早晚要你的命。现在杀人如杀小鸡。

“焉用杀？”怎可先用杀戮？

《新书·大政下》：君能为善，则吏必能为善矣。吏能为善，则民必能为善矣。

社会上就两种人：直者与枉者。“举直错诸枉，能使枉者直”。

上好下甚。

《说苑·君道》：夫上之化下，犹风靡草，东风则草靡而西，西风则草靡而东。

知识分子的责任在易俗，“风俗之厚薄，系乎一二人心之所向”，应做时代的中流砥柱。但说容易，行可不易。

20. 子张问：“士何如斯可谓之达矣？”子曰：“何哉，尔（你）**所谓达者？”子张对曰：“在邦**（诸侯之国）**必闻**（有声闻），**在家**（大夫之家，昔日大夫有地就养兵车）**必闻。”**

古书中的“士”，不一定指读书人。士，也指大夫阶级，公务员。

你所谓的达是什么？

“子游曰：吾友张也，为难能也，然而未仁。”“曾子曰：堂堂乎张也，难与并为仁矣。”不能和他一起行仁，可见子张病在务外自高。

子曰：“是闻也，非达也。夫达也者，质直而好义，察言而观色，虑以下人，在邦必达，在家必达。夫闻也者，色取仁（表面上装得像一个仁人）**而行违**（所行却相违背），**居之不疑**（自以为是仁者，假仁假义），**在邦必闻**（虚誉浮名，风云人物），**在家必闻。”**

弟子说似是而非的话，老师必马上说清楚。“闻”与“达”，两者不同，要明辨之。

《论语正义》：达者，通也。通于处人、处己之道，故行之无所违阻，所谓“忠信笃敬，蛮貊可行”，即达义也。

“质直而好义”，“质直”，所以说人“性相近”，人之生也直；“好义”，“义以为质”（《卫灵公》）。

“察言而观色”：语，开玩笑；言，郑重其事。色，肉身，色相。一言一行，一举一动，面的表情，无不“诚于中，形于外”，所以要“察言观色”。说话目中无人，如入无人之境，怎能不失败？自以为是人上人，到最后都没想到自己垮。有办法的人，说话要低声下气。

“虑以下人”，有虑人、虑事、虑物的功夫，做任何事考虑周延，甘为人下，多么阴险，指哪打哪。

要令对方不觉得你是矫揉造作，才能感人。什么都清清楚楚，表现不如你，对方还不以为假。用什么方法能修至此？得心存什么观念？用什么心态才能修到“下人”的地步？

“色取仁而行违”，非发自内的仁，而是“伪仁”，“闻其声，不忍食其肉”（《孟子·梁惠王上》），听不见野猪叫，照吃不误；

“居之不疑”，久了，还自以为是仁者。

子张即有此毛病，故夫子因其问，反复以告之。

“闻”，闻人，骂人的话。“国际闻人”，双关语！

一章明白，都能处世、处事。

21. 樊迟从游（游览）**于舞雩**（求雨坛）**之下，曰：“敢问崇**（积）**德、修**（修，治也）**慝**（音 tè，匿于心之恶）、**辨惑？”**

《论语述何》：此章盖在昭公孙（同逊，遁）齐之年，《春秋》书“上辛，大雩。季辛，又雩”。《传》曰：“又雩者，聚众以逐季氏也。”

《春秋公羊传·哀公二十五年》何注：“昭公依托上雩，生事聚众，欲以逐季氏。不书逐季氏者，讳不能逐，反起下孙（逊）及为所败，故因雩起其事也。”

《论语述何》：夫子将适齐，而樊迟从游，特志“舞雩之下”。圣贤之伤国事而不正言如此。

“雩”，吁嗟求雨之祭。“舞雩”，求雨坛。

“崇德”，积德，重德。

“修慝”，“修”字太美！不能一下子去之，得一点一点修，直至完整无缺为止。

子曰：“善哉问！先事后得，非崇德与？”

《论语述何》：樊迟欲究昭公丧乱之由，而言不迫切，故夫子独善之。先尽君道，而臣道自正。昭之失民失政久矣，骤欲得之，可乎？

“善哉问”，问得好！

“先事后得”，先之，“仁者先难而后获”（《雍也》），先义后利，“正其谊（义）不谋其利，明其道不计其功”，难道不是积德？

“攻其恶，无攻人之恶，非修慝与？”

《论语述何》：子家驹言诸侯僭天子，大夫僭诸侯。公曰：“吾何僭？”是知人之恶，而不知己之恶也。至不忍一朝之忿，而身不容于齐晋，辱及宗庙，则惑之甚也。

《春秋公羊传·昭公二十五年》“齐侯唁公于野井”，《传》曰：“子家驹曰：‘诸侯僭于天子，大夫僭于诸侯久矣。’昭公曰：‘吾何僭矣哉？’子家驹曰：‘设两观，乘大路，朱干、玉戚，以舞大夏，八佾以舞《大武》，此皆天子之礼也。且夫牛马维娄，委己者也，而柔焉。季氏得民众久矣，君无多辱焉。’”何注：“恐民不从君命。因为季氏用，反逐君，故云尔。子家驹上说正法，下引时事以谏者，欲使昭公先自正，乃正季氏。”

“攻己恶，无攻人之恶”，日久焉能不“下人”？

不骄傲，每天存“下人”之德。一个人如每天都能修慝，最后绝对懂得“下人”之德。

必“修慝”，“虑以下人”，多阴险！做事得如何冷静。

“一朝（一旦）之忿（忿怒），忘其身以及其亲，非惑与？”

《史记·孔子世家》云：“季平子与郈昭伯以鬬鸡故得罪鲁昭公，昭公率师击平子，平子与孟氏、叔孙氏三家共攻昭公，昭公师败，奔于齐。”昭公二十五年（前517年）逃到齐国，三十二年（前510年）死于齐。《春秋公羊传何氏释例》：“无终始者，无正也。无正，安有国哉？人知阳虎、不狃之叛，不知季氏之叛；知季氏之叛，不知定公之叛。”《春秋繁露·楚庄王》曰：“出走八年，身亡子危，死乃得归，困之至也。”

任何团体都需领导人，如嘴像王婆能领导人？你们“群居终日，言不及义”，能做事？如同王婆，怎能成事？

做事，得躲开自己的短处，表现自己的长处，来对付敌人的长处。而非互相揭短，愈弄愈低。看鲁昭公的下场如何？

好好下功夫，三年入门，就用得上。要用智慧插上一脚，不是分一杯羹。必要有所得，不是得名利，而是要谋福利。多少人想拿你们的福利，换取他一己的私利。就是你们都死光了，他也不在乎！

一个人如果不怕死，没有不成功的。我九十三岁犹豪气如此，年轻可见一斑！你们全无豪气，一副男不男、女不女的样子。在我眼中有几个是人？只要是不合理的事，我绝对站在第一线。我一辈子都自己保护自己。

你们要自求多福，台湾永远是中国的，慢慢地你们就领悟了。台湾最大的问题在举棋不定，今天事事不能上轨道即在此，耽误了多少建设。大家忙于惑，正事都忘了！

22. 樊迟问仁。子曰：“爱人。”

《论语说义六》：樊迟感昭公之祸，因思君人之道而“问仁”，而答之“爱人”。爱人，君人之道也。

仁者爱人。

问知（智）。**子曰："知人**（智者得知人）。"

《论语说义六》：问知，而答之知人。《书》曰"知人则哲，能官人"。

《春秋繁露·楚庄王》：虽取同姓，能用孔子自辅，亦不至如是。时难而治简，行枉而无救，是其所以穷也。

智者知人，"在知人，在安民"（《尚书·皋陶谟》），使"贤者在位，能者在职"。

赵普"半部《论语》治天下"，我以为半部太多了，应细细读。

樊迟未达（不明白）。**子曰："举**（用）**直错**（教育）**诸枉，能使枉者直。"**

《论语说义六》：自世卿专国，其君虽知人而不能官人。迟之未达，职此之由。

老师怎么喊，学生就是不明白。

朱熹注：错，舍置也。诸，众也。

朱子此解，那就成直者与枉者对立，如何能使枉者直？

《论语述何》：如鲁昭公能用夫子及子家驹，何忧季氏之僭？

唯仁者，能爱人能知人，能爱人能恶人。爱，不是盲目的，要爱好人、恶恶人，得先有知人之明。

常人利己，非常人则利天下，即利众生。

樊迟退，见子夏曰："乡（音 xiàng，昔）**也，吾见于夫子而问知。子曰'举直错诸枉，能使枉者直'，何谓也？"**

还是不明白，退而问子夏。

子夏曰："富哉言乎（颇有深意的说法）**！舜有天下，选于众，举**（用）**皋陶，不仁者**（不仁之事）**远矣。汤有天下，选于众，举伊尹，不仁者远矣。"**

《论语说义六》：子夏知孔子之意，必尧舜禹汤为君，而后能尽用人之道，以垂百世之法……富者，备也。必如舜举皋陶、汤举伊尹，而后用人之法备，亦崇德之至也……子夏述舜举皋陶，汤举伊尹，皆不以世（世及）而以贤（用贤），以明大法。

子夏举"舜举用皋陶、汤举用伊尹"为例，说明"举直错诸枉"。用直者教育、攻错枉者，使枉者都变成直者；日久，使不仁之事远离不仁之人。

"不仁者远矣"：一、古注：不仁之事远离；二、不仁之人远离，则永远对立。

23. 子贡问友（交友之道）**。子曰："忠告**（音 gǔ）**而善道**（同导）**之，不可**（听）**则止，毋**（不要）**自辱**（自取其辱）**焉。"**

《论语正义》：责善，朋友之道也。然不可则宜止，不复言，所以全交，亦所以养其羞恶之心，使之自悟也。

“忠告而善导之”，“朋友切切偲偲”（《子路》），相互勉励，相互督促，贵乎能切磋琢磨。

“不可则止”，不要见面就啰唆，“朋友数，斯疏矣”，自取其辱。

24. 曾子曰：“君子以文会友，以友辅仁。”

“以文会友”，此“文”非指文章，而是经纬天地。以经纬天下之术会友。“朋友切切偲偲”，讲学论道。

“以友辅仁”，彼此帮助而成仁，成功了则成仁政，即“王道成矣”。

文会，第一步；友仁，是结果。称友仁社，不称文会了。发展三三两两，成立“友仁社”。今后一举一动都有因果，不是空的。好好琢磨，慢慢想就深入。一法通，百法通。想得深思熟虑，虑深才能通敏。

人活着很不容易，先认识，好好看得准。成功者绝对是有德者，天下有德者居之，高官未必成功。没先立德再做事，故无一成功者，将欲、妄想当作志。志，永不变，心之所主。

“外蒙”是怎么丢的？“外蒙”公投，列在《中苏友好同盟条约》。

《中苏友好同盟条约》，全称《中华民国苏维埃社会主义共和国联邦友好同盟条约》，是中华民国在1945年8月14日（日本投降前夕）与苏联签订的条约，当时苏联军队在没有条约的情况下，已经发动八月风暴攻势。一个星期以后，从日本手中夺取了中国东北地区（当时“伪满洲国”）与内蒙古。1945 年 8 月 14 日，中华民国政府代表王世杰只好勉强和苏联政府代表莫洛托夫在莫斯科签订此条约。

此条约最大要点，是关于中国北方边界的问题，尤其是外蒙古的主权问题。换文内容附件有两个主要条文：一、苏军三个月内从东北“撤完”；二、“兹因外蒙古人民一再表示其独立之愿望，中国政府声明于日本战败后，如外蒙古之公民投票证实此项愿望，中国政府当承认外蒙古之独立。”

1945 年 10 月 20 日，外蒙人民在被苏联操控的外蒙当局的监视和控制下，举行公民投票：结果显示百分之九十七的公民赞成外蒙古独立。1946 年 1 月 5 日，中华民国正式承认外蒙古独立。

这些浑蛋视国土如同儿戏，根本不懂得中国文化，蒋家是盐商出身的。孔子当官，先诛少正卯。记住：圣人也得杀。

人必要有全智全德，保持一个国家的完整不易。保存国土为忠。

施琅后人至今在台约有六千人，其功劳碑在鹿港妈祖庙前。

施琅（1621—1696），字尊侯，号琢公，福建省泉州府晋江县人，祖籍河南固始。明郑降清将领，封三等靖海侯，谥襄庄，赠太子少傅。

鹿港天后宫，相传康熙二十二年（1683）时，福建水师提督施琅奉命征台，曾由湄州天后宫奉请开基妈祖一尊，作为护军之神。台湾平定后，施琅族侄施世榜恳留神像在台奉祀，成为台湾早期迎自湄州祖庙的“湄州妈”。

妈祖庙原建于鹿港北端临海的船仔头，因香火鼎盛，空间不敷使用，遂于雍正三年（1725）由施世榜献地，迁建于现址。

嘉庆十九年（1814年），鹿港士坤、商人鉴于迁建后的妈祖庙已栋宇腐朽，不堪续用，乃集资重修，工费计银三千五百八十八圆。次年春天完工，立有“重修鹿溪圣母宫碑记”，以资纪念。

福康安，是乾隆帝的外生子，不能封王；为复台元帅，嘉义有其记功碑。

福康安（1753—1796），字瑶林，富察氏，清满洲镶黄旗人。历任云贵、四川、闽浙、两广总督，武英殿大学士兼军机大臣，封贝子。乾隆皇帝破格封福康安为贝子，他是第一个宗室之外，活着被封为如此显爵的人。但乾隆还没来得及封福康安为王，福康安即去世，赠谥文襄，追赠嘉勇郡王，配享太庙。

乾隆五十二年（1787年），台湾爆发林爽文起义，协办大学士、陕甘总督福康安为将军，名将海兰察为副将，率军乘六百艘战船向台湾进发。于十一月初一到达台湾。

福康安到台湾后，对起义军进行分化瓦解，以优势兵力分五路解侏罗（嘉义）之围，又接连攻下斗六门（斗六）、大里杙（大里）、集集埔（集集）等军事要地。将林爽文等人逼入番社。接着在台湾各地进剿，于乾隆五十三年（1788）正月初五生擒林爽文于老衢崎，解往北京，后在北京菜市口就义。林氏诛九族，其中一枝迁至雾峰。

一个月后，庄大田亦被福康安、海兰察俘获，在台湾府城被杀。林爽文起义以失败而告终。福康安的记功碑立在台湾嘉义公园。

孙中山固然失败，有千古荣；蒋则成千古罪人。都失败了，但在失败中仍有荣辱。

不是我们怪，而是社会太怪了，嫉妒，一说话，则成人之恶。

我没有骂过人，他们是“人”吗？我所骂皆是畜牲。

为人子不孝，绝不是人。我说良心话，今天有“孝”？孝者，顺也。大本不立，还求其他？今天社会必得认真了，十年已败坏至此，真是不堪入目！谁非父母所生，能不痛心？是孰之过？

学文史哲的要认清责任，活着才有意义。这个社会犯了什么毛病？要认清自己的责任。天天杀人，都惊醒不了这个时代。从上至下，人性没了！今天乱伦，要反正太难！子弑父，不孝，要拨乱反正。

“孝、义、忠”，加上“智、仁、勇”，要行，不光是讲。每天做事，必要有目标，不要天天存机心，天天动心眼。

想做事成功，必得做人成功，待人接物必保持“诚”与“真”，是人性的表现。你的一举一动，“人之视己，如见其肺肝然”。把恋爱的精神拿出，就会做事。做事，要出自“诚”与“真”，要技巧的一定失败。

今天的年轻人，没有人告诉他活着是为了什么。大丈夫“居天下之广居”，到最后“配天”，“大人者，与天地合其德”。你们要像玩似的传授给年轻人，让他们知道读书人的责任与目的。要脚踏实地做，使他们真明白了，绝不做违背良知的事。

孔子有好孙子——子思，没有好儿子——孔鲤。

到曲阜，几千年的时空可以拉近。

读完“公羊学”了，才知道我何以如此怪！传绝学，必得有德，也必得有胆与识。

奉元即是崇祖。中国供牌位（木主）不供像。太庙的木主有雕的椅子，上面蒙黄绫。家堂供祖宗，祖宗即羲皇、娲皇。做任何事都得从根上来。

二战时期的外国领袖人物，懂得做事的是丘吉尔（1874—1965）与罗斯福（1882—1945）。懂做事者绝对知人，此与道德无关。甘地（1869—1948）以道德取胜，其余皆英雄人物。

这块土完全没有懂得做事的，你们必须要练达做事。要真懂，真明理。想要力挽狂澜，知识分子必负点责任。

今天有几个为人父母的像父母？课子是母亲的职责，要天天督导小孩。

有学问与读古书，是两回事。宗教，是言教不如行教，社会教育影响人更深。

书买了，要看，且要持之以恒，每天要有一定的进度。为什么要读书？读书，是为了明理，明理就要理事，用自己所明之理。读书贵乎实践。

伏案著书，世事不问，历代帝王愚民，临终赏赐“博学鸿词”。现在时代已经不同了，何以仍在帝制的余波？

帝王不叫读书人做事，怕其子孙不能掌权；自家读帝王之学，要民间读书人“窗前草不除”，千古文章一大抄，什么生命力也没有。

治国平天下之道，何等致密！《周官》乃一部行政大法。

现在“奉元”，自根出发，从根做起。伟大的抱负，留待后人实行。

我在台坐五十多年，在此之前天天忙、天天跑。

二战时，分成两大集团：同盟国与轴心国。

第二次世界大战（1939—1945），是迄今为止人类社会所进行的规模最大的全球性战争。战争最高潮时，全球有六十一个国家和地区参战，有十九亿以上的人口被卷入战争。

交战双方是以美国、苏联、中国、英国、法国等国组成的反法西斯同盟，和以德国、日本、意大利等法西斯国家组成的轴心国集团。战火遍及欧洲、亚洲、美洲、非洲及大洋洲五大洲，交战双方同时也在大西洋、太平洋、印度洋及北冰洋四大洋展开战斗。

“萧规曹随”有智慧，自己不成才，又何必乱搞？

萧何临死前，推荐曹参继任。曹参整日饮酒食肉，清静无为。小皇帝不解，命曹窋劝谏，曹参鞭笞了曹窋，并将他赶出门外。惠帝于是亲自责问。曹参说：“陛下与先帝相比，谁较为英明？”答：“我怎敢与先帝比？”又问：“我跟萧何比，谁较贤能？”答：“好像不太比得上。”曹参说：“那就对了！高祖跟萧何平定天下，法令都健全完备了。那我们坚守岗位、遵守法令而不犯过失，不就是了吗？”

文化，是慢慢累积的。人必要知自己的长短，才知道要努力的方向。如果什么书都看不懂，那智慧从何而来？书，是古人智慧的结晶。明辨之，经过分析了，才更加清晰。

大陆常是一村一家，如张家村、李家村，每一家都有一图书馆，或设在家庙。

我不要你们成为书呆子！管事的不同于处事的。管事是管家的，处事是主事的，可以把环境变成活的。你们能够修书院？这是处事能力，最低得懂得“无中生有”，从自己开始设立。

真是貌如其人，所见者少，知识多半来自《圣经》，常将实际事变成天堂事，如佛教谈极乐世界，净谈些鬼话！修行是讲慑力，在其慑力内的人都平安。

我母极聪明，但信佛极虔诚。我则不信，但喜办慈善事业。来台办慈航中学，打吃佛饭的人，写《恶僧传》，反对女孩子找和尚。

我不是反对宗教，而是反对和尚以此为生。掩藏，就犯戒；贪念重，就迷信。宗教是要救人除苦的。儒讲“道不远人”“率性之谓道”。释迦讲那么多的天，何以不将此一智慧用以研究治平之道？

我常说，我死在哪儿，就在哪儿烧掉。我念经，是为父母尽责，自己并不信，必得尽为人子女的责任。我死后勿用僧道，不相信。

子路第十三

学法、知法而为恶，抢钱、求色，利、色令智昏。一步走错，整个毁了，永远回不来了。台大法律系二年级的与中正初中十几个同学绑架同学，这件事实很严重。这学生的父母，一切希望都没了！求死不得，活着亦痛苦。

我听完这新闻，坐着想自己。有几人不男盗女娼？不必管别人，试问自己如何。自己的品德如连狗都不如，那还讲什么书？你们要好自为之，已一天比一天可怕，恐怕事实有逾于此。我天天胆战心惊，将来如无可用之才，还谈其他？

读书要改变器质。这社会有没有你，并不重要。不像样的，我不理。每天净是盗、欺，根本没有自我，就是盗名盗利、欺世欺人，还不以为耻。为人师的如都如此，还谈其他？站得住的，必要有个人样。人到没有良知了，什么都没有用。良知不易保存，故要“致良知”，要找回丢掉的良知。

今天台湾社会至此，谁要负责？在家表现不够，就影响小孩。看今天社会变迁，大学生陪酒、百姓彷徨、政治人物乱扯，把台湾败坏了！百姓是不深思、盲从的。

识时务很重要，早也不行，抢先也没有用。千言万语在提醒你们一个“时”字。“圣人不能生时，时至而不失之”，识时务者为俊杰，当务之为急。

我绝不为人卜卦。德不恒，还卜？“不恒其德，或承之羞”。教五十年书，同学的程度又如何？收什么效了？没有德，什么都不能成就。

讲关系，又如何？不要胡扯，应为己之所当为。德、能足，就成了；巧取豪夺，没有用。要脚踏实地造就自己。面对未来，好好努力，要学真的能。人的脑子能无量，计算机有时还中毒。

人活着不靠关系，要靠自己的德与能，此皆不假外求，完全操之在己。将相本无种，男儿当自强。

这个社会怎么对得起年轻人？要用什么方法安慰、拯救年轻人？是谁之过？造就一个人多么难！我这些年没有为自己奋斗，最大的私是为自己的族人。要同学做买卖，用心之苦！因为你们唯有合作，才能够翻身。

必要有目标做一件事，自求自得，皆自得也，谁也帮不了你的忙，都自求自得。万物皆备于我，皆自得也。要求自己能，自己能，才有号召力；到有用时，自找上门来。大家接受孔子一生奋斗的成绩，死后为他装饰。

自小学会捡便宜，而忽略一己之所能，社会风气不良演变至此，此非一日之恶。知识分子最小的责任也得济时，大则安世，孔子成为万世师表。济时，对时要有帮助。一个人如不知自己为何而活，那就完了！

我看得多，胆子小，送上门的都不敢要。我绝对为己之所当为，生死与我没有半点关系，有生以来就独断独行，绝不偶俗。

什么都得过去，三不朽——立德、立功、立言，都得自己立，否则“赵孟贵之，赵孟贱之”。

1. 子路问政。子曰：“先之（率先垂范），**劳**（音 lào，慰劳）**之。”请益。曰：“无倦**（实际做到）。”

政治是实际的，万般不与政事同。

做官，必率先垂范去做；百姓做得好，得犒劳、劝勉之。

“先之”，“官先事”（《礼记·学记》），先学做那件事，才能管理那件事。“劳之”，事情做成得犒劳之，不可以吝赏，使百姓内心有无尽的快意。

实际做到。精神一到，何事不成？故曰“无倦”。

说读书人不谈政，鬼话。不是会背书，而是要学会做事，先要明辨是非，否则是盲动，“愚者好自用，贱者好自专”，要做“是”不做“非”，此为初步。

想成功，必得知人，因事情是人做出来的。知人，才能任人，知人的条件特别重要。仔细玩味，抓住要点。就连夫妇配不对，也会垮了。

不要浪费时间，一言以为智，一言以为不智。人家放的狗屁，还值得你研究？要将有用的脑子，放在有用之处。就从一人做事，可以看出其人的聪明与才智。

我每天忙不过来，都有一套，绝不浪费在无用处，要识时、看势。有志，正事都忙不过来，哪有工夫扯闲？就是行贿，也要知怎么去行贿。送宋版书有用？不在价高，而在乎有用与否。如送我，还不如送包花生米，吃在口里香。

社会就是需要而有用。这时代不需要文史哲，那学文史哲的就得失业，你们要饭吃，都吃不饱。

识时看势，然后用事。要看这环境，究竟是属于哪一类的环境？就知道要怎么用事。

有人嘴里喊“民主”，心里专喜“不民主”。必深入了解人心理的矛盾，此即政术。

2. 仲弓为季氏宰，问政。子曰：“先有司，赦小过（有害于己，无害于人），**举**（起用）**贤才。”**

《论语说义七》:《尧典》“克明俊德”，谓能明俊德之士任用之，《皋陶谟》“知人则哲，能官人”，皆以得人为先务，此先有司也。既知人而官人，则已用者当赦其小过，未用者当举其贤才，而有司之事莫敢后。

仲弓列德行科，“可以南面”。问为政之法。

此讲用人之要，怎么实行。

“先有司”，用才为要，使“能者在职”。先设好管理其事的主管，因事务责主管。有司得人，则事无不举。

“赦小过”，“故旧无大故则不弃，无求备于一人”（《微子》）。什么可赦、什么不可赦，必要弄清。“小过”，见什么动心眼，有亏于己之德，但不损于人，故可赦。

“大过”，有害人的思想、行为，侵害别人，故不可赦。孔子一上台，即诛少正卯。

“举贤才”，人的本质或贤或浑，要使“贤者在位，能者在职”。

曰：“焉（安）**知贤才而举之？”曰：“举尔**（你）**所知，尔所不知，人其舍**（舍而不举）**诸**（语词）**？”**

《尚书·皋陶谟》：皋陶曰：“都！在知人，在安民。”禹曰：“吁！咸若时，惟帝其难之。”

做事业必知人，但“惟帝其难之”，故“举你所知”，如舜举皋陶、汤举伊尹；“尔所不知，人其舍诸”，“内举不避亲，外举不避怨”，是人才即举之。

《易经·泰卦》称：“拔茅茹，以其汇，征吉。”用一帮志同道合者，结之以德，以成就外王之业。举贤援能，“贤者在位，能者在职”。国家之能有希望，在后继有人，江山代有才人出，所以成就大事业，以造就接班人为第一要义。

必要培养活智慧，否则连当个秘书的资格都没有。先做自己范围内的事，如专做自己办不到的事，那失败的机会就多。

你一开口，人家即知你有无自学术路来，学术有学术的用语。书要活用，讲出就要使人明白，能知就能行，不是与人玩捉迷藏的。

在台教书的罪莫大焉，今天知识分子就乱伦！

你们成立“奉元书院志修纂委员会”，将跟从我以来，把我所遭的罪写出。在台五十年甘苦备尝。校志的第一个文献，即是我被骗去的东西。

3. 子路曰：卫君（出公辄）**待**（止，留用）**子而为政，子将奚**

先（以何者为先）？**子曰：“必也**（肯定的）**正名乎！”**

《史记·孔子世家》：“是时，卫君辄父不得立，在外，诸侯数以为让。而孔子弟子多仕于卫，卫君欲得孔子为政。”

学生出题，问将先做什么。

为政，“必也正名”。奉元以此作为标准，以正一切之不正。

《春秋繁露·深察名号》：“欲审曲直，莫如引绳；欲审是非，莫如引名；名之审于是非也，犹绳之审于曲直也”，“圣人之谨于正名如此，君子于其言，无所苟而已”，“《春秋》大元，故谨于正名”。

子路曰：“有是哉？子（老师）**之迂**（迂腐）**也！奚**（何）**其正？”子曰：“野哉**（粗野）**由也！君子于其所不知，盖阙**（保留）**如也。名不正，则言不顺；言不顺，则事不成；事不成，则礼乐不兴；礼乐不兴，则刑罚不中**（音众）**；刑罚不中，则民无所**（地方）**措**（安置）**手足。故君子名之必可言**（名正言顺）**也，言之必可行**（言行一致）**也。君子于其言，无所苟**（苟且）**而已矣。”**

《春秋繁露·玉英》：谓一元者，大始也。知元年志者，大人之所重，小人之所轻。是故治国之端在正名，名之正，兴五世，五传之外，美恶乃形，可谓得其真矣，非子路之所能见。

“有是哉？”不足之词。“子之迂也！”太迂腐了！“奚其正？”又强辩。

“野哉由也”，申斥子路强辩。

“于其所不知，盖阙如也”，疑则不言，“吾犹及史之阙文也”。

“必也正名”，正名为先，名正言顺。

“事不成，则礼乐不兴”，礼别上下，立于礼；乐以和性，成于乐。

“礼乐不兴，则刑罚不中”，则必滥施刑罚，不能得当；“则民无所措手足”，百姓乃不安，不能平平安安过日子。

做事，先正名。“名之必可言”，名正言顺，理正言直；“言之必可行”，见诸实行，则言行一致。

做事，如有一事苟且，所有事皆会苟且。不可留给人坏印象。

一天自己忙，也得替别人忙，不可以苟且行事。

自欺，骗不了人，只是骗自己。

4. 樊迟请学稼（种五谷），**子曰：“吾不如**（有自知之明）**老**（有经验的，老手）**农。”请学为圃**（种蔬菜），**曰：“吾不如老圃。”樊迟出。子曰：“小人哉，樊须也！上好礼，则民莫敢不敬**（敬事）；**上好义**（宜），**则民莫敢不服；上好信，则民莫敢不用情**（真情表露，言行如一）。**夫如是，则四方之民，襁负**（背负）**其子而至矣，焉用稼？”**

孔子自称“不如老农，不如老圃”，因为术业有专攻。

樊迟专学为农为圃，孔子斥为“小人哉”！

《孟子·滕文公上》：“有大人之事，有小人之事。且一人之身，而百工之所为备；如必自为而后用之，是率天下而路也。故曰：或劳心，或劳力；劳心者治人，劳力者治于人；治于人者食人，治人者食于人，天下之通义也。”

多少读书人专学圃、学农、学稼，浪费多少时间，不知“素其位而行”，专务乎其外。

“化民成俗，其必由学乎”（《礼记·学记》）。好礼、好义、好信，皆学之所从出。“上无礼，下无学”（《孟子·离娄上》）；上好礼、好义、好信，则民敬、服、用情。

术业有专攻，不能不必玩，当休闲即可，不必浪费时间。每天浪费时间，到用世时就后悔。

《孟子·滕文公上》：“尧舜之治天下，岂无所用其心哉？亦不用于耕耳。”

人皆好为人师，但为人师必须是高手，否则应敬谢不敏。教人时，必得真知，不可以半调子。

5. 子曰：“诵《诗三百》，授之以政（内政）**，不达**（明达治理）**；使**（音 shì，出使）**于四方**（办外交）**，不能专**（擅）**对；虽多，亦奚以为？”**

《论语正义》：学《诗》有诵、弦、歌、舞之法。此但及诵《诗》者，主于口读，寻绎其义恉也。

“不学《诗》，无以言”，知言，知人，“诗言志”，“诗者，持也”，“持其志，勿暴其气”。“《诗》，可以兴，可以观，可以群，可以怨”，政治不外乎兴、观、群、怨。

“授之以政，不达”，“不成章，不达”。《诗》是社会学，可以兴、观、群、怨，通于政事，故能达。

经，常道也，乃经纬天地之常道。学完经书，既能为政，也能做外交。

外交官受命不受辞，必有“专对”的智慧。孟子善于外交辞令。《公羊传》称：“聘礼，人夫受命，不受辞；出竟，有可以安社稷、利国家者，专之可也。”

读书贵乎能用，以启发自己的智慧，贵精不贵多，于书中得实际用处。若读成书呆子，不会做事，出门就没有用。

中国的“女学”都快绝迹了，还不赶快去继绝。

女学，泛指女子教育。清黄遵宪《为同年吴德潚寿其母夫人》诗：“吁嗟三代后，女学将毋忘。”郑观应《盛世危言·女教》：“中国之人，生齿繁昌，心思灵巧，女范虽肃，女学多疏。”

今天应恢复女学，谁愿意捡破烂？良贾都深藏若虚，何以今天女子净以暴露为美？自由，是不穿衣服？人是进步的，自服饰可以看出。

何不止邪风？“率性之谓道”，应该实事求是。中国人遇事反躬自省，如你不看，还会有人表演脱衣舞？就想占便宜。丢了，早晚必有失；丢失了，必要找回。积怨在人心，最是危险！看人心理的矛盾律。

读完一书，必知其要点，自“真知”入手。

中国思想家多，你们看了吗？你们来日方长，好坏都得在这儿混。

求死不易，那就好好正视生，要怎么活才有价值。要正视自己，绝不能浪费精力。

6. 子曰：“其身正，不令而行；其身不正，虽令不从。”

《淮南子·主术训》：有诸己不非诸人，无诸己不求诸人。所立于下者不废于上，所禁于民者不行于身……人主之立法，先自为检式仪表，故令行天下。

《新序·杂事》：唱而不和，动而不随，中必有不全者矣。夫不降席而匡天下者，求之己也。

以身作则，身教重于言教。“政者，正也。子帅以正，孰敢不正？”

君子有絜矩之道。本身修德不足，虽令不从。本身不行，先希望别人做，不易！本身做坏事，叫别人不做，人亦不听。父子、师生重在身教，父子间严肃，言出法必随。

你是人家的看家犬？脑子不可以太分散。做事不必太宣传，出来就有了。我怎么学怎么做。自况，每天应怎么活，必要善用智慧。自己事都忙不过来，还花时间去批评别人，多管闲事多可惜！

你们生逢其时，要好好努力，下功夫正视华夏文化。汉以前的书有思想者多，宋、明儒受《坛经》的影响，儒其表，禅其里。

韩、日根本是中国文化，都读中国书，但是发音不同。

7. 子曰：“鲁、卫之政，兄弟也。”

“鲁”，周公的封国。“卫”，康叔的封国。

一、“兄弟”，无贬词，古义。周公、康叔为兄弟，皆姬姓。

二、朱熹云:“本兄弟之国，而是时衰乱，政亦相似，故孔子叹之。”此有贬词，说两国政治情形皆衰败。

台湾原住民多可怜，怎能不好好照顾?一个人要真发心，没有分别心、企求心真不易!台湾富，谁富了?

何不发心整理书院?三年也可以有成。新店静园有一千八百坪(一坪相当于3.3058平方米)，一年税近十三万元，何以不好好利用?台人私心重，非不能，是不为也。

要有智，事在人为，谋解决之道，必要有面对事实的勇气。

局势愈乱，奸人愈多，许多人被利用犹不知。我有神经质，人家对我一笑，必好好研究。

人斗的是智，孔明施空城计，司马懿就是不入;孔明送女装给他，司马懿穿给大家看。人家要演这出戏，你是当导演，还是当演员?“三国终归晋”。记住:“尺蠖之屈，以求伸也。”刚，成不了事。

都上牌桌了，必有输赢。早晚必谈，必得试探，不可躲避，要面对。必要有备，才能无患。如只是哗众取宠，净颠倒是非，只是要钱，绝对无耻，会有好结果?

8. 子谓卫公子荆(卫国大夫):**“善居室**(宜室宜家)。**始有**(富，有财)，**曰:‘苟**(诚，信也)**合**(聚)**矣。’少**(稍)**有，曰:‘苟完**(完满)**矣。’富有，曰:‘苟美**(尽饰)**矣。’”**

这是个思想，“世卿(世世代代当卿大夫)非礼(不合理)也”。

孔子反对世卿，黜三贵:贬天子、退诸侯、讨大夫。“人无生而贵者，天子之子曰元士”(《仪礼·士冠礼》“天子之元子，犹士也，天下无生而贵者也”)。

“卫公子荆”，是卫国大夫，名荆，字南楚，是卫献公的儿子。

“公子”，指有爵位者。诸侯、王有许多儿子，第一个为世子，继承人，其余为公子，孙子则为公孙。

少爷，通称，是奴才称的。皇子结婚后，得搬出皇宫，即分府。

昔日大家庭，男孩五至七岁住厢房，女子亦住厢房，称闺房。结婚后，才有自己的屋子，称“授室”。

不做世卿了，必得过平民生活。这小两口很会过生活，一切都慢慢有，合、完、美，循序有节。

人生的三部曲，人都经过“始有、少有、富有”三个阶段。

9. 子适（至）**卫，冉有仆**（动词，赶车）。**子曰：“庶**（人口众多）**矣哉！”冉有曰：“既庶矣，又何加焉？”曰：“富之**（衣食足，知荣辱）。”**曰：“既富矣，又何加焉？”曰：“教之**（富而后教）。”

治国之道，以富民为先，“衣食足，然后知荣辱”。政治不可以空想。

民富，国亦富；官富，政商上下其手，则民贫；民贫，国亦贫。

战争能够避免，要尽量避免，因为战争不能解决问题，必要用智慧解决。

富而后教，教育之前，必先得“富之”；否则，百姓为了生活，必花许多时间才能糊口，哪有时间读书？

《管子·治国》：凡治国之道，必先富民。民富则易治也，民贫则难治也。民富则安乡重家；安乡重家，则敬上畏罪；敬上畏罪，则易治也。民贫则危乡轻家；危乡轻家，则敢陵上犯禁；陵上犯禁，则难治也。

10. 子曰："苟（诚，真）**有用我**（用我治国）**者，期月**（一年见效）**而已可**（可有成效）**也，三年有成**（成功）。**"**

何以不去做，就等着人家用你？

一年见成效，三年有成。真做了，三年可以有成。

《汉书·食货志》：民三年耕，则余一年之畜。衣食足而知荣辱，廉让生而息争讼。故三载考绩。

但三年以后呢？

贵乎能行，不是讲得好，必得能知能行。

11. 子曰："'善人为（治）**邦百年，亦可以胜**（音shēng）**残去杀矣。'诚哉是言也！"**

"善人为邦百年，亦可以胜残去杀"，没有残暴、没有杀戮，这是"仁政"的境界。但历史上并没有到此一境界。

孔子说得明明白白，就得有这种人。

所以，我们要造就的就是这种人！有善、有真，才可能天下平。但社会最缺的就是真、善。

善人，性生万法，何等逍遥自在！"善人也，信人也"（《孟子·尽心下》），能够自我发挥，不"践迹"，亦不"入于室"。"践迹"，照葫芦画瓢；"入室"，如入宗教，脑子成"控固力"（混凝土）。

所有的社会行为，都是"践迹""入于室"。脑子的反应打破一切，“元”是无尽藏，自“元”发掘之。发掘人性，面对事实。

12. 子曰：“如有王者，必世（一世三十年）**而后仁**（天下归仁）**。”**

《说文》曰：“王，天下所归往也。董仲舒曰：‘古之造文者，三画而连其中谓之王。三者，天、地、人也；而参通之者，王也。’孔子曰：‘一贯三为王。’”

“王者”，以德服人，天下归往之。“尧舜，性者也”（《孟子·尽心下》），“率性之谓道”，王道之治，以德治国，“仁政”之标准。

一世，三十年。一生一世，从生到死。

有王者，必三十年而使天下人反己复性，归仁。仁者爱人，仁者无不爱，大同，天下一家。

13. 子曰：“苟正其身矣，于从政乎何有（何难之有）**？不能正其身，如正人何？”**

“政者，正也”，为政，当先正其身，子帅以正，孰敢不正？

己身不正，虽令不从。

14. 冉子退朝。子曰：“何晏（迟）**也？”对曰：“有政。”子曰：“其事也。如有政，虽不吾以**（用）**，吾其与**（音 yù）**闻之。”**

《论语述何》：季康子先召冉子，因冉子而以币反夫子于卫。夫子反鲁，冉子之力也。冉子朝事毕，即至夫子所。一日迟至，故异而问之。

《论语述何》：大曰政，小曰事。政有所改更，事日常行事也。

"政"不同于"事","必也正名乎"。政务官、事务官有别。元老致仕(退休),犹得与闻国政。家宰,是管事的。

15. 定公(鲁定公)**问:"一言而**(能)**可以兴邦,有诸**(之乎)**?"孔子对曰:"言不可以若是,其几**(音jì,近也)**也。人之言曰'为君难,为臣不易',如知为君之难也,不几乎一言而兴邦乎?"**

"其几也",有近于一言可以兴国。

"言"与"语"有别。"言",讲正经的;"语",什么都说。胡言乱语。

"为君难",南面而治,只以治为忧,而未以位为乐,岂不是近于"一言而兴国"?

曰:"一言而丧邦,有诸?"孔子对曰:"言不可以若是,其几也。人之言曰'予无乐乎为君,唯其言而莫予违(违予)**也',如其善而莫之违也,不亦善乎?如不善而莫之违**(背)**也,不几乎一言而丧邦乎?"**

人君所言为善,无违之者,则善也。所言不善,而无敢违之者,则近于"一言而丧国"。

"一言兴邦、一言丧邦"。"一",微与著、是与非,成败就在一刹那间,一步错就坏。做人亦如是,偶一不慎,绝对失败。

遇事,反应必要快,要练达如常山之蛇。但做事反应快,并不是要速成。做事,都有一定的步骤,就是少一步,也不会美满。

许多事多悲哀,连个人样都没有,至今无可用之人,培养人才不易。所为一无是处，就从心所欲，乱七八糟，最后受其苦。

他好不了，事小，但最后，子孙要偿债。做事，必要弄得清清楚楚，做不好，不如不做，否则后患无穷。没有一个范畴，绝对站不住。今人不出五年即垮，一出手就错，就止于此了。

“三人行，必有我师焉”，要以史、以事、以人为鉴，否则什么也成不了，天下绝没有捡便宜的事。人心绝不可以坏，否则报在子孙。

一个人必要头脑致密，前后清楚。儿女不必管，全靠德行感。如只要有利于己，什么都干，就是投机。社会即“人与非人”，此指人的行为而言。

你们要练习表达能力，时常训练说话，才能有伦有序。

看报，要看重点，其他作参考。杂志，要固定看，多作参考。如对眼前事都不了解，怎么做事？必要有世界观，不能尽是利己观。今天社会，只要于自己有好处，男盗女娼的事都干；人家伸出魔掌，还以为对自己有好处。

16. 叶（音shè）**公问政。子曰：“近者说**（悦），**远者来。”**

《论语述何》:《春秋》大一统，必自近者始。此其义也。

《管子·版法解》: 凡众者，爱之则亲，利之则至。

近悦远来，由近及远，乃做领袖之要。

“近者悦”，虽不了解你，也感觉亲切。如连近的人都处不好，就成孤家寡人了。

处朋友，必特别重视最近的人。“不识其人，则视其友”，是考验一个人的最佳方法。

17. 子夏为莒父（音 fǔ，莒父为鲁国一小邑）**宰，问政。子曰："无欲速**（急也），**无见小利。欲速，则不达；见小利，则大事不成。"**

搞政治必注意，必要按步骤完成一事，"其进锐者，其退速"（《孟子·尽心上》）。注意：无欲速，无见小利！

读书不易，明理更难，会著书的不见得懂书。

戊戌变法即失败于"欲速不达"，器识太窄了。一个国家还在乎几个老的吃饭？叫"元老"，说"后生可畏"，大家都有饭吃，哈哈大笑，还拥护你。逼得紧，就反得厉害。

有人"见小利"，什么都干，"见小利，则大事不成"，许多事做了，得不偿失，后悔不及，就是跳到黄河都洗不清了，烙上印能洗掉？如有狗德，也就不会分裂国土。遇事，要冷静思考，"无见小利"。

我在屋中坐五十年，大小利皆拒绝。我绝对是人，可以化验。自己是畜牲，还问别人是谁？不做人事，我所骂皆"非人"。我打假和尚，是除恶，连老佛爷都鼓掌。有分野，要认清。

"无见小利"，因为人的失败就在"见小利"。你占了别人的便宜，别人绝对会报复，唯有业随身，发你们之深省。大本如不立，外美也不永久，人生多么悲哀！真想有成就，必要有德，唯德长在。祸国殃民者，而今皆安在哉？罪孽永洗不清。

慈安专"能忍"，因为争不过慈禧。男人不知是否下贱，既知有德，何以不喜？净说圣人话，但眼专看"香炉"。我讨厌说仁义道德者，尽男盗女娼。

今后，临你们面前的小利，不知道会有多少，不知不觉中买通了你。请吃一餐，却要你的命，达到目的以立功。乱世，在夹缝中生存，可是不易，被看成“王八”。

我在台的第一张聘书，是石牌的特务学校“心庐”，专管文教，有胡秋原、王升。“衡庐”，是专侦察军情的。

我所以能活得泰然，就是不见小利。

书院不收“孝、忠、义”内三德不足者，因为未闻不孝者有智慧。不懂，难免有过，但要“过，则毋惮改”。

与别人无深刻的关系，萍水相逢，就不要过度要求。家贫出孝子，不孝，愈老会愈心不安，愈老良知会愈显现。我天良发现了，不是落伍。史上成大功、立大业者，无不是“本立而道生”的。

《论语》每天看一二段，就有无穷的助力，良知显现，成就也就近了。“嗜欲深者，天机浅”，没有智慧，不能成功。心地泰然最为重要。职业没有高低，做苦工，但德绝对高。政客终日净是诈、骗，无有一人性的行为。

你们要为台谋福利，视己才能多少做多少，要教如何种良稻。没有职业，做什么都是职业，职业没有所谓的贵贱。己行，自己去做；行己，做了有成果。

哀，莫大于不知耻，如自己都不是领袖，怎么训练人当领袖？社会上许多人，为了赚钱，而无不为矣！

说“在毓老那里没学几天”，欺师灭祖！今天必督促大家复性，否则奸杀掳掠，无日无之。

医，辨证论治、按病行药。巫，胡扯。今天“放僻邪侈的电台”最易生存。同流合污，易；利害一冲突了，就争。台湾真实事摆在眼前，如何自救？

怎么做，才不失人生幸福？“正德、利用、厚生，惟和”（《尚书·大禹谟》)，和，乃发而皆中节。但做事恰到好处，最难！和尚也没有天天看经，专看不可以看的事。

“不念旧恶”，唯有伯夷、叔齐，故少怨。人何以要自欺？以此衡量自己。一般人心里有片刻的干净？不必色庄。我有看法、做法，自你的成分，看出你不会有高的成就。我不是索隐行怪，而是平平坦坦。

老太婆说：“纳了！”我那时就色庄！真明白，晚了！根本中了计，因为她才了解我。人就是人，净说好话的人，背地里往往净做卑鄙的事。

一般人天天谈己智不及之事，妄谈。智都不能及，还能有成就？是非自有公论，天地之道尚公，是无私的。

我始终有“兵临城下”之感，公务员心中早已是栖栖遑遑了。

18. 叶公语（音yù，告）**孔子曰：“吾党**（乡）**有直躬**（正直其身）**者，其父攘**（有因而盗）**羊，而子证**（告）**之。”孔子曰：“吾党之直者异于是。父为子隐**（不扬其恶），**子为父隐，直在其中矣。”**

《白虎通·谏诤》：君不为臣隐，父独为子隐何？以为父子一体，荣耻相及。

“人之生也直”(《雍也》)，“父为子隐，子为父隐，直在其中矣”，父子，人性；相隐，直也。

性，体；直，用。正直，即是性的表现。

对双亲——生身父母，是没有条件的，人性。

舜为天子，瞽瞍杀人，皋陶执法，《孟子·尽心上》称：“舜视弃天下，犹弃敝屣也。窃负而逃，遵海滨而处，终身欣然，乐而忘天下。”《孟子·万章上》云：“大孝终身慕父母。五十而慕者，予于大舜见之矣。”

19. 樊迟问仁。子曰：“居（平居）**处恭**（不懈于位），**执事敬**（敬业），**与人忠**（尽己，不加保留）。**虽之**（往）**夷狄**（更为敏感），**不可弃**（遗弃）**也。”**

“恭、敬、忠”不可弃，否则失了“人”位。

“居处恭，执事敬”，平居之时，不懈于位，敬业乐群。

“言忠信，行笃敬，虽蛮貊之邦行矣。言不忠信，行不笃敬，虽州里行乎哉？”

要严以律己，就是平常也不能马虎。不可骗人，因为再笨的人，多想一天也懂。

20. 子贡问曰：“何如斯可谓之士矣？”子曰：“行己有耻（自己行事知有耻），**使**（出使）**于四方，不辱君命，可谓士矣。”**

古时，士是最低阶的公务员。

知耻，“人不可以无耻。无耻之耻，无耻矣”（《孟子·尽心上》）。

士，以行为作标准，“士者，事也”，是能干事的，要能不辱使命。

一个完整的人，必“知而能行”“不贰过”。

曰：“敢问其次？”曰：“宗族称孝焉，乡党（乡里）**称弟焉。”**

“入则孝，出则弟”，“孝弟也者，其为仁之本与”！

曰：“敢问其次？”曰：“言必信，行必果（果决，不见异思迁），**硁硁**（音 kēng，小石之坚确）**然**（自守貌）**小人哉！抑**（语助词）**亦可以为次矣。”**

小人者，“言必信，行必果”，“匹夫匹妇之为谅也”（《宪问》），小诚小信。

“大人者，言不必信，行不必果，惟义所在”（《孟子·离娄下》）。

曰：“今之从政者何如？”子曰：“噫！斗筲（音 shāo，竹器）**之人，何足算**（数，计）**也。”**

一斗，十升。筲量，竹器，容五升，更小于斗，形容器量狭小。

量小非君子，焉能成大事？

今天年轻人，愈是名校学生，愈是小器、嫉妒，不知有群德，此一病态可能是环境造成的。以此种器识，实成不了大事！

21. 子曰：“不得中行（音 xìng）**而与之，必也狂狷乎！狂者进取，狷者有所不为也。”**

《孟子·尽心下》：“孔子岂不欲中道哉？不可必得，故思其次也。”

“喜怒哀乐之未发，谓之中”，“中也者，天下之大本也”，懂得“中道”，去行，即“中行”。中行、中道、中德、中心、中国、中庸，“中者，礼义也”。

孔子一辈子才教出一个完全表现出中道的弟子。此时，颜回已经死了，其余弟子多为狂狷之士，孔子老年欲寻接班人，而有所慨叹。

传承很重要，责任、道统、学统。传人，必注意其人品德。

孔子“不得中行而与之”，退而求其次，“必也狂狷乎”。狂狷，第二流的。传道的不是一流的，可惜了！

“狂者进取，狷者有所不为”，得具备此二条件。

“狂者进取”，仍为上行；“狷者有所不为”，而后能有为。人必有所不为，而后能有为。

22. 子曰：“南人（不知何指）**有言曰‘人而无恒**（始终如一），**不可以作巫医’，善夫！”“‘不恒其**（己）**德**（善的行为），**或承**（承受）**之羞**（羞辱）。**’”子曰：“不占而已矣。”**

“恒”，亘心；；恒，一日心。恒久不已，始终如一。“无恒”，不能有始终如一之德，连做巫医的资格都没有。

《易·恒》曰：“不恒其德，或承之羞，贞吝。”以《大易》之道恒己德，所以《易·恒·大象》言“君子以立不易方”。

自己做什么，将得什么结果，自己做事自己知，种瓜得瓜，天下事绝没有白捡的。

做事不能始终如一，当然承其（己）羞，又何必占？孔子去占，不卜。“《易》为君子谋，不为小人谋”（张载《正蒙·大易篇第十四》）。

《易经》是圣人“极深研几”之作，是为通志类情，道济天下。

23. 子曰：“君子和而不同，小人（普通人）**同而不和。”**

此章言做人的功夫。

喜怒哀乐“发而皆中节，谓之和”，“礼之用，和为贵”（《学而》），是“和而不同”，和弦、合乐，以和达合，能和合相处，但不同其污。

“和而不同”，大处同，小处不必同，“和而不流”。真正有学问、有道德的人，都能和人处得来。

24. 子贡问曰：“乡人皆好（音 hào，喜爱）**之，何如？”子曰：“未可也。”“乡人皆恶**（音 wù，讨厌）**之，何如？”子曰：“未可也。不如乡人之善者好之，其不善者恶之。”**

《论语述何》：言行，必本于乡里。

是好人，坏人一定讨厌你，见你就躲开。

一看就明白，不必注解，应去实行。

25. 子曰：“君子易事（共事）**而难说**（取悦）**也：说**（悦）**之不以道，不说**（悦）**也；及其使**（支配）**人也，器之**（因才器使）**。小人难事而易说也：说之虽不以道，说也；及其使人也，求备**（求全责备）**焉。”**

此君子与小人之分。

易于共事，因为有德；难以取悦，因不以其道悦之，不悦。可亲近而不可有所挟持，可杀而不可辱。

使人时，应“因才器使”，没有成见，使之胜任愉快。不要求全责备于一人。

暴发户，难侍候，易喜悦。使人，则“求全责备”，必要是万能博士。

26. 子曰：“君子泰（安泰）而不骄，小人骄（显己能）而不泰。”

“君子无众寡，无小大，无敢慢，斯不亦泰而不骄乎？”（《尧曰》）

“谦谦君子，卑以自牧也”（《易经·谦卦》）。我有于右任写的“自牧斋”字。

《心经》称：“心无挂碍。无挂碍故，无有恐怖，远离颠倒梦想，究竟涅槃。”

27. 子曰：“刚、毅、木、讷，近仁。”

“刚、毅、木、讷”四种德行，近于仁。“刚”，无欲乃刚。“毅”，有毅力，“士不可不弘毅，任重而道远”（《泰伯》）。“木”，质朴，不外务。“讷”，知而不言，不多言，“讷于言而敏于行”（《里仁》），人无言，便是德。

选对象，应重视对方的德，而不是重其貌，要“贤贤易色”，因为关系自己一辈子的幸福，要自求多福，皆自求、自得。

28. 子路问曰：“何如斯可谓之士矣？”子曰：“切切偲偲（音 sī）、怡怡如（心中和乐）也，可谓士矣。朋友切切偲偲，兄弟怡怡。”

《论语正义》：朋友以义合，兄弟以恩合，处之各有宜，此尽伦之事，非凡民不学者所能，故如此，乃可谓士也。

“朋友切切偲偲”，要切磋琢磨，互相攻错，勉励向上。

“兄弟怡怡”，和乐相处，稍微马虎点，没有过不来的。哪有真是非？一奶同胞，也是有缘。

29. 子曰："善人教民七年，亦可以即（就）**戎**（武事）**矣。"**

宦懋庸《论语稽》以"善人教之有法，故速也"。蒋伯潜以"可以"加上"亦"，是仅可而犹有所未尽的语气。

"即戎"，从戎，必真正受过严格的军训。

"有文事者必有武备，有武事者必有文备"（《史记·孔子世家》），动员民众，必要加强训练。训卒练兵，以备不虞，"士卒孰练"（《孙子兵法·始计》），养兵以维护国家。

30. 子曰："以不教民战，是谓弃（弃民）**之。"**

《论语述何》：《礼》比年简徒谓之蒐，三年简车谓之大阅，五年大简车徒谓之大蒐，存不忘亡，安不忘危。

"存不忘亡，安不忘危"（《春秋公羊传·桓公六年》），不忘武备，平日重视教育与训练。

"不教民而用之，谓之殃民。殃民者，不容于尧舜之世。"（《孟子·告子下》）不可以穷兵黩武，要去战止杀。重民，慎战，孔子"战则必克"。

善用兵者，在善附民，争取民心。如外有强敌，内里不合，能有作用？争，有争就得有分，争鬼头（头目）。如没有群德，永远不会发挥效率。合，是群德。

要结死党，"仁以为己任，不亦重乎？死而后已，不亦远乎？"同学够标准的都"任远董事"。谁有办事能力，谁管事。

真正儒家，是死党。

给你们开悟，你们未来自求多福的责任太重了。事在人为，要有智慧。了解环境了，就知道怎么解决。

本身如没有群德，再碰上一些破烂，那就完了！要以古、以今、以人为鉴，知道自己要怎么做事，好自为之。你们天天大而化之，无知一如小孩，就什么也不怕。好好下功夫，要自求多福。志同道合合在一起，遇到问题研究之。千万不可以跑单帮。真有群德，十年总跑出名堂，必要有群德、群力。孔子弟子三千，七十二个有牌子的。我的学生绝对比孔子多，有六七千人，经过的有万人。

群力之外，更重要的是群策。我没有私心，“人之将死，其言也善”，我的话好好悟，没有一句假话。按步骤走，绝对少有所失。

你们上一代不识字，你们这一代又遇上愚民教育，台湾的大学教育完全是中学的延续。你们应自己读书，老师给问题，自己思考。

处世要精，是比熟还熟，精一才能入神，儒家十六字心传：“人心惟危，道心惟微；惟精惟一，允执厥中。”教授如同行尸走肉，呆头呆脑的，什么作用也没有。

经学是什么？读经，从“诗、书、礼、乐、易、春秋六经”（《庄子·天运》），到西汉的“五经”（汉时《乐经》已失），到清“十三经”确立，其间有其演变过程。

事实上，《诗》《书》《礼》（三礼）《易》《春秋》（三传）本为“五经”，而《孝经》《论语》《孟子》与《尔雅》不过为为“五经”

之羽翼。所以称为“十三经”，其实不过“五经”而已。

愈是眼前的事，得愈清楚，才能够解决问题。人的出身，没法改变，许多观念是从小养成的，稍一冷静，不会不懂人，一比就知。

做事，把“得”置前头，浑蛋才接受。没有文化，无法用你的行为使人赞美你。坐着冷静读，发深省，就有用。

我做事，绝不让任何人知道，得有人不说。必懂得不多口，“为政不在多言”，任何一团体的核心都有秘密。想人信你，你要有长处，需要而有用。台湾人就爱作秀，一个人的浑太可怕!

要自持，“虑之”就清楚。要好好善用智慧。做事，不到时绝不让人知，连老婆在内，女人多半爱说话。娶老婆，你的成败系于此，要找一个爱你的甚于你爱的。

人的成就是靠自己，父子关系都帮不上忙，更何况其他?孔子是至圣，其子仍只是伯鱼。

宪问第十四

解经不易，尤其以今（时事）解更难，必要合理。要学会善用头脑，一切得用头脑解决问题。

台湾的汉医境界不够，女同学读北京中医药大学。“不为良相，便为良医”，我要她做良先锋。先锋，是指路人。

自己要征服环境，尤其女孩。我反对独身，中途再想结婚，错过时机问题就多了。不要标新立异，人就是人，看一人表情即明白。

对一时代，不要有主观的见解，也不要贪功，看时代需要什么做什么，要学时之所需、世之所需。求学问，一定要知道我要干什么，要学时之所需，社会即需要而有用，超此即浪费。学文史哲，没发挥作用，即浪费。

四时：先时、治时、因时、违时。教育要造就先时的龙的传人。做领袖并不难，贵乎有先时的智慧。领袖并不宝贵，并不代表成功，最重要的是有判断的智慧。要有高深的智慧、修养，一言以为智。

做任何一事，必要有开拓性，许多事开拓很不易，要实事求是。做事不必宣传，事成了再说。做事要有企划、计划，才会有结果。

我每月上台大检查一次身体。

西医师刚开始都看不起中医，因为主观见解太重，知之甚少。德国民族优秀，留学中国习中医者多。现在可以用针灸开刀，不用麻醉。

做时之所需的事，则每天都时髦。应有奋斗精神，别人需要，就有精神；愈有作用，才愈有干劲。如自己没有建树，别人也不会重视，怎能不打瞌睡？时之所需，古书是作为启发头脑的东西，用以应世，应世必要有智慧。

争权夺利者，不会用智慧，自己不下功夫，别人有成就就想争。能杀人，最后也被杀了。关公能过五关、斩六将，何以最后也败走麦城、身首分家？

讲旧书，但不接受历代"挂羊头卖狗肉"的思想。熊十力赶上时代，另立新说，《原儒》绝对有先时之见，给我们许多启示。

我们与熊十力非一路。我自"元"开始，重视"元"的文化，不完全接受古人的注解，是依经解经。根据公式解释问题，再还原，即可知对否。思路即公式，是经书的思想。

以前老师上一时辰的课，至少有三道点心。

我出门带小本《四书》《易》或《春秋》，散步休息，看本经。

人必得想，连晚上都没停，唯智者无梦。脑子既不闲着，应使之正走，夜里就无怪梦伤神。

用理约束人的行为，"和顺于道德而理于义"。人必要懂得怎么处理生活，以理约束自己的思想、行为。

1. **宪**（原宪）**问耻。子曰：“邦有道，榖**（俸禄）；**邦无道，榖，耻也。”**

“耻”，哀莫大于不知耻！“无耻之耻，无耻矣！”（《孟子·尽心上》）

“邦有道，榖”：邦有道时，要有发展自己的机会，为人民谋福利；如不能在此时有发展自己的机会，耻也。人活着容易，有成就可不容易。

“邦无道，榖”：邦无道时，富且贵，无论给你多大的官，你都像仆人一样，耻也。邦无道，要不助人为恶。一个人没法改造别人，但是能改造自己，做事要能够不助人为恶。

2. **“克、伐、怨、欲不行焉，可以为**（行）**仁矣？”子曰：“可以为难**（难能可贵）**矣，仁则吾不知也。”**

《史记·仲尼弟子列传》：原宪，字子思。子思曰：“克、伐、怨、欲不行焉，可以为仁乎？”孔子曰：“可以为难矣，仁则吾弗知也。”孔子卒，原宪遂亡在草泽中。

“克”，唯恐人居己之上。“伐”，令人知己之善。

“怨”，恨人之不足己求。“欲”，满足己之所嗜。

“克、伐、怨、欲”四者不行，可说是难能可贵，是内圣、外王的功夫。

“仁则吾不知也”，孔子对于“仁”的界说甚严。

3. **子曰：“士而怀居**（安室，讲究享受），**不足以为士矣。”**

《论语正义》：士志仁义，大人之事备，不得但怀居，惟耽乐之是从也。

“士，事也”，有无穷的责任。“士”，最底层的公务员，应为民服务。

“君子怀型”，既不可以求安室，其他更不用谈了。此为最基本的要求。

4. 子曰：“邦有道，危（正）**言危**（正）**行；邦无道，危**（正）**行言孙**（逊）。”

孙星衍曰：《广雅》云：“危，正也。”释此为长。

邦有道，正言正行；无道，正行言逊。

《春秋繁露·楚庄王》：义不讪上，智不危身，故远者以义讳，近者以智畏。畏与义兼，则世愈近而言逾谨矣。

曾文正云：“危行言孙，蠖屈存身。”（《曾国藩文集·家中行事宜谨慎》）一个人无论在什么时代，只要正其行，则不易招惹是非。

5. 子曰：“有德（善行）**者，必有言**（有其言论）；**有言者，不必有德。仁者，必有勇；勇者**（匹夫之勇，敌一人也），**不必有仁。**”

《论语正义》：德不以言见，仁不以勇见，而此云“必有”者，就人才性所见推之也。

立德、立功、立言，三不朽以“德”为上。

“有德者”，“诚于中，形于外”，含英咀华，积中不败，“必有言”，必有其言论，是经验、体会之言。信而可征。

仁者爱人→仁者无不爱，牺牲小我，故必有勇。

“见义不为，无勇也”，勇者见义必为，置个人死生于度外。

但如是匹夫之勇，未必出于爱人。

6. 南宫适（音kuò，鲁大夫）**问于孔子曰：“羿善射，奡**（音ào）**荡舟，俱不得其死**（不得好死）**然；禹、稷躬稼而有天下。”夫子不答，南宫适出。子曰：“君子哉若人**（这个人）**！尚**（崇尚）**德哉若人！”**

《论语正义》：不义者不得其死，有德者皆有天下，此天道福善祸淫。适两举之，是贱不义而贵有德也。

“善射”，不一定能为民谋福。“荡舟”，以舟船冲锋陷阵。“与左右冲杀，谓之荡”（清顾炎武《日知录·奡荡舟》）。后羿与奡，两人最后都不得好死。

“禹、稷躬稼”，“禹、稷当平世，三过其门不入”（《孟子·离娄下》）；“而有天下”，为民服务而有天下。

羿善射，为其臣寒浞所杀；奡，夏朝力士，曾拒太康而代夏，后为少康所杀。此二人皆不得以寿终。禹，治水，九年过其门而不入；稷，周始祖，舜时为后稷，教民种田。此二人终有天下。

“君子哉若人！尚德哉若人”，这个人是个君子，君子尚德不尚力。

7. 子曰：“君子而不仁者有矣夫，未有小人而仁者也。”

“君子而不仁者有矣夫”：一、君子有时亦犯过，也难免有不仁之事，其境界未至圣人，“过，则勿惮改”（《学而》）；二、是君子，能够不仁？

小人未有仁，不只是思想，行为也必如此。

《易·系辞下传》子曰：“善不积不足以成名，恶不积不足以灭身。小人以小善为无益而弗为也，以小恶为无伤而弗去也，故恶积而不可掩，罪大而不可解。《易》曰：‘何校灭耳，凶。’”是小人必无有仁也。

8. 子曰：“**爱之，能勿劳**（尽其力而劳之）**乎？忠**（尽己）**焉，能勿诲**（诲正，不正使之正）**乎？**”

“爱之，能勿劳乎”，是人，必学人能做的事。

训练小孩做事，诱之以利。“爱之，适足以害之”，许多父母宠小孩，使小孩什么也不会。人莫知己子之恶，溺爱不明，则日后改掉毛病甚难。

行动是个经验，要尽其力而为。无论在什么环境下，不可以忽略“勤”字，勤能补拙，一勤天下无难事。

“它山之石，可以攻错”，朋友间彼此是知己，如有不正，就应尽己之能力，指出其错误使之正。

朋友要互相切磋琢磨，彼此动刀，没有避讳。

9. 子曰：“**为命**（辞令），**裨谌**（音 pí chén，郑大夫）**草创**（属草稿）**之，世叔**（郑大夫游吉）**讨论**（就草稿加以审议，研究后提出意见）**之，行人**（掌使各国）**子羽**（郑大夫公孙挥）**修饰**（增损）**之，东里子产**（郑子产）**润色**（加以文采）**之。”**

为文，必要经过“草创、讨论、修饰、润色”这几个阶段。

“敬请斧正”，请人修改其文章。

做 事绝不可以独断独行，何况是国家大事？

10. 或问子产。子曰：“惠人（以惠待民）**也。”**

此章记孔子与人论春秋时各国之贤大夫。

郑子产惠人，有遗爱在民（《左传·昭公一十年》记孔子论子产，以为古之遗爱）。

问子西（郑大夫，或以为楚令尹子西）。**曰：“彼哉！彼哉！”**

他呀！他呀！无足道者。

问管仲。曰：“人也。夺伯氏（齐大夫）**骈邑**（伯氏之采邑）**三百**（三百户），**饭疏食**（喻伯氏日后之贫），**没齿**（一、终身。二、到老）**无怨言**（夺当其罪）。**”**

“管仲，人也”，有二解：

一、管仲，“人也”，勉强像个人！中国骂人“不是人”，自“三字经”可以看出一个民族的文化。旧社会太残酷，一个人要是个“人”很不容易！是人，只要做人事就够了！

二、《释名》云：“人，仁也，仁生物也。”“如其仁，如其仁”（《宪问》）。

管仲功高，故桓公夺伯氏之邑，以封管仲，伯氏终身无怨言。

但终身无怨言，难！不可以轻易得罪人，或是常得罪人，因其成事不足，败事有余。

11. 子曰："贫而无怨，难；富而无骄，易。"

《论语正义》：言此者，明在位者当知小人之依。先其难者，后其易者，富之而后教之也。

"贫"，没有钱。贫者必有怨，"疾之已甚，乱也"（《泰伯》）。

富而没有骄气，容易做到。

我们地大、物少、人众，贫而多怨。

12. 子曰："孟公绰（鲁大夫）**为赵、魏老**（大夫的老管家）**则优**（优游有余），**不可以为滕、薛大夫。"**

孟公绰，姬姓，三桓孟氏族人，鲁大夫，"公绰之不欲"，其人廉而寡欲，但短于才。

家臣，乃重命行事；大夫，得为国执言。

孟公绰只能处理家事，不能对外。大夫必有担当，不论国之大小。

万般不与政事同，是专门学问，不是会做事就能搞政治。

此章给人多大的启示，并不是每个人都能搞政治。

13. 子路问成人（成德之人）。**子曰："若**（像）**臧武仲**（鲁大夫）**之知**（智），**公绰**（孟公绰）**之不欲**（无欲乃刚），**卞庄子**（鲁大夫，是一勇士）**之勇，冉求之艺**（求也艺），**文**（音 wèn，当动词）**之以礼乐，亦可以为成人矣！"**

《论语正义》：是备礼乐乃可以为成人。

“欲”，包括太多，想做圣人也是欲。无欲乃刚。

四才：智、不欲、勇、艺。“立于礼，成于乐”，四才加上“礼、乐”，可以为成德之人。

“求也艺”，将“艺”解成多才多艺，我不太赞成，因为件件通件件松。孔子说“吾不试（用），故艺”，“吾少也贱（没地位），故多能鄙事”（《子罕》），“子所雅（常）言，诗书执（艺）礼”（《述而》）。艺，为孔门一科。园艺，亦为专长。专长为艺，孔子会为圃，但说自己“不如老圃”（《子路》）。

曰：“今之成人者，何必然？见利思义（义，宜也。富贵不能淫），**见危授命**（牺牲生命。威武不能屈），**久要**（旧约）**不忘平生**（平时）**之言**（贫贱不能移），**亦可以为成人矣！”**

《论语正义》：此皆谓忠信之人也，虽未文以礼乐，亦可次于成人。

可能因为标准太高了，子路闻之面有难色。孔子乃退一步说“见利思义，见危授命，久要不忘平生之言”，亦可为成人。

14. 子问公叔文子（卫大夫）**于公明贾**（卫人）**曰：“信乎**（真的吗）**？夫子**（古时对男子之尊称，后成为老师的专用词）**不言、不笑、不取乎？”公明贾对曰：“以**（此、因）**告者过**（过火）**也。夫子时然后言，人不厌**（讨厌）**其言；乐然后笑，人不厌其笑；义**

然后取，人不厌其取。”子曰：“其然？岂其然乎（否定语气）**？”**

“时，然后言”，说话有分寸。出辞气，要尔雅温和。

“乐，然后笑”，内心真乐了，人不厌其笑。一般人皆假笑，皮笑肉不笑。

“义，然后取”，要取所当取。

真是如此吗？人都有嫉妒心！

看人如何会说话。但是对人所说的话，也得好好加以印证。

15. 子曰：“臧武仲以防（鲁地）**求为后**（请立己后）**于鲁，虽曰不要**（音 yāo，要挟）**君，吾不信也。”**

臧武仲，姬姓，臧氏，名纥，谥武，因祭鲁孝公之祀，故尊称其“臧孙纥”，史称臧武仲，臧宣叔之子，臧文仲之孙。足智多谋，能言善辩。曾多次代表鲁国出使，常能急中生智，化解矛盾，以其智存鲁。鲁襄公二十三年，臧武仲为孟孙所谮，出奔邾。如防，使来告曰：“纥非能害也，知不足也，非敢私请，苟守先祀，无废二勋，敢不辟邑。”鲁许之，立臧为，武仲乃至防而奔齐，此所谓“要君”。

“要君”，威胁国君，有所挟而求。

人之为事，见出许多是非。

16. 子曰：“晋文公（重耳）**谲而不正，齐桓公**（小白）**正而不谲。”**

《春秋繁露·玉英》：“权之端焉，不可不察也。夫权虽反经，亦必在可以然之域，不在可以然之域，故虽死亡，终弗为也”“权，谲也，尚归之以奉巨经耳”。

《春秋公羊传·桓公十一年》《传》曰：权者何？权者反于经，然后有善者也。权之所设，舍死亡无所设。行权有道，自贬损以行权，不害人以行权。杀人以自生，亡人以自存，君子不为也。

“正”为“经”，“谲”为“权”。权，因利而（能）制权也。

“守经行权”，文德之王，不同于霸道之主。

晋文公能行权，而不能守经；齐桓公能守经，而不能行权。齐桓、晋文，霸道之主。此二人各有所长，各有所短，皆成其霸业。

17. 子路曰：“桓公（齐内乱，鲍叔牙奉公子小白奔莒）**杀公子纠**（召忽、管仲奉公子纠奔鲁），**召忽死之**（死公子纠），**管仲不死**（囚而至，相桓公）。**”曰：“未仁乎**（太不德）？**”子曰：“桓公九合诸侯，不以兵车**（衣裳之会十有一，即不假威力），**管仲之力也。如其仁！如其仁！”**

《论语述何》：桓公之信著于天下，自柯之盟始。故《春秋》于桓之盟不日，其会不致。会盟凡十有六。九当作纠，声之误。

召忽死公子纠是愚忠，此孔子之前传统思想所谓的“忠”。

子路即接着传统思想，以管仲不死公子纠为“不仁”，故有此问。

桓公九合诸侯（《管子·小匡》“兵车之会六，乘车之会三”），完全是管仲的力量，使天下没有战争，此乃管仲之仁，能救民于水火。

“如其仁”,《经传释词》称:“如,犹乃也。”“桓公九合诸侯,不以兵车,管仲之力也”,言管仲功业如此,“如其仁,如其仁”,乃其仁也,乃其仁也。

自此看孔子思想是什么?以什么观点评价一个人?

孔子以能救民者为“仁”,即所谓“博施济众”。认为可以殉百姓,不必殉一家或一人。可见孔子思想是重忠于民,而非忠于国君。

儒家本来的思想,不同于帝王思想。

18. 子贡曰:“管仲非仁者与?桓公杀公子纠,不能死,又相(辅)**之。”子曰:“管仲相桓公,霸**(伯,长)**诸侯,一**(全)**匡**(正)**天下,民到于今受其赐**(恩赐,有遗爱在民)。**微**(一、无;二、有微词)**管仲,吾其被**(披)**发左衽**(夷狄之俗)**矣。”**

子贡亦用传统“忠”的思想问孔子。

《管子·大匡》管仲曰:“夷吾之为君臣也,将承君命,奉社稷,以持宗庙,岂死一纠哉?夷吾之所死者,社稷破,宗庙灭,祭祀绝,则夷吾死之,非此三者,则夷吾生。夷吾生,则齐国利;夷吾死,则齐国不利。”

“以德行仁者王,以力假仁者霸”(《孟子·公孙丑上》),“久假而不归,恶(音 wū,怎)知其非有也?”(《孟子·尽心上》)

“披发左衽”,夷狄习俗,“用夷变夏”(《孟子·滕文公上》“吾闻用夏变夷者,未闻变于夷者也”)。夷狄,“入中国则中国之”,则成为礼义之邦,乃“用夏变夷”。

自此明白孔子思想，看孔子所谓“忠”的观念，是忠于民而非忠于家天下。以君臣关系是相对的，“君使臣以礼，臣事君以忠”（《八佾》）。

孔子晚年作《春秋》，即要“拨乱反正”（《春秋公羊传·哀公十四年》“拨乱世，反诸正，莫近诸《春秋》”），而“《春秋》重人”（《春秋繁露·俞序》），与传统思想实有别，故孔子有“知我、罪我，其惟《春秋》”之叹！

《孟子·滕文公下》：《春秋》，天子之事也。是故孔子曰：“知我者，其惟《春秋》乎！罪我者，其惟《春秋》乎！”

孟子明《春秋》之义，故以“民为贵，君为轻”（《孟子·尽心下》）。

“天下为一家，中国为一人”，一人即一员，为家族中之一成员。达安仁的境界，“安仁者，天下一人”，没有分别心。真有此思想，每天多精神！压根儿就没有产生“大盗式圣人”的环境。

但是，受旧思想的传染太深了，要马上去掉可是不易，连孔门的子路、子贡亦如此，常用旧思想质疑老师。

“岂若匹夫匹妇（老百姓）**之为谅**（小诚小信）**也，自经**（自缢）**于沟渎，而莫之知也？”**

《管子·大匡》召忽曰：“子为生臣，忽为死臣，忽也知得万乘之政而死，公子纠可谓有死臣矣。子生而霸诸侯，公子纠可谓有生臣矣。死者成行，生者成名；名不两立，行不虚至，子其勉之，死生有分矣。”乃行入齐境，自刎而死。

“沟渎”：一、《尔雅·释水》云：“水……注谷曰沟……注浍曰渎。”为田间水道。二、地名，即生窦、笙渎、句渎，与沟渎是一地，公子纠被杀处。

匹夫匹妇之信，“言必行，行必果，硁硁然小人哉！”（《子路》）“大人者，言不必信，行不必果，惟义所在。”（《孟子·离娄下》）

19. 公叔文子之臣（家臣）**大夫僎**（音 zhuàn），**与文子同升诸公**（同登于公朝）。**子闻之曰：“可以为文矣。”**

“大夫僎”，本是文子家臣，文子荐之，使与自己并为大夫，同升于公朝。

此人的器势大，一般人则妒才。用人，必用人才。

“公叔文子”，谥“文”，名副其实。

《周书·谥法》文有六等：即“经纬天地、道德博厚、勤学好问、慈爱惠民、愍民惠礼、锡民爵位”。《礼记·檀弓》：公叔文子卒，其子戍请谥于君曰：“日月有时，将葬矣。请所以易其名者。”君曰：“昔者卫国凶饥，夫子为粥与国之饿者，是不亦惠乎？昔者卫国有难，夫子以其死卫寡人，不亦贞乎？夫子听卫国之政，修其班制，以与四邻交，卫国之社稷不辱，不亦文乎？故谓夫子‘贞惠文子’。”

20. 子言卫灵公之无道也。康子（季康子，三桓季孙氏后代）**曰：**

“夫如是，奚（何）而不丧（亡国）？”

《论语述何》：孔子尝事卫灵，当为之讳。不讳者，所以发康子之问也。

鲁自鲁僖公以后，三桓世为鲁卿，执掌国政，其中以季孙氏在三桓中实力最强。

孔子曰：“仲叔圉（孔文子）治宾客（办外交），祝鮀治宗庙（办内政），王孙贾治军旅（掌国防）。夫如是，奚其丧？”

《论语述何》：举卫三臣以厉（励）康子也。三臣不足称道，其事灵公，犹愈于鲁三家也。昭、哀之出奔，夫子归罪于季氏焉。

孔子举三臣之事卫灵公。做糊涂事，但本身不真糊涂，会用人做看家狗。

用人必用人才，知人善任，即使本身失德，也能成事。

自己本身无道，但有知人之明，就不会亡国。如尽用奴才，自己不累死也得亡国。

21. 子曰：“其言之不怍（大言不惭），则为之也难（不能兑现）。”

话说过火，做就难做。遇事，必要冷静。

过了年，距上帝日近。尼姑如欲上极乐世界，那生病又何必看医生？拿假话当真话说，大言不惭！

22. 陈成子（田常，齐大夫）弑简公（齐君）。孔子沐浴而朝（沐浴后穿朝服面君，此礼法也），告于哀公曰：“陈恒（直称其名，贬）弑其君，请讨之（讨叛逆）。”

齐田常弑其君，在鲁哀公十四年（**公元前481年**）。

孔子要“讨大夫”，顺水推舟，师出有名，郑重其事地请讨陈恒。

《史记·太史公自序》余闻董生曰：“周道衰废，孔子为鲁司寇，诸侯害之，大夫壅之。孔子知言之不用，道之不行也，是非二百四十二年之中，以为天下仪表，贬天子，退诸侯，讨大夫，以达王事而已矣。子曰：‘我欲载之空言，不如见之于行事之深切著明也。’”

公曰：“告夫三子！”孔子曰：“以吾从大夫之后，不敢不告也。君曰‘告夫三子’者，之（往）**三子告，不可。”**

鲁哀公多软弱！说：“老子不管，告诉三个管事的。”

此时，鲁国政权，在季孙、孟孙、叔孙三家手中。

孔子由君命，礼当告君。“之三子告，不可”，不可径告三桓。

孔子曰：“以吾从大夫之后，不敢不告也。”

君使孔子告三子。“孔子辞，退而告人曰，吾以从大夫之后也，故不敢不言”（《左传·哀公十四年》）。

孔子心中不以为然，但为下大夫，不得不告三桓。《易·艮》云：“艮其腓，不拯，其随，其心不快。”只能随，不能拯，心中不快！

一、因孔子自从做大夫后，不敢不告。是尽大夫的责任，“在其位，必谋其政”。二、孔子为下大夫，没有决定权。只能跟从上大夫之后。

23. 子路问事君。子曰："勿欺（欺瞒）**也，而犯**（犯颜相谏）**之。"**

每章当行事读，人做事必有规范。

此时孔子已是"君使臣以礼，臣事君以忠"的思想，君臣关系是相对，不是绝对的。

君有过，做事不合理，必要犯颜相谏。《韩非·说难》说龙的喉部下有"逆鳞"，不小心触摸此，必定会被激怒的龙所杀。

24. 子曰："君子上达（怀型），**小人下达**（怀惠）。"

"君子""小人"系相对而言。

"君子怀型"，见贤思齐，贵德贱货，修天德以得天爵，而人爵随之，故"下学而上达"，上达天德，而不困于欲。"小人怀土"，"分地之利，以养父母"（《孝经·庶人章》），故"下达"，日趋下流。

要自根上学，下学能上达，修天德上达天德，"与天地合其德"，天德无私，天道尚公，"生而不有，为而不恃"，"天无私覆，地无私载"。

上达天德。天地之间，我们要什么给什么，"万物皆备于我"。人多半有私心，得用"公"克制"私"，克己复礼。尸子称"仲尼尚公"，"大道之行也，天下为公"。

人的智慧要跟着时代走，做事都有轨道可循。要看自己有无在行家内，没有就要加紧努力。人生不容易，往上更是不易，不是指做官，而是"君子上达"。上下之间，何等的困难，"'或跃在渊，无咎’，何谓也？子曰：‘上下无常，非为邪也；进退无恒，非离群也。君子进德修业，欲及时也’”（《易经·乾卦·文言》）。读书的目的，是在改变器质，是活学问。

要学会怎么重视问题。如不懂得自己不懂，头脑就不清楚。

25. 子曰：“古之学者为己，今之学者为人。”

“为己”，修己，造就自己成为顶天立地的人才，自己有内圣工夫，心有所主了，才能成就伟大的事业。“为人”，练习为奴，就看有没有人用，在学校专选好找职业的科系。

求学，是为己，有内圣的功夫，将来才可以成就外王之业。读书，并不是学为奴，而是要学如何为众人谋福利。

“成己，仁也；成物，知也。性之德也，合外内之道也，故时措之宜也”（《中庸》），要修自己有绝对的才与能，才能“成己成物”，有内圣之功以成就外王之业，要先天下之忧而忧，为众人谋福利。

26. 蘧（音qú）伯玉（卫国贤大夫）使（派）人于孔子。孔子与（授）之坐而问焉（问其主人），曰：“夫子何为？”对曰：“夫子欲寡其过而未能也。”使者出。子曰：“使乎！使乎！”

蘧伯玉，名瑗，卫国大夫。吴季札去卫国观光时，赞许他为“君子”。孔子过卫时亦曾寄住他家。

《论语正义》：孔子于卫，主蘧伯玉。此时孔子去卫，伯玉使人来。使虽微者，必与之坐，为宾主礼也。

《淮南子·原道训》称："蘧伯玉年五十，而知四十九年非。"可见他平日所下的修养功夫。

蘧伯玉使者答："夫子欲寡其过而未能也。"多么投机的话，虽是空话，但是使人高兴得不得了！孔子称赞蘧伯玉的使者会说话，真是标准的使者！

什么都要练达，要懂得说话的艺术。年轻人应练达、学会说话，"出辞气，斯远鄙倍矣"（《泰伯》）。

27. 子曰："不在其位，不谋其政。"曾子曰："君子思不出其位。"

"不在己位，不谋其政"，反之，在己位必谋其政，尽自己的责任，把自己分内事做好。

素己位而行，"彼君子兮，不素餐兮"（《诗经·伐檀》），不能尸位素餐，每天浑水摸鱼过日子。

曾子引《易·艮·大象》"君子以思不出其位"。"何以守位曰仁"（《易经·系辞下传》），"居之无倦，行之以忠"（《颜渊》），"素其位而行，不务乎其外"（《中庸》）。应养成有责任感，思不超自己责任以外。

曾子——"其人不言，言必有中"。

28. 子曰："君子耻其言而（同'之'）**过其行。"**

言过于行，不合乎义。

做了再说，有成果摆着，说一句别人就明白。

"言顾行，行顾言"，"庸德之行，庸言之谨"（《中庸》），要言行一致，实事求是。

29. 子曰："君子道（君子之道）者三，我无能焉：仁者不忧（己私），知（智）者不惑（于欲），勇者不惧（人势）。"子贡曰："夫子自道（说自己）也。"

此系孔子之慨叹，无能使天下人都达"君子之道"的境界。

"仁者不忧"，仁者不忧己私，先天下之忧而忧。

惑，分很多种。一个人固执己见，也是欲。许多人有理讲不通，是惑于欲。有惑，还自作解释，其实愈是惑。

"智者不惑"，智者有疑惑，但能"博学之、审问之、慎思之、明辨之"，故能辨惑。智者不惑于欲，因能辨惑，但是难！无欲，才能刚。

西医难看出病，要靠仪器检查。中医用"望、闻、问、切"四诊的功夫。李敖的声音不对，他不看中医，对中医自惑。

"勇者不惧"，勇者不惧人势，绝不畏惧不合理的势。见义必为，是要将不合理的事变成合理。

"夫子自道也"，子贡说得多好听，他自以为已经"升堂入室"了！

"夫子自道"：一、夫子自己之道；二、夫子自己说，我们皆受益匪浅。

30. 子贡方（同谤，声近通借）人。子曰："赐也贤乎哉？夫我则不暇（闲）。"

孔子多会开玩笑！说："我哪有工夫扯闲，自讼、自试都来不及！"

31. 子曰："不患（担心）人之不己知（知己），患其（己）不

能（无能）也。"

"患己不能"，担心自己没有叫人可知的能事。

"不患莫己知，求为可知也"(《里仁》)，不担心没人知道自己，求自己有可叫人知的能。自己真能了就兑现，还担心人家不知你？

32. 子曰："不逆（迎）**诈**（逆料有诈，不相信人），**不亿不信**（不臆度人不信我，有自信）。**抑**（转语词）**亦先觉者，是贤乎！"**

《大戴礼记·曾子立事篇》：君子不先人以恶，不疑人以不信。《荀子·非相》：圣人者，以己度者也。故以人度人，以情度情，以类度类，以说度功，以道观尽，古今一度也。

人家不信我，我亦不信人，乃因双方互信不足。

要"毋亿"，"闲邪存其诚"(《易经·乾卦·文言》)，不在善察，而在存己诚，"诚则明，明则诚"(《中庸》)。

得好好修炼成贤人。自觉了，才能觉人，先觉觉后觉。

33. 微生亩（鲁国隐士）**谓**（评）**孔子曰："丘**（读某，避讳。盖其为孔子前辈，故直呼其名）**何为是栖栖**（席不暇暖）**者与？无乃为佞**（显己是说客，有口才）**乎？"孔子曰："非敢为佞也，疾**（讨厌）**固也。"**

微生亩疑孔子栖栖遑遑，但以口才游说时君。

"固"：一、固陋，要开其茅塞。二、固守不变通，要"毋固"(《子罕》)。

孔子说，他之所以到处跑，是因为讨厌为政固陋，不进步、不了解时。当政者固陋，政治必多病。

34. 子曰：“骥（良马，千里马）**不称**（称赞）**其力，称其德**（行千里之德）**也。”**

不是看事功，而是看动机之德。

势力、实力，一旦过去就没了。德为要，以德立人。社会事亦如是。

岳飞《良马对》：帝问岳飞曰：“卿得良马否？”对曰：“臣有二马，日啖刍豆数斗，饮泉一斛，然非精洁即不受；介而驰，初不甚急，比行百里，始奋迅，自午至酉，犹可两百里，褫鞍甲而不息不汗，若无事然。此其受大而不苟取，力裕而不求逞，致远之材也。不幸相继以死。今所乘者，日不过数升，而秣不择粟，饮不择泉，揽辔未安，踊跃疾驱，甫百里，力竭汗喘，殆欲毙然。此其寡取易盈，好逞易穷，驽钝之材也。”帝称善。

35. 或曰：“以德报（复，答）**怨，何如？”子曰：“何以报德？以直报怨，以德报德。”**

“人之生也直”（《雍也》），“直在其中矣”（《述而》），“长善，救其失”（《礼记·学记》），要自根上来，“以善服人者，未有能服人者也；以善养人，然后能服天下。”（《孟子·离娄下》）。

“举善而教不能，则劝（劝勉向善）”，“举直错（教育）诸枉，能使枉者直”，遏恶扬善，得有多大的德行，才能使枉者直。

“以直报怨”，不记仇，还把你教好，能使怨者直，则天下就无怨。用教育感化，化解怨，使之无怨，然后能服天下。

36. 子曰：“莫（没有人）**我知**（知我）**也夫**（音fú）。**”子贡曰：“何为其莫知子也**（邪）**？”子曰：“不怨天，不尤人，下学而上达。知我者，其天乎！”**

《论语说义七》：此孔子自言修《春秋》之志也。《春秋》笔则笔，削则削，子夏之徒不能赞一辞。

《论语说义七》：能知天，斯不怨天；能知人，斯不尤人。

夫子故意自惑，说“没有人知我”。

“知我者，其惟《春秋》乎！罪我者，其惟《春秋》乎！”（《孟子·滕文公下》）

子贡怪而问之。

每个人都有“怨天尤人”这种毛病。“正己而不求于人，则无怨。上不怨天，下不尤人”，“失诸正鹄，反求诸其身”（《中庸》）。

“下学”，自一二三开始学，自根、元学，自善人（率性）往上；“上达”，最后上达天德，“大人者，与天地合其德”。

“知我者，其天乎”，与天地合德了，故天能了解。

《论语说义七》：能知天知人，乃能明天人之际。际者，上下之间也。《春秋》二百四十二年之中，人事浃，王道备，治太平，以上应天命，斯为下学人事，上知天命也。

37. 公伯寮（鲁人）**愬**（诉，讲坏话）**子路于季孙。子服景伯**（传闲话的祖师）**以告，曰：“夫子**（季孙）**固有惑志**（信谗）**于公伯寮，吾力犹能肆诸市朝**（杀他，陈其尸于市）。**”**

此时子路为季孙家臣。公伯寮对季孙说子路将不利于季氏。

子服景伯传闲话，说季孙信公伯寮之谗言，自己能使季孙不听他的话，而且能杀了他。

子曰：“道（大道）**之将行也与，命**（天命）**也；道之将废也与，命也。公伯寮其如命何？”**

道之将行、将废，命也。听天命，尽人事。一事之成败，非人力能完全为之。

“公伯寮其如命何”“桓魋其如予何”“匡人如予何”，多相似！

“知我者，其天乎”，“在天曰命”，“不知命，无以为君子也”（《尧曰》）。为己之所当为，别人肯定与否，不必在乎。

38. 子曰：“贤者（自贤其贤者）**辟**（避）**世**（隐居不仕）**，其次辟地**（避乱国）**，其次辟色**（礼貌渐衰则去）**，其次辟言**（顾左右而言他则去）**。”**

此为“自贤其贤”者，是闲着没事干。

孔子“知其不可为而为之”（《宪问》），不可能如此。

39. 子曰：“作者七人矣。”

一、是另一章，不知所指。

二、说前面这种人，已有七人（如“竹林七贤”之类）。

40. 子路宿于石门。晨门（掌管城门开闭者）**曰：“奚自？”子路曰：“自孔氏。”曰：“是知其不可而为之者与？”**

“石门”，鲁城外门。

管城门的问：“从哪儿来的？”

子路答：“从孔家来的。”

“是知其不可而为之与”可见时人莫不知孔子不得志于世。

“知其不可而为之”，此为儒家的真精神，乃是人生的责任。知此，就不会失望，才是人生。

41. 子击磬于卫。有荷（动词，负）**蒉**（草器）**而过**（经过）**孔氏之门者，曰：“有心哉**（有心事啊），**击磬乎！”既而**（一会儿）**曰：“鄙哉**（多事），**硁硁**（石声，形容人如石般顽固）**乎！莫己知也，斯已**（止）**而已矣。‘深则厉**（以衣涉水），**浅则揭**（音 qì，揭衣而过）。**’**（《诗·邶风·匏有苦叶》‘匏有苦叶，济有深涉。深则厉，浅则揭’）**”子曰：“果哉**（真是那样吗）**！末**（无）**之难矣。”**

《说文》称：“磬，乐石也。”磬，用玉石做的声音愈好。

孔颖达说：“泗滨，泗水之滨。石在水旁，似石水上浮然。此石可以为磬，故谓之泗滨浮磬也。”

1978 年，山东滕州的战国墓，出土了一套 13 枚的编磬，有 11 枚完好无损，敲击时发出美妙的声音。山东音乐教授杨浚滋对编磬的制作石料，查找了大量的古籍文献，发现徐州贡品之一为泗滨浮磬。杨先生走遍泗水流域，寻觅泗滨浮石，并修复已损坏的两枚编磬，恢复古编磬的完整性。

昔日读书人案上，除文房四宝之外，有磬，吟诗时击磬。此不同于佛教的磬。

诗，有平仄。古文，有一定的调。唱诗歌，击磬，以之作为消遣。

昔作诗，对对子，“游于艺”。今人忙，但无一事使人舒畅，就没有人气。小孩读书，没有感受到人的尊严；不懂得有尊严，当然就无不为矣！

古人懂琴音，知音如伯牙与钟子期，知音一死，不复鼓琴。要知音，心得多静，得下过多少的功夫。人都似是而非，真知不易，是修为。我不懂琴，喜听京戏。自己不能，不能说别人都不能。

“有心哉，击磬乎”，有心人才懂有心人呀！

“莫己知也”，根本不了解自己；“斯已而已矣”，那就算了！

“深则厉，浅则揭”，涉水，当视水之深浅不同，方法有别。

荷蒉者要孔子看环境做事。滑头！如同今天拿绿卡的，净说风凉话！

孔子说：“真有那么简单吗？那有什么难，人人皆能！”

孔子“守死善道”，“知其不可为而为之”，是何等的精神！

42. 子张曰：“《书》（《尚书》）**云：‘高宗**（商王武丁）**谅**（信也）**阴**（默也），**三年不言。’何谓也？”子曰：“何必高宗，古之人**（古之为君者）**皆然。君**（王）**薨**（诸侯死），**百官总己**（总理己事）**以听**（听令）**于冢宰**（宰相），**三年。”**

“谅阴”（音“梁暗”），取义于信默。“爱敬尽于事亲，而德教加于百姓”（《孝经·天子章》），王者守孝，三年不言政事。

昔日国君守孝时，由宰相代行职务，大小事听其调度；丧毕，然后自己听政。

43. 子曰：“上好礼，则民（百姓）**易使**（客气，易支使，为国家服务）**也。”**

上好下甚。“君使臣以礼，臣事君以忠。”

44. 子路问君子。子曰：“修己以敬。”

“修己以敬”，“主敬立人极”，恭己，有慎独功夫；敬业，重己责任。欲为人上人，必敬以修己，敬事能信。

人一天能不说一句假话，就差不多了：以此衡量自己。

曰：“如斯而已乎？”曰：“修己以安人（官吏）。**修己以安百姓，尧舜其犹病**（难）**诸**（‘之乎’之合音）**！”**

“修己以安人”，近乎仁者。

曰：“如斯而已乎？”曰：“修己以安百姓。”

“修己以安百姓”，博施济众，使百姓都安居乐业了。

“如有博施于民而能济众，何如？可谓仁乎？”“何事于仁，必也圣乎！尧舜其犹病诸。”（《雍也》）

《尚书·皋陶谟》：“在知人，在安民。”尧舜犹未能做到这个境界。

45. 原壤（鲁人，孔子故友）**夷**（箕踞）**俟**（等待）。**子曰：“幼而不孙弟**（逊悌），**长而无述**（称道）**焉，老而不死是为贼**（害，不会有好的影响）**！”以杖叩**（敲）**其胫**（脚胫）。

《礼记·檀弓下》：孔子之故人曰原壤，其母死，夫子助之沐椁。原壤登木曰：“久矣！予之不托于音也。”歌曰：“狸首之斑然，执女手之卷然。”夫子为弗闻（装没听见）也者而过（走开）之，从者曰：“子未可以已乎？”夫子曰：“丘闻之：亲者毋失其为亲也，故者（老相识）毋失其为故也。”

孔子的老朋友原壤蹲着等待孔子。

此章记孔子对老朋友开骂“三字经”。

原壤母死，不哭而歌。孔子骂他“幼而不逊弟”；“长而无述焉”，年纪大，无可述；而“老不死是为贼”，老不死，败常害俗！

还用手杖敲老朋友的小腿，何等轻佻！

《礼记·王制》：五十杖于家，六十杖于乡，七十杖于国，八十杖于朝。

可见圣人是和常人一样地活泼，不要自迷！“何以异于人哉？尧舜与人同耳”（《孟子·离娄下》）。

46. 阙党（党名，如今某里）**童子将命**（跑腿。可观少长之序，习揖让之容）。**或问之曰：“益**（进步）**者与？”子曰：“吾见其居于位**（长者座位）**也，见其与先生并行也；非求益者也，欲速成者也。”**

此为乡里之学。

《荀子·儒效》：仲尼居于阙党。阙党之子弟罔不分，有亲者取多，孝弟以化之也。

将此章与孔子所谓“犁牛之子骍且角”，对互乡童子“与其进，不与其退”，互相印证，即可见孔子“有教无类”的深意。

今天应提出孔子真正思想之所在，而不是索隐行怪。

阙党童子跑腿。有人就问了，说：“这小子有进步吗？”

说：“见他坐着长者之位，未居于学之位；出与先生并行，成平辈了。他很快就是小老头了！”玩笑开得好。

仍和阙党童子一般，显见这小孩并没有多大的进步。

以前与长辈同行时，必错一肩。必要有修为，如居于位、并行，欲速成，最后一无所成。

人之所以会自用、自专，乃因为接触少。你们自以为聪明，其实什么也没有想到。不要自用、自专，要集思广益。

《四书》是处世、为人的思维，永远用得上。领导后辈是你们的责任。每天的想和做必得有所为，讲过的就得用上，如“书为书，尔为尔”，焉能有用？读书在改变自己的器质，要将所学能用在生活上。

我天天喊，但也没有喊出你们的智慧。你们要自求多福，自己的问题，要自己解决，绝对不可以假手他人，否则，你们何时被出卖了，都不知。

做事业，必要有创业之智，这不是可以教出的。要主动做事，才能创业。我不告诉人怎么做，而是看他怎么做。什么都为你们预备好了，但无一人有脑子可以做。你说正经事，他却扯闲，什么事也不懂。就是过桥，也必得有过桥的智慧。有学历，没学力，没有用。

我在台五十年，对台湾总是有感情，却是一事无成！留个种子，替同学发挥作用。书院仍应继续讲学，两下照应。

大德之人公而无私，哪来的欲？天，“生而不有，为而不恃”。有善人、君子、贤人、圣人、大人，而今人却以糟蹋别人为乐。台湾人易冲动，做事往往感情用事，没有智慧可言。人不冷静能够成事？

知识分子要怎么安民、自求多福？正是到门前的一脚，卖国贼的梦是不会实现的。老渔夫架小舟，顺着海浪，不沉不翻。一叶扁舟，不但不翻舟，还要保小鱼。

组织就是力量，团体就有影响力。有力量，人家就重视，怎么可以束手无策？“处变不惊，戒急用忍”，现在可以用上。要面对问题，不可以逃避。自我陶醉，夜里走路打口哨，不过壮胆罢了！

学习面对问题，自己也可以有问题，要斗智，最后达“双贵”：“贵通天下之志”，“贵除天下之患”。不是双赢。说“什么都不怕”，就怕你不知道怕。

我讲《孙子》，为不战而胜；讲《人物志》，在求知人。

说容易，不一定经过大脑。有实际的东西可以谈，也可以喊口号，斗斗嘴。要知敌，要多看外国杂志，必要有情报来源，才可以判断事情。

我花九年的时间，得了三个北大博士：一学法、一学文、一学经济；另有一女，在北京中医药大学学医。预备人才，要有横的关系，是学长、学弟。今年同学去考试的多，考上就达到目的了。

天下哪有容易的事？必得闯关，要做事业要先预备人才。做事必要有计划，百事非才、财莫举，以前者为难。没有人才，能够做事？才难！所以，要先预备人才，再做事。我要好心强，必要北大的。

做事要有企划，不是喊口号。要有步骤，连当小偷都要先预备好工具、找路线，有多麻烦，何况是治国平天下？大家必要合作，要有群德。如果书院都不能一家，还讲什么天下一家？

自基本着手，真明白《大学》了，就能够治天下，是一个原则。领导人在掌握原则，下面有许多专家。就怕什么也不懂，却又专权，又玩又管事。

明成祖假借“清君侧”之名，篡位、迁都。清顺治帝如无出家，何以太皇太后要上五台山，某年之后就不上五台山了？可能已经圆寂了。其中有一庙的设备，如同皇宫。许多事要按常理推。都是人，就按人性推。顺着人性去做事，就是道。

一个初中生生小孩，是偶发事件，就要在课堂上教学生如何使用保险套。一件偶发事件，却要所有学生学使用保险套；夫子惑，应找专家问一问，此一做法到底对不对。如是不对，应要有反映。

我没做的事绝不说，做了再说。做事要有胆，为民先锋，探路子。我读书当作方法论，用现在话说出。读完书，要学会用脑，活用之。做事要能左右逢源，必要有横、有纵的关系。做事有层次，本立而道生，人才是本。

人必要有远见，我要造就有先时的“龙的传人”，不是领袖。领袖不一定对人类有贡献，有先时智慧者，绝对会为人类谋幸福。

我有平民秘方，做药要真能治病。做人参，完全是培植的，没有农药。祖宗的智慧宝贵，必要脚踏实地做，不可以自欺欺人。

人并不是万能的，但是可以发挥万能的作用。不明白的地方要找人，不但要有关系，而且牌子要正。从高处看远，有资格找高手，学术亦然！

学法，可以不吃亏；财经，投资；文科，书院。都不是外行能做的，都有一定的步骤。学法、财经、文科三合一，每方面都有代表人。

人只要心专，天下无不成的事。自己要努力，要脚踏实地，实事求是，一步一脚印，才能捷足先登。没有打不开的关口，求之于己，不要靠人际关系。

人往高处爬，要求真好。为了发挥作用，必要往第一流挤。都有一定的步骤，心诚求之，虽不中，亦不远矣！我“耍人”有方。

记住：来日方长。不要看现在，什么都得变，但自己的“能”永不变，要求不变的。

为了未来的前途，永远不要和大陆分开，你们要好好开路，往前走，把路放宽。大陆用人才的地方多，发展的机会大。牌子正，做事容易；有行家，可以指导。

年轻人可以闯，要往前跑，千万不要画地自限。小孙女平均一百分，很聪明，证明台人智慧并不低，是可以走出去的。

强国必得先强民，强民得有医药，中医药值得发扬，我又有秘方。我心地好，能不活得长？一步步来，我即使现在倒下了，同学也有路子可以走。做事不是盲目的，要做完了再说。年轻人总要海阔天空！财不难，而是才难。我培养人，使人有信心。取信于人，并不是搞嘴说的。

我找不错的同学，相信他会替别人服务。如果造就一个自私鬼，那就完了！

医药是给有生命的使用，没有界线。人必要有所为，要懂得合作，彼此建立互信。团体清一色，是为发挥作用。如一开始有戒心，又如何谈事？

做一事很麻烦，成就少，乃因为各为其利，没有人愿意牺牲。学什么不难，而是下真功夫难，熟才能生巧。做事，说千道万，不如实际东西一一摆着。说多了，超出自己的行为，没有用。

2000年后，同学到大陆读书的会更多。有良知，慢慢一点一点培养。

名称、宗旨都三个阶段：王道之始、王道正直、王道荡荡。据乱世、升平世、太平世。

做事，得了解动机之德。什么动机，自己知。下学而上达，善人往上，最后与天地合其德。

中国人管中国事，必要用中国方法。中国管好了，世界就有望，将来中国是一条猛龙。

得往“公”的路子走，则愈走愈合民心。历史上各朝代，最后都因为私心加重、德能日低，而覆亡了。智日弱、德日衰，愈无能的愈把持。

学科技到西方，但政术必得是中国。

政客不但没有贡献，绝对是败事的根苗。必须拒政客于团体之外，一粒老鼠屎坏了一锅粥，好事都归他们、坏事都推给别人。我拒绝一切有背景的人。

什么事都不可以感情用事，都得过去！

水到渠成，强求都不行，瓜熟蒂自落。要善用智慧解决问题，每个人都有责任。世事一盘棋，就看如何落子。怎么布局、摆棋子？空局不必谈。

好好培智，还要善用智慧。智慧失中，就是有些地方太过，而有些地方又不及，冷热不均。事情发生了，愈要冷静，要养精蓄锐，作长期的抗战，一步都不错，才能反败为胜。没有发生，得防备之。作战，先抢滩头堡。第一次给价，得不能低，是一流的。下棋，先摆棋眼。你们差得远，光有野望。

现代人浪费时间的地方太多，读书虽多，但“学而不思则罔”。

做事业，要将环境弄清楚才能做。时局弄清楚后，才决定自己要做什么。想读经，有那个定力？我至少在屋中坐五十年。了解时代，才知道要如何做，一般人皆随波逐流，毫无目标，故一百五十年来未出学人。虽成事，但离成功很远。在乱世中如无定力，能有真实东西？

现在社会上稍有野心者，皆如老鼠想找个洞钻出去。人到临死之际，会有许多遗憾，感到自己一事无成。

不可以盲人瞎马，非常人得处非常事。许多事，要冷静思考再去做，真有成就了，便是非常人。有远见，就能安。大家乱时，你能静下来读书。等乱世安定了，他们才想读书，已经来不及了。安定下来才想做事，岂不是晚了一步？“识时”二字诚非虚语。思想先时者，等到时至，他便有成就了。熊十力便是这一百五十年中“先时”的人物，前几年一安定，他便成为祖师爷了。

有先时之智者，早知结局如何，早做准备了。外面风浪再大，若你有禅定的功夫，一样看得清清楚楚。

坏人绝不做错事，坏人皆有超人之智。大家皆知司马懿坏，但最后三国都被他吃光了，诸葛亮最后也得亡国。坏人都当了皇帝，好人便得扫马路。所以有想法容易，但有做法却很难。想出门，得先“知路”。不是世事难，而是你想通难。

时风与世风不同，人生做人最难。官场犹如走马灯，主政者心乱如麻，就是花如此地挪动，也挪死了，何况是人？有无限的野望，却只剩有限的时光，所以心就乱了，怎能不心乱如麻？

在风不平、浪不静时，得有定力，对事如了解深，便旁观者清，自己干自己的。如等风平浪静了，才想干事业，那就已经来不及了。领袖，不是上课造就的，乃是天生的。

常规，即“经”；应变，即“权”。外面乱不乱，不重要，就看你自己乱不乱。今人如老鼠到处打洞，证明其彷徨无主。君子“素其位而行，不务乎其外”，按本分做事，不管别人的乱七八糟。

治天下得用智慧，《论语》真读明白了，一章便可以治天下。

人要每天训练自己，我每天读《坛经》。“有始有卒”就有结果，有结果便是成功。人的精力有限，要知道重点在哪里，才知自己要如何做。

有抱负固然了不得，但程度不足，结果输了。一件事做完，必得看有多少人接受、肯定。不投机，才是永恒的。投机，时过便没有了。

不要看外面乱，心中跟着不定。动荡不安之际，才需要知识分子作为社会的安定力。现在台之乱，乃知识分子不能尽其责。“纷纷纭纭，斗乱而不可乱”（《孙子兵法·势篇》），世愈乱，自己得愈不乱。

做任何事，不可以有功利心，否则必作伪。想台湾安定很简单，这要到时做才有用。同一件事，不同人做，运用的皆不同。世路人情皆学问，虽在书中找不到，但其道理、精神，皆可在书中找到。故要读活书，做活学问。

基础没有打好，才有浮萍式的世风。人第一个学，即吃奶，自最基础的开始。不是生来怎样，皆脚踏实地下“卑、迩”的功夫，不要轻忽刚开始的学。

卫灵公第十五

文章清新之美，莫过于“新民体”——《饮冰室全集》，梁启超（1873—1929）亦立言，而今安在哉？

想传下，得如孔子，谁也打不住。都是人，要好好下功夫。有山东夫子、山西夫子，你们何不做瀛洲夫子（清时，福建漳州、泉州人士对台湾惯称“瀛洲”）？

我有六千弟子，你们何不好好努力？何以不知自求自得？万物皆备于我，但也必须自求才能自得。喜研究思想的，看历代思想家有多少，必得求。如一本书也没看，当然得不到了。

有无尽的宝藏，入宝山绝不可空手回。一无所得，于生活半点关系也没有，结果发生了惊动社会的事件。要怎么办？教书的如再不自愧，真是哀莫大于心死。

牧师都离婚了，那牧谁？感化谁？受戒的和尚，开了荤。掌教者皆不知耻，哀莫大于不知耻，真不知明年又变成什么样了。

好好学外国语，吸收世界知识。今天已经不是关门做皇帝的时代了！

1. 卫灵公问陈（阵，战事）**于孔子。孔子对曰："俎豆**（礼器，指祭祀）**之事，则尝闻**（知）**之矣。军旅**（一军，一万二千五百人；一旅，五百人）**之事，未之学也。"明日遂行。**

"俎豆之事"，指祭祀之事。古时祭政合一。

"军旅之事"，指战争；"未之学也"，耻伐国之事。

孔子反对战争，主张以礼治国，故答："战争的事，没有学过。"

《资治通鉴》有多少一流学人参与其事，其中以政与军为要。柏某是书呆子，既不懂政也不懂军，能够翻译？外行人没法做内行事。

此孔子为人之道。他看我不是好人，才问我战争的事。于是离卫。

《史记·孔子世家》：灵公问兵陈。孔子曰："俎豆之事则尝闻之，军旅之事未之学也。"明日，与孔子语，见飞雁，仰视之，色不在孔子。孔子遂行，复如陈。

2. 在陈绝粮（粮食断绝）。**从者**（跟从孔子的弟子）**病，莫能兴**（站起）。

《论语述何》：孟子曰："君子之厄于陈蔡之间，无上下之交也。"去卫已久，故绝粮。

孔子虽有抱负，但也到处碰壁。

学生饿得疲惫不堪，站都站不起来。

子路愠见（音 xiàn）**曰："君子亦有穷**（穷途末路）**乎？"子曰：**

“君子固穷，小人穷斯滥（溢出做人的范围）**矣。”**

学生饿得爬去见老师，有愠色，问：“君子也有穷困吗？”讪上，吃长辈的豆腐，小家伙饿肚子，就不义了。

答：“君子固穷，小人穷斯滥矣！”圣人骂人不见血！

“君子固穷”，“困而不失其所亨”（《易经·困卦·彖传》曰：“困而不失其所亨，其惟君子乎”）。“小人穷斯滥矣”，“小人贫斯约，富斯骄；约斯盗，骄斯乱”（《礼记·坊记》）。

孔子挨饿依然挺，不同在此。子路只好再爬回去，等着挨饿了。

人和人都差不多，成就在其修养。人到没有成德时，就是常人。情与性合了，才能有成就。

《史记·孔子世家》：孔子知弟子有愠心，乃召子路而问曰：“《诗》云‘匪兕匪虎，率彼旷野’。吾道非邪？吾何为于此？”子路曰：“意者吾未仁邪？人之不我信也。意者吾未知邪？人之不我行也。”孔子曰：“有是乎！由，譬使仁者而必信，安有伯夷、叔齐？使知者而必行，安有王子比干？”

子路出，子贡入见。孔子曰：“赐，《诗》云‘匪兕匪虎，率彼旷野’。吾道非邪？吾何为于此？”子贡曰：“夫子之道至大也，故天下莫能容夫子。夫子盖少贬焉？”孔子曰：“赐，良农能稼而不能为穑，良工能巧而不能为顺。君子能修其道，纲而纪之，统而理之，而不能为容。今尔不修尔道而求为容。赐，而志不远矣！”

子贡出，颜回入见。孔子曰：“回，《诗》云‘匪兕匪虎，率彼旷野’。吾道非邪？吾何为于此？”颜回曰：“夫子之道至大，故天下莫能容。虽然，夫子推而行之，不容何病，不容然后见君子！夫道之不修也，是吾丑也。夫道既已大修而不用，是有国者之丑也。不容何病，不容然后见君子！”孔子欣然而笑曰：“有是哉颜氏之子！使尔多财，吾为尔宰。”

3. 子曰：“赐（子贡名）**也，女**（汝，你）**以予**（我）**为多学而识**（音zhì，心会神通，了悟在心）**之者与？”对曰：“然**（是），**非与**（不对吗）？**”曰：“非也，予一以贯之。”**

《史记·孔子世家》：子贡色作。孔子曰：“赐，尔以予为多学而识之者与？”曰：“然。非与？”孔子曰：“非也。予一以贯之。”

《经学卮言》：子贡正专事于识者，故始而然之。但见夫子发问之意，似为不然，故有“非与”之请。

极为传神，白话！

“一以贯之”有二解：

一、以一贯之。一者，元也，“元者，善之长也”，“君子体仁，足以长人”。

二、传统以一为仁，行以贯之。仁者爱人，仁者无不爱。

4. 子曰：“由（子路名）**！知德**（成德）**者鲜矣。”**

“德”，行为的结晶，行之得于心者，行为与良知相合。

“知德者鲜矣”，骂人的话！一般人说一，做另一。

5. 子曰：“无为而治者，其舜也与？夫何为哉？恭己正南面而已矣。”

无为而治者太少了，故只举舜为例。

无所为而为，顺自然也。大舜成功，完全在顺自然而治天下。“道不远人，人之为道而远人”，格格不入。

《大戴礼记·主言篇》：昔者舜左禹而右皋陶，不下席而天下治。

《新序·杂事四》：故王者劳于求人，佚于得贤。舜举众贤在位，垂衣裳恭己无为而天下治。

“恭己”，“恭”，不懈于位，在己位必谋其政，绝不懈怠。《中庸》“君子笃恭而天下平”。

现在的母亲多半是“闲妻凉母”。

“正南面”，昔日南面而治，尽到为君之责。尽己本分做事，尽责。

今天乱，乃是有为而乱，天天动心眼。看一人之卑鄙！连小孩做事都有为，他朝你一笑便有所为（求），表现出媚态。这到底是人性，还是人情？但有所为，也未必是坏事。无为、顺自然，太难了！有为，人性和人情，就看你如何诠释、如何用了。

有为而治，未必能达到目的。偷鸡不着蚀把米，有为而治者，成功了吗？他们做任何事，都有目的。

自人的一举一动，即可见其有无智慧。不能光有想法，而没有做法。知识分子既能知，又能识时、势、机，便可以投入。

这几年台湾得癌症的增加两倍，每四人中就有一人得，此与喝饮料很有关系，矿泉水也不干净。

一失足则成千古恨，要“思不出其位”，“不务乎其外”。

6. 子张问行。子曰：“言忠信，行笃（诚实）**敬**（敬事），**虽**

蛮貊（音mò，喻未开化地）**之邦行矣！言不忠信，行不笃敬，虽州**（二千五百家为州）**里**（五家为邻，五邻为里）**行乎哉**（言不可行）？**立则见其参**（平视）**于前**（眼前）**也，在舆则见其倚于衡**（轼）**也，夫然后行。”子张书**（写）**诸**（之于）**绅**（衣带）。

得“言忠信，行笃敬”。今天成功者少，因皆竞骗。

种瓜得瓜，种豆得豆。世事没神话，有一定的公式，不会有多少奇迹出现。

不论是处于造次或是在颠沛之中，皆见到“言忠信，行笃敬”。

“夫然后行”，要这样，然后行得通。

不可以净用自己的利益衡量利害，这叫作“忠信”。

子张听了之后，写在衣带上，便于随时看到。

仕绅，当官的退休，不再穿官服，但佩绅，即大带。自“绅”，可看出其人之身份地位，此制度值得保留。日本犹有此风，守中国礼，朝鲜也是。

7. 子曰：“直（正直）**哉史鱼！邦有道，如矢**（直）；**邦无道如矢。”**

《韩诗外传》：卫大夫史鱼病且死，谓其子曰：“我数言蘧伯玉之贤而不能进，弥子瑕不肖而不能退。为人臣，生不能进贤而退不肖，死不当治丧正堂，殡我于室，足矣。”卫君问其故，子以父言闻，君造然召蘧伯玉而贵之，而退弥子瑕，从殡于正堂，成礼而后去。生以身谏，死以尸谏，可谓直矣。

“直哉史鱼”，“人之生也直”，不论邦有道或是无道，皆直道行事。

“**君子**（有德）**哉蘧伯玉！邦有道，则仕；邦无道，则可卷而怀之**（如画卷可卷而怀藏，喻滑头）。”

“君子哉蘧伯玉”，识时务者为俊杰，知所进退。

与其投机，不如设机，叫人来投机，此便是真知、识时。

行家也受骗。如张之洞好古玩，有人送汉瓦，他留下。请同好鉴赏，做假的也在受邀之内。大家都说是真的，此人拿过弄成两半，证明是假的，是他伪造的，目的在骗过行家，证明自已是高手。

雕玉石，有高深的技术。雕砖，很高的功夫，因其质松不易雕。

8. **子曰：“可与言**（讲道，启示）**而不与之言，失人**（失人才。但还不直接受害）；**不可与言而与之言**（说深刻的话），**失言**（马上受害）。**知**（智）**者不失人，亦不失言。”**

“不失人，亦不失言”，见该说的人就说，不应说的人就不说。

“礼恭，而后可与言道之方；辞顺，而后可与言道之理；色从，而后可与言道之致。”（《荀子·劝学》）“惟君子然后能贵其言，贵其色，小人能乎哉？”（《中论·贵言》）

9. **子曰：“志士仁人，无求生以害仁，有杀身以成仁**（仁者爱人，关心别人）。”

“志士不忘在沟壑”（《孟子·滕文公下》），无求生而忘本，有舍生取义。

10. 子贡问为（行）**仁。子曰：“工欲善其事，必先利**（同厉）**其器**（工具）。**居是邦也，事**（师事）**其大夫之贤者，友**（结交）**其士之仁**（以友辅仁）**者。”**

《论语正义》：所事所友，皆己德行之助，可资以砥砺，故宜慎选之也。

行仁的含义甚广，尚（上）友古人。

“工欲善其事，必先利其器”，工以利器为用，人以贤友为助。自己能了，才能吃最高的饭，不必求人。

“见贤思齐”，切磋琢磨，“以友辅仁”。

人要过智慧生活，则痛苦少。因为人都自私，自己要得到的，必要合乎标准。重理智，则错误少。一失足成千古恨，身当其事者，才知其痛苦。

11. 颜渊问为（治）**邦。子曰：“行夏之时**（夏历），**乘殷之辂**（音心，车），**服周之冕**（礼冠），**乐则《韶舞》**（虞舜之乐）。**”**

此为“通三统”，因而不失其新。“质文再而复，正朔三而改”（《白虎通·三正》），故《春秋》损文而用忠，变文而从质。忠、质、文，“三王之道若循环，终则复始”（《史记·二祖本纪》），穷则反本。

“行夏之时”，“夏，中国人也”。夏时，夏历，乃中国的历法，自尧开始，尧之历，与自然环境之运很相合。

“乐则《韶舞》”，舜的乐，“《箫韶》九成，凤皇来仪，百兽率舞，百官信谐”（《史记·夏本纪》）。

孔子并不守旧，“夏历、殷车、周冕、韶乐”，为邦什么合适、合时，便是什么。过时的不要，没用的也不要。“损益盈虚，与时偕行”。

《吕氏春秋·察今》：故治国无法则乱，守法而弗变则悖。悖乱不可以持国，世易时移，变法宜矣。譬之若良医，病万变，药亦万变，病变而药弗变，向之寿民，今为殇子矣。

放（禁绝）**郑声，远**（音yuàn）**佞人。郑声淫**（过分），**佞人殆**（不能成德）。

“郑”，在今河南，是殷商故地。“郑声”，乃殷亡国后之旧调，称“声”不称“乐”。

“郑声淫”，并不是说郑声淫乱，而是郑声乃亡国之雅乐；“放郑声”，“恶郑声之乱雅乐”，惧其乱今之雅乐也。

“远佞人”，因“佞人殆”，佞人绝不能成德，“人无言，便是德”。“仁者，其言也讱”，“为之难，言之得无讱乎”，“恶利口之覆邦家”。有些人知识高、口才好，你便用他？人的劣根性，皆喜人在你面前戴高帽。

12. **子曰：“人无远**（久远）**虑，必有近忧**（眼前会出事）。”

人无远虑，难以成事；见近利，则大事不成。

事情有一利就有一弊，利弊之中，如何处理得合适很重要。

《荀子·仲尼》：知者之举事也，满则虑嗛，平则虑险，安则虑危，曲重其豫，犹恐及其祸，是以百举而不陷也。

《易·既济》称:“君子以思患而豫防之。”《孟子·离娄下》云:“君子有终身之忧,无一朝之患也。”

13. 子曰:“已(止)矣乎!吾未见好(音hào,喜爱)德如好色者也。”

“未见”,感慨之!

常人皆见色未见德,所以圣人要人“贤贤易色”(《学而》)。

和尚出家,天天读诗,想做诗僧,也是好色。

14. 子曰:“臧文仲(鲁大夫)其窃位(私据其位)者与?知柳下惠(鲁贤人,展禽)之贤,而不与立也。”

臧文仲,姬姓,臧氏,名辰,谥文。曾祖父臧僖伯,其父伯氏瓶。在鲁庄公、鲁僖公、鲁文公时代鲁著名的贤大夫,废除关卡,以利通商。

《论语述何》:在鲁言鲁,前乎夫子,而圣与仁柳下惠一人而已。文仲忌而不举,罪与三家者同。

知贤者而不能用贤,乃光知其一不知其二。尸位素餐,妨贤病国,莫此为甚。

有地位者,最重要的是荐贤给朝廷。

15. 子曰:“躬自厚(本身责之重)而薄责于人(对人责之轻),则远(音yuàn,远离)怨矣。”

《论语述何》:《春秋》详内小恶,略外小恶之义。

“身”与“躬”有何不同？“身”，象人之身，人的躯干。身体、长一身有半。“躬”，弓身者，曲之会意也。躬身、躬行、直躬。《易·艮》：“艮其身，止诸躬也。”

对人，不要求全责备，要“以人治人，改而止”（《中庸》）。

《春秋繁露·仁义法》：以仁治人，义治我，“躬自厚而薄责于外”，此之谓也……故自称其恶谓之情，称人之恶谓之贼；求诸己谓之厚，求诸人谓之薄；自责以备谓之明，责人以备谓之惑。

其实，对别人也没有必要责备。

16. 子曰：“不曰‘如之何如之何’者，吾末（莫）**如之何也已矣。”**

懂得“如之何如之何”了，才知道用脑子想。遇事，不要大而化之，不去想。

《春秋繁露·执贽》：子曰“人而不曰‘如之何如之何’者，吾末如之何也矣”，故匿病者不得良医，羞问者圣人去之，以为远功而近有灾。

人都有软弱处，应用智慧去弥补，铜墙铁壁也是锻炼出来的。

17. 子曰：“群居（共居）**终日，言不及义**（宜），**好**（音 hào，喜欢）**行小慧**（小聪明），**难矣**（难以成人）**哉！”**

《论语正义》：夫子言人群居，当以善道相切磋，不可以非义、小慧相诱引也。

专要小聪明的，难以成人！

18. 子曰：“君子义（宜）**以为质**（本），**礼以行之，孙**（逊，谦逊）**以出**（说出）**之，信以成**（处理）**之。君子哉！”**

以义为本，以礼行之，谦逊说出，人无信不立。

“君子”，成德之人！

一般人光知学，而不知行。今人之短，即博学不行。

19. 子曰：“君子病（担心）**无能焉，不病人之不己知**（知己）**也。”**

担心自己无能，“求为可知也”，此指好的说。

“不患人之不己知，患其（己）不能也。”（《宪问》）

20. 子曰：“君子疾（怕）**没**（殁）**世而名不称**（音 chèng，名实不相副）**焉。”**

此为孔子作《春秋》时语。

《史记·孔子世家》：子曰：“弗乎弗乎，君子病没世而名不称焉。吾道不行矣，吾何以自见于后世哉？”乃因史记作《春秋》，上至隐公，下讫哀公十四年，十二公。据鲁，亲（新）周，故殷，运之三代。

名实不相称。颜回父亲将颜回厚葬，孔子反对即同此意。

朱子引范氏曰：“君子学以为己，不求人知；然没世而名不称焉，则无为善之实可知矣。”这句话不知害死多少人，许多读书人乃成“千古文章，千古贼”。

21. 子曰：“君子求诸（之于）**己，小人求诸人。”**

“君子素其（己）位而行，不愿（务）乎其外”（《中庸》），“君子有诸己而后求诸人”（《大学》）。

“古之学者为己”，君子求自己的毛病，小人则专看别人的毛病。

22. 子曰：“君子矜（庄以持己）**而不争，群**（和以处众）**而不党**（党同伐异）。”

《论语正义》：矜易于争，群易于党，故君子绝之。

“君子而矜不争”，不争，要争最大的，好狗不露齿，方能为“群之首”。君，群之首。

“群而不党”，“鸟兽不可与同群”（《微子》）。吃饭集团，美其名曰党，“君子不党”（《卫灵公》），不党同伐异。国家是每个人的，不是党的。党是个人的，党就有偏私。

23. 子曰：“君子不以（因）**言**（说得好听）**举**（扬，用）**人，不以人废**（不用）**言。”**

《管子·明法解》：明主之择贤人也，言勇者试之以军，言智者试之以官。试于军而有功者则举之，试于官而事治者则用之。

“有德者，必有言；有言者，不必有德”（《宪问》）。“舜无一不取于人”，不因人废言，乃是智者。

“不因言举人，不因人废言”，守住此话，则做事必成。

24. 子贡问曰：“有一言（字）**而可以终身行之者乎？”子曰：“其‘恕‘乎！己所不欲，勿施**（加）**于人。”**

“恕”，如心，自体悟中原谅别人。

将心比心，心心相印。

25. 子曰：“吾之于（对于）**人也，谁毁谁誉？如有所誉者，其有所试**（试验）**矣。斯民**（这一类人）**也，三代之所以直道而行也。”**

《论语述何》：《春秋》不虚美，不隐恶。褒贬予夺，悉本三代之法，无虚加之辞也。董子曰：“《春秋》辨是非，是故长于治人。”

“谁毁谁誉”，不能有所偏私；必要“直道而行”，“人之生也直”，直人即真。

我的用人哲学：“如有所用，必有所试；若有所试，必有所悟。”

26. 子曰：“吾犹及史之阙（空）**文也，有马者借人乘之。今亡**（无）**矣夫**（表示感叹）**！”**

《论语述何》：史阙文，如“纪子伯”“夏五”之类。今则多不知而作者矣。

《论语说义八》：夫子时，六艺之学将废，故俗多穿凿，不免自以为是也。

阙文见义，“吾犹及史之阙文也”，有许多深义。

阙文，不写，是不知，还是不敢写？“阙文”，乃微言，微而不显。阙疑，“无闻焉尔”（《春秋公羊传·隐公二年》），“知之为知，不知为不知”，不敢多写。

历史有阙文，才是信史。相信历史，是自欺，“文胜质则史”（《论语·雍也》）。越是后代的人，写史事越是详细。

“有马者借人乘之”，自己有马不能调良，当借人乘而习之。

“今无矣夫”，今天，上面两种人都没了。

27. 子曰：“巧言乱德（己之行），**小**（稍）**不忍则乱大谋**（成就不了大事）。”

“巧言乱德”，巧言无实，乱己之行。

“小不忍则乱大谋”，事无大小，星星之火可以燎原。

有大智，想有大成就，必要有几分纳气；有气，纳而不发，即要受得住气。“燕雀安知鸿鹄志？”有“阿Q精神”，才能干下去。

自多处体悟道理，以改正自己。

28. 子曰：“众恶（音 wù，讨厌）**之，必察焉；众好**（音 hào，喜好）**之，必察焉。”**

《论语正义》：“或众阿党比周”，所以众好；“或其人特立不群”，所以众恶。

众人之所好、众人之所恶，必加以研究。社会人事皆如此，要研究才知其所以。

台湾人喜吃槟榔，必须研究到底有什么成分，会使人如此着迷。以一例，触类旁通，就可以解决很多问题。

29. 子曰："人能弘（动词，弘扬）**道，非道弘人。"**

"弘道"：一、以行为、作风弘道；二、注意主动与被动。

人的德才能弘道，以行为、作风弘道。道，指好的，至高无上，"志于道"（《述而》）。

"成事在人"，一个人的善与恶，在其本身而不在其地位。

"苟不至德，至道不凝焉"（《中庸》）。

30. 子曰："过而不改，是谓过矣。"

贰过，才是过。颜回"不贰过"。

"过而能改，善莫大焉"。"过，则毋惮改"，但也不能频改。

31. 子曰："吾尝终日（整天）**不食，终夜**（整夜）**不寝**（睡），**以思，无益，不如学也。"**

"吾尝终日而思矣，不如须臾之所学也"（《荀子·劝学》），"学而不思则罔，思而不学则殆"）。感到有问题，必悟一悟，学而不思则罔。

我忙，忙着整理。我要回家了。

32. 子曰："君子谋道（行事之原则）**不谋食。耕也，馁**（餧、馁，古通，食也）**在其中矣；学也，禄在其中矣。君子忧道不忧贫。"**

"谋道不谋食"，"道"，是行事的原则、做事的大本。"谋道”，忧有无谋生之道、之德？董子说“正其谊（义），不谋其利；明其道，不计其功”，正义，必有其利；明道，必有其功。

我讨厌读书人不明白，绕弯解释，如解“因不失其亲”，越解越不明白。

一、“馁”，饿也。二、“餧”字之讹。餧、馁古通，今相承，以餧为“餧饲”之餧，以“馁”为“饥馁”之“馁”，遂分为二。餧，食也，妈妈餧小孩，包含了多少慈意。慈，比爱重要。

“耕也，餧在其中矣”，又何必“谋食”？难的是要怎么吃这个饭。

“忧道不忧贫”，谋生存，谋济人之技术，不必谋吃饭。学一切的技术、方法，则有生活之道。

“贫”，没有钱；“穷”，没道可走则穷，没有职业。《说文》称：“穷，极也，从穴。”穷途末路。

33. **子曰：“知**（智）**及之，仁**（人的品德）**不能守之**（守业）**；虽得之，必失之。知及之，仁能守之；不庄**（自重）**以莅**（面对）**之，则民不敬。知及之，仁能守之，庄以莅之；动之不以礼，未善**（未达善的境界）**也。”**

莫近于仁，莫急于智，“仁而不智，则爱而不别也；智而不仁，则知而不为也。故仁者所以爱人类也，智者所以除其害也”（《春秋繁露·必仁且智》）。智及之，不能以仁守之，则失民心。

“庄以莅之”，“出门如见大宾，使民如承大祭”。

“动之以礼”，“非礼勿动”，“立于礼”。礼，本为树的纹理，引申为理，天理之节文，贵乎恰到好处。如二十四节气，差一点就完了。

对什么人行什么礼，不恰到好处则成“足恭”，所以要“约之以礼”。

何以想得多办得少、有想法却没有做法？必要“日知己所无，月无忘己所能”，知此，则知道要怎么做事。

不能缺德！人皆自私，成就越大，账记得越清楚。

34. 子曰：“君子不可小知（君子不器），**而可大受**（能容一切）**也。小人不可大受，而可小知也。”**

《淮南子·主术训》：有大略者，不可责以捷巧；有小智者，不可任以大功。

“大受”，能容一切，有大担当。正知正见，知必正见。

“小知”，器也，以一技一艺见知于人，少见闻，净东家长西家长，无所不知。

35. 子曰：“民之于（对于）**仁也，甚于水火。水火，吾见蹈**（赴）**而死者矣，未见蹈仁而死者也。”**

《孟子·尽心上》：“民非水火不生活。”人如无水火，那就一天也活不了。

既是不怕死，何不死得轰轰烈烈，“蹈仁而死”？

有苦恼，必得去自杀？感到前途无亮了，何以不拼命一搏？遇事，一定要深思熟虑。

“恶使三年，善使一辈子”，父母如替儿女做一切，只是会害死儿女。

36. 子曰："当（担当）仁，不让于师。"

《论语正义》：人于事，值有当行仁者，不复让于师，所谓"闻斯行之"也。

"让"，是一东西多了才让给人。

"天地君亲师"。"仁以为己任，死而后已"，为师者亦有行仁之责，人人当仁，一如"人人为我"，怎可让于师？

但对父母则不同，当仁得让于父母，显名于父母，《孝经·开宗明义》云："立身行道，扬名于后世，以显父母。"

"干祖之蛊"（《易经·蛊卦》"干父之蛊，有子，考无咎，厉终吉"），老祖宗留下一件蛊事，应干祖之蛊，就是当牛马也必负起责任。

儒家讲"老吾老以及人之老"（《孟子·梁惠王上》），唯生父生母永不能变，伦不上的都得出局。学文史哲的，"正伦"是你们的责任。

"杨子为我"，指其学说而言。"拔一毛而利天下，不为也"（《孟子·尽心上》），因为到太平世了，"人人皆有士君子之行"。如人人为我，就都丰衣足食了，又何必别人拔一毛救济你？所以要视环境而定，不可以因为自己的毛多就要给人。如天下人都缺毛，那你拔一毛又何济于事？如"人人为我"时，你送我毛，那岂不是侮辱我？此亦是"今文"与"古文"思想不同之所在。

孟子骂："杨氏为我，是无君也；墨氏兼爱，是无父也。无父无君，是禽兽也。"（《孟子·滕文公下》）自古文人相轻。今骂人格，我骂不爱国。时不同，事不同，观念不同，评价亦不同。

37. 子曰：“君子贞（正）**而不谅**（小信）。”

“贞”，守正固之道，《易·坤》“利永贞”“安贞吉”。

仁人君子说话，为“诚”与“信”。有德为“君子”，君子重视“守死善道”。

何为“谅”？“召忽死之”，子曰：“岂若匹夫匹妇之为谅也？”（《宪问》）没有修养，胡扯，三分真七分假，为小诚小信，乃匹夫匹妇。孔子许管仲不死其君为“乃其仁”，以管仲能维护民族的存在即为仁者。

君死，有其死之理；臣不死，有后死之责。真读明白《论语》了，就不会效“愚忠”，不同于腐儒、奴儒有“君要臣死，臣不敢不死”的观念。

有身份、有地位者不可以扯东扯西，如王婆说话不负责任。情之所至，渲染太过。学文史哲的责任何在？在正人伦也。今天“代理孕母”，那谁是生母？伦常岂不是毁了，岂不是又要多一伦？无知，不知自己无知！

有一点细心，处处细心，一点也不能放过。读书，每一个字都要追究。旧注改得太多，就千古文章一大抄。

38. 子曰：“事君（为国做事），**敬**（敬慎）**其事而后其食**（食禄）。”

《论语正义》：先劳，而后禄。

“先难后获，先事后得”，以“事”为第一要义，敬事能信。

39. 子曰："有教无类。"

昔"以吏为师"(《商君书·定分》"圣人必为法令置官也，置吏也，为天下师，所以定名分也")。孔子革命，有教无类，什么人都收，全民教育。但是一般百姓犹不能接受，并不重视。

孔子最伟大处在"有教无类"，而最阴险亦在此，不动声色，对乱制作"釜底抽薪"的手段。百姓不再糊涂了，都有知识了，那做坏事的人焉能不加以小心?

要向下扎根，根本解决问题。做任何事，必自根上入手。

40. 子曰："道(大前提)不同，不相为谋(不要勉强)。"

大前提不同，不必相为谋算。

两人道不同，不能谈深的。必看对象说话，"和而不流"。非同道、同志，有时还是敌人。

有见地，到什么环境就会去了解。腐儒既酸又臭，最后只剩下自己。做任何事，必要修群德。

要善用头脑，善用智慧。同学非同道、同志，还可能是敌人，不要勉强。

我教五十年，看教出几个"真"学生?你们来日方长，要好好玩味。给人当工具太可怜了，临死还叫人耍。

41. 子曰："辞(文辞)，达(达意)而已矣。"

文辞，就是为了达意。

《论语正义》：辞皆言事，而事自有实，不烦文艳以过于实，故但贵辞达则足也。

韵文是艺术，是给人欣赏的，不是大众用的。

昔女子习诗词、歌赋，我的外家以《选学》传家。

42. 师冕（乐师）**见**（现），**及**（到）**阶，子曰："阶也。"及席，子曰："席也。"皆坐，子告之曰："某**（某人）**在斯**（此），**某在斯。"师冕出。子张问曰："与师**（乐师）**言之道与？"子曰："然。固**（特别肯定）**相**（扶助）**师之道也。"**

此相师之道，对瞽者扶之、导之。"相"，扶也，辅相。

看别人的毛病，容易；但造就自己，特别难。要用活学问改造自己。我内心藏许多不能说的话，有些人的心理反常，不能以常理推之。

"仲尼尚公"，层次高于"圣之时者"，圣之时者只是不吃亏。

人的知识没办法解开大自然，所以许多科学探索永无止境。

我们是元学派，供奉人祖伏羲与孔子。

你们要脚踏实地，自台湾恢复书院制。昔日书院尚德，德乃是智慧的结晶。不能如和尚天天讲鬼话，却一样也没兑现。许多人光有智没有德。

天德好生。"解严"前，我们称"天德黉舍"，乃是反对战争，主张不杀。善用智慧，绕弯说。古人法天，则天。应尽量使自己的私心接近公心。

我有一尊乌玉观音像，是我母百岁冥寿时，师母从大陆转寄来的。但也是那年，师母就走了。

我本想将观音像送回“兴京”（1616—1621为后金都城。原名赫图阿拉，在今辽宁省新宾满族自治县），今年过年时给同学欣赏，芝生建议留台，说可能与台湾有缘。我是只要谁言之成理，都可以接受。许多事不是自己决定，只要言之成理，都可以接受。

既然人什么都带不去，何以不将私心都变成公心？无论怎么把持，只要一口气断了，还不是都得交给别人。但千万别给儿子，人绝不能缺德，否则断子绝孙。“天道尚公”，所以我也无私了，了解的即天。

我在台五十年，没做点坏事，尽做好事。人要去私心，就公心。私心，是与生俱来的，故必要学，自最基本学。

好茶一沏，必会落底。喝好茶，不可以用瓷杯，要用玻璃杯，一边喝，一边欣赏茶叶泡开时之美。

对一切事，皆要求真知。

“礼由食起”，一切礼法、思想皆从“吃”演变出来的。第一个吃，树立了一切文化。中国饮食礼法多，“食的文化”，一切礼法制度，皆自吃来的。

“食色，性也”（《孟子·告子上》），用尽一切满足私欲，还有许多理论，可谓“事做绝，名堂也绝了”。如皇宫白天分皇后、妃、嫔……但晚上就一个“色”。说“不孝有三，无后为大”，实是合理化自己的行为。自一个“欲”生出那么多，用许多东西在维护其欲。

我在台五十年，并不是有修养，而是没有碰到令我动心的人，因为不是买鞋，不合了还可以退货。等到今天，仍然没看到对眼的；既是如此，那当然就“知止而后有定”了！做学问、做人，都必要懂得知止。不要净以道学规律想问题。就自“食色，性也”想，最后可能都能了解问题。

北京雍和宫，两代潜邸，两条潜龙——雍正帝与乾隆帝，雍正帝的府邸，乾隆帝诞生于雍和宫。清实亡于乾隆帝，他活得长，做了“十全老人”，但东西都不全了！嘉庆帝在位时间短，到道光帝时百病齐发。昔日有地位者穿的衣服不洗。道光帝是有史以来最俭朴的皇帝，龙袍洗三次、打上补丁；其大臣乃新衣加补丁。道光帝的相貌不好，最为苦命。

我是独子。独子往往从小就受宠，没有受约束，所以有出息者少。如知道自己没修，还有希望。今天台湾社会之所以乱，就在大家都想争雄，群雄并起，最后都成为狗熊了。可见“时名”没有用。天下大乱，必有乱的原因。

会背书容易，如背“深则厉，浅则揭”，但是懂得“深浅”“厉揭”了？一个人要真能认识环境可是不易！我讲课谈时事，是要你们认识事，但是你们要脚踏实地地读书，将台湾领上书院制度。必要将台湾领上规范，思想必得“另辟天地”。代有才人出，不是绝对办不到。我今“不知老之将至”，没有工夫想那么多。

到曲阜看孔林，倍觉亲切。孔子死时埋在河边，显见当时并不受重视，现在河已经干涸了。孔子墓，旁为伯鱼，前面子思，是“挟子抱孙”的形制。

孔子绝对承过道家之学，故曰“吾道一以贯之”，得一了，求一而得一。但孔子青出于蓝，更胜于蓝，最后“变一为元”。求仁→得仁→安仁，“安仁者，天下一人”（《礼记·礼运》）。求一→得一→安一。

“礼门义路，居仁由义”：礼门义路，“夫义、路也，礼、门也；惟君子能由是路，出入是门也”（《孟子·万章下》）；居仁由义，“杀一无罪，非仁也；非其有而取之，非义也。居恶在？仁是也；路恶在？义是也。居仁由义，大人之事备矣”（《孟子·尽心上》），“造次必于是，颠沛必于是”（《里仁》），“素富贵行乎富贵，素贫贱行乎贫贱，素夷狄行乎夷狄，素患难行乎患难”（《中庸》）。

老子与庄子之学，完全不同。虽是一个学派，未必完全一样。学派，非派系，乃是一脉相承下来的。

有志于学，必好好脚踏实地治学。有志于政，得脚踏实地于行。不能有正知正见，即是乱源，净制造是非。

学中国东西，须从“认字”开始。读经学与《易经》，得先学《说文解字》。

读书，自《说文句读》入手。看正式书，则看《说文通训定声》。最好的一部是《说文解字诂林》。工具书不全，不能读书。

读书必有特殊环境，眼不到就不算读书。溥儒，赵孟俯后第一人，五百年后不再有此人。昔人以写字、画画作消遣。如意馆，为皇帝学画的地方，藏有不少名书画。

以前，先背书后老师才开讲，师生都不必看书，就可以听、讲。在台，没有几个脚踏实地实地读过中国书，教授即如此。

既无能力消除这个乱，那何不沉静地读书，何以必跟着乱？无论学多少，“学而不思”则犹如没有学。“思之思之，鬼神通之”，必经深思熟虑了，才能达到境界，否则，学多少，也未必能用上。

读书要轻松，如看小说，天天看。气太浮，就看不下，必心平气和，慢慢读。天下无难事，就怕有心人，要读破书才行，“读书破万卷，下笔如有神”！

勤能补拙，中国书太多，生在中国太累，学无止境，死而后已！

季氏第十六

张载（1020—1077，北宋理学家）四句："为天地立心，为生民立命，为往圣继绝学，为万世开太平。"要以什么为天地立心？今天读书人有如和尚念经，能够解决问题？但张载之言只是摸到边，后人有无继续想？"为往圣继绝学"，那什么是绝学？若是不知，又如何继？这四句名言有人深究了？那何以至今犹战争不断？

应懂得怎么正视问题。儒家并非宗教，宗教完全是人之为道，造谣，扯一阵子。遇事，必要加以印证，要正视问题。明白不够，还要有成绩。

你们天天忙，忙着往前跑；我则忙于结束。

问自己是属于哪一类？要如何为子孙谋？

你们不知用脑详细分析。"先迷失道"，求智慧得不迷，按我的方程式分析；"后顺得常"，顺情顺理，就得常道。人少有清楚的头脑，完全盲目、崇拜。天天吵闹，连人的生活都谈不上，还能谈其他？

一个人说话要有脑，不可以那么简单。不是说话行，即成圣，是要加以印证。都是人，人人皆可以为尧舜。前人扔下的东西，如能稍留点意，都可以成。勿忘初心，按照初心，好好奋斗。

孔子的儿子伯鱼也没有成才，可见孔子也帮不上忙。不要盲目，以为跟谁就有成了。有状元徒弟，可没有状元老师。学我，穷一辈子。台北有许多开奔驰的穷人。

要明辨是非，不要开始即学为盗，要将古人的智慧变成自己的智慧。

“先行，其言而后从之”，要说一句话，先问自己办得到否？真有极乐世界？

儒家之学现实，皆实学也。你要学什么？如办不到的话，就不要说。一般人是“言必信，行必果”。

我们的老祖宗头脑特别清楚，说“不像玩意儿”，即已经离“标准”远。对父母不好，说你“不孝”。

谈恋爱，弄至烧死对方，未免太可悲了！至少要过人的生活，哪个家庭想乱哄哄？

1. 季氏将伐颛臾（音 zhuān yú，伏羲之后，鲁附庸，以风为姓）。**冉有、季路见于孔子曰：“季氏将有事**（战）**于颛臾。”**

《论语述何》：伐颛臾不书于《春秋》者，封内兵不录，或闻夫子言而止也。

当时冉求与子路当季氏的家臣。

孔子曰："求！无乃尔（你）**是**（实）**过与？夫颛臾，昔者先王以为东蒙主**（东蒙山之主祭）**，且在邦域之中矣，是社稷之臣也。何以伐为？"冉有曰："夫子**（指季氏）**欲之，吾二臣者皆不欲也。"**

《论语述何》：成王锡鲁公以附庸，颛臾是也……颛臾不见于《春秋》，其大小未详。

归罪于季氏，一点担当都没有！

孔子曰："求！周任（古良吏）**有言曰'陈**（布）**力**（实力）**就列**（位）**，不能者止'。危而不持，颠**（倾倒）**而不扶，则将焉**（安）**用彼相**（助手）**矣？且尔**（你）**言过**（超过范围）**矣。虎兕**（野牛）**出于柙**（关虎兕的木栅）**，龟玉毁于椟**（匣子）**中，是谁之过与？"**

《论语正义》：引马（融）曰：言当陈其才力，度己所任，以就其位，不能则当止也。

施展贡献其才力，就其位；不能陈力，便当去位。此解讲活了，马上可以做事。读书要当智慧求，然后过智慧生活。

清刘宝楠《论语正义》，比朱熹《论语集注》好。

《论语正义》，二十四卷，清刘宝楠撰，成书于清同治四年（1865年）。该书博取众家之长，考释详备，是当时《论语》的最佳注本，也是公认的研究《论语》的必读参考书。

《正义》诠释《论语》，不但保留汉魏古注，而且多种方法交互使用，不拘一格。除语词注释采用声训、形训、义训和观境为训等方法外，主要有以本经注本经，通贯群书，广罗参证，以丰富的史实或事例作注，以心相接的心理解释法等方法。

朱熹《论语集注》，是朱子毕生精力之作，他借注《四书》阐发其理学思想；元朝以后成为官学，是科举考试的标准用书。

“相”，“瞽者之相”，助、导、扶持。《易·泰》称：“辅相天地之宜。”

冉求答以“夫子欲之”，想卸责。孔子直斥其不尽谏责。说：“虎兕出柙伤人，龟玉在椟中毁了，难道管理者无过？”

冉有曰：“今夫颛臾，固（城郭坚固、兵甲利）**而近**（接近）**于费**（音 bì，季氏的食邑）。**今不取，后世必为子孙忧。”**

此时鲁哀公欲去三桓。《论语正义》引方观旭《论语偶记》：“季氏以颛臾世为鲁臣，与鲁犄角以逼己。忧在内者攻强，乃师齐田常伐吴之故智，欲取颛臾。”

《史记·仲尼弟子列传》：田常（陈恒）欲作乱于齐，惮高、国、鲍、晏，故移其兵欲以伐鲁。孔子闻之，谓门弟子曰：“夫鲁，坟墓所处，父母之国，国危如此，二三子何为莫出？”子路请出，孔子止之。子张、子石请行，孔子弗许。子贡请行，孔子许之。遂行，至齐，说田常曰：“君之伐鲁过矣。夫鲁，难伐之国，其城薄以卑，其地狭以泄，其君愚而不仁，大臣伪而无用，其士民又恶甲兵之事，此不可与战。君不如伐吴。夫吴，城高以厚，地广以深，甲坚以新，士选以饱，重器精兵尽在其中，又使明大夫守之，此易伐也。”田常忿然作色曰：“子之所难，人之所易；子之所易，人之所难：而以教常，何也？”子贡曰：“臣闻之，忧在内者攻强，忧在外者攻弱。今君忧在内。吾闻君三封而三不成者，大臣有不听者也。今君破鲁以广齐，战胜以骄主，破国以尊臣，而君之功不与焉，则交日疏于主。是君上骄主心，下恣群臣，求以成大事，难矣。夫上骄则恣，臣骄则争，是君上与主有却，下与大臣交争也。如此，则君之立于齐危矣。故曰不如伐吴。伐吴不胜，民人外死，大臣内空，是君上无强臣之敌，下无民人之过，孤主制齐者唯君也。”田常曰：“善。”……子贡一出，存鲁，乱齐，破吴，强晋而霸越。子贡一使，使势相破，十年之中，五国各有变。

此冉求所谓“季氏恐颛臾为子孙忧，而欲伐取之”。

“为子孙忧”，多少父母为儿女留下许多财产，乃怕其挨饿。

为子孙留田千万，不如留子一经；留多经，还不如他懂得多少道理。

孔子曰：“求！君子疾（讨厌）**夫舍曰欲之，而必为之辞。丘也闻有国**（诸侯之国）**有家**（大夫之家）**者，不患**（担忧）**寡**（少）**而患不均**（贫富悬殊），**不患贫而患不安**（安于贫）。**盖**（缓其辞）**均无贫，和无寡，安无倾。夫如是，故远人不服，则修文德以来**（音 lài）**之。既来之，则安**（使之各遂其生）**之。”**

“求！”直呼其名，斥之!

说：“讨厌口是心非，强词夺理，净找理由辩解。人人有饭吃最重要，不患寡而患不均。”

“不患寡而患不均，不患贫而患不安”，此为治事之道。

《春秋繁露·度制》：孔子曰：“不患贫而患不均。”故有所积重，则有所空虚。大富则骄，大贫则忧；忧则为盗，骄则为暴，此众人之情也。圣者则于众人之情，见乱之所从生。故其制人道而差上下也，使富者足以示贵而不至于骄，贫者足以养生而不至于忧：以此为度而调均之，是以财不匮而上下相安，故易治也。

“均无贫，和无寡，安无倾”：“均平，就无贫；和谐，就无少；安宁，就无危”，大家如在精神上有同一的满足，不看到多，也不看到少，就无怨言，社会焉有危？贫而怨，，“好勇疾贫，乱也”。

“远人不服，则修文德以来之”，用礼乐教化之，不动用刀枪强迫其接受。“既来之则安之”，使大家都能安生。

今由与求也，相夫子（为季氏相）**，远人不服而不能来**（来之）**也，邦分崩离析**（众叛亲离）**而不能守也，而谋动干戈**（发动战争）**于邦内。吾恐季孙之忧，不在颛臾，而在萧墙**（塞门）**之内也。**

“谋动干戈于邦内”，此为下策，应用智慧解决。

近代史给吾人之教训：战争，不能解决问题。

“萧墙”，唯国君有之，宫内之小墙。“季孙之忧，不在颛臾，而在萧墙之内”，指鲁哀公。间接告季孙氏：鲁哀公不会坐视他的专横跋扈。

每个人都有自己的责任，不是为自己，而是为民族，于团体有利。

争，看要争什么，视人之志，人各有志。

《周官》讲“均与联”，想求均，必联，团结即力量。必要有群德，你们要练习群德。“民无信，不立”，要过智慧生活。有知识，如不能过智慧生活，那么知识有何用？

有一个真朋友，有用；都是朋友，没有用。同学非同道、同志，还可能是敌人。谋事全在己，不能靠人。“道不同，不相为谋”，不强求，“人生知己，二三人而已矣”。我想看究竟有几个“真”学生。

快快努力，昔人二十多岁即中进士。你们要快快努力，人必照顾自己，为子孙忧。这个地方的人不够冷静，净说骗人的话，天天说疯话能解决问题？人都有梦，要天下一家。如奉元都不能一家，那“天下一家”的梦岂不是骗人的？

学会读书方法最重要，天下事没有容易办的，但是也没有解决不了的，贵乎能运用智慧。谋事全在人。

2.孔子曰：“天下有道，则礼乐征伐自天子出；天下无道，则礼乐征伐自诸侯出（地方割据）。**自诸侯出，盖**（大略）**十世**（代）**希**（少）**不失**（亡国）**矣。”**

《孟子·尽心下》：“征者，上伐下也。敌国不相征也。”

“征者，上伐下也”，“征之为言正也”（《孟子·尽心下》），“王用出征，以正邦也”（《易经·离卦》），兴甲兵以讨不义，“礼乐征伐自天子出”。

“天下无道，则礼乐、征伐自诸侯出”，齐桓、晋文等霸主。

周自平王东迁，王室衰微。诸侯自作礼乐，专行征伐，始于隐公。至昭公，伐季氏，不克。十世失政，死于乾侯。

“自大夫出，五世希不失矣。”

鲁国的家臣之乱，先是东门氏，紧接着是三桓。季文子初得政，至桓子五世，为家臣阳虎所囚。

大夫专政，礼乐征伐自大夫出。如田氏代齐、三家分晋和鲁三桓专权。

“陪（重）臣（家臣）执（执掌）国命，三世希不失矣。”

三桓的家臣又纷纷起来，效法主子犯上作乱。阳虎原本为孟孙氏庶支，后为季孙氏家臣，季平子时很受重用。季平子死，季孙斯（桓子）立，阳虎已是季氏三世“元老”，三世而出奔齐。

“陪臣”，重臣，大夫之家臣。陪臣专政，如阳虎。

诸侯十世、大夫五世、陪臣三世，其政权能耐多久？

鲁国经“三桓专权”“陪臣执国命”后，不仅使公室衰败，士大夫之家也大都衰落。人绝对不可以自欺。

天下有道，则政不在大夫。天下有道，则庶人不议。

《论语述何》：疾其末，故正其本。拨乱之旨也。

《春秋公羊传·隐公二年》《传》曰：“讥世卿，世卿非礼也。”何注：“礼，公卿大夫皆选贤而用之。卿大夫任重职大，不当世，为其秉政久，恩德广大，小人居之，必夺君之威权。”《春秋》“贬天子，退诸侯，讨大夫”，拨乱反正，“大道之行也，天下为公”。

天下有道，则政不在大夫，在庶民。所以，“首出庶物，万国咸宁”（《易经·乾卦》）。

“天下有道，则庶人不议”：

一、康有为以“不”为衍文；“庶人议”，为议会。

二、我以“不”同“丕”，大也。丕议，大议。

三、不议，众人不会议论政府的得失，一切行政百姓都喜欢。无道才议，有道就不议。

要善用头脑、用智慧。团结就是力量，必要有群德，练习有群德，“民无信，不立”。

《离骚》文辞之美，但后人无法了解其意。

必要过智慧生活。给人做工具，太可怜！等死，还叫人耍，登记要住养老院。

以前三世同堂是最普通的，家族的宗庙有如总统府。寡妇，守寡就富，过年大家必有所表示。孩子读书、做生意，可以向宗庙借钱，慢慢还；发迹了，再还给宗庙。

3.孔子曰：“禄（爵禄）**之去公室**（不由君出）**，五世矣。政逮**（及）**于大夫**（政在大夫）**四世矣，故夫三桓之子孙微**（衰微不振）**矣。”**

《春秋繁露·玉杯》：文公不能服丧，不时奉祭，不以三年，又以丧取，取于大夫，以卑宗庙，乱其群祖以逆先公。小善无一，而大恶四五，故诸侯弗予盟，是恶恶之征、不臣之效也。出侮于外，入夺于内，无位之君也。孔子曰：“政逮于大夫四世矣。”盖自文公以来之谓也。

“禄之去公室五世”：“禄之去公室”，大权旁落，爵禄不自公室出；鲁国自襄仲（公子遂）杀文公之子——子赤，季孙行父如齐，谋立宣公，历宣公、成公、襄公、昭公、定公五世。

“政及大夫四世”：宣公死，鲁国政变，三桓共掌鲁政。三桓，季孙、叔孙、孟孙，均出于鲁桓公。季友立僖公，为“政在三桓”之始。今鲁由季氏执国政，经文子、武子、平子、桓子四世。“自大夫出，五世希不失矣”，其政权能耐多久？此时陪臣执国政，季氏有阳虎，孟氏有公敛处父，叔氏有侯犯。三家微于定、哀之时，自此不复自振。

4. 孔子曰：“益者三友，损者三友。友（动词，交友）**直**（正直），**友谅**（诚信，不欺），**友多闻**（见闻博），**益矣。友便辟**（不正常的行为），**友善柔**（滑头滑脑），**友便佞**（佞而辩，嘴巴灵光），**损矣。”**

读此章必有所警惕。

年轻的毛病，终身难改之，“不识其人，则视其友”。

“友直，友谅，友多闻”，最初步的，境界很低。

多闻于人生有什么关系？道德、学问，学完一句“不欺人”，必要真的不欺人。

孟子“尚友古人”，有几个步骤？“一乡之善士，斯友一乡之善士；一国之善士，斯友一国之善士；天下之善士，斯友天下之善士。以友天下之善士为未足，又尚论古之人。颂其诗，读其书，不知其人，可乎？是以论其世也。是尚友也。”（《孟子·万章下》）

“友便辟，友善柔，友便佞”：“巧言、令色、足恭”（《公冶长》），损友，不正当的朋友。

“天命之谓性”，君子人不敢做违背人性的事。“大人者，与天地合其德”，无私，公。有私，就是小人。

求学是为己，许多人讲“易学史”，有用？读完书，必烂熟在胸。学《易》，自《易》学入手，会讲不一定会做，多半还伤品败德，此焉为学《易》的目的？

5. 孔子曰：“益者三乐（音yào，爱好），**损者三乐。乐节礼乐**（礼乐必中节），**乐道**（说）**人之善，乐多贤友，益矣。乐骄乐**（音lè，恃尊贵以自恣），**乐佚游**（无节），**乐宴**（安）**乐**（安口腹之欲），**损矣。”**

“乐节礼乐”：礼乐必中节，“知和而和，不以礼节之，亦不可行也”。打牌，在没有输以前，总以为有赢的希望。

“乐骄乐”：“骄”，《说文》称：“马高六尺为骄。”壮。引申：骄恣、骄矜、骄傲。一个“骄”字害尽多少人！

“乐佚游，乐晏乐”：《尚书·皋陶谟》称：“无若丹朱傲，惟慢游是好。”佚游、饮食晏乐，都是赔钱的买卖。“燕朋逆其师，燕辟废其学”（《礼记·学记》），游晏之朋，定违背师训、荒废学业。“群居终日，言不及义”。

现在人之丑陋，真是无以复加！重演孔子时代乱伦得厉害！

6. 孔子曰：“侍于君子有三愆（过失）：**言未及之而言，谓之躁**（急躁）；**言及之而不言，谓之隐**（阴险，明知而不说）；**未见颜色而言，谓之瞽**（瞎眼）。**”**

“愆”，《说文》云：“过也。”有所失。小时候就必要严格训练，不犯下面三种毛病：躁、隐、瞽。

昔日座位有一定，主人必坐首位。说话时，必以坐于主人旁第一位者先答话。以距离主人远近，定发言次序。

“未及之而言谓之躁”：“躁”，《说文》云：“疾也。”“躁人之辞多”（《易经·系辞下传》）。未等到自己发言而言，急躁。

“言及之而不言谓之隐”：“隐”，《说文》云：“蔽也。”轮到你说，一言不发，阴险，那又何必请你？

“未见颜色而言谓之瞽”：“瞽”，盲也。

儿子在客人面前失体统了，必须“当面教子”，以表明“有家法”。但妻子失体统了，必“背地教妻”，于无人之际和气相劝，夫妻之间应相敬如宾，彼此顾体面。

瞽不瞽，得看职业。“不瞽不聋，不能为公”，不随和也不反对。

读书人是天地的良心，能不说正经话？许多事，喜欢是一回事，如戏台想媳妇不一定得到手，所娶的不一定是自己喜欢的，恋爱的对象也不一定是你喜欢的。人生不如意事，本来就十之八九。

人生，就是“成事”了，也未必“成功”。人越有理智，就越懂得怎么忍耐，可能一辈子都没有一件事是满意的。

连孙子关心爷爷，也净是用命令句。人生没有满意的事，不要强求。恋爱结婚，离婚才快，我就不敢离。

人真得到的很少，所以要过理智生活。不能安排自己生活的，愚人也。

读书不明白，也不能教育子孙。世路人情皆学问，会背书半点用也没有。

7. 孔子曰：“君子有三戒。少之时，血气未定，戒之在色；及其壮（大，三十曰壮）**也，血气方**（正）**刚，戒之在斗**（争，要斗智不斗气）**；及其老也，血气既**（已经）**衰，戒之在得**（不仅止于钱，志在必得）**。”**

《淮南子·诠言训》：凡人之性，少则猖狂，壮则暴强，老则好利。

“戒”，《说文》称：“戒，警也。从廾持戈，以戒不虞。”戒备，戒慎。

“少之时，血气未定，戒之在色”：血气未定，动而好色。“精气神，人之三宝”，想身体好，必自年轻奠基。

“及其壮”，三十曰壮；“血气方刚，戒之在斗”，血气方刚，好勇斗狠。要斗智，不斗气。

养身，一切皆要定时、定量，衣食住行皆不放任，身体才会健康。不是老了再学太极拳。中年以后学东西，到再高的境界，也不一定有补。

“及其老也，血气既衰”，血气已衰；“戒之在得”，贪得，不仅止于钱，志在必得。

同学必要有致密的头脑，读任何一东西，要马上得启示。

现在学外文为第一要义，是地球村，不论学科技或是农业，都需要用外语。外语要精，不要“困而不学”，肯用功，三年绝对有成，要贵精，不贵多。精，即是说、读、写，要与那国的知识分子同一程度。千万不要自欺，以精为要。

8. 孔子曰：“君子有三畏（敬畏）**：畏天命**（性）**，畏大人，**

畏圣人之言（学圣人，非言圣人之学）。”

“天命”：“天命之谓性”（《中庸》），人皆有人性、人格，都同一重要。孔子“五十而知天命”。

“大人”：“与天地合其德”，公而无私；“与鬼神合其吉凶”，“鬼神之为德，其盛矣乎”（《中庸》），同其好坏；“与日月合其明”，日月代明，明照四方，容光必照；“与四时合其序”，四时错行，行健而有序。

“圣人”：贵通天下之志、贵除天下之患，“知进退存亡而不失其正者”（《易经·乾卦·文言》）。

“小人不知天命而不畏也，狎（慢而不敬）**大人，侮**（轻，戏弄）**圣人之言。”**

“小人”，与“君子”相对，未成德之人，指一般人。

小人不知天命而不敬，无所忌惮，故不敬大人、戏弄圣人之言。

9. 孔子曰：“生而知之者，上也；学而知之者，次也；困（有所不通，穷）**而学之，又其次也。困而不学，民**（人）**斯为下矣！”**

三等知：生知、学知、困知。

三等行：安而行之，利而行之，勉强而行之。

“困”，本义阻挡、防患的门槛。引申义：困扰、受困、困厄、贫困、困顿。知之者，知其故。求之不能通其故，为困。“知困”，“困，德之辨也”“困穷而通”“困以寡怨”（《易经·系辞下传》）。“知困，然后能自强”，“天行健，君子以自强不息”（《易经·乾卦》)，“困而不学，斯为下矣”。

你们要困知勉行，“人一己百，人十己千。虽愚必明，虽柔必强”(《中庸》)。

学语文，必要有“困而学之”的精神。“困而不学”，最下。

10. 孔子曰：“君子有九思。视思明，听思聪，色(形色)**思温**(温文典雅，有亲切感)，**貌**(形貌)**思恭**(恭己)，**言思忠**(尽己)，**事思敬**(敬事)，**疑思问，忿思难**(大难临头)，**见得**(名、利)**思义**(宜)。”

“九思”，要何等费心经营。

“思”，心作良田百世耕。农人种地，要费多少的麻烦，如何用心地去经营。“心之官则思，思则得之，不思则不得也。”(《孟子·告子上》)

“思”，不同于“想”，如想妈妈，对女友相思。必须深入，注意层次的不同。一个思，就够麻烦了，得多么仔细，有万全的准备，要下多少功夫，天时、地利、人和，缺一不可。

一个人卑鄙，尽看别人，何以不思自己？何以不了解自己的事？

“思之思之，鬼神通之”，读书必下此一功夫。我能有点学问，就是思了五十年，故对经书的看法与别人都不同。

“视思明”：“视曰明”(《尚书·洪范》)，“非礼勿视”，为何不知重视自己？

“听思聪”：“听曰聪”，听，听完了，有无思自己有没有误解？

“色思温”：态度温文儒雅，要让人有亲切感，“望之俨然，即之也温”。

“貌曰恭”：恭己即恭人，“出门如见大宾”。

“言思忠”：“言曰从”，言，讲正经的。“听其言也励”，说造就人的话。

“事思敬”：敬事能信，“在貌为恭，在心为敬”，恭则不侮，信则人任焉。

“疑思问”：质疑问难，问到不能疑为止。

“忿思难”：“忿怒思患”（《大戴礼记·曾子立事》）。想发脾气时，必要想到将有大难临头。

“见得思义”：“临财毋苟得”（《礼记·曲礼上》），合乎义才得。

人生短短数十寒暑，必须海阔天空，不必专走独木桥，而伤品败德。要守住分寸。

此“得”，即“戒之在得”之“得”，包括名、利、死……文天祥求死，与日月争辉岂是容易？洪承畴（1593—1665）、范文程（1597—1666）死后都入《贰臣传》。

乾隆四十一年（1779）十二月初三日一份诏书中，命国史馆编纂《明季贰臣传》。洪承畴等出于“开创大一统之规模，自不得不加之录用，以靖人心而明顺逆。今事后平情而论，若而人者，皆以胜国臣僚，乃遭际时艰，不能为其主临危授命，辄复畏死刑生，腼颜降附，岂得复谓之完人”之理由被列入《明季贰臣传》中。

国民党要我就“三害”（国、立、监）择其一，我与他们开玩笑，其实是在骂他们，拒绝！

溥二爷糊里糊涂地受了，成为“国大”代表，因此被说成“赵松雪”。

赵孟頫（1254—1322），字子昂，号松雪道人，别号鸥波、水精宫道人等。出身于宋朝宗室，宋亡后，辞官返回故乡吴兴闲居。至元23年（1286年）出仕元朝，于北方游宦十年。至元末到大德初，仕宦江南。累官至翰林学士承旨，荣禄大夫，世称“赵承旨”。提出“书画同源”，开启以“写意”为主的文人画风。善篆、隶、真、行、草书，尤以楷、行书著称于世。其书风遒媚、秀逸，结体严整、笔法圆熟，世称“赵体”，与欧阳询、颜真卿、柳公权并称“楷书四大家”。儿子赵雍、夫人管道升皆能作画，元代画家王蒙是他的外孙。

其实，二爷一张画的价钱，绝对比“国大”薪水多。明白了，不去选“总统”；但当弃权论，因为薪水拿了。

二爷就坏在“墨云”，原是侍妾“雀屏”，汉人，是二爷太太买来的。二爷的太太是名门——升允之女。升允，蒙古人，是最后一任陕甘总督。墨云掌握了二爷的图章，见钱就盖章，而且有男朋友。二爷自嘲“二人走路，如同龟兔竞走”。

11. 孔子曰：“‘见善如不及（如来不及实行），**见不善如探汤**（热水）**’，吾见其人**（见过这种人）**矣，吾闻其语**（听过这种话）**矣！‘隐居以求其志，行义以达其道’，吾闻其语矣，未见其人也。”**

《大戴礼记·曾子立事》：见善恐不得与焉，见不善恐其及己也。

“见善”，见贤思齐，如不及；“见不善”，如探汤，避之唯恐不及。

人最可怕的是：知恶不改，见贤不亲。

有志，于什么环境都得行，素隐居行乎隐居。

“隐居”，不是等死，“乐则行之，忧则违之”（《易经·乾卦·文言》）。

“隐居以求其志”，得行，要达己之志，绝不能因为隐居了，就没有自己的志。“士穷不失义，达不离道。”（《孟子·尽心上》）

“闻其语，未见其人”，这种人没有，能说未必行能！

我这一代受过“亡国”之苦，痛恨汉奸、卖国贼。

看《公羊》是怎么写乱世的，才知道何以历代帝王不喜欢今文学。中国在两千多年的帝制下，谁敢思想？

现在有多少罪孽，皆假“自由”之名以行民主。

现正赶上时候，必“复元”，讲中国思想。从头认识中国思想：天下为公，止于至善。“致中和，天地位焉，万物育焉”。“贬天子，退诸侯，讨大夫”。“世卿，非礼也”。“天下为公”，没有公就不是中国思想。

“天子，一爵也”，不过是一等爵而已。

《孟子·万章下》北宫锜问“周室班爵禄”，孟子答：“其详不可得闻也。诸侯恶其害己也，而皆去其籍。然而轲也，尝闻其略也。天子一位，公一位，侯一位，伯一位，子、男同一位，凡五等也。”西周春秋的爵称，可大致分为王、公、侯、伯、子、男六级，王指周天子。《礼记·王制》则将天子除外，子男分列，即所谓的公、侯、伯、子、男五等爵。先秦以后思想已变，天子不再是爵位，而是绝对权威。今文家犹存“天子一爵”之说，故“贬天子”。

皇帝自称天子，奉天命而来，哪有爵？既是一爵，不好，当然要贬，《公羊》"贬天子"。董仲舒徒孙告诉皇帝，应让贤退位。

你们现在好好看《乾坤衍》，到五六十岁时可以把《易经》好好地修一遍。但必要识时，学究没有用，"圣之时者"，可见思想是多么进步！

子书，每一子均代表其思想，荀子、孟子都是儒家，但一主张性恶、一主张性善。

12.（孔子曰：）**"齐景公有马千驷**（四匹马为驷，千驷即四千匹），**死之日，民无德而称焉**（死了，百姓无一称道他的）。**伯夷、叔齐饿**（饥，困乏）**于首阳**（首阳山）**之下，民到于今称之**（称其德），**其斯之谓与？"**

齐景公晚年贪图享乐，不顾百姓死活，《史记·齐世家》记载：齐景好治宫室，聚狗马，奢侈，厚赋重刑。不仅生活奢侈、贪杯好色、好犬马，《说苑·正谏》记"景公有马，其圉人杀之，公怒，援戈将自击之"。甚至将百姓收入的三分之二供自己享用，致使民不聊生、怨声载道、内忧外患不断；又继嗣不定，终致田氏代齐。"齐景公有马千驷，死之日，民无德而称焉！"就是对景公的评价。

齐景公、卫孝公，皆争国者。

"死之日，民无德而称焉"，百姓无一称道他的。可见人的好坏，在德，不在地位、钱财。

伯夷、叔齐，让国者也，孔子称其"古之贤人"，"求仁而得仁，又何怨"（《述而》）？"民到于今称之"，至今犹称颂其德。

周武王与商纣王大战于牧野，血流漂杵，终于灭商。伯夷、叔齐认为“以暴易暴”，太可耻了，乃“义不食周粟”，不仕周食禄，在首阳山隐居，采食野菜度日。终饿死首阳山，以身殉道。

人一死，什么也带不走，还争什么？

清太祖以祖宗留下的十三副盔甲，打下万里江山。而满人皇族在北京，净干些什么？陈燕燕（1916—1999，满族，和胡蝶、袁美云、陈云裳为民初影坛四大名旦）演电影，就靠色相吃饭。

不要贪，为了贪，终致伤品败德，累及子孙。

我说很多，你们也不知，还以为是废话！坦言之，你们必要好好地锻炼智慧。你们的文化基础太浅了，净说梦话。不读古书，智慧何来？

文人就会骗人，“亡国”时逃亡，说是“仓皇辞庙”。当年我逃至天津，满腹牢骚，恨不得杀尽天下人。“满洲国”亡后，太师母说不可以搭机，要租卡车往北京走；结果，空中的都被劫了。人不分男女，都必得有智慧。

现在太庙变成劳动人民文化宫，我绝不去，就怕伤心。我回去这么多次，就只经过一次天安门，人到伤心处……溥仪晚年常到皇宫静坐，卖票的开玩笑说：“皇上，买个票吧！”我相信因果，不迷信。

袁项城，“夫人死满街白，老爷死没人抬”。二蒋至今，死犹无葬身之地。我善良地建议埋于慈湖，可以有个样子。唯德长存，这就是人生。

做好事，心里舒服，不是为别人感谢，也没有那回事。做事有酬，不是真的。感到舒服，是人性的事。

以前的世家“珠履三千”，而今安在哉？世事变化莫测，什么都不可靠，唯有自己可靠。

如两腿不能动了，得每天说多少好话，人家才会侍候你。任何东西过量了，都是糟蹋自己。人心正，上帝总陪着；不正，身体不能好。莫以为有了房产，将来就能享福。乞丐宣统帝晚年靠得住？可靠的是自己，千万不要糟蹋自己，不要有依靠心。

六祖，行亦禅，坐亦禅。芝生说他打坐，我说那是“盘腿”。心，格致诚正。打坐，你心定了？我打坐，只一块板子。他们用垫子。六祖讨厌人打坐。

13. 陈亢（子禽）**问于伯鱼**（孔子儿子，名鲤）**曰：“子**（您，尊称对方）**亦有异闻乎？”**

疑孔子私其子，有不同的教法。

对曰：“未也（未有异闻）。**尝独立**（孔子站在庭院），**鲤**（父前称己名）**趋而过**（子行父前，哈腰而过，为礼）**庭**（庭院）。**曰：‘学《诗》乎？’对曰：‘未也。’‘不学《诗》，无以言。’鲤退而学《诗》。他日又独立，鲤趋而过庭。曰：‘学《礼》乎？’对曰：‘未也。’‘不学《礼》，无以立。’鲤退而学《礼》。闻斯二者。”**

《孔子家语·本姓解》：孔子“至十九，娶于宋之亓官氏，一岁而生伯鱼，鱼之生也，鲁昭公以鲤鱼赐孔子，荣君之贶，故因以名曰鲤，而字伯鱼，鱼年五十，先孔子卒”。

“伯鱼”，鱼之老大。“伯”，尊词。伯、仲、叔、季。“孔鲤”，鲤为鱼之正宗。

“过庭”，庭训，“幼承庭训”。康熙帝有《庭训格言》教其子。

闻学《诗》、学《礼》二者。“诗礼传家久”，“立身行道，扬名于后世”。

《诗》可以兴、观、群、怨，了解人性，言社会之现状、利弊，即知言。故“不学《诗》，无以言”。何以读完《诗》就能言？“关关雎鸠”，恋爱就是会说话。

“礼”，理事之本，不学《礼》，即无法以理履（行）之，焉能立世？“不学《礼》，无以立”。

王通《中说·立命》：夫教之以诗，则出辞气，斯远暴慢矣；约之以礼，则动貌，斯立威严矣。

《说苑·建本》：孔子曰：“鲤，君子不可以不学礼，见人不可以不饰；不饰则无根，无根则失理；失理则不忠，不忠则失礼，失礼则不立。”

陈亢退而喜曰：“问一得三，闻《诗》、闻《礼》，又闻君子之远（音 yuàn）**其**（己）**子也。”**

《白虎通·五行》：君子远子近孙。

喜“问一得三”。

“君子之远其子”，圣人不私其子。

尸子说“仲尼尚公”，《说苑·至公》：“古有行显公者，帝尧是也，贵为天子，富有天下，得舜而传之，不私其子孙也。”孔子祖述尧舜，尚公，远其子。司马光说：“远者，非疏远之谓也。谓其进见有说，接遇有礼，不朝夕嘻嘻相亵狎。”

师尊一生亦不私其子孙，将学生当作子孙，百龄号“仁匄遁叟”，以苍生为念，为苍生而匄（音 gài）。圣人胸怀，一也。

必自根上读书，如不识字，字的深义就不明白。

文化是基础。台湾取名算笔画，无一地方基础打好，原因在于净是好名。做事不要泛，人过去即完，一切皆烟消云散，要做能立得住的事。

老同学讲课，除有钱外，完全一无所立；虽有当“部长”的，但是当官并不代表会做事。

不知道自己不懂，就不能认真学。要认真学，不要盲目地学。喜外交的，要注意策、略、谋。想干什么，就重视什么。人必要有好奇心，才能进步。

14. 邦君（诸侯，国君）**之妻，君称之曰“夫人”，夫人自称曰“小童”。邦人称之曰“君夫人”，称诸**（之于）**异邦**（在外国）**曰“寡**（谦词）**小君**（小于君）**”。异邦人称之，亦曰“君夫人”。**

《礼记·曲礼》：夫人自称于天子，曰“老妇”；自称于诸侯，曰“寡小君”；自称于其君，曰“小童”。

《白虎通·嫁娶》：国君之妻，称之曰“夫人”何？明当扶进夫人，谓非妾也。国人尊之，故称“君夫人”也。自称“小童”者，谦也，言己智能寡少，如童蒙也。

《论语正义》：“小君”者，比于君为小也……于本国称“小君”，于异邦称“寡小君”。犹称其君：于本国曰“君”，于异邦曰“寡君子”。

此章阙“子曰”或“孔子曰”。

《春秋》正嫡妾之名。

要注意称呼，人的尊严是彼此的，要互尊。

孝即顺，要以顺当孝。

台湾太小，没事干，所以“金学”（金庸武侠小说）热。父亲杀死十七岁的儿子，何以如此?

一身兼二十余职，多笨！掌权还要那么多的职务？有职务才有权，是公务员；真有权者，什么职务都没有。

今人不读书，做事就是要成名。读书，是自己读，应多读史书。

昔人读完“三百千千”——《三字经》《百家姓》《千字文》《千家诗》，接着便要练习尺牍（书信），有《小仓山房尺牍》《秋水轩尺牍》及《雪鸿轩尺牍》。

看《说文解字》《尔雅》，可认识字，并可以引很多的典故。看古典小说如《红楼梦》，其文章清新，可以学习叙述人说话、行动；看《三国演义》，看三国人物如何斗智，知道如何处理复杂的事。

以每一事为一单位，看其如何叙述。既可以懂点事，又可以练习写文章。文章的好，在于有伦有序。必要下功夫。

人生即继志述事，孔子“志在《春秋》，行在《孝经》”。继志，是指行为而言，“载之空言，不如见之于行事之深切著明”。《大易》与《春秋》不是讲的，而是要行的。述事，一东西传得很有价值，大家接着传。

今天真有大志，正是中国思想转变之际。中国学术，自汉以后分为今、古两派。古文后出，出自鲁壁。自此开始分“真假”

和“今、古文经”。

今文家着重于思想。清末今文学复兴，造成百日维新，民初遗风仍在，陈柱（1890—1944）著《公羊家哲学》、吕思勉（1884—1957）追随梁卓如，也是今文学派。学术有一定的路子。

中国思想的入门书，可以看蒋庆《公羊学引论》和熊十力《读经示要》等书。《公羊学引论》不是文章美，专讲夫子之志，并非专书，仅是常识，是介绍性的书，书名取得好。

我自“长白又一村”后，即不再搞政治。祖宗曾有过九百年的江山，不再当皇帝了，但是不能白活。祖宗也不过为中国人留下一金饭碗，我要为人类留下金饭碗。

传统以“五经”为五常（仁、义、礼、智、信），《汉书·艺文志》说“《易》为五经之原”。以《易》作为天下之准，用以衡量“五经”，重视每一部经的内容。

现在要复元、创始，不再固守旧注，要依经解经。称“夏学”，意指只要是中国人的东西都吸收。

思想流程不是真思想，真思想即“元”。自“元”想，要从根，即自“元”开始，要“下学上达”。

朱子一生的精华在其《四书集注》，但是程朱系的理学并不能概括真理。明、清以朱注作为正统，因为于帝王有利。专制时代的学术皆是钦定的，以前超过钦定的思想，即成为“文字狱”。

一个时代有其代表，但时一过，就不能再代表了。不可以再走回头路。读书要树立一个思想，不是搜集资料。我们反对，不一定成功。但只要是真理、合理的必做，不合理的必反对。

中国近代一百多年的乱，乱在知识分子净是胡扯。

我在台五十多年，我的大弟子已经七十多岁了，但是在台未教出一个明白的学生，无一人识字。你们应从头好好认真读书。

环境还没变，就没有了自我。那环境变了以后呢？

你们必须学会做事。台湾的前途不能离开大陆，世界各国都不会拿黄种人当人看。人必真知，现在不愉快，到时他们必承认“我是中国人”。既已知道方向，中国人必要懂得中国文化。大陆学康熙帝、雍正帝，台湾学德川家康。人必有自我，否则没有人格。

二战前，台湾、“满洲”在日本的笼罩下生存。

想对外能有力量，必须要团结。要以团体对团体，不要以个人对个人。人会死亡，但是团体可以继续。

应学会办事，不要做书呆子。台人不会办事。有组织有团体，还要会运用团体才算会做事。但是人要成功，除了有智慧以外，还贵乎有德。

陈立夫现在台，他斗了一辈子。何应钦、张群亦久经大敌。我跑一辈子龙套。

事（世）如潮水，一波又一波，便将你训练得有经验了。

阳货第十七

我母信佛，我愈大愈不信佛，但认为佛有智慧。读古书，是在以古人的智慧启发自己的智慧。书有古今，智慧没有古今。

什么都不怕的人是大流氓，最后什么都怕。不昏迷，要清醒。嗜欲深者，天机浅。动念，就犯了罪；做不做，并不重要。

我年轻时时髦，今天台湾年轻人所见者少，只看到女人与钱。我那时的社会所见者广，是环境造成的。今天小孩成天就补习，不是折磨是什么？只知道要争分数，就缺少智慧，否则怎能如此虐待小孩？

我讲书，是在开你们的智慧。读死书焉有用？我在屋中读五十年书，看书当作消遣。要多求，要真知，自己知。不要把妄想当成志，愚人才把妄想当成志。妄想、白日梦能办得到？

《四书》是你们读书之本，要好好读。《战国策》看了没？我非贬你们，而是要扎你们一针。

不看外国杂志，能懂新知？外国语必得精一个。入宝山，犹必千锤百炼才能有所得，你们什么都没有深入，能有所得？

必得求，求则得之，方法很重要。每天求什么？睁眼的瞎子，聪明智慧都用到无用之处，空空如也。学什么，是与时间竞争，打好基础很是重要。

“实事求是”是湖南岳麓书院的院训，此四字造成湖南人才辈出。应了解已位，然后实事求是。不要自迷，要好好面对实际。宗教盛行，乃因为民智未开。就出家人不信佛！

智慧能解决一切，要“智周万物，道济天下”。问自己生来有什么用？我五十年忘了自己是人，全脑子都满了。一个人不能没有责任，人为什么而活？就看自己怎么活了。

1. 阳货欲见孔子，孔子不见，归（同馈，赠送）**孔子豚**（小猪）。**孔子时**（同“伺”）**其亡**（不在）**也，而往拜之。**

“阳货”，《史记》作“阳虎”。《论语正义》：“货、虎，一声之转，疑货是名，虎是字也。”此时，鲁国权在季氏，阳虎为季氏家臣，以陪臣而执国政。

《孟子·滕文公下》：孟子曰：“阳货欲见孔子而恶无礼，大夫有赐于士，不得受于其家，则往拜其门。阳货瞰孔子之亡也，而馈孔子蒸豚；孔子亦瞰其亡也，而往拜之。当是时，阳货先，岂得不见？”

遇诸（之于）**涂**（路），（阳货）**谓孔子曰：“来！予与尔**（平辈也不能用，不客气的话）**言。”**（孔子走过去。阳货）**曰：“怀其宝**（喻道德、才学。藏身）**而迷其邦，可谓仁乎？”**（孔子答）**曰：“不可。”**（阳货曰：）**“好**（音 hào）**从事而亟**（屡次）**失时，可谓知**（智）**乎？”曰：“不可。”**（阳货曰：）**“日月逝**（往）**矣，岁不我与**（岁月不等待人的）。**”**

孔子曰（孔子答话）：**“诺，吾将仕矣**（应付的话）。”

二“不可”，《经传释词》谓阳货自为问答。盖以怀宝迷邦之不可谓仁，好从事亟失时之不可谓智，二者皆必然之理也。日月如流水，一去不回，人的年华亦将随岁月老去，何不及早出来做官？

应学会说话，要说得中肯。圣人就是活活泼泼的人，是后人将他讲成死人！看任何书，必要活活泼泼。

孔子聪明过度，难处。圣人“必仁且智”，阳货将此一标准丢掉。

人不可无术，孔子是圣人，但他和阳货都用术，两人都说假话。

好说假话，欺世；会说假话，应世，随机应变。办事，十之八九有假话。

做事，不要选圣人，要养鸡鸣狗盗之徒。

2. 子曰：“性（本性）**相近也，习**（习性）**相远也。”**

“天命之谓性”，乃是与生俱来的，“性相近”。习性，指习气，由于环境不同，“习相远”，人的习气乃不一。人生不容易，什么环境造就出什么人。

不要凡事把“自我”摆在前，否则苦。环境使我吃素。有小孙子以后，我就不养宠物了。想成事，要从处人开始，净用心机不成。

本性相近，性生万法；习性相远，因为习性不同，人的样子乃不同。所以要“慎习”：“学而时习之”，“传不习乎”？

3. 子曰：“唯上知（智）**与下愚，不移。”**

性善，“唯上智与下愚，不移”。“上智”，对事看得清楚，对任何事永不变；“下愚”，不懂得变。中等人，易于见异思迁。人智慧的高低，可自此看出。

常，为经久不变的常道。社会无常，乃因中智之士朝三暮四。

成大事必有德，德慧。恒德为要，“久于其道”（《易经·恒卦》），但是难。许多人专顾眼前，而忽略了永久。

我与人相处，对方如何变不管，我一定不变。

4. 子之（往）**武城**（鲁邑），**闻弦歌**（诗歌）**之声。夫子莞尔**（抿着嘴笑）**而笑曰：“割鸡焉**（安）**用牛刀**（牛刀小试）？”

熊十力：子游以涵养性德，其功莫大乎习乐。乐主和，和也者，生生不息之仁也。

子游为武城宰，复庠序之教，故夫子得闻弦歌之声。

“割鸡焉用牛刀？”至圣也是人，看孔子怎么做人。

子游对曰：“昔者偃（师前称名）**也闻诸**（语词）**夫子曰‘君子学道**（仁道）**则爱人，小人学道则易使也’。”子曰：“二三子**（诸生）**！偃之言是也，前言戏之耳。”**

“乐以和性”，“率性之谓道”。“立于礼，成于乐”，立乐教，善民心，移风易俗，故爱人、易使。易为国家所用，易对别人有贡献。

人的成就，就在人道范围内，要于平凡中塑造自己。

“割鸡焉用牛刀”，戏言！可见圣人说话有时也欠考虑，就出纰漏。连孔子说话都失言，何况是我们？

必要把书读活了，才是活学问。

5. 公山弗扰（鲁之公族，阳虎之党）**以费**（季氏邑）**畔**（叛），**召，子欲往。子路不说**（悦），**曰：“末**（无）**之**（往）**也已，何必公山氏之之**（往）**也？”**

孔子在那时可能是造反的魔王，否则人家造反为何要请他，将他当成同志？

“子欲往”，圣人不能生时，时至而不失之。

公山不狃，鲁人。复姓公山，名不狃（也作弗扰、不扰），字子泄。公山不狃和阳虎，季桓子的家臣。季桓子极器重公山不狃，派他作费邑邑宰。

《史记·孔子世家》：定公八年，公山不狃不得意于季氏，因阳虎为乱，欲废三桓之适，更立其庶孽阳虎素所善者，遂执季桓子。桓子诈之，得脱。定公九年，阳虎不胜，奔于齐。是时孔子年五十。公山不狃以费畔季氏，使人召孔子。孔子循道弥久，温温无所试，莫能己用，曰：“盖周文武起丰镐而王，今费虽小，傥庶几乎！”欲往。

子路不高兴，说：“不要去吧！又何必去蹚浑水呢？”

可见学生真了解老师也不容易！革命，是要反对当时的不合理。

早晚有一天会把我供起来，说：“老师早说了，不听。”

我的学生无处无之，但同学不一定是同志。

子曰：“夫（语词）**召我者，而岂徒**（岂是白白找？必有所为）**哉？如有用我者，吾其**（岂）**为**（助）**东周乎**（不助东周了）？”

刘逢禄《春秋公羊传何氏释例》：无终始者，无正也。无正，安有国哉？人知阳虎、不狃之叛，不知季氏之叛；知季氏之叛，不知定公之叛；知定公之叛，不知平王之叛。子曰：“如有用我者，吾其为东周乎？”盖伤本之失也。

孔子的思想在《论语》中有三变：

一、“郁郁乎文哉！吾从周。”崇拜。

二、“久矣，吾不复梦见周公矣！”起疑。

三、“吾岂为东周乎”，孔子在东周而不助东周，乃另有所为，为其新王思想。《春秋》“以鲁当新王”，否定当政者。

圣人的思想与智慧同年龄并进，没有所谓金科玉律、永远不变的东西。《易》为智海，“不可为典要，唯变所适”，主要在接受前人的智慧，用以启发自己的智慧，并不是一成不变的，“逝者如斯夫，不舍昼夜”，必有变迁才算进步。

孔子作《春秋》，“贬天子，退诸侯，讨大夫”，“志在《春秋》”，志新王，“以鲁当新王”，拨乱反正。

6. 子张问仁于孔子。孔子曰：“能行五者于天下，为仁矣。”请问之。曰：“恭（恭己）、**宽**（宽大为怀）、**信**（有信于人）、**敏**（虑深通敏）、**惠**（人人怀惠）。**恭则不侮，宽则得众，信则人任焉，敏则有功，惠则足以使人。”**

问：“行哪五种？”答：“恭、宽、信、敏、惠。”

“恭则不侮”：“恭己”，重视自己的人；“不侮”，无人侮之。“人必自侮，而后人侮之”。

“宽则得众”：宽，“宽以居（守）之”，宽大为怀则得众

“信则人任焉”：人言为信，取信于人，“无信不立”。

“敏则有功”：虑深通敏，考虑得愈是深刻，则愈可以成功。

“惠则足以使人”：“惠而不费”，能用天下人。

7. 佛肸（音 bì xī）**召，子欲往。子路曰：“昔者由也闻诸**（之于）**夫子曰‘亲于其身为不善者，君子不入也’。佛肸以中牟**（佛肸时为中牟宰）**畔**（叛）**，子之往也，如之何？”子曰：“然，有是言也。不曰**（两设之辞）**坚乎？磨而不磷**（薄）**。不曰白乎？涅**（染）**而不缁**（黑）**。吾岂匏瓜**（点缀品）**也哉？焉能系**（挂着）**而不食**（不用）**？”**

佛肸，晋国卿赵鞅（即赵简子）家臣，曾为中牟县宰。《史记·孔子世家》：“佛肸为中牟宰。赵简子攻范、中行，伐中牟。佛肸畔，使人召孔子。孔子欲往。”

“不是不入不善之国？为何要去中牟？”子路就是不明白。

“然，有是言也”：是的，以前曾说过那话。

“坚、白”，性。真是坚、真是白，“磨而不磷，涅而不缁”，再怎么磨、怎么染，也是坚、也是白。

“握天枢以立不易之公则，奉至正以御万有不齐之诡变”。

“吾岂匏瓜也哉？焉能系而不食”，我又不是匏瓜，哪能空挂着不用。用事，是要毁掉当时不好的环境，树立好的环境。

《论语说义九》：孔子引匏瓜以自喻，即前章“如有用我”之义。匏瓜系天，徒有虚名，而不可食用。我非徒有虚名，要当有用于世。

但是两次助叛，也没去成。自此，可看出孔子的真精神！

8. 子曰：**“由也，女**（你）**闻六言六蔽**（毛病）**矣乎？”对曰：“未也。”“居**（坐下。昔日坐席）**！吾语**（音 yù）**女。好仁不好学，其蔽也愚**（愚人）**；好知**（智）**不好学，其蔽也荡**（泛滥无所归）**；好信**（小信）**不好学，其蔽也贼**（害）**；好直不好学，其蔽也绞**（急躁）**；好勇不好学，其蔽也乱**（乱事）**；好刚不好学，其蔽也狂**（狂者进取，志大才疏）。**”**

《论语正义》：凡尊长问己，己将答之，皆起席以申敬也。对毕就坐；若未毕，尊长命之坐，则坐。

“居！”子路起对，命之使还坐。

“言”，正经的；“蔽”，毛病。

有六种美德——仁、智、信、直、勇、刚；亦必加以学，方不致有六种缺憾——愚、荡、贼、绞、乱、狂。

《论语正义》：仁者不好学，则不知裁度，或至爱无差等也。

“好仁不好学，其蔽也愚”，光知仁，不知所以裁之，爱无差等则愚。

《论语正义》：知者不好学，多妄自用，不能据德依仁，故无所适守。

“好智不好学，其蔽也荡”，光知智，多妄自用，则放荡无度，泛滥无所归。

“好信不好学，其蔽也贼”，光知信，愚信则害，要“言不必信，行不必果”。

“好直不好学，其蔽也绞”，光知直，直而无隐，则急躁。

“好勇不好学，其蔽也乱”，光知勇猛，一往直前，则乱事。

《论语正义》：刚者性犷直，其言多抵触人也。

“好刚不好学，其蔽也狂”，光知刚，志大才疏，不知看环境，则狂妄倨慢。如项羽，司马迁评：“自矜功伐，奋其私智而不师古，谓霸王之业，欲以力征经营天下，五年卒亡其国，身死东城，尚不觉寤而不自责，过矣。乃引‘天亡我，非用兵之罪也’，岂不谬哉！”（《史记·项羽本纪》）

《荀子·劝学》称：“君子博学而日参省乎己，则知明而行无过矣。”

“学而时习之”，必要识时，“智必识时，行若时雨”。一时代有一时代的产物，违时不足为法。

9. 子曰：“小子（孔子称诸弟子）**！何莫学夫**（音fú）**《诗》？《诗》可以兴，可以观，可以群，可以怨。”**

要弟子学诗，如问伯鱼“学《诗》乎”，说“不学诗，无以言”。《诗》可以兴人之志、观社会之良窳、使人有群德、知当时之不满。

“兴”：起也，“兴于诗”。士尚志，“诗言志”，诗言人心志之感受，故能兴人之志。“诗者，持也”（《诗纬·含神雾》），“持其志，无暴其气”（《孟子·公孙丑上》），不要将浩然之气暴露，应“直养而无害”。

“观”:《诗》完全言民心之所受，可以看社会的反映，可以观察民情、切磋琢磨。

“群”:“群而不党”，可以使人养成群德。

“怨”:心死,《说文》称:“恚（音 huì，怨恨）也。”本义:怨恨，仇恨。引申义:哀怨，怨调，怨声。《诗》为百姓之产物，《国风》中有百姓对地方之“怨”，可以知当时之不满，观风俗，知得失。人生不如意事，十之八九，寓谏于怨，间接使人止于至善。

今言论自由，可以自由表达人的心意，人之邪正、是非皆有。以至诚之心改正社会，有谏戒。

《诗》求安,《召南·草虫》云:“亦既见止，亦既觏止，我心则降（音 háng）！”“降”的心境，比“安”还舒服。求得安，就消了怨，才能兴、观、群。所以“《诗》可以兴，可以观，可以群，可以怨”。他们求的是怨中的安，因为那个怨不是他们愿意的。孔子评《诗》说“思无邪”，完全是人性人情之所在。

“兴、观、群、怨”，不是感情用事，完全是身之所受；喜、怒、哀、乐，皆以身之所受来表达。《诗》，乃人心志之感发，完全言民心之所受，故能兴人之志、察民之情，所以读《诗》后，必有启发人的力量。

汉时，《诗》有三家——《齐诗》《鲁诗》《韩诗》，属今文经，均已亡佚，仅存《韩诗外传》十卷。各家诗，均有其师承，承师说。自修之学，别人一看就知。中国文化太多，什么皆有专门，应精益求精。每一门径，均有其建权。有师承，表明不是闭门造车，不造谣，非崇拜哪一家。

经书绝不能乱讲，讲经必要有根据。入门路子不可走错，读书、讲书皆必有所本。在观念上皆接触过，以后再看，都是老朋友。人到中年，浮气就没了！小常识的书，时常接触些，可以有概念。年轻时要“博”，什么书都可以看；老了，必要“专精”。

将《诗经》当社会学研究。民初对《诗经》有许多时髦的解释，《易经》亦如此，特别新奇！郭沫若，以社会学观点写《易经》。

郑玄家丫环对话都用《诗经》，其风雅如此！《诗经》一天一首，好好研究。做学问，必有方法。为学之道，贵乎持之以恒。喜什么，持之以恒学，久则能有成。

人小时候的教育很重要，小时读书的观念永远不会忘，所以必兴其志，让小孩多看名人传记。

中国人面对问题、解决问题，特别重视安，“既来之，则安之”，“安无倾”。《尚书·尧典》称尧“钦、明、文、思、安安”，安安即晏晏，海晏升平。

今天要求安定，达天下平，要自中国文化中求。就是读历史，也要通古用今。如读《三国演义》也能生智慧，看“巧施连环计”，是谁出的主意？何以能被接受？

“迩（近）之事父，远之事君。多识于鸟兽草木之名。”

多加上两句，劲就没了！此一说，把《诗经》的价值说没了！

“多识于鸟兽草木之名”，如此，则《诗经》成为博物学了，与社会学差多少！

中国经书经后世为维护帝制，已冲淡含真理之处。必分辨真伪。

10. 子谓伯鱼曰：“女（汝）为（治，学也）《周南》《召南》矣乎？人而不为《周南》《召南》，其犹正墙面（面对墙壁）而立也与（欤）？”

孔子的儿子伯鱼准备结婚，孔子要他研究婚姻之道。

诗言志，人性相表里。《诗经》前为《国风》，有十五国风，为各诸侯国之音乐、曲调，采自各地，为民间诗歌，以观民情风俗，作为施政的参考。

《周南》《召南》：皆国名，周，为周公之封地；召，为召公之封地；南，即南方之国。《周南》十一篇、《召南》十四篇，为正风，“为《雅》《颂》之基，道成于《麟趾》”（《春秋公羊传何氏释例》），“王者之迹熄而《诗》亡，《诗》亡，然后《春秋》作”（《孟子·离娄下》），《春秋》始元终麟，著治太平。

何以要研究二“南”？为正风，共二十五篇，《周南》首《关雎》，终《麟之趾》；《召南》首《鹊巢》，终《驺虞》，表现齐家治国之道，表人之情，“类万物之情”。不明人情，就不能做事，“其犹面墙而立”。

熊十力《论六经》谓：面墙者，一物无所见也，一步不能行。人而不为二南，其病若是，故吾人当由二南，以领会人生之意义与价值。

中国读书完全重实用之学，即活学问。要眼观八方，耳听十路，到哪儿都得看一看，必要学以致用，不要净在屋里读书，出门什么也不懂。

人伦之道、做人之道——孝、慈、义。孝、慈，皆自“义”

出，人择偶应“贤贤易色”。

“君子之道，造端乎夫妇”，夫妇以义合，夫妻间礼数不足便是不义。如对另一半都不义，此人还有原则可言？如夫妇之道都没有守好，那君子之道自何而来？

“宜室宜家”（《诗经·周南·桃夭》），小两口处得好了，才能够进而齐家。台湾今天之所以乱，皆不宜室也，夫妇都不像话。孩子生了，必负起为人父母的责任。

能够相处几十年，绝对有处人之道，要以德胜人，亦即以分寸胜人。先求自知，一般人都是瞪眼看别人的毛病。人总得做事，都要有分寸。

《易》上经基“乾、坤”，“阴阳合德，刚柔有体”（《易经·系辞下传》），生生不息；下经首“咸、恒”，讲夫妇之道。

《诗》首《关雎》，告诉人如何用情——“乐而不淫，哀而不伤”。人既是有情，有时难免受挫折，天下男女多得很。人生最要莫过于男女之道，不可以之为儿戏。自古即重视“生人之道”。

古时结婚称“授室”（《礼记·郊特牲》“舅姑降自西阶，妇降自阼阶，授之室也”）。《诗经·周南·桃夭》云：“之子于归，宜其室家。”由室而家，有其层次。齐家，一辈辈齐。

以前男、女孩六岁以后，不可以与父母同住一房。在未结婚前，男女别居，女子住闺房。每年祭祖，男孩可去吃。未成年的吃饭，没有盘子，用碗。结婚后，才可和大人一同吃，才有屋住。古代大家庭有伦有序。

遇事要慎思，今“人”的行为少，皆如禽兽。今天的婚姻教育，只知教戴保险套、吃威尔刚（伟哥），这是人的社会？

台大为教授制订自律规章。

昔日县太爷必是进士出身，具有相当的文化素养，当一县父母官。

11. 子曰："礼云礼云，玉帛云乎哉（反设对词，兼疑词）？**乐云乐云，钟鼓云乎哉？"**

古时祭政合一。祭时，必用玉、烧帛。摆上玉，烧帛，望燎（看着焚烧帛祝的火花冉冉升天）。所祭不同，用玉有别，哪个朝代的玉均可用。

一般人一提到礼，以为就是叩拜。"礼云礼云，玉帛云乎哉"，玉帛之祭，不过是礼的一部分。但表面的物不重要，内容才重要。有"玉帛"，不代表就是礼。

礼之大者，不仅于祭。"礼者，理也，履也"，理，指体；履，指用，行也。贵乎行，立于礼，行道即是礼，一切行为必须要合理。人必要有德行，人必得做人的事。让，为礼之实；礼，为让之文。《尚书》首让，是中国第一部有系统的政书。

"钟鼓"，乐器，"乐云乐云，钟鼓云乎哉"，乐不在钟鼓，而是在内容，内容是由"天命之性"来的。听音乐以养性，乐以和性，"致中和，天地位焉，万物育焉"，中和之乐，故"成于乐"。

《孝经·广要道章》："移风易俗，莫善于乐。安上治民，莫善于礼。"

"大乐必易，大礼必简"（《礼记·共记》），"易简"，真情流露，出于至诚。

夫妇以义合，义生孝、慈，无义的行为能算是礼？是人？中国夫妇之爱，不是表现在形象上，自中国的情可见民族文化之深厚。中国东西必要往深处追求。只要有智慧，不管学什么，都能做学问。中国学问皆实用之学，因有真正的经验。开导老百姓，必说老百姓能懂的，才有作用。

12. 子曰：“色厉（外表庄重）**而内荏**（音 rěn。内荏，没骨气，柔而不刚），**譬诸小人，其犹穿窬**（穿墙）**之盗也与？”**

“色厉内荏”，表里不一，说一套做一套。得分辨之，“色庄者乎？”

《孟子·尽心下》称：“士未可以言而言，是以言餂（同‘舔’，诱取）之也；可以言而不言，是以不言餂之也，是皆穿窬之类也。”

13. 子曰：“乡原（愿），**德之贼**（害）**也。”**

“恶乡原，恐其乱德也”，“阉然媚于世也者，是乡原也”，谁也不得罪，“非之无举也，刺之无刺也；同乎流俗，合乎污世；居之似忠信，行之似廉洁；众皆悦之，自以为是，而不可与入尧舜之道，故曰德之贼也。”（《孟子·尽心下》）

“贼仁者，谓之贼”（《孟子·梁惠王下》），“仁者，人也”（《中庸》），“唯仁人，能好人，能恶人”（《里仁》）。

14. 子曰：“道听而涂（途）**说**（量浅之人），**德之弃也。”**

《论语正义》：此为暗于大道，不知审择者戒也。

道听途说，量浅之人，人云亦云，不知辨别。“文理密察，足以有别”（《中庸》）。

知己知彼，不光是不说错话，还要不道听途说。

说眼睛不好，戒吃辣，那湖南人岂不都是瞎子？道听途说，德之弃也。

15. 子曰：“**鄙夫**（卑鄙之人），**可与事君**（群）**也与哉**？**其未得之也，患**（担心）**得之；既得之，患失之。苟**（诚）**患失之，无所不至矣。**”

《论语正义》：鄙夫患不得禄位，则有寅缘干进之术。既得而又患失，则益思固其禄位，而不敢正言直谏，以取媚人主，招权纳贿，以深病民。

人必得有所守，有所不为。一个人如没有守，就不会有成，守成，是“有守有为”，不是“有为有守”，否则岂不是先贪了，再守住？

自己要想，要严格训练自己，必得吃苦。嗜欲浅，当然要吃苦，不为欲所困。想成事，必得吃苦，要限制、管理自己。我的生活绝谈不上享受，所以同学说“老师越来越年轻”。

一般人每天陷于嗜欲中，所以没有成就。台湾小孩并不笨，但是缺方法、没有功夫，把聪明都浪费掉了。人守不住，见异就思迁。今天的小孩有学做人处世之道了？

16. 子曰：“**古者民有三疾**（毛病），**今也或是之亡**（无）**也。古之狂**（志大才疏）**也肆**（不拘小节），**今之狂也荡**（无所拘束）；**古之矜**（庄重）**也廉**（棱角，喻自敛），**今之矜也忿戾**（执拗，难对付，脾气大）；**古之愚也直**（直道而行），**今之愚也诈而已矣。**”

《论语说义九》：言古有疾尚可治，今则因疾而亡，谓人心之已死也。情日变，风俗日漓，圣人所为明礼乐以救之与？

人情日变，风俗日漓，圣人所为明礼乐以救之与？

“狂者进取”（《子路》），“狂也肆”，志趣高，不拘小节。“荡”，无所不拘，无节。

“矜也廉”，持守太严。任何事有一定的范围、界说。“忿”，怒也；“戾”，暴戾。“有所忿懥，则不得其正”（《大学》），戾气生，失常失德。

“愚也直”，昔愚者，直道而行。今天社会是“愚而诈”，半点道义也没有，故做事必诈伪。

《论语说义九》：狂也、矜也、愚也，皆气质之偏，古所谓疾也。有肆以救狂，有廉以救矜，有直以救愚，是不失为古之疾也。荡则失其所谓狂，忿戾则失其所谓矜，诈则失其所谓愚。此古但为人疾，而今遂至于死亡。

17. 子曰：“巧言令色，鲜矣仁。”

此章与《学而篇》重出。

“巧”，《说文》称：“从工、丂。技也。”工，有精密、灵巧义，本义：技艺高明、精巧。引申义：机巧、巧言、巧黠、巧妇、巧取豪夺。

“巧言”，花言巧语，巧言无实；“令色”，和悦面容，令色无质。只知自己，不知有对方，少有仁心。

18. 子曰：“恶（音wù，讨厌）**紫之夺朱也，恶郑声**（商乐）**之乱**（混淆）**雅乐**（周雅乐）**也，恶利口**（御人以口给）**之覆**（倾覆）**邦家者。”**

“紫”，蓝和红调成的颜色，是间色。“朱”，大红色，古代以为是正色。

“近似”最是难辨！知道分辨“紫”与“朱”者，必不色盲。

“郑声”，代表商的音乐。“郑声淫”，郑声太美了！郑声与周的“雅乐”，有相近之处，故能“乱雅乐”。

“利口”，言伪而辩；“覆邦家”，足以倾覆国家。

《中论·核辨》：利口者，心足以见小数，言足以尽巧辞，给足以应切问，难足以断俗疑……孔子曰：“巧言乱德。”恶似而非者也。

19. 子曰：“予欲无言。”子贡曰：“子如不言，则小子何述焉？”子曰：“天何言哉？四时行焉，百物生焉，天何言哉？”

《论语述何》：《春秋》之文，日月详略，不书者胜于书，使人沉思而自省悟，不待事而万事毕俱，无传而明，不言而著。

《论语说义九》：子贡恐学者以无言为不言，故发问以明之。性与天道不可得而闻，即无言之谓，而性与天道之故在《易》、《春秋》。

有天则，所以则天。“天何言哉？四时行焉”，在行不在言，默默中就有力量。《易·乾》“天行健”，自然之运。《中庸》“上天之载，无声无臭，至矣”。

“天何言哉？天何言哉？”重言之，有深意。言不尽意，要体会言外之意。寓教，表明教也。不必说，只要如四时之行、百物之生、日月之运。和，故百物生。

20. 孺悲（鲁人）**欲见**（始来见）**孔子，孔子辞以疾。将命者**（传达言语者）**出户**（室户），**取瑟而歌，使之闻之。**

孔子不见，辞之以疾。

《礼记·杂记下》："恤由之丧，哀公使孺悲之孔子学士丧礼，《士丧礼》于是乎书。"

鲁哀公曾经派孺悲去孔子那儿学士丧礼。《仪礼》谈丧礼中，有《士丧礼篇》。

此盖孺悲初次去拜见孔子时的情景。孔子不见，取瑟鼓之，倚声以歌，使孺悲闻之。意即：你告诉他，我不在。

《孟子·告子下》："教亦多术矣。予不屑之教诲也者，是亦教诲之而已矣。"

令孺悲自思失礼而改之。"君子于其所尊，弗敢质，敬之至也。"（《礼记·聘义》）

21. 宰我问："三年之丧（实际为二十五月），**期**（音 jī，一周年）**已久矣。君子三年不为**（行）**礼，礼必坏**（荒废）；**三年不为乐，乐必崩**（失去效用）。**旧谷既没**（尽），**新谷既升**（登，成）；**钻燧**（钻木取火）**改火，期可已**（止）**矣。"**

昔三年之丧，一说三十六个月，一说实际为二十五个月。三年内不做官、不嫁娶、不赴宴、不应考。

以前，一年生一次新火。

寒食节，源自古代的钻木、求新火之制。古人因季节不同，用不同的树木钻火，有改季改火之俗。每次改火后，就要换取新火。新火未至，禁止生火，是当时的一件大事。苏东坡有《寒食帖》："自我来黄州，已过三寒食。年年欲惜春，春去不容惜。今年又苦雨，两月秋萧瑟……空庖煮寒菜，破灶烧湿苇。哪知是寒食，但见乌衔纸……"

一天天、一步步进步，今天用天然气。

古人有道德，所以没有将智慧用在杀人处，但是科技处高明处太多了。以前的窗子，冬天用纸糊，可以防风御寒；夏天则用纱，有各式各样。以前女子的手脚不能让人看见，清装女子拿大手帕，在遮手，作为装饰品，极为讲究，质地之美！因为除了父母以外，女子的手不能被人看，所以要遮。

时代日新月异，以前用铜镜，得磨镜。今天的玻璃，在清朝时是贵重物品。以前说"找婆家"，今天用"追女友"，用词差多少？

子曰："食（动词）**夫稻，衣**（音 yì，动词）**夫锦**（锦衣），**于女**（汝）**安乎？"曰："安。"**（孔子说：）**"女**（你）**安则为之！夫君子之居丧**（守丧），**食旨**（美味）**不甘**（不觉甘美），**闻乐不乐**（不能听乐），**居处不安**（不能安适），**故不为也。今女安，则为之！"**

“稻”，北方以稻为谷之贵者，故居丧不食，“食疏食水饮”。

“锦”，织锦，有文采，寸锦寸金。居丧，素冠素衣，不得衣锦。

以前织的纱，技术高，现在不能学。

袍子，在屋中一个颜色，在阳光下袍上“花”中会散光，变成另一颜色。

守丧，口不甘味，不听音乐，居不安适，此哀痛在心也。

以前守丧很严。父母故去守丧，在地上铺草睡，不可以睡床上。

守丧三年中，如生小孩，糟。天子除了父母以外，对其他人皆不守丧。对老师，亦服心丧三年。

乾隆帝做过太上皇，其子与母称其为“皇帝”，其余人皆喊他“皇上”。

我父亲于民国二十七年（1938）故去。

宰我出。子曰：“予（宰我之名）**之不仁**（孝为仁之本）**也！子生三年，然后免于父母之怀**（怀抱）。**夫三年之丧，天下之通丧**（由天子以至于庶人一也）**也。予也，有三年之爱于其父母**（报答父母三年怀抱之恩）**乎？”**

仁者，爱人。“不仁”，不爱其父母。

“子生三年，然后免于父母之怀。夫三年之丧，天下之通丧也”（《阳货》）。《诗经·小雅·蓼莪》云：“父兮生我，母兮鞠我。拊我畜我，长我育我；顾我复我，出入腹我。”服三年之丧，在报父母怀抱之恩。

“通丧”，“通”，自天子以至于庶人；父母之丧，一也。

“三年之丧”，“丧不过三年，示民有终也”（《孝经·丧亲章》）。

此章讲丧制。此时丧服未定，有一年或三年主张。理论基础不同，大同处为居丧。

22. 子曰：“饱食终日，无所用心，难矣哉！不有博（博局）**弈**（围棋）**者乎？为之，犹贤乎已**（止）。”

今天许多人皆“饱食终日，无所用心”。

《孟子·告子上》：耳目之官不思，而蔽于物，物交物，则引之而已矣。心之官则思，思则得之，不思则不得也。

博弈之趣，虫鱼之妍。

不用心，连博弈者都不如。用心啊！用心啊！

23. 子路曰：“君子尚（崇尚）**勇**（见义必为）**乎？”子曰：“君子义以为上。君子有勇而无义为乱**（以下犯上），**小人有勇而无义为盗。”**

“尚”，与“上”同义。“上友古人”，得了解其时代背景，再看其思想。

尚勇？义以为上，以义勇为上。

问：“尚勇乎？”答：“义以为上。”以义勇为上。君子把义看得至高无上。“义，宜也”。“好勇不好学，其蔽也乱”。

《礼记·聘义》：勇敢强有力，而不用之于礼义战胜，而用之于争斗，则谓之乱人。

《荀子·荣辱》：轻死而暴，是小人之勇也。义之所在，不倾于权，不顾其利，举国而与之不为改视，重死持义而不桡，是士君子之勇也。

24. 子贡曰：君子亦有恶（音wù，讨厌）**乎？子曰："有恶。恶称人之恶**（说人不好）**者，恶居下流**（下位）**而讪**（毁谤）**上**（上位）**者，恶勇而无礼者，恶果**（果行育德）**敢而窒**（办事不通）**者。"**

每天遇事必分析分析，做事要为所当为，不是以世之喜恶做事。

"率性之谓道"，此即所当为。违背人性，便是失道。

"恶称人之恶者"，不可以在别人面前说人坏话，显自已修养不足。要有高尚的行为。

"居下位讪上"，上下即主从，在下位毁谤上位者，吃长辈的豆腐。

"好勇而无礼"，好勇不好学，无礼，故其蔽也乱。

"果敢而窒"，"窒"，阻塞不通，窒碍难行。虽果决能断，但没能力解除包袱。

想做事，必解开包袱，有包袱有累赘，若不纾解，便永远有障碍。如何解，必要用智慧。要对症下药，必知病、知药方。不能纾解，则病难愈。不论用什么办法，总之要把血脉打通。

为政之道，一"通"字而已，故曰"政通人和"，"圣人贵通天下之志"。

以前的《升官图》，自"未入流"一阶一阶升，犯某过降几级。

要求真知，不可以不知为知，知其何以成、何以败，成败乃相邻，一动便成，一动便败。

曰：“赐也，亦有恶乎？”（子贡曰：）**“恶徼**（抄袭，剽窃）**以为知**（智）**者，恶不孙**（同逊，谦逊）**以为勇者，恶讦**（揭发别人隐私）**以为直**（正直）**者。”**

“恶徼以为知者”，小智穿凿，伺察人之短，而自以为是智者。

大智慧岂是抄来的？岂是教出来的？我是教你们做真正的智者，不可以做徼者。

《论语》每一章都有深意。真读明白了，则永远不做糊涂事。读任何一句，有无穷之义，都能立德。

25. 子曰：“唯女子与小人为难养（待）**也。近之则不孙**（逊，客气），**远之则怨。”**

“女子”，可能是错字。有毛病，因其母亦是女子，孔子应不会这么说话。我不懂，也不会讲。

太监，因为生理的影响，心理乃不太正常，极为难养。

北京有太监研究博物馆，是明太监活时修自己的墓，以后被改成庙，即北京碧云寺。

明天启年间，大宦官魏忠贤出资扩建碧云寺，并将墓穴的规模扩大，结果没有用成，就因罪大恶极而自尽，被改为庙。明万历年间司礼监的掌印太监田义，其墓建成于明万历三十三年（1605），距今四百余年，是目前保存最完整、规制最高、石刻最为精美的宦官墓园，也是我国对外开放的首座以宦官文化为主题的“宦官博物馆”。

李莲英虽长得丑，但有聪明智慧，慈禧太后离不开他。

26. 子曰：“年四十而见恶（被人讨厌）**焉，其终也已。”**

“三十而立，四十而不惑”，人之惑，皆惑于欲。

到“不惑之年”还惑，所以还事事被人讨厌，就完了！今人四十，正是“狗抢骨头”之时。

宰相之才，发挥宰相的智慧。孔子为“素王”，有王之德无王之位，不光是宰相之才而已。

韩非多次上书韩王游说，皆不为所用，写《孤愤》，因为没有人找，所以“愤”。深入，始明白。真够分量了，天下没有瞎眼的。同学何以如此无反应？

我骂老蒋，老蒋未杀我，坐牢而已。知己之责任，要做。

改造，必在根深叶茂以后，否则岂不是拆自己的台？

我每天吃一个半馒头，为自己活，也要为满人活。我是太祖的嫡子孙，有责任培育满人后代，所以每天忙。一个人有一个人的责任。

台湾有上万满人跟随施琅来台，彰化福兴乡有顶粘村、厦粘村，是金之后，与我七百年前是一家，一个祖宗。

《易》，一爻一世界，得深深地领悟。要点抓住了，慢慢学会读书。《春秋》，绝对不能自修，不是讲书，而是讲思想。

开始做事，要怎么和弦？出门，先开会报告，即合与谋。做事不按章法，必跑单帮，则成独裁、独夫、一人。

真怕某个人，不要刺激他，而是要放纵他，要懂得欲擒故纵。

我做事，绝不叫人知，我自小即如此训练。做事不叫别人知道，说出者，绝不再用他。要好好培养自己，不要松。

重要事情，不可以假手他人，故外语必得懂。读书，是为了会办事。

老祖宗有智慧，凡事都有一套。中国什么都有系统，要有系统地读。想做什么，即学什么。

同学比牛笨！不是读书了，就会做事。要知道怎么造就自己，不能就得学，先看自己能干什么。将许多要点抓住了，才会做事。要用自己之所长，在自己的顶尖上往前努力，绝不可以做自己不懂的事。

不要官迷，“赵孟能贵之，赵孟能贱之”。要塑造自己成为绝类。雄心与野心不同，有雄心，更要好好下功夫。

物尽其用，莫以为无用。别人看不起的人，可能对你有用。最难的是应世，世路人情皆学问，见一人即要给一人好印象。既是有所为，就必要表现得够水平，第一印象可以共事一辈子。人家来见你，必有所为而来，你满足其所为了，两人才能共事一辈子。

人来见你，并非来就见，得有个托词，要有准备，给他留个好印象才见他。不约而见者，必定是最要好的朋友。如见面之后，给人恶劣的印象，可能一生就不会有交往了。所以第一印象很重要。第二次的价值便没有了，婚姻即如此。

称“奉元”，有深意，了解第一个动作。把别人想过的当肥料（夏学），以培养种子（元），可以生新。肥料的作用可大，所以我将古人的材料称为“肥料”，其本身无主观、无对象，是万能的，用在什么都能长，甚至可以开花结果。如无主观，则肥料的来源多广！什么都不能接受就孤陋寡闻。

小孙子与我所想绝对不同，吃也不同。看问题，不是你决定怎么想，而是要看对方，以他为主，此《学庸》所谓“无所不用其极，无入而不自得”也。

中西医皆自根上讲，其实都一样，只是方法不同而已。

政客没有好人，当年为筹办华夏学苑，骗了我的东西，却说我“盗卖国宝”。

我在台五十年，徒子徒孙不止万户。刚来台在山地住六年，吃甘薯；奉元书院的大弟子是山地人。国民党不许我再到山地，被看到“解严”后；“解严”后，第一件事就是去山地。台湾有四个满人村落，我总是出去，要训练满族年轻人的头脑清新。

你要做什么？你能做什么？两种不同。对事、对人没有成见，但得讲利害。想要做官，但你有做官的智慧？

我指东说西，指桑骂槐，在使你们明白。

成功了，人都知，又何必说？

见一人，要先考虑其背景环境。读古书，即上友古人。读其书，必知其人。

冷静学，事情天天有，得有丰富的经验、知识去参与，“载之空言，不如见之于行事之深切著明”。

中国刚要抬头，西方怕中国强，斗争在后头。你们要用心思，不培养能够进步？深思熟虑即养，熟才能生巧。

一个民族的希望在下一代。日后，只要有才能，用得上的机会多。

对时事冷眼旁观。我总是跑，乃责任之所在。

麦克阿瑟（1880—1964）以美国思维考虑中国问题。中国于朝鲜战争（1950 年 6 月 25 日—1953 年 7 月 27 日）取胜，此即中华民族精神。

遇事要深思熟虑，不许有主观。老头子的经验多，一看就知你的修养程度。

一般人何以会失败？只想要人接受其政纲、思想，否则就不接纳别人。要懂得思维，不可以有主观，愈是虚心则接受的愈多。

懂得读书方法了，才能事半功倍。刚学时，要懂得“学”与“养”的方法，此即“学养”。“学”与“养”，赞美一个人“有学养”，“养”即修养。愈是有修养的人愈是谦，是“谦谦君子”（《易经·谦卦》）。

必懂自己能做什么，做自己所能的则事半功倍。要做什么？在危亡之际，如林觉民要革命，与妻诀别，其书信多感人！要革命，就是要送命。

“大哉乾元，万物资始”，资什么？天天读书，找得到结论？必知其所以然。许多注解根本不知所云。

我用白话写《易经》，是为给一般人看。

你们什么享受都懂，就是不懂得责任。历代革命成功者，总是揭竿起义的大老粗，而非知识分子。

老百姓多么善良，一生做过什么坏事？顶多偷两包花生而已，如因此而下地狱，那地狱岂不是都要满了？人生要真明白，要能懂得什么是善、什么是恶。

鸣鼓攻过，孔子骂冉求助人为恶。堂堂大学生还为人摇旗呐喊？你们往往在不知不觉中就助人为恶了。不要随便鼓掌，因为可能就助人为恶了。我看太多了，就怕你们一步走错成千古恨，千万不可以失足，否则走不回来。

如有好儿子，可以“干父之蛊”。“干父之蛊，有子，考无咎”

(《易经·蛊卦》)，父亲做错事了，有好儿子，可以弥补父亲的错误。

有人看到“一点”，便知其人是如何构思，知其必点此一点。其次，是见到“点”了，才分析之。也有人见了，但仍不知其为何物。

美国打压中国，证明中国必强。无论识时或是投机，绝不可以为敌人所利用。知道有明天，便知道今天应该怎么做。不知今天应该怎么做，便是违时。

“拨乱反正”，反（返）正，是要建立新理论、新世界、新秩序，将过去的“乱”都除了，以培养今日之“正”，即另辟天地。知正，才能培正。

小人怀惠，使民以惠还用言？对人如真有惠，对方绝对明白。

读书，是为了改变器质，此绝非空言。孔子“望之俨然，即之也温，听其言也厉”，如器质未变，又如何令人“高山仰止，景行行止”？

朱子学何以能传七百年？因为对统治者有用。许多学人好话说尽，坏事做绝。

一个学说，可以使一个民族活，也可以使一个民族死。

微子第十八

读经，必自根上入手。天下无难事，必得勤与专。书想真明白，得会背书，就可以随时想，才能融会贯通。

我从小就学政治，即斗争。斗争，得有斗争之术，贵精不贵多，“惟精惟一”，想成功得有所守，要下精一的功夫。

你们对问题的反应太慢了，世情随时有变局，应马上有反应，知道要怎么处理。一个人必要能应事，抢着多做事就是磨炼自己，失败就当作交学费，不必后悔。抢着做事，才会有经验。要小孩做事，但在后面跟着。

我在台讲学五十多年，但一个成功的都没有。你们要会思维，也得能行，完全在于自修。廖学广，矿工之子；张瑞猛，孤儿院长大。此二人办事能力不错，可是没有修为，因为不懂得思维。

廖学广，黉舍学生，台大法律系毕业，美国加州州立大学圣地亚哥分校硕士。民进党创党党员之一，曾任台北县汐止镇镇长等。在汐止镇长任内，对在汐止盖屋卖屋的建商们课征被称为“镇长税”的“开发补偿费”。1995年8月，廖因征收“镇长税”，被士林地方法院依《贪污治罪条例》“公务员图利他人罪”一审判处有期徒刑十八年并褫夺公权八年。1995年年底，廖以无党籍身份参选台北县选区第3届“立法委员”，以台北县第一高票当选。1996年8月10日，廖因曾形容同选区“立委”罗福助是“黑道立委”，在汐止家中遭绑匪挟持至林口山区监禁，是当时引发岛内大众震惊的“关狗笼事件”。

张瑞猛，黉舍学生，台湾大学经济学硕士，美国哥伦比亚大学经济学博士，经济发展和国际经济学领域专家，历任张荣发基金会国策中心首任执行长、中兴保全总裁、立保保全董事长、台骅物流控股有限公司独立董事等职务。

你们的文化基础太浅，没有一本书看得懂。我如此分析，希望你们能在三四年懂一点事。

素养，非一日之工。不懂自己不懂，做事有骄气、有主见，还以为无一人比得上你们。人不学，就无术，必要脚踏实地学。

每天说话都不在行，不知所云，怎么能担当大任？你们没有方法也没有功夫，不知怎么修养又懒散，就只想不劳而获。“知己知彼，百战不殆”，必要先了解自己，不自欺，自己要深入，自得。自得了，才能支配别人。

1. 微子（纣庶兄）**去之，箕子**（纣伯叔）**为之奴，比干**（纣伯叔）**谏而死。孔子曰：“殷有三仁焉！”**

一、仁，“志士仁人，无求生以害仁，有杀身以成仁”（《卫灵公》)，牺牲自己。二、“仁者，人也”。说“殷有三人”，如是，岂不是此外都不是人？

比干被封为“财神爷”，因为他“无心”，乃无私，能把钱给人。

《尚书·微子》载，帝乙在位时间很短，病重期间，曾宣比干、箕子等进宫商议继承王位之事。箕子劝帝乙立长子微子为王位继承人，比干却力荐次子帝辛（后来的纣王）。最后，帝乙采纳比干建议，立帝辛为王位继承人。

帝乙死后，纣王即位，比干全力辅佐纣王治理国家，看到纣王荒于政事，就坦言直谏，并带纣王去太庙祭祀祖宗，给他讲历代先王创业之艰辛。纣王虽表面点头称是，但并不真正改过，且更加荒淫暴虐。比干冒着丧生灭族危险，连续三天进宫向纣王进谏，抨击、指责纣王种种过错，斥责他的暴政。纣王勃然大怒，命人剖开比干肚、取出心肝，并向全国下令说：“少师比干妖言惑众，赐死摘其心。”比干被杀害于朝歌摘星台。

民间传说中，比干死后，玉皇大帝认为比干为人刚正不阿，爱国爱民，又无辜被害而剖心，无心则不偏心，因此封他为天官文财尊神，并以金圣孔雀为坐骑。

箕子，劝谏纣王不听，乃率商朝遗民到辽西喀左县一带建立了箕氏侯国，被周朝封朝鲜侯而成为诸侯。《旧唐书》上记载后世的高句丽“颇有箕子之遗风”，“其俗多淫祀，事灵星神、日神、可汗神、箕子神”。

微子，多次谏殷商纣王，但纣王并没有接纳，于是远离纣王逃到了微。武王克殷后，微子持祭器造于武王军门，“肉袒面缚，左牵羊，右把茅，膝行而前以告。于是武王乃释微子，复其位如故”。

周公东征，平定三监之乱后，纣王子武庚被杀，周公代天巡狩，以周成王之命，封微子于宋地，以示不绝殷商之香火，爵位为公爵，准用天子礼乐祭祖。微子遂建了宋国，为周朝二王三恪之一。

2. 柳下惠（展禽，鲁大夫）**为士师**（法官），**三黜**（贬）。**人曰：“子未可以去乎？”曰：“直道而事人，焉往而不三黜？枉道而事人，何必去父母之邦。”**

柳下惠（前720—前621），姬姓，展氏，名获，表字禽、一字季。“柳下”是食邑，“惠”是谥号，后人称“柳下惠”。鲁国大夫，因直道事人，最后隐遁，成为“逸民”。

“柳下惠，不羞污君，不辞小官。进不隐贤，必以其道。遗佚而不怨，阨穷而不悯。与乡人处，由由然不忍去也。”孟子称柳下惠，“圣之和者也”（《孟子·万章下》）。

“直道事人”，“人之生也直，罔之生也幸而免”（《宪问》），“不以三公易其介”（《孟子·尽心上》），焉往而不三黜？

传统的精神，不去“父母之邦”。就是死后也要做中国鬼，不愿意做华夷。

3. 齐景公待孔子，曰：“若季氏则吾不能，以季、孟之间待之。”曰：“吾老矣，不能用也。”孔子行。

《史记·孔子世家》：齐大夫欲害孔子，孔子闻之。景公曰：“吾老矣，弗能用也。”孔子遂行，反乎鲁。

鲁三卿，季氏为上卿，孟氏为下卿，不用事。齐景公待孔子，以季氏、孟氏之间。

启示：人家许你愿，不必乐得太早。

深意：吃多少苦，不影响你成事。圣人也免不了吃苦。

结论：借口“吾老矣，不能用也”，孔子只好走了。

这就是人生！文丐好可怜，到处碰壁。连圣人都挨饿、吃苦。

孔子活着时多可怜，最后“删《诗》《书》、订《礼》《乐》、赞《周易》、作《春秋》”，以俟后世。

因为孔子值得利用，刘邦第一个到曲阜祭孔，此后孔子吃生猪肉两千余年。孔子死后被帝王利用，但也没有真正了解他。

4. 齐人归（馈）**女乐，季桓子受之。三日不朝**（鲁君不上朝），**孔子行。**

《史记·孔子世家》记孔子在鲁，摄相事，诛鲁大夫乱政者少正卯。与闻国政三月，粥羔豚者弗饰贾；男女行者别于涂；涂不拾遗；四方之客至乎邑者，不求有司，皆予之以归。曰：“孔子为政必霸，霸则吾地近焉，我之为先并矣。盍致地焉？”黎鉏曰：“请先尝沮之；沮之而不可则致地，庸迟乎！”

于是选齐国中女子好者八十人，皆衣文衣而舞康乐，文马三十驷，遗鲁君。陈女乐文马于鲁城南高门外，季桓子微服往观再三，将受，乃语鲁君为周道游，往观终日，怠于政事。

孔子极为热中时事，可是怀才不遇，到处跑。

“圣人贵除天下之患”（《春秋繁露·盟会要》），不助人为恶，“知进退存亡，而不失其正”（《易经·乾卦》），故“无可、无不可”。

求己，做自己的事业。成了，大家都借重你。如曾文正以团练起家，成就清朝的中兴事业。天下以求人为难，“赵孟能贵之，赵孟能贱之”（《孟子·告子上》）。多懂，就有立身之基。

5. 楚狂（楚国狂人）**接舆**（接近孔子车子）**，歌而过**（走过）**孔子，曰：“凤兮凤兮**（讽刺孔子）**！何德之衰？往者不可谏，来者犹可追。已而，已而**（算了吧）**！今之从政者殆而**（不妥当。都这套货）**！”孔子下，欲与之言。趋**（快走）**而辟**（避）**之，不得与之言。**

狂者，志大才疏，大有“舍我其谁”之慨。

“凤兮凤兮！何德之衰！”讽刺孔子。可见孔子救世之热，为时人所误解。

《史记·孔子世家》记昭王将以书社地七百里封孔子。楚令尹子西曰：“王之使使诸侯有如子贡者乎？”曰：“无有。”“王之辅相有如颜回者乎？”曰：“无有。”“王之将率有如子路者乎？”曰：“无有。”“王之官尹有如宰予者乎？”曰：“无有。”“且楚之祖封于周，号为子男五十里。今孔丘述三五之法，明周召之业，王若用之，则楚安得世世堂堂方数千里乎？夫文王在丰，武王在镐，百里之君卒王天下。今孔丘得据土壤，贤弟子为佐，非楚之福也。”昭王乃止。

其秋，楚昭王卒于城父。楚狂接舆歌而过孔子，曰：“凤兮凤兮！何德之衰？往者不可谏兮，来者犹可追也，已而已而！今之从政者殆而！”孔子下，欲与之言。趋而去，弗得与之言。

同一时代，大家对一事的看法不同。

“往者不可谏”，前时已矣，没有赶上，无法谏。“来者犹可追”，后来之时，犹可待。

对付一事有层次，往下要追什么？用什么方法追？分多少层次追？共结果即成。要有方向、有追的层次，看出问题。每一问题都要有层次，要分几个层次。

必要重视现在，否则现在不好，将来亦难以追治。

智慧之才可以根据现象去追治，“据往者之迹，以求来者之治”。

“楚狂接舆”，解为“姓接，名舆”。但是孔子“不得与之言”，那怎么知道他名叫“接舆”？可见“接舆”并不是人名，应是接近孔子的车子。

读书仔细，多么传神！

6. 长沮（音 jū）、**桀溺耦而耕**（拿耜耕田）。**孔子过**（经过）**之，使子路问津**（过渡处，问路）**焉。长沮曰：“夫**（彼，那个）**执舆者为谁？”子路曰：“为孔丘。”曰：“是鲁孔丘与？”曰：“是也。”曰：“是知津矣。”**

长沮、桀溺，金履祥《集注考证》，谓沮、溺皆从水。子路问津，一时何自识其姓名，应如荷蒉、长门、荷蓧丈人之行，盖二人耦耕于田，其一人长而沮洳，其一人桀然高大而涂足，因以名之。

《史记·孔子世家》叙此事于孔子去叶返蔡之时，则为哀公六年（前489），孔子年六十四。

大弟子天不怕、地不怕。文人用这种人，才可以打江山。

“那个执鞭者是谁？”孔子在车上执鞭。

“是鲁孔丘与？”可见当时“孔丘”非一人。

“是知津矣！”冷嘲热讽，说孔子周游已久，当已知济渡处，又何必来问路！

问于桀溺。桀溺曰：“子为谁？”曰：“为仲由。”曰：“是鲁孔丘之徒与？”对曰：“然。”曰：“滔滔（大水横流，喻时局不安定）**者，天下皆是也，而谁以易之？且而**（你）**与其从辟**（同‘避’）**人之士也，岂若从辟世之士哉？”耰**（音 yōu，弄碎土块，平整田地）**而不辍**（停）。

子路碰壁，问另一个。

“是鲁孔丘的徒弟吗？”

说天下之乱，有如洪水横流一般，谁又能参与改变天下之滔滔？“你与其避恶人，与可怜人在一起，还不如跟从我这个避世之人隐居？”继续做他的农事。

子路行以告。夫子怃然（怅然）**曰：“鸟兽不可与同群**（人以群分，物以类聚），**吾非斯人之徒与而谁与？天下有道，丘不与**（参与）**易**（易鼎，革命）**也。”**

《论语正义》：山林是鸟兽所居，人隐居山林，是与鸟兽同群也。人与人同群，故当相人偶也。言辟（避）人避世法皆非也。

社会上哪有好人？都是要饭的！

“鸟兽不可与同群，吾非斯人之徒与而谁与”，人不能遗世独立。

时人讥讽孔子“知其不可而为之”。孔子是殉道者，活一天，干一天。

“天下如有道，那我又何必参与革命之事！”悲天悯人的胸怀。儒家精神是“知其不可为而为之”。

明白了，又何必对一时代失望。不要对时代失望，没有过不去的崖；懂此，就能养气；有抱负，就去应世。自己要走哪一条路，把好、坏都看清楚了，就能甘之如饴。

儒家的真精神，不避世，进而“拨乱反正”。

7. 子路从（音 zòng，随侍，如侍从）**而后**（落后），**遇丈人，以杖荷**（音 hè，背负）**蓧**（音 diào，芸草器）。

“丈人”，人之德行足以扶植别人者。

子路问曰：“子（您）**见夫子乎？”丈人曰：“四体不勤，五谷不分。孰为夫子？”植**（立）**其杖而芸**（芸田）。**子路拱而立。**

骂臭老九，坐享其成。

看子路挨饿貌！越来越乖，不像流氓了。

止（留）**子路宿**（过夜），**杀鸡为黍**（做饭）**而食**（音 sì）**之，见**（音 xiàn）**其二子焉。**

这就知子路为什么乖了。

令他两个儿子见子路。

明日，子路行以告子曰：“隐者也。”使子路反（返）**见之。**

至，则行矣。

明日，子路回去，将昨日之事告知孔子。

“是隐世之人”，要子路回到原处见丈人。

子路到原处，丈人出门了。

子路曰：“不仕无义。长幼（前见其二子）**之节**（礼节），**不可废也；君臣之义，如之何其废之？欲洁其身，而乱大伦**（君臣之伦）。**君子之仕也，行其义也。道之不行，已知之矣。”**

“不仕无义”，唬小孩。

自此看人多善变，见什么人说什么话！

子路打官腔，说贤者都隐居了，出来的都是二鬼子。

人都随着环境转，可见表态的重要，多半可以得到最高待遇。有修为，到哪儿都可以受到恭敬。

四平战役，四次打平。

四平，位于东北的中部平原，处在中长、四洮、四梅三条铁路交叉点上，为军事战略要地。

最后一役，我化妆逃亡，身穿袈裟，到庙借法器，还背佛经，随机应变。

人问：“你找谁？”答：“看我是谁，就知我找谁。”不可以说要找哪一个，否则会被揭穿。

隔天，我为人卜一卦找马，装得很像。

到西太后的老家开原（辽宁省东北部，辽河中游左岸），还要随遇而安，报说："投降来了！"带了枪。被带到国民党地区，进门后脚就软了，打电话要人接。

遇事，愈稳愈胜利。平时必要练习，到什么环境要怎么表态。遇什么环境，得知道要现什么身说话。这可非一日之工。

遇到高手，更要仔细，让他小心。两方处于不平等态势下，智慧如高不过，焉能慑住对方？

8. **逸**（自我放逐）**民：伯夷、叔齐、虞仲**（仲雍之曾孙、周章之弟）、**夷逸**（子弓）、**朱张、柳下惠、少连**（东夷人）。

中国东西都有一系统，《论语》一章即一系统。应当世事读，不当文章读。

"逸民"，有许多类，一类一世界。苏东坡、王阳明、王夫之皆在其中。

子曰："不降其志，不辱其身（辱身就不孝），**伯夷、叔齐与**（欤）？"

《史记·伯夷列传》：武王已平殷乱，天下宗周，而伯夷、叔齐耻之，义不食周粟，隐于首阳山，采薇而食之。

谓柳下惠、少连："降志辱身矣！言中（合乎）**伦，行中虑，其斯而已矣。"**

《孟子·公孙丑上》："柳下惠，不羞污君，不卑小官。进不隐贤，必以其道。遗佚而不怨，厄穷而不悯。故曰'尔为尔，我为我，虽袒裼裸裎于我侧，尔焉能浼我哉？'故由由然与之偕而不自失焉，援而止之而止。援而止之而止者，是亦不屑去已。"

"言中伦"，不道听途说，不语无伦次，故言要中伦。

"行中虑"，"虑"，《说文》云："谋思也。"思有所图，虑深通敏。"中虑"，即深思熟虑。人无远虑必有近忧，要处处用心思，深思熟虑。"思之思之，鬼神通之"，未思如何能虑？

可以降志辱身，但必"言中伦，行中虑"，以达自己的目的。

一般人遇苦难时，为了达目的，往往只有不择手段。

谓虞仲、夷逸："隐居放（置）言（放言高论），身中（合乎）清，废中权。"

"废"，人原本完整，但经过变乃废了，如废帝。

"废中权"，虽是废了，但是行事仍得中权。"可与适道，未可与权"，行权不离经，离经则叛道。

"我则异于是，无可、无不可。"

孔子"无可无不可"，"无适也，无莫也，义之与比"（《里仁》）。一切行动合乎权变，"无可、无不可"，自己无主张，做任何事之前，不立下约束。守住其间的东西，合乎己之志，"义之与比"，合乎时宜，故为"圣之时者"，《孟子·万章下》曰："可以速而速，可以久而久，可以处而处，可以仕而仕，孔子也。"

真有志，有无好好在自己身上下功夫？天下绝对没有白得的事。如有巧取的心理，则成事都办不到。要好自为之。

国家绝不能弱，弱则失掉国威。绝不能因一己之私，而失万民之福。弱国之民不若弱国之狗。

你进屋，屋中人能站起来？不能，就没有办法了。一举一动无惊动人起座，能够办事？要改变器质。

读书的第一件事是要改变器质，器质没变，其他一切免谈。修为，“望之俨然，即之也温，听其言也厉”。同学有几个有风范的？管好自己，不要天天看人家的毛病，要造就好自己，一举一动绝对要有个风范，行住坐卧、言谈举止都要特别注意。自己必要造就自己。

读书人到乱世能否拿出一套？如果净是男盗女娼，那国家还有何希望可言？

我来台读五十年书，翻完《四库全书》，绝对爱中国，还成功不必在我。

9. **大师**（乐官长）**挚**（音 zhì）**适齐**（去鲁往齐），**亚饭**（次饭）**干适楚，三饭缭适蔡，四饭缺适秦。鼓**（击鼓乐官）**方叔入于河**（河内地方），**播**（摇）**鼗**（音 táo，小鼓）**武入于汉**（汉中地区），**少师**（乐官）**阳**、**击磬**（专司击磬乐官）**襄入于海**（海岛）。

此章记鲁哀公时礼坏乐崩，所有乐师皆流落在外。

古时宴会时奏乐章，所谓“亚饭、三饭、四饭”，是吃饭时所奏的乐章；而分管这些乐章的乐官，亦叫作“亚饭、三饭、四饭”等。

昔日宴客，三饭，则翻三次桌面，器皿均得换。最高五饭，吃的东西不同，音乐也不同。可见古时帝王排场之阔绰，但无今人生活之享受。以前的贵族多么享受，但是百姓苦。中国以前没有“农奴”之名，而百姓实即为农奴。

穷人有饭吃，为第一要义。我同情穷人，乃受甘地（1869—1948）的影响，他不贪污，不拿人的东西。

甘地，在英国统治期间，他的精神思想带领印度迈向独立，脱离英国的殖民统治。其“非暴力”思想，影响全世界的民族主义者，争取以和平变革。

10. 周公（姬旦）**谓**（对）**鲁公**（周公子伯禽）**曰：“君子不施其亲，不使大臣怨乎不以**（用）。**故旧**（旧臣）**无大故**（大错），**则不弃**（遗弃）**也。无求备于一人。”**

周公对周朝有功，封于鲁，但留相成王，使儿子伯禽就鲁封地，称为鲁公。

此章记周公训鲁公之言。周公善于教子，讲用人之道，告诉鲁公要“近悦远来”。

“君子不施其亲”：一、施，“弛”的假借，不遗弃其亲。二、施，易也，不以他人之亲易已之亲。三、施，用也，专用自己的亲戚。四、施，音 yí，君子不失亲人的机会，亲有余力则以学文。

“不使大臣怨乎不以”，不使大臣怨你不用他的政治主张。

不使职员“怨乎不用”，感到自己不受到重视。家庭亦然，也不能以家中人为废物，使他觉得在家中没有地位，应使家中每个人都自觉有作用。

我自家中有小孩以后，就不再养宠物，以孙子为宠物。此即做人之道，也就是做人的分寸。

朋友要择而后交，对人认识好了再交朋友。既然结交了，就是不够料也不能断交，选择错误也得忍耐。

“故旧无大故，则不弃”，各家的“大故”不同，做汉奸则不行。用人应用其所长，人皆有一技之长，则天下无弃人。

"无求备于一人"，不可求全责备于一人，大者国、小者家，夫妇之间亦如是。如求全责备，则天下无可用之人。

"能者在职"，各司其职。管首饰的，太太不出门即无事；有事，则用"请、拜托、帮忙"。

夫妇之间亦如是，忍耐不能快乐，同床异梦。人生最快乐的即是彼此同心，要是真的，就是专一。人生必要愉快，否则就算是生了一大堆儿女，两人之间并无感情可言。

我如第一步错了，绝不再错第二步。人生不容易，最难处的即夫妇，处不好即无幸福可言，有真则幸福无穷！

如在对方面前站不住，即要受气，世路人情皆学问。要专一，不要贰。台湾人能专一的少。

11. 周有八士：伯达、伯适（音 guā）、**仲突、仲忽、叔夜、叔夏、季随、季騧**（音 guā）。

此章记周的异事，亦记那时人才之盛。

一母生四胎，每胎都是双生。伯、仲、叔、季，兄弟排行次序。

为当时奇闻，乃记之。古人不疑圣人之言，今人则不同。

必要懂得怎么接触问题，有一定的术，要随时教小孩。以中国文化研究幼儿教育。

夏学，只要是中国人的智慧都收。

文化的演进有系统，女教、幼教、社教、厚生（正德、利用、厚生），必要有目标。讲学必得有方向。

返正，以正做事，成功了即正德。

用什么方法达到厚生的目的？惟"和"，"礼之用，和为贵"。

大家必和，由一到无数，群。不许有不良企图份子，净是巧取豪夺，完全不懂得道德与人性。

要以史、以今、以人为鉴，择其善者而从之，见贤思齐；其不善者而改之，是改自己，不是改别人。

不可以“群居终日，言不及义”，人必得有所守，才足以有为。没有到境界，愈扯是非愈多。聊天也要看对象，是非者即是非人，“君子不重则不威”。外面说什么，不必听；他是人，就怕别人好。

自己做事，要仰不愧、俯不怍；要别人说公道话，无此事。是不是人，自知。察微、识微，时时警觉、时时用智。认为自己不如人了，才能往前奋斗。

“利贞者，性情也”（《易经·乾卦》），“中和”即性情合一了，能用上就成功。《中庸》云：“知远之近，知风（凡）之自（目），知微之显，可与入德矣。”

《大学》称：“所恶于右，毋以交于左；所恶于左，毋以交于右。”我常说：左手的事，不叫右手知。

你们如能有成，即是“奉元”教明白了。

要好好培养自己，改变器质，必得知己之短。“望之俨然，即之也温”，内圣；“听其言也厉（励）”，外王。

想用一个人，必对他有深刻的了解。事先约一个人，在地上扔两张白纸，一试便知，要用哪种人可以马上明白。随时都可以测，天下事绝无巧得的。

好耍小智者，就恣睢、巧诈！将来绝对吃大亏。

不懂得做人绝不会做事，官大所造的孽也大。

读书贵乎明理，做任何事必认清情势（包含结果）再去做。

《四书》容易，每个人都读，何以却差之千里？

我这些年，天天想如何对此地能有所帮助。在任何环境，如果自己不求，则永远都不会懂。人能知己特别难，看别人却连骨头都看透了。

孙女说："爷爷这么糊涂，怎么教书？"答："学生比你糊涂！"真知难！

教育必要下功夫，要教子孙读经书，"子孙虽愚，经书不可不读"，经书是智慧的产物。

传统东西有系统，好好读一本即系统化。天天獭祭鱼、打游击，不行。要求真知，上句不懂，就不读下句。

台今天政客，无非弄民也，聪明好作秀，并非真聪明。大智若愚！最难的是知己知彼。

清朝的转折点，龚自珍（1792—1841）惊动一时代，二百年后观之，平平！

在制度方面没有比《周官》一书致密的了，或以为是周公所作，熊十力认为非孔子不能作。

看《易》的《序卦传》，何等严谨！一事有六十四个步骤。一件事，即"变"与"易"。"易"，即日、月，亦即"明"，日、月天天换，日落月起、日升月恒。六十四卦，六十四个大步骤，其中每一卦分为六爻。

我们写的东西能否如此严谨？反思自己：谈一件事是否深虑？《系辞传》分析《易》经文即是虑。

大趋向有六十四，每步又分六步骤。一事有六十四个大阶段，每阶段六步骤。看思想之缜密与深刻。如能如此虑，则何事不成？

《易》为何是智海？“无咎者，善补过也”（《易经·系辞上传》），吉凶如何平衡之？“善补过也”，用最好的方法把过补过去。如见女人喜欢看，不看就无咎。如懂得“无咎者，善补过也”，又岂会有咎？

读书，有一个用不上，就不是学问。作注解的，自己明白，不能叫别人明白。真明白是悟，不是说出来的。明白“深思熟虑”了，就不会马虎看过。

父亲到酒家被辱，儿子去炸酒家，这就是乱象！岂是人的社会？有知识的人如何对付此社会？如任由这些人如此，那岂不是吓死人了？

“民主民主，多少罪孽假汝之名行之”，假民主之名弄权，何以无人教训之？训之，此乃知识分子的责任。

中国百年来战争不断，而受苦的都是老百姓。战争并不能够解决问题，要用“聪明睿智，神武不杀”。

《易经·系辞上传》：古之聪明睿知神武而不杀者夫。是以明于天之道，而察于民之故，是兴神物以前民用，圣人以此齐戒，以神明其德夫。

知识分子不能放弃责任。知识分子有责任，不尽责即不知己。“裁成天地之道，辅相万物之宜”，御天也。不说、不写，那天下人又如何知道有道？

读书，不是空的，每天应用自己的智慧，尽自己的责任，“智周万物，道济天下”，为人类服务，做出贡献。

子张第十九

读一章，能深思，可以得多少教训。

你们净是想些什么？读书要自书中得许多启示，否则如同活死人，读什么书！

你们天天懂得用脑？

不要听一人吹牛就相信了，得相信合理、合法之言。

你们不学，就知道吹牛！想要坚持，必要有坚持的理由。如要谈福利，那要谈什么？不知深思熟虑，就“一犬吠虚，百犬吠实”，扯什么淡！就空话一堆。自你们说出的话，就看出无一是经过大脑的。

我坐屋中，但对台湾三百零九个乡镇都清楚得很，就是风闻，也有参考的价值。不是说就是做，要实事求是。

我七十岁就预备好墓碑，全套都做，光利息都够了。要有备无患，想做人上人，必得有人上人的智慧。

想成事，必要用脑。如果没有坚持，那岂不是投降就好了？真做，得用多少人才，没有专家能做事？你们就六神无主，能有什么表现？我冷眼旁观，就看谁有雄心。

人家叫你做，不过是老二。人人都能，就看有无超凡入圣的头脑。如连狗屁都不懂，能有什么意见？

《四书》是基础，都是古时候的白话，但是两千年以后读就不大懂。

要下功夫，随时随地用功，不是拉架子才能读书。年轻人读书没有明白，是人生最大的失败。

小孩不懂什么叫做人，能有希望？台湾有无尽的隐忧，恐将来无可用之人。台湾一切都走到偏锋，看台湾的政客化妆成什么？

开会，记录，储备之，成立智库不是一天存的。你们有何长才走在前头。提示：三三两两，有组织才是力量。但你们是废才，什么也不能做，如同活死人。

开会，什么都得检讨；笔录，做参考。培植自己也成立智库。何以不做？超凡入圣，必要有超人的智慧，才能有超人的成就。

读一章，要懂得怎么发挥。发挥则成公式；据此公式，则可以应任何事。但是不下功夫，则什么也不能用。

活着，就要活得有意义，要了解时，脚踏实地好好建设这块土。

人必得活得有方向、有努力的目标。为学、当老师的最难，如同半个死人，能为人师表？要赶紧加把劲，一举一动都要有所为。

必得利用，就是废物也得利用，但得真能。模拟长了，就可以应事。

从小处看一人之修为。你们要多学、多读书。要令人恭敬，必须有一套，要好自为之，天下绝没有白捡的事。要悟，“思之思之，鬼神通之”。

从天德到奉元，“见群龙无首，吉”，人人皆可以为尧舜，天德不可为首，所以不争名、不夺利。

熊十力从佛入儒，归宗《大易》。佛，人弗，人之为道，活人说鬼话，骗人！你们读《易》能用上？“自强不息，厚德载物”。有能力有学问，应该对人类有贡献。

看书，要自书中得益。多读书，少用心机，天下没有便宜事。要随时随地求真知，天天问自己：能做什么？快快造就自己，要自救。

人必要有德。曹操虽厉害，但几代就完。曹氏父子尚是“真奸”，其智崇文才，今人所不及。

一个朝代能够传数百年，必要有“治大国若烹小鲜”的功夫。老子何以能悟出“治大国若烹小鲜”？研究《老子》，如对“烹”之道不明白，又如何得治之道？老子的时代，烹饪的工具不完备，“烹”是何等的难！烹小鲜，要经过多少步骤？不只是谨慎小心而已。

读任何书，得用那时代的想法。上友古人，读其书，知其人、论其世，才能了解书，才能将古人的智慧用于今日。

朱子学今天失势了，因为朱熹的东西不纯。孔子又红了，真金不怕火炼。

1. 子张曰：“士（有卫国之责）**见危致命**（牺牲生命），**见得**（有所名、所利）**思义**（宜），**祭**（祭祖）**思敬**（敬己之所出），**丧**（丧事）**思**

哀（哀不毁立），**其可已矣。”**

都是做人的简单原则。

应该说话时，就是杀身也得说，即“见危致命”。

“见得思义”，“得”包含名、利，要不要就看合乎义与否。

见便宜就捡，最是失败。

2. 子张曰：“执德（善之行）**不弘**（弘大），**信道不笃，焉能为有？焉能为亡**（无）**？”**

“执德不弘”，放弃责任，即因“信道不笃”。对事，既不关心，也无愧于心。人只要“真”，就存“诚”，有、无没有关系。

要将中国思想读完，活用，知识分子要“为天地立心”，知识分子即是天地之心。“复其见天地之心乎”，此时乃是千载难逢的机会。

3. 子夏之门人问交（交友之道）**于子张。子张曰：“子夏云何？”对曰：“子夏曰‘可者与之，其不可者拒之’。”子张曰：“异**（有别）**乎吾所闻‘君子尊贤**（亲人）**而容众，嘉**（赞美）**善而矜**（怜惜）**不能’。我之大贤与，于人何所不容？我之不贤与，人将拒我，如之何拒人也？”**

蔡邕《正交论》曰：子夏之门人问交于子张，而二子各有闻乎夫子。商也宽，故告之以拒人；师也褊，故训之以容众。各从其行而矫之。

此章谈交友之道。

“可者与之，其不可者拒之”，要择而后交，不能交而后择。

同样是弟子，所讲不同，乃因所得不同。

子张喜欢说漂亮的话，功夫在嘴上。

“尊贤容众”四字，包罗万象，贤者尊之、不贤者容之，“以人治人，改而止”（《中庸》）。

“嘉善”，“人之有技，若己有之”（《大学》）。“矜不能”，助不能者。

是非者即是非人，应与之断绝往来。团体乱，就因有此种人而乱。

没有“义”字，就交不到“忠”的朋友，因为不相信你。

“故旧不遗”，“故旧无大故，则不弃也”（《微子》）。

明朝亡后，清朝强迫明宗室为汉军旗，驻在锦州。

读书了，还要会做事，否则是书呆子。

朱霁青（1882—1955）批孙中山“委之非人”。朱与孙关系早，在党的资格比蒋老。朱老先生与我有关系，他来台不做官，著作多。谷正纲（1902—1993）是朱的秘书，对朱很尽心，老蒋亦如此。

4. 子夏曰：“虽小道（道之小者），**必有可观**（研究）**者焉；致远恐泥**（想持之久远，恐行不通），**是以君子不为也。”**

就是小道，也有可观之处，故可以传下。

但想要源远流长，与时相争，恐滞泥不通，故君子不为也。

“道也者，不可须臾离也；可离，非道也”，大道，乃是人人必由之道，即日常行事所必须遵行的。

明白小事，还得能行。一技一艺不一定是小道，“积财万贯，不如一技在身”，可以养活全家。

5. 子夏曰：“日知其（已）所亡（无），月无忘其所能，可谓好学也已矣。”

明白此章，可以成为饱学之士。

要温习自己所知，不将自己所能忘掉。

学来的能不是本能，良知良能为本能。“学”，含知与效。“知”，觉也，觉而后求知；“效”，将所知行出。知行合一谓之学，说颜回好学，是“不迁怒，不贰过”，并不是说他读几本书。

自己做事不必叫人知。没那么高，宣传有什么用？要人重用，至少得守口如瓶。读书是培养智慧，要懂得怎么做事。深思熟虑，思虑。必要懂得自求多福。

“愚者好自用，贱者好自专”，绝对如此，要好好玩味。

任何事业绝不是一人做成的，必“交”，六爻即交。一部《易经》就两个符号，阴阳交后，就把宇宙演变得无以复加。

不要把社会看成五花八门、很乱，就你、我，“三人行，则损一人”（《易经·损卦》），得丢掉一个。简化之，就是两个，即公、母，也就是阴阳。

《易经》“天下之动，贞夫一者也”（《易经·系辞下传》），一即元。《春秋》首书“元年，春，王正月”，“明王者当继天奉元，以养成万物”（《春秋公羊传·隐公元年》何休注），从“天德”到“奉元”。

《大易》与《春秋》真学会了，就真会用。如不能做事，就形同死灰。学问，圣之时者，得圣这个时。讲义能当宝？

6. 子夏曰：“博学而（能）**笃志**（见贤思齐），**切问而近思，仁在其中矣。”**

为学之道：博学能笃志，切问能近思。

任何一章明白，都能成德。

博学能笃志，必有中心思想。博学之功，就在于笃志。了解得愈多，愈是看重自己。有志，要培志，博学能笃志。

看肥料，不看垃圾。要将夏学当作肥料，肥料不分时代，用古人智慧启发自己的智慧。人必要活得光明磊落、大大方方。

“切问”，问也必得切问，答者才不马虎。切问近思者，是身体力行，脚踏实地去实行一遍，所以绝不盲从。

知道我每天读书是怎么分析的？近思，知道了，要用行事加以体认。能作为社会的中流砥柱，岂不是仁在其中？此立意之高，对社会国家有多大的贡献，可以济世。

我在屋中坐五十年，不以为苦，天天高高兴兴，因为天天神交古人。人最大的长处即是见贤思齐，天天与古人为友，能不笃己志？既没想成名，也没想与社会一起跑。博学，就天天见贤，与他拉成一帮。

今人没有读书，就抄书。读书要改变器质。

我特别了解台湾人的心。台湾糟，要自教育入手。你们是未来的希望，责任之所在，好好努力，要知道未来。

有志，还要博学才能笃志。要培养有志的下一代。

我再活十年，绝不成问题。宋美龄长寿，可能得力于宗教，修养也高。一个人从高处跌下，多苦！人不可以有嫉妒心，会毁了自己。

许多书一出，就绝版了，还忙着写书？

肃亲王（肃亲王耆善，川岛芳子之父）诗：“幽燕非故国，长啸返辽东。回马看烽火，中原落照红。”享受有时尽，最后男为盗、女为娼。

人不能离开根，我注意满族的年轻人，要他们有坚固的思想。苗，在自己的土上可以生根，不可以借地生财。尽自己的责任，民族的责任。

我喊“长白又一村”，是有“又一村”之志。前一村，给中国人留下金瓯；又一村，要没有界、际。界、际有限，要打破际、界，就没有限。

天德，《大易》；奉元，《春秋》。天德、奉元，定于一。因为奉元，所以第一个要解释元，我写《原元》。元，儒之体。能奉元，成元之用，亦即儒之用。

好好努力，一样可以造就一个学派。我们的学会，称“奉元天德学会”。“天德”，不分人种。“奉元”，有形、无形的都从元来，哪一国的猪都相像。

宇宙不要有杀戮、有战争。“不嗜杀人者能一之”，“定于一”，以仁统天下，“天下莫不与也”。

我无一不有步骤，长白又一村，一步又一步，走了五十多年。

书院讲学称“夏学”，“夏者，中国之人也”，凡中国人之学都接受。“华夏学菀”，因为“万物并育而不相害，道并行而不相悖”。

二十一世纪是中国的，应是思想的中国、文化的中国。

要理一理小孩，他们也懂得想事。以前，六七岁就与父母分开住，怕无形中父母的谈话会影响小孩。旧社会的房子，有一定的格局。父母对儿女的爱，是纯的。做事必要有爱心，小孩也懂得应事。对小孩要随时教育、启发。现在教小孩背唐诗？

学了，学必讲，开始要低调，有目标、有方向。不是胡来的，又争什么？真有志、有智慧，要将思想系统化。思想是志，必须念兹在兹。人都有遗憾，但不绝望，必是有志者。

不能吃太饱，我定量。动物油少吃。我以简单为原则，吃素有精神。宋瑞楼是医生，但他不懂得到什么季节吃什么菜。

山东煎饼裹大葱。春天吃葱，冬天吃萝卜。春天不可以吃酸，要吃点甜的。

中国文化讲五行相生相克，有时要看看中医的书。

生，其实很简单、容易，不要求之深、求之难！人的毛病就是道听途说，就没用脑。开始发昏，怎能不离婚？

必要懂得“近思切问，博学笃志”，要好好做活学问。什么事都得天天留心，要跟着时代走。

7. 子夏曰：“百工居肆以成其事，君子学以致（极，尽）**其道。”**

“肆”，当工场，不如做工作场所。

想成就事业，必有成就事业的环境。没有环境，不能成其事。

想成事，环境不合适，必得另立新环境，不能等死。人不能生时，可不能不生一合适自己的环境。人识时太重要，不跟时代走，就闹笑话。“生时”不易，必要有创造环境的智慧。

人人皆有肆，不可以离肆。人一离本，就不能成事，鱼不可离水。一个国民离开自己的国家谈救国，那也是笑话！

“学以致道”，学，乃致道之术，学达到目的的方法。许多事皆有其道，由学而来。

君子将道表现于外，令人觉得合道、合礼、合理。不学，焉能成道？

博学能笃志，笃志得致其道，致其道得临危致命。人的立场不同，危也不同，致命犹胜于致道。

8. 子夏曰：“小人之过也，必文（音 wèn，文过饰非）。”

文过即小人，况盗名、盗利？不文过，才能交朋友。人如伪，必无真朋友。

“吾未见能见其过，而内自讼者也”（《公冶长》），自讼，才能成德。

每天做完事，自己打批，有过必自骂，才能进步。别人骂不行，进德才能成业。

9. 子夏曰：“君子（暗示孔子）**有三变：望**（远望）**之俨**（敬也）**然**（庄重貌），**即**（就近）**之也温**（温恭，穆穆），**听其言也厉**（励，说造就人的话）。”

君子有三变：望之、即之、听其言，越走越近，指距离而言。

“望之俨然”，“君子正其衣冠，尊其瞻视，俨然人望而畏之，斯不亦威而不猛乎？”（《尧曰》）

“听其言也厉”，《管子·权修》曰：“此厉民之道也。”多说造就人的话，即说勉励人的话。说勉人之语，人必得好处。

我“望之俨然”，但他就没有“即之”，怎知我“即之也温，听其言也厉”？我感觉五十年失败了，因为没有一个像“人”的。

不懂得孝道，完全不是人。“不养儿，不知父母恩”，“夫孝，德之本也，教之所由生也”（《孝经·开宗明义》）。一个“孝”字，即“老、考”，养老，送终（父死曰考）。儿子肩负着“老、考”两个责任。

《论语》讲“孝”有几处？“至于犬马，皆能有养；不敬，何以别乎？”（《为政》）

昔日仆人侍候少爷、姑娘；老的则由儿、媳侍候吃饭、夜具，必得晨昏定省。在家陪父母吃饭，由儿、媳上菜、上饭，此即敬，对父母一切不假仆人之手。

10. 子夏曰：“君子信（先立信）**而后劳其民；未信，则以为厉**（害，虐待）**己也。信而后谏；未信，则以为谤己**（借题发挥骂他）**也。”**

人无信，大小事必失败。

家中出事，即失信。社会何以会扰攘不休？皆因未信。

未信而谏，则以为骂他。“朋友数，斯疏矣”（《里仁》）。

11. 子夏曰：“大德不逾闲（从心所欲不逾矩），**小德出入**（于规矩上失了点分寸）**可也。”**

“闲”，范围；“大德不逾闲”，有一定范围不可逾越。

“小德出入可也”，小德在范围内外有些出入，可也。小德之人，一日三变，见欲就有出入；见欲不出入，则进至大德。正在修德时，未达大德的境界，在事情上有所出入，“过，则勿惮改”，则能成大德。

道家，谈嗜欲深浅；儒家，寡欲；佛家，绝欲。佛讲绝欲，事做绝。学说，必自人性出发。人在欲上得不到满足，即觉得受虐待。

聪明过度即傻子。我故意出问题，看其进步否。识时，屋中决定，出门环境有变，即改变方法。得用眉目传情。如看谁都是好人，则无防人之心，智不及李莲英。

昔日看主人如何擦面、如何送面巾，即知是否留客，要上几样菜。要会随机应变，老谋深算。随机应变，得知机。

人对你示好，必须提高警觉，害人之心不可有，防人之心不可无。交浅不可以言深，忽然请吃饭，必有所求，必得机警。

明理不难，知所以用理为难，知怎么用、怎么能恰到好处。如在生活用不上，就等于未学。不怕事，就怕不能应事，应事要有智慧。

12. 子游曰：“子夏之门人小子，当洒扫、应对、进（迎客）**退**（送客）**则可矣，抑**（但）**末也。本**（大本之道）**之则无，如之何？”**

《大戴礼记·保傅》：《易》曰：“正其本，万物理；失之毫厘，差之千里。”故君子慎始也。《春秋》之元，《诗》之《关雎》，《礼》之冠婚，《易》之乾巛（坤之异体字），皆慎始敬终云尔。

洒扫、应对、进退，昔日的“小学”。

“洒扫”，有一定的规矩，先以水泼地，使尘不扬，而后扫地；由室内西南角开始扫，俯仰曲折，扫前而退，聚于户内，再扫于箕。

“应对”，酬对、对答。“应”，唯、诺，不必有言；“对”，答辞。

进退周旋：“进”，请客人进之礼；“退”，客人离开，送客之礼。“周旋”，应对，“动容周旋中礼者，盛德之至也”（《孟子·尽心下》）。

“本之则无”，则什么方法都没有。“本立而道生”，可以重本，但也不可以流于忽视知识，否则与“四体不勤”一样。

子游习于礼乐，为武城宰，以学道为本，弦歌不辍。

《阳货》记孔子之武城，闻弦歌之声。子游为武城宰，教百姓习乐。游以涵养性德，其功莫大乎习乐，乐主和。《庄子·秋水篇》：“孔子游于匡，宋人围之数匝，而弦歌不辍。”

子游唯恐子夏的教育法，将使人偏重于历练事务的知识，而缺乏坦荡和乐之趣，无养性之功。

一般百姓必得先学礼乐，“立于礼，成于乐”。礼乐，代表立身成道的功夫，“礼乐继世长”。

子夏闻之（听到批评）**曰：“噫**（心不平之声）**！言游过矣！君子之道，孰先传焉？孰后倦**（不传）**焉？譬诸草木，区以别矣。君子之道，焉可诬**（歪曲）**也？有始有卒者，其唯圣人乎！”**

《论语正义》：“草木区别”，喻人学有不同……《大学》云“物有本末，事有终始，知所先后，则近道矣”，此《大学》教人之法，虽圣人亦不外此。然圣道体备，学其本而末已赅，学其末而本不废，故能终始如一。如一者，一贯之谓也。

说是非话，必传回。说是非，愚人！

同学不一定是同志，是同志就不应私斗。同学拆台更是厉害，内奸。

帮忙的同学，顶多知道一件事。说出来的名字，均非我所用的人；就是彼想出卖，亦不知如何出卖。人做事，不成功也想成事。

以弟子学有浅深，故教法亦异。子夏不以子游教法为然。

“有始有卒者，其唯圣人乎”，做事有开始、有结果的必是圣人，“慎始诚终”乃圣人之道。

一般人光是有开始，但是少有结果。台湾人做事，一高兴即半途而废，此皆亡国奴之遗风。

13. 子夏曰：“仕(做官)**而优**(优余)**则学**(学道)**，学而优则仕。”**

“仕而优则学”，孔子反对世卿，以世代承袭做官为不合理，“世卿非礼也”。

《春秋公羊传·隐公三年》：《传》曰：“尹氏者何？天子之大夫也。其称尹氏何？贬。曷为贬？讥世卿。世卿，非礼也。”何休注：“世卿者，父死子继也。”《春秋繁露·王道》：“观乎世卿，知移权之败。”

“学而优则仕”，“行有余力，则以学文”(《学而》)。孔子主张“从先进”，“先进于礼乐，野人也；后进于礼乐，君子也。如用之，则吾从先进”(《先进》)。野人，指一般老百姓，“礼失求诸野”。

昔日进士出身，死后才可谥“文”。

上谥，即表扬类的谥号，“文”表示具有“经纬天地”的才能或“道德博厚”“勤学好问”的品德。清代大臣的谥号规定：一品大臣过世，按例请皇帝决定是否授谥。一品以下官员除非特旨，例不授谥。得谥号者只有曾入翰林，或获授大学士者才用“文”字。

而“文”字的两字谥中，又以“文正”最为难得；只能出自特旨，不能由群臣擅议；清朝二百多年只得八人获谥“文正”（如曾国藩）。文正以下的谥号则有：文忠（如李鸿章），清朝只有约十人得此谥号；再之下者有“文襄”（只限文臣而有军功者，如左宗棠）、文恭、文成等。

“文王既没，文不在兹乎”，“法其生，不法其死”，“文武之道未坠于地，在人”。文、武是人，行人之道。圣人无常师，自师己性，性生万法。

读古书，是在以古人的智慧当肥料，以元为种子，自己是园丁，勤于施肥、灌溉，有朝之日定能开花结果，有了收成。

人皆有“文”之性，能够发挥，也能成为诸子之一。思想家是自“思”来的，并不是抄来的。

我在学校教书，事先把真话告诉学生：试卷写一个字即及格，不读书是你祖宗无德。学生的论文不看，没有功夫，都是抄来的。

政治，不是骗人的艺术，是御（用）时的艺术，抓住时，绝不放过，“圣人不能生时，时至而不失之”。

喜欢是一回事，能不能又是一回事。人生不如意事，十之八九，人生是喜欢的，都未达目的，包括结婚的对象，有几人是与意中人结婚的？人生绝没有满意的，天命！不要把不如意列为重要、列为第一要义，否则一定不会成功。

我以时事作为喝茶的点心。学问是表达思想，《论语》即思想。

孔子也未能解决问题，现在要重打锣鼓另开张。

14. 子游曰：“丧（居丧）**致**（达）**乎哀**（悲哀）**而止。”**

“毁不灭性，不以死伤生”（《礼记·丧服四制》）。

父母没有愿意子女随其殉葬的，所以尽哀就够了，要哀不伤生。

15. 子游曰：“吾友张（子张）**也为难能**（有难为可贵之处）**也，然而未仁。”**

曾子说：“堂堂乎张也，难与并为仁矣。”矜己，“师也辟”，所思与所行两回事，未能行仁。

此章道尽了台之政客，都有一套。但应重视他是否尚有一点人性。

16. 曾子曰：“堂堂乎（仪表堂堂）**张也，难与并为仁**（行仁）**矣。”**

是有点长处，但不能和他一起行仁，所以不能当同志，不能在一个团体中。

必择而后交。

17. 曾子曰：“吾闻诸夫子‘人未有自致者（人没能尽性的）**也，必也亲丧乎’。”**

旧社会，父母故去，三天不举炊，由邻人送粥，但也不得食。哀毁骨立，必饿几天。

“亲丧，固所自尽也”，“及至葬，四方来观之。颜色之戚，哭泣之哀，吊者大悦”（《孟子·滕文公上》）。

18. 曾子曰："吾闻诸夫子'孟庄子（鲁大夫）**之孝也，其他可能也；其不改父之臣**（大臣）**与父之政**（善政），**是难能**（难能可贵）**也'。"**

"三年无改于父之道，可谓孝矣"（《学而》），指好的而言。

今天，父母死后，则无不改弦更张。

19. 孟氏使阳肤（曾子弟子）**为士师**（法官），**问于曾子。曾子曰："上失其道**（上无道揆），**民散**（下失其守）**久矣。如得其情**（犯罪之实情），**则哀矜**（哀其致刑，怜其无知）**而勿喜**（不以己有才识）。**"**

"上无礼，下无学，贼民兴，丧无日"（《孟子·离娄上》），道义不明，不闻礼教而入罪服刑，乃上失教养之道，故当哀怜之。

"必也使无讼乎"（《颜渊》），大本之所在。做法官的大原则：无讼比听讼重要。

20. 子贡曰："纣（商王帝辛）**之不善，不如是之甚也。是以君子恶**（动词，讨厌）**居下流，天下之恶**（名词，罪恶）**皆归焉。"**

桀、纣，是恶谥，天下之恶皆归之桀、纣。事实上，并没有一般人所传说的那样厉害。

"下流之人，众毁所归"，因为君子讨厌居下流之人，古今皆然。

一人坏，则其前后左右皆坏。

21. 子贡曰："君子之过也，如日月之食焉：过也，人皆见之；更（改）**也，人皆仰之。"**

君子能改过，“不贰过”。“过，则勿惮改”。

“小德，出入可也”，于规矩上失了点分寸，要“以人治人，改而止”，以人性治人就够了。

22. 卫公孙朝（卫大夫）**问于子贡曰：“仲尼焉学？”子贡曰：“文武之道未坠于地，在人。贤者识**（音 zhì）**其大者，不贤者识其小者。莫不有文武之道焉。夫子焉不学**（无所不学，乃能集大成）**？而亦何常师之有**（圣人无常师）**？”**

问：孔子这么伟大，究竟都学些什么？

“文（武）之道未坠于地，在人”，“莫不有文（武）之道”，此“武”乃是后人加上的，武王乃“大盗盗国”第一人。

“贤者识其大者，不贤者识其小者”，贤与不贤，是比较的。

“文之道未坠于地，在人”，“莫不有文之道”，人人皆可以为尧舜，人人皆可以为文王，文没在兹。此文王，并非指周文王，乃是《春秋》的“王正月”，是“文德之王”，“法其生，不法其死”，活文王，讲“大一统”。

可见是先有“文德之王”的观念，周朝才将其先祖称为“文王”。

老师没有说明白，学生盲从，结果一知半解，人云亦云。知识分子的了不起，在于懂得认识真理。

圣人自师己性，故无常师；是“生而知之”者，故能立说。一般人则是“学而知之，困而知之”，要困知勉行。

任何人都没有和一位老师学到老的。以前启蒙师教“孝”。中状元了，必拜师磕头。

23. 叔孙武叔（鲁大夫）**语**（音 yù）**大夫于朝，曰："子贡贤于仲尼。"**

少见！多说闲话。亦可见当时子贡之声名远播。

子服景伯以告子贡。

多说闲话。

子贡曰："譬之宫墙，赐之墙也及肩，窥见室家之好。夫子之墙数仞（七尺一仞）**，不得其门而入，不见宗庙之美，百官**（宫）**之富**（夫子何其多能）。**得其门者或寡**（少之又少）**矣。夫子**（叔孙武叔）**之云，不亦宜乎！"**

子贡心中实觉得知人，表面则不欺师灭祖。

"宗庙之美，百宫之富"，喻夫子何其多能也！

古时住屋皆叫"宫"。孔庙前有"万仞宫墙"，源自子贡谓"夫子之墙数仞"。万仞宫墙，用以称颂孔子学识渊博高深，一般人无法领悟其中的奥妙。颜回曾道孔子学问"仰之弥高，钻之弥坚。瞻之在前，忽焉在后"。

"得其门者或寡矣。夫子之云，不亦宜乎"，不得其门，浅见！《孟子·公孙丑上》说"宰我、子贡，善为说辞"。子贡，商人的祖师爷，口才好，极会骂人。

24. 叔孙武叔毁（毁谤）**仲尼。**

非毁孔子，以为他人贤于孔子。

子贡曰："无以（此）**为也，仲尼不可毁也。他人之贤者，**

丘陵也，犹可逾也；仲尼，日月（日月经天）**也，无得而逾焉。人虽欲自绝**（喻自绝于圣人）**，其何伤于日月乎？多见**（只见）**其不知自量也**（不自量力）**！”**

“不要那样做，何伤于日月，仲尼不可毁也。”

子贡“智足以知圣人”，故称“自生民以来，未有孔子也”（《孟子·公孙丑上》）。

启示：人骂，不必太在意，都会过去。

25. 陈子禽（与陈亢同姓名，非孔子弟子）**谓子贡曰：“子**（您，敬词）**为恭**（恭逊以崇师）**也，仲尼岂贤于子乎？”**

“仲尼岂贤于子乎？”可见子贡当时能鱼目混珠，极厉害。

“您、子”，敬词。说话，要有敬词。说话野，证明你没有修养。

不说敬词，自以为高于别人一辈。

子贡曰：“君子一言以为知（智）**，一言以为不知，言不可不慎也。夫子之不可及也，犹天之不可阶**（登阶）**而升也。夫子之得邦家者，所谓‘立**（立民）**之斯立，道**（导民）**之斯行，绥**（安抚）**之斯来**（归往）**，动**（孔子有所主动）**之斯和**（百姓无不和合）**。其生也荣**（荣世）**，其死也哀’。如之何其可及也？”**

慎言。多说不如少说，少说不如不说。不说，人还不知你的斤两；一说，人才知你“空空如也”。所以“言不可以不慎”。

孔子“五十而知天命”，“得一”了，故能有成。

“立之、导之、绥之、动之”，指孔子在政治上的四种表情。

"其生也荣，其死也哀"，孔子奋斗一生的写照：活着能荣世，死则社会、宇宙若无明灯。

孔子的成就在死后，有德才能熏香百代，至今中国人仍以孔子为傲，"其生也荣，其死也哀"，真是"万古一平儒"！

中国人好好努力，真能解决人类的问题。

做人如不够，则在什么地方都不够。政客不识货，百姓未必如此。

自一人谈话，看这时代还有真理？知识分子是天平。有一人有公心？领导人就以私心领导，皆各为己私，每个人都想造就自己。

做人为第一要义。光会做事，如做人不够，不足道。以你们的修养，能做大事？小心眼，还能做领袖？做领袖的，遇到好处，应先想到别人。

用才，得因事，非因关系。你们不要妄想，应想什么，以此造就自己。走哪条路？所学皆不同。

做事尽到力量，平凡中的不平凡，忠于自己的职守，就是伟大。没有给人留恋处，垮台了，就爬不起来。

社会的灾难从哪儿来的？一个"私"字害尽天下苍生。想要从公，就得忘私。

我天天喊，还是有点私心用事，教书没教出成才的。

李敖在屋中读书，出来就骂人。

美国南北战争，与解放黑奴，是两回事。当时十几个州想分离，林肯依宪法维护联邦，表示为合不惜一战。

美国南北战争（1861 年 4 月—1865 年 4 月），是美国历史上一场大规模的内战，南方各州声称有权分裂，并组成自己的南方邦联，他们的部队开了第一枪。北方各州在林肯总统的领导下，决心阻止叛乱并保护联邦。1865年4月，在尤利西斯·葛兰特（Ulysses S.Grant）将军的指挥下，庞大的北军将罗伯·李包围在弗吉尼亚，李投降后，美国南北战争随之结束。（参见美国国务院国际信息局出版《美国历史简介》）

台人为别人少吃一餐都不干，我恐怕你们将来被当成化外之民。

中国人的智慧是天生的。这回中国文化抬头，完全因为中医，读中国书的有何贡献？

现在的名流书，以中国人的观念能看懂？其所引皆西洋东西，两者可以相比？余英时自宋明理学入手，与先秦思想差太远。

熊十力终归《大易》;《春秋》为《大易》之用，故讲《春秋》。

练达十年必成才。字是人的门面，必好好下点功夫。字怕习，马怕骑。

自己用自己的智慧，自己有自己的处境。

追女友，是与生俱来的本能，不必学。有女友不奇，没女友才奇！天性的事，养就够了。必知怎么活，你们太慢了！

古人把人性研究得多美！“食色，性也”，中国此类书太多，与医书同时进行的，此真学问也。一般人不懂，又不肯说。

何以无“性学研究班”，却有“饮食研究班”？所以毛病才多，尤其现在已经泛滥成灾了。要告诉怎么防，才不出问题。

“食色，性也”，可是不能在伦常内，有“那个地方”。

古代道家，是医师，也是性治疗师。延续数千年之久的道家“房中术”，不只视性爱为欢愉与亲密感，也是追求养生长寿的秘诀。中国医书中亦多谈及此方面事，中国尊生，故重养生事。

人生最不能治的病即淫症。事毕不可被风吹，最轻肚子疼一辈子，不轻绝对死。也不可以喝冷水，必须预备热水，还要休息。做任何一事都要细心，绝对不可以有应付的心态。

许多事，必须在做之前先防流弊。自此，可见我做事做得多严密。

做事不用刚不行，立的规矩，谁都不可以犯。旁边绝不用亲人，做事用亲人，就失败一半，他做坏事，你没有办法处理。我绝不用三亲六故。许多事，就因裙带关系而弄垮了！

社会乱，就两个搞的，但来源是一个，即“元”，简化至“一”。中国人头脑多可变，所以，我们讲“奉元”。孔子得一了，说“吾道一以贯之”；最后，变一为元。

有头脑要告诉他们：不可再以此欺民，净说些欺民之言。

1945年8月，广岛投下原子弹后，麦克阿瑟叼着烟斗登机去日本。麦克阿瑟还没有登陆，日本就投降了。

1945年8月12日，麦克阿瑟被杜鲁门总统任命为驻日盟军总司令，负责对日军事占领和日本的重建工作，被日本人视为太上皇。1945年8月14日正午，日本天皇向全国广播接受波茨坦公告、实行无条件投降的诏书。15日，日本政府正式宣布日本无条件投降。

一人焉能成事？要以组织对组织才有力量，永远不变。

人生有旦夕祸福，我履险如夷，没想到仍活至今。我在外人的威仪下长大。乱世人命贱如蚁。日本对付中国人：用以喂狗！

没有人比我再能律己了，吃东西，绝不多吃一口。长寿之道，就在“守身如玉”。想要身子好，得从年轻开始。如自己都不能操纵自己，还能御天？我每天喝茶，一定三泡。天下无难事，最难的乃是持之以恒。自己必要懂得律己。

我来台后，因为被看才抽烟、喝酒的。在政大教书时，还抽烟斗、喝茶。后来怕死，就把烟戒了。自己都控制不了自己，还谈什么？人生的趣味是自求的，人生之趣味在此，此即自求多福。

事情未来，不必空想。人算都落空，老蒋算到有今天？

人有善，则嘉之；人不能，应助之。

骂我，笑一笑，知道你将来绝对没有出息，没有大人物的德。

胡适“五四”运动时，活得多惊天动地！民初的名人、学者有多少，如今皆安在哉？过去就完了，有无给别人留下的基础？以前骂我的，如今安在哉？

真有智慧，应与时光争，要与时不朽。现在要另辟天地，另造思想。

读完一章，明白就成功。不会用脑、不识时，怎会有表现？一天想通一个问题，都于人有好处。

写自传、回忆录，真是哀莫大于不知耻！有志还“壮志未酬”？以有涯追逐无涯，还不找一地方下功夫，尽扯闲，太愚！太愚！

熊十力对我有莫大的启示。

我看不懂余光中（1928—，擅长新诗、散文，有《乡愁》）的诗、赵无极的画。

赵无极（1926—2013），镇江丹徒大港人，华裔法国画家。将西方抽象绘画方法和中国画写意画法的空灵意象融合在一起，将油画画成写意画的效果，用稀薄的油彩泼墨，以干涩的笔法皴染。

高阳的书，看得懂。

高阳（1926—1992），本名许晏骈，字雁水。著作《高阳说曹雪芹》《高阳说红楼梦》《高阳说诗》及历史小说多部。

张大千的泼墨功夫不错，还可以懂。

张大千（1899—1983），本名张正则，后改名张援、张暄，别署大千居士，斋名大风起兮。他与二哥张善子（1882—1940，画虎大师）昆仲从母学画，创立“大风堂派”，是20世纪中国画坛最具传奇色彩的泼墨画工。

泼墨，用笔蘸墨汁大片地洒在纸上或绢上，画出物体形象，像把墨汁泼上去一样。

自人性说出的话，可以懂，马上可用。

尧曰第二十

《冰鉴》七书，南怀瑾（1918—2012）说是曾国藩作，但就笔法看，不类。曾氏精于《冰鉴》，未闻作《冰鉴》。

《冰鉴》，著者不知何许人，以辞藻美丽，行文简洁，故为学院派相家所重，并奉为圭臬。曾国藩以善相闻于朝野，斥一般相者只顾皮相而不及心相及行为相，是为下品之术，极力推许《冰鉴》。

曾文正承桐城古文，编有《经史百家杂钞》，应作为浏览之书。

李锐《毛泽东早年读书生活》："昔人有言，欲通一经，早通群经。今欲通国学，亦早通其常识耳。首贵择书，其书必能孕群籍而抱万有，干振则枝披，将麾则卒舞。如是之书，曾氏《杂钞》其庶几焉。""国学者，统道与文也……曾书则二者兼之，此所以可贵也。"

曾文正六十岁即过世，其子曾纪泽（1893—1890）五十一岁去世。

曾纪泽，字劼刚，号梦瞻，曾国藩次子，袭封一等毅勇侯。清代著名外交家，也是当时秉承“经世致用”新思维的知识分子。在与俄签订《中俄伊犁条约》期间据理力争，加上左宗棠西征军对俄国的有利势态，将中国的损失降到最低程度。

我在十二年前胃切掉一部分，此后从未躺着睡，完全坐禅。

当时，为我操刀的宋瑞楼医师说我恐怕活不过二年。我如与一般人过生活，可能宋就说对了。现再活十年，应不成问题。

没有什么秘诀，守住最难。吃东西，好吃时能少吃一口？一般人顺口就多吃了。讲易，但行难。

人生真是五十才开始，“五十而知天命”。

我平时中午会休息一会儿。我每餐喝一小杯好酒，因为吃素，如旁无推动力量，血液循环就不好。我晚上最多喝一小杯200CC牛奶。

眼与肾水有关。《素问·逆调论》云：“肾者水脏，主津液。”《上古天真论》称：“肾者主水，受五脏六腑之精而藏之。”

修得不好，半点用处也没。什么理论会了，不证明你得了，必要能行。昔日大儒活至八十几岁的，多是修身不错的。

人每天生活如果本末倒置，怎么会有好的身体？有健康的身体，才谈得上抱负。台湾同学完全不懂得下功夫，无一够标准的。

我对“四书五经”绝对烂熟，天天看《大易》与《春秋》，此为孔子思想的精华。《易》为五经之原；《春秋》为用，《易》为体。

1. 尧曰：“咨（启语词）**！尔**（你）**舜，天之历数**（天时之命）**在尔**（长辈对晚辈用词）**躬**（临你身）。**允**（诚诚恳恳）**执**（守住）**其中**（中道）。**四海困穷，天禄永终。”**

此章恐怕不完整。

尧、舜、禹，今文家以之为“三统”。通三统，三统之道要相通，则有所损益。有所因，就有所损益，损益以适时，要穷、变、通、久，圣时。

三统所传的为“道统”，“大道之行也，天下为公”。然“至于禹而德衰”，传子不传贤，开启家天下之局。子思称其祖“祖述尧舜，宪章文武”，祖述的是尧舜选贤的“公天下”，而以文武作为参考。

“历数”，是岁、月、日、星辰运行之法。《洪范》“五纪”：岁、月、日、星辰、历数。

《中论·历数篇》：夫历数者，先王以宪杀生之期，而诏作事之节也，使万国之民不失其业者也，此历数之义也。

“天之历数在尔躬”，宇宙是一大天地，人是一小天地，结构一样，故曰“大人者，与天地合其德”。

董子以人配天，《春秋繁露》后面几章皆讲此。

中医养生学认为人身为一小天地，宇宙则为一大天地，人与天地、万物都是一气所化生。尽管现象不同，但存在着共通的规律。因此人类养生的关键，必须与自然宇宙联系在一起，不仅要调谐“小宇宙”的运行，还要调谐“小宇宙”与“大宇宙”之间的关系，此即天人合一的思想。

《春秋繁露》第七十八“循天之道”、第七十九“天地之行”、第八十“威德所生”、第八十一“天地阴阳”、第八十二“天道施”，皆谈天人之道。

当皇帝，膺天历。“予，天民之先觉者”，唯中国人生来即“天民”，没有所谓“原罪”，也没有阶级。“天生烝民”，简称“天民”，与父母（天）同体，故曰“天之历数在尔躬”。

要懂得思想的层次，要做思想家。

天民、天德、天爵、天禄，此四天也，我加上天权。

人人皆可以为尧舜，得人人皆有士君子之行。不是尧舜才有天禄，人人皆可以有，因为“万物皆备于我”，多深的含义！之所以有所欠缺，是你自己智慧不足。

“天之历数在尔躬”，就在你本身；成功了，则人与天齐。“文武之道未坠于地，在人”，人人皆可以为尧舜，所以才能“首出庶物”（《易经·乾卦》）。

“允执其中”最难，守中最难。“过与不及”，太聪明即过，反应慢即不及，过与不及皆非中庸之道。

“允执其中”，是用谁的中？要点不明白，就用不上；明白了，才能修德。

“喜怒哀乐之未发，谓之中”“中也者，天下之大本也”，中国，用中之国，人性之国。人类想太平，得用中道思想。

你们不说话，就是满腹经纶也说不出去。头脑不清楚，则语无伦次；行动迟钝，像个小老头。

"人心惟危，道心惟微"，要用什么度过危、微？"惟精惟一，允执厥中"，即用精一，也就是不二。必要有"精一"功夫。

"天禄永终"，天禄，万物皆备于我，天道尚公，就看你会不会用了。"永终"，《易·归妹·象》曰："君子以永终知蔽。"有结果而能知蔽，必是智者，则"永终"二字，原非恶词。"知终终之，可与存义也"（《易经·乾卦》），事情都有结果，必达到；义，完全表现在我们的行为。

"修其天爵，而人爵从之"（《孟子·告子上》），修的是性善，得的是天禄，即君子、贤人、圣人尊爵所得的尊崇。

"天德好生"，"四海困穷，天禄永终"，如战争、天灾、人祸不断，则"天禄永终"。做事如没有能尽职，上帝给的天禄就收回。

什么皆可操之在己，就看你能否控制得了自己。一个人必能控制许多事，包括生命在内。吃素修嘴，却忘了修己心。多少人修嘴不能修心，修心最为重要，能控制心，问题就没了。

把持"喜怒哀乐之未发"，执中。"中"与"性"有何不同？"天民"，天为父母，与父母同体，故曰"天命之谓性"。一生下来就会吃，本能，"食色，性也"。喜怒哀乐含在性中，"喜怒哀乐之未发，谓之中"，守住中，人性未发的力量即中。性，随时发作，一生下即发，哭。孺子"未知牝牡之合而数作"（《老子·第五十五章》），小家伙老出毛病，因为不懂得"执中"。吃，也要懂得执中。

称"中国"，不称"性国"，乃守住"喜怒哀乐之未发"的情境。说中，不说性，看中国人多有修养！性，食色，是与生俱来的，随时都发。练功，执（守），节制。有了修为，即中，不发。

“食色，性也”，经验，之所以为“中”，乃是“执”的功夫。要发，控制，使之不发。性，如小孩尿尿。苍蝇、猪公懂得性，但不懂中。“执”，如执教鞭，拿着、控制。是“执中”，非执性。

孔子写出其经验，把你的人生都描绘出，并不伪装，此即为思想。

“故君子不处嫌疑间”，一般人会说人话，绝不做人事。明知错，也收不回。

止住性，因为“性相近”，但是“习相远”。习，故要“环保”。说一人“习气坏”，几个走邪路的收得住？

道貌岸然，教书追学生方便。师生间都有几分慑力，焉有道德可言？

外边邪说横行，而人永远是自私的，发现你不完整了，心里有数，日后必加以报复，说是破烂货！如真，则永远受尊敬，此攸关一生的幸福。千万不要赌，而赔上自己终身的幸福。

你有高尚的品德，则对方永远慑服你，“天爵自尊吾自贵”，尊贵皆自得的，人要自尊自贵。

舜亦以命禹。

此为道统。舜亦把“执中之道”传给禹。

但“至禹而德衰”，传子不传贤，开启私天下。“三世必复”，要复尧舜“公天下之制”，“选于众”，传贤不传子。

“尧、舜、禹”，三圣相传，尧传舜“天之历数在尔躬”，是天人合一的境界。

舜时，环境复杂了，“舜好问，好察迩言”，“执其两端，用中于民”，要“遏恶扬善”，舜“执两用中”。

禹时，环境更加复杂了，用“人心惟危，道心惟微；惟精惟一，允执厥中”十六字心传。情智的时代，人心越来越可怕，“人心惟危”，“小人道长，君子道消”（《易经·否卦》），故“道心惟微”。天下没有一成不变的，所以要下“惟精惟一”的功夫，“精一不二”再加上“允”的功夫，《说文》云：“允，信也。”“允执厥中”。中没有变，但是执的功夫变了，“精一以守道”。

要随着环境变，“不可为典要，唯变所适”，“可与适道，未可与权”，行权的境界，遇任何环境都有办法，必要有行权的智慧，以应当前之变、未预之变。穷、变、通、久，生生不已，儒家思想没有所谓的“末世观”。

我不谈今古文，称“夏学”，凡是中国人所想的学问都收。儒家十六字心传就在《古文尚书·大禹谟》：“人心惟危，道心惟微。惟精惟一，允执厥中。”有了“精一”的功夫了，就能够“允执厥中”。“精”，无掺杂；“一”，纯一，纯而不杂。杂就多，如人之意念多。“惟精惟一，允执厥中”，完全操之在己。

经过“刚、健、中、正、纯、粹”以后，得到了“精”。“刚”，无欲；“健”，行健，持之以恒。不到此境界，如何能“执中”？所以，成就者少，都变成伪君子了。

曰：“予小子履（商王汤名），**敢用**（客气词）**玄牡**（玄，黑色；牡，雄。黑色牺牲，夏尚玄），**敢昭**（明）**告于皇**（大）**皇后帝**（天帝）：**有罪不敢赦**（说假的），**帝臣不蔽**（蒙蔽），**简**（阅）**在帝心。朕**（我）**躬**（己身）**有罪，无以万方；万方有罪，罪在朕躬。”**

此为汤告天之辞，极富宗教风味，一切为民赎罪，以己身为牺牲。

君、帝、后、皇，皆为领袖。天子，“天覆地载，谓之天子”（《孝经援神契》），必替天行道。

“至禹而德衰”，倡家天下，往下为禹、汤、文、武、成王、周公，《礼记·礼运》称其为“六君子”，可谓公道之语。

商代夏而有天下。殷尚白，箕氏朝鲜也尚白，国旗是八卦。

大祭，清时用红黄色的牛。

“**周有大赉**（音 lài，赐也），**善人是富**（实，备。一、善人很多。二、善人因此而富）。”“**虽有周**（至）**亲，不如仁人。百姓有过，在予一人。**”

周之祷辞：我的罪孽，教导无方，百姓才有过。

“秉大至之要道，行礼运之至德。胜残去杀，天下归仁”，要动之以情，千万不要有内战，专管人性的事。

善人、君子、贤人、圣人、大人。善人，“率性之谓道”，人人皆可胜残去杀，没有残暴、没有杀戮，并不是读书人的专利。

讲文字，不是生命。讲书，要讲中国人的思想。所有经皆融会贯通了，就注未通经。

一个人有钱、环境好，能守身，太难了！

清朝皇后的父亲一定封公。曾文正封一等毅勇侯，以一个王换得了“满床笏”，一门将相。笏，古时礼制，君臣朝见时，臣子拿的用以指画或记事的板子。

书呆子成不了大事，应学会善用头脑。

同学许多表现令我失望，直、枉不分，谈何其他？多少人自己不奋斗，就等人施与。对别人成就的东西，想尽办法巧取。

台人一见利，就忘了明辨之。《孟子》一书即讲“辨义利”，此台人绝办不到。强求不得，希望下一代能好些。太笨！太笨！

一部《易经》，即“自强不息，厚德载物”。如对别人有好处，却半点也不做，岂不是废物一个？儒家精神必要明白。

写文章没有用，贵乎能行。真想达境界，必得怎样知怎样行。

我专讲注解不明白的地方。

读书，是一辈子的事。

一个人“始终如一”，则人皆赞美，此“沈园”之所以传为佳话。

宋陆游与唐琬离婚后，于沈园不期而遇，一首饱含泪水与情思的《钗头凤》一挥而就：“红酥手，黄藤酒，满城春色宫墙柳。东风恶，欢情薄，一杯愁绪，几年离索。错！错！错！ 春如旧，人空瘦，泪痕红浥鲛绡透。桃花落，闲池阁，山盟虽在，锦书难托。莫！莫！莫！”

四十余年后，陆游旧地重游，感怀往事，写下《沈园》两首悼亡诗，其一：“城上斜阳画角哀，沈园非复旧池台。伤心桥下春波绿，曾是惊鸿照影来。”其二：“梦断香消四十年，沈园柳老不吹绵。此身行作稽山土，犹吊遗踪一泫然。”

“耻不从枉”，一个人如直、枉不分，更谈不上“辨义利”了。孔子要人从“直枉”入手，因为“人之生也直”，所以要“举直错诸枉”。

“大人者，与天地合其德”，“圣人，知进退存亡而不失其正”（《易经·乾卦·文言》），“天地之大德曰生”（《易经·系辞下传》)，所以“学生”，是“与天地合德”的第一步。中国思想最了不起的，即“尊生”。因为尊生，所以要“学生”。

“周虽旧邦，其命维新”(《诗经·大雅·文王》)，新，是为了适时、适生，天命维生，应写“维生论”“维生学”。“生生之谓易”，《易经》即生经、仁经。

尊生，自维生入手，得学生。学这个“生”，即“大明终始”，明“明德”，乃终始之德，即生生不息。懂此了，才懂得尊万物。

山地同胞打猎，绝不逾其用度，认为“只有使用权，没有所有权”。可见什么民族都有其文化。

学生，尊生，资始、资生，得研究维生。终始，生生不息，即变变不息。“不可为典要，唯变所适”，一成不变并不是中国思想。《易》，变经;《春秋》，元经。《大易》与《春秋》没有弄通，绝不懂中国思想。

许多事应认真想，不可以盲目。中国人智高，就靠“想”，“思之思之，鬼神通之”。

伏羲仰观俯察，为通德类情，而画八卦。他生在天水(伏羲生于成纪，今甘肃秦安)，葬在河南(伏羲后来奠都于陈，今河南淮阳，卒葬于此)。

此回振兴中国文化的，完全是中医。

《资治通鉴》经十九年始成书，其间经过多少专家，内容极为丰富。先明白表面了，再求深入，要时常玩味。

一部不平凡的书，岂是一人可以译明白的？嘴能够说出的，绝不是精义，必得心心相印，要修到那个境界，才明白。读书，有读书的方法，必得深入。

魏晋时期，道风抬头，当时天下不安宁，而有“竹林七贤”。

竹林七贤，乃晋代阮籍、嵇康、山涛、向秀、刘伶、王戎、阮咸七人。事见《晋书》本传及《世说新语·任诞篇》。

七子作品亦有流传于世者，如阮籍之《达庄》《咏怀诗》，嵇康之《养生论》《幽愤诗》，向秀之《庄子注》等。

其实，我也很想悠游于林下，但是没有那个环境，只能靠喝茶自我陶醉了！人生很不容易，就是想“放浪形骸之外”，也没有那个环境与心性。做人太苦，愈是放浪形骸之外，愈是苦。

王羲之《兰亭集序》：“夫人之相与，俯仰一世，或取诸怀抱，悟言一室之内；或因寄所托，放浪形骸之外。虽趣（取/趋）舍万殊，静躁不同，当其欣于所遇，暂得于己，快然自足，不知老之将至；及其所之既倦，情随事迁，感慨系之矣。向之所欣，俯仰之间，已为陈迹，犹不能不以之兴怀；况修短随化，终期于尽。古人云：死生亦大矣。岂不痛哉！”

人应活得健健康康，而不在于活得长。

一个时代，有一个时代的影响。人生就是趣味，传不传无所谓。即使有心、肯干，但别人是看多方面的，重视人品，亦即做人。天下人都以“圣人”眼光要求别人。不知别人怎么想，就自己怎么想，一旦跌倒，就爬不起来了。

社会何以会乱？人只要一乱，就如同水坝一开，绝对守不住。什么都容易，就是控制性欲（食色）太难了！年纪大了，书才能深讲。

我以前看我阿玛喝酒，每天只喝二两，我母规定的。但每当我母面有悦色时，我阿玛就喊“给我温酒！”温酒是代号，实际是加点酒，因为喝酒受限制。

我不知你们将来怎么接着讲学？台湾同学必要努力，仍要承续中国文化。求真知，得下功夫。文化差距的可怕！大学毕业生一无所知，老蒋造的孽。应问自己：到底了解了多少？

要用文化的方式，而不是用战争，要大同、一统。想使非洲人过人的生活，唯有中国人能办得到。非洲地广人稀，可以用文化开拓。白种人在非洲净是剥夺。中国人有人性，必须用文化的力量帮助非洲。

今天大陆实行“一胎化”，意在降低人口。要用文化、智慧领导，知识分子是“天地的良心”。如果没有雄心，至少也要用爱心教育本土。将来都得饱和，必要有“先天下之忧而忧，后天下之乐而乐”的胸怀。

如自年轻就学会卑鄙，焉能成事？都“顺我者昌，逆我者亡”！知识分子必要有抱负，要立命，“为生民立命”。

拼命接受新知犹不及，还为人守寡？朱子“攻异端”。

蒙古接受《易经》，称元朝。

以下讲为政之道，是历久不变的。

谨（谨守）**权量，审**（审察）**法度**（度长短）**，修废官，四方之政行焉。兴灭国，继绝世，举**（用）**逸民，天下之民归心焉。**

“权”，秤也；“量”，斗斛也。权轻重，量多少。

“谨权量，审法度”：“权，然后知轻重；度，然后知长短”（《孟子·梁惠王上》），“量势立权，因事制义”“各因其生小大，而量其多少”（《春秋繁露·考功名》）。人的智慧，知道轻重、长短、多少。实际东西，亦由人智发明出的。

在什么环境下才要“修废官”？乃是时代又改变了。没有官，焉能办行政？

兴灭继绝。国之危亡，有几个原因，朝代断了；断了绝孙，即绝世。

仁政之国，要为绝世者找一子孙，但必要同一血缘的，找其同宗，一个庙祭祖的，且辈分一定。

韩国就有我家族的一支，是在征韩时留下做官的。

万历朝鲜之役是1592至1598年（大明万历二十年至二十六年；日本文禄元年至庆长三年）日本丰臣政权与明朝、朝鲜之间爆发的战争。1592年（壬辰年），日本太阁（卸任关白）丰臣秀吉派兵入侵朝鲜。朝鲜节节溃败，并向宗主国明朝求救。明朝随即派兵支援朝鲜。

这场战争波及朝鲜全境，其间曾于1593年议和并休战，但于1597年（丁酉年）战事再度爆发。最后由于丰臣秀吉病逝，日本军队于1598年全部从朝鲜撤退。日本占领朝鲜并以之为跳板进攻明朝的行动最终失败。

昔日琉球国，亦向中国进贡。朝鲜独立了，何以不使琉球也独立？

蔡璋，我曾帮他忙，希望美国允许琉球独立，却被变成日本的“冲绳县”。

1941年，居住在台湾的琉球人组织“琉球青年同志会”；1948

年，易名为“琉球革命同志会”。根据该会编著的《琉球与中国之关系》，该会宗旨“在鼓吹革命解放琉球，归属中国，并启发琉球之民族思想”。

1958年，蔡璋等结合琉球本土力量，与原社会党党魁大宜味朝德成立“琉球国民党”，考虑到各方因素，该党在政治上主张“琉球自主独立”，并强调“在美国的支持下，建设新琉球”。不过，该党因未能获得广泛支持，随后销声匿迹。

中国有“兴灭国”的责任。讲思想、讲责任，民族思想贵乎实行。

旧时同姓不婚，但台湾是否同姓，难说。最不合理的即买儿子。中国讲“不孝有三，无后为大”。义子，并不改姓，不入家庙，不入祖坟。

中国文化太有基础了，孔家世系两千多年，极为清楚。

孔、孟、曾、颜，作一首诗，排一个辈。

希言公彦承，宏闻贞尚衍，兴毓传纪广，昭宪庆繁祥，令德维垂佑，钦绍念显扬，建道敦安定，懋修肇彝常，裕文焕景瑞，永锡世绪昌。

清室，自康熙以降排辈。

康熙帝先择“胤、弘”二字作辈分，乾隆皇帝选择“颙、旻、奕、载”四字，道光帝又续“溥、毓、恒、启”四字，咸丰帝又续“焘、闿、增、祺”四字。

从雍正皇帝开始，宗室辈分排序为：胤、弘、颙、旻、奕、载、溥、毓、恒、启、焘、闿、增、祺。康德（伪满）年间，溥仪又在原有的十二字之后追定“敬、志、开、端、锡、英、源、盛、正、懋、祥”十二字。

基辛格肯定中国文化之悠久。

认贼作父者不孝，盲从外国文化者亦然。中国人的责任，是要“以夏变夷，未闻以夷变夏”（《孟子·滕文公上》“吾闻用夏变夷者，未闻变于夷者”），“不使无礼义制治有礼义”（《春秋公羊传·隐公七年》“不与夷狄之执中国也”）。

你们不看书，永远不会进步，脑子什么也不会有。

有些人绝不懂自己不懂，什么也看不懂，就与生俱来的“食色”那两套绝对懂。

“逸民”，有品，绝不做汉奸，不卖国。“居士”，未必不做官；逸士、处士，不做官。溥儒曾隐居于西山，自号“西山逸士”。

贤君，必要重视有德之逸士，不仕不义。逸民，不找就不来，必得三顾。天下无逸民，则无弃才，天下人归心焉，归心，归仁。

“贤者在位，能者在职”，选、举，应是两件事，选贤与举能。如县长，是在位者；当政的，必用道德律限制之。

读书，必要懂得会用智慧、思想。你们遇事，必得深思。一个有智慧的人，什么都得怕，人必要懂得真的理智。

我在台五十年，总觉得对这块土负有道义上的责任。这两年，真正了解台湾人了！小学、幼儿园教育，也得改变。

恕，推己及人，己所不欲，勿施于人，“夫子之道，忠恕而已矣”。

在这块土上，就必须为这块土治病。治病，必须从自己开始。先教孩子懂得孝道，尽做人的责任。

所重：民、食、丧、祭。

此四事，为治天下所宜重视者。

子夏说“《春秋》重人（民）”（《春秋繁露·俞序》子夏言：《春秋》重人，诸讥皆本此），既是重民，则食、丧、祭都得重。

民以食为天。“食、丧、祭”，乃是人生不可离，“可离，非道也”。

中国是祭政合一。《易》的观卦，即以祭为譬。

《易·观》：“观，盥而不荐，有孚颙若。”盥与荐，为祭的两个仪式。

宽则得众，信则民任焉，敏则有功，公则说（悦）。

“宽则得众”，苛则失众。一点号召力都没有，怎么做事？

张元，很有守，虽不是我的学生，但喊我为老师。

“信则人任焉”，你有信德，别人就会给你责任。

不知立信，光知抢夺，天下有此等事？

中国书无一不谈政，还避谈政治？

“敏则有功”：想成功，必要审慎，要虑深通敏；虑深通敏，敏则有功。“凡事豫则立”（《中庸》），“豫解无穷”（《春秋公羊传·哀公十四年》何注），要有备无患。哪有马虎能成事的？

想做事，必须分层负责，要懂得企划。创造法度，立章程。立章程，然后慢慢修，逐渐地完备。

修史，不能以恩怨说。成立“准社”，准社必立标准。修史，得有修史的规矩。

“吾犹及史之阙文也”，信史，“知之为知之，不知为不知，是知也”。写历史，绝不同于写小说。

尸子曰“仲尼尚公”，此为孔子思想之所在。“背私为公”。私，是非就多。

《韩非子·五蠹》:“古者仓颉之作书也，自环者谓之私，背私谓之公。”《说文》:“公，平分也。从八，从厶。八犹背也。”与私相背、相反，即公。

公即均，“不患寡而患不均”。均，《说文》称:“平也。”均匀，公平。有无不均，均和，均沾，“均无贫”。

《庄子·寓言》云:“万物皆种也。以不同形相禅，始卒循环，莫得其伦，是谓天均。”

《礼·乐记》云:“乐所以立均。”

我母曾问我:“如何使一个苹果令全村人都吃到？”我答:“打碎，放到井里。因为任何人来都可以饮此水。”不是多少，而是“公则悦”，此即大道学派，“大道之行也，天下为公”。

天民，“万物皆备于我”。台湾只要枪毙几个大盗，台人就都有饭吃了，因为他们巧言，抢了别人之所有。

《四书》必须重新整理，每一段都活泼得不得了，要触类旁通。

人必有所长，必要精，要下精一功夫。曾文正，清朝唯一懂得实用之学者。人生到底是什么？实在没法得结论。台湾完全不学无术。

《学庸》会背了，做事就有主宰、胸中有墨。《四书》真记住了，终生取之不尽，用之不竭。

2. 子张问于孔子曰："何如斯可以从政矣？"子曰："尊五美，屏（摒）四恶，斯可以从政矣。"

《论语说义十》:《公羊传》"西狩获麟"，孔子曰"吾道衰矣！"何休曰"加姓者，重终也"。《论语》自微子至尧曰，称孔子并加姓，示重终之义也。

甘地奋斗一辈子，今天印度有其德风？"以德化天下"没有成功的，释迦有成功？必如孔子，一有权即诛少正卯，此除障也。必懂得政治之要道。我常问"有无杀人胆量"在此。有志、有抱负，首要即扫落叶，要除障碍。

成立什么党不重要，就看有无党徒。哪个和尚听释迦的？哪个和尚没有犯戒？

治国平天下，非用中国思想不可。能使天下大同的，唯有中国人。

有志于什么，必明白什么。必要有宗教家的毅力，前仆后继。不可披宗教家的伪装。

要做学人，不可以做书呆子。要将生命传给学生。

子张曰：“何谓五美？”子曰：“君子惠而不费，劳而不怨，欲而不贪，泰而不骄，威而不猛。”

“惠而不费”，得有多大的智慧！“小人怀惠”，施政第一个即是施惠，但不可浪费国家的钱财。要使百姓受实惠，但又不浪费公帑。

要把当省的，用到需要的地方。如山地物资缺乏，要“以有余补不足”，此即“惠而不费”。

“欲而不贪”，有欲，但不可贪，“可欲之谓善”，当其可之欲，就是善。就因享尽天下之富贵，而有今天之流浪。有过荣华者，皆无一有好子孙。

忘了你们上一代吃什么？今天还暴殄天物？我天天喊，即在警告你们，苦口婆心。许多政客想骑着你们，去换取他的荣华富贵。净吃生猛海鲜，因果，必得报应。我看到不合理的，一定加以纠正。

贪，过量。有绝欲吗？办得到吗？吃东西，也要恰到好处，食不求饱美。一贪即超出，所以应“当其可”，才能恰到好处。

社会何以愈来愈不正常？为政，如把“情”字置于前头，则永远失败。

子张曰：“何谓惠而不费？”子曰：“因民之所利而利之，斯不亦惠而不费乎？择可劳而劳之，又谁怨？欲仁而得仁，又焉贪？君子无众寡，无小大，无敢慢（轻忽）**，斯不亦泰而不骄乎？君子正其衣冠，尊其瞻视**（外观）**，俨然**（庄重貌）**人望而畏之，斯不亦威而不猛乎？”**

《论语正义》："择可劳而劳之"以下，皆因子张问而答之。不言子张者，统于首句"何谓惠而不费"，凡诸问辞皆从略也。

"因"，根据民之所利利他，"民之所好好之，民之所恶恶之"，因民所利而利之，不必另起炉灶。

卖面条者，根据卖面条之术，使之改进、上轨道。使之得实惠，也不费事。不必大家一窝蜂，做同一件事。

"择其可劳而劳之"，《荀子，富国》云："计利而畜民，度人力而授事，使民必胜事，事必出利，利足以生民，皆使衣食百用出入相揜，必时臧余，谓之称数。"因其才美而利之，根据个人之特长而发展之。对小孩，要自小即注意他有什么特殊之处。

什么都学，却是不才！必先懂其才，然后因其才而畜之。识才，特别重要。

人都有欲，能够不贪，是什么境界？欲而不贪，可欲也，当其可之欲，可欲之谓善。公文批"可"。喝酒可，但得不及乱。许多贪污者并非缺钱。

一个人的一举一动，三岁知老。成才不易！才与不才，就在利他与否。

"欲仁而得仁"，"求仁而得仁，又何怨"？仁者，爱人→仁者，无不爱，即没有分别心了。中国人必这么活。

"无众寡，无小大，无敢慢"，一视同仁，"泰而不骄"，安泰，一点骄傲都没有。一个人不能冷静，绝对成不了大事。

一个成功的人，必了解自己有短处，能够自责。"无忝所生"，没有丢父母的脸，才能有无尽的成就。

二战时，日本在中国扶植五个政权，只有宣统帝与蒙古德王没有被枪毙而已。做汉奸，多丢祖宗的脸！一个人必须有守，要“无忝所生”。

我在屋中坐五十年，“隐居以求其志”，没有闲过一天。必立志，人生要有点成就，否则白活了。有成就，并不是做大官。

遇事，必要深思，有老婆、孩子了，能拿自己的生命冒险？有人为国如此地卖命，我们出几个钱，难道不应该？要怎么表现自己爱国？齐心协力，胜于个人力量。

唤醒一个人的良知，不要自欺，应尽责任。

“正衣冠”，守本分。衣冠，代表人的身份地位。正己衣冠，指全体而言，穿着要合乎身份。

“出门如见大宾”，不论到哪儿，穿着要得体，要合乎自己的身份，令人望之俨然，有气势！

陈文茜有胆量，她显出女人之美，叫男人看了不讨厌。穿着与自己要相称。嫉妒的说她是“北港香炉”。陈有女人风范，对别人批评不以为是，做事颇有分寸，她退出政坛，是要为自己活。

许多人外表道貌岸然，行为却是妓女都不如。不论男女，必须活出滋味，但不一定合乎众人的口味。知味者，赞美之；嫉妒者，说不要脸！

你的穿着代表你的身份，要注意！以前的闺女，穿戴都有一定。地位高的，穿得愈是不美，而在丫环身上显富。

学生的穿着，要让人看起来是个学生，至少要有雅气，不是稚气。

“尊瞻视”，是指整体而言，什么身份就保持那个样子，否则不成体统。“尊其瞻视”，尊重自己，就是尊重别人；尊重别人，就是尊重自己。

“俨然人望而畏之”，“君子不重则不威”，要有威仪；“威而不猛”，“即之也温”也。

子张曰：“何谓四恶？”子曰：“不教而杀，谓之虐；不戒视成（成功），**谓之暴；慢令致期，谓之贼**（害，贼民）；**犹之与人**（应给人的）**也，出纳之吝，谓之有司**（专管一事）。”

“不教而杀，谓之虐”，没经训练，即叫他担当事，必有事情发生。“以不教民战，是谓弃之。”

“戒视成”，有道德。“不戒视成”，则为暴。

“王者受命，不追治前事”（《春秋公羊传·隐公元年》何注），“既往不咎”，从今天开始。

“慢令致期，谓之贼”，一个工程有一定的工期，自己忽慢其命令，却要人限期完成，乃贼害人。

“犹之与人”，应给人的；“出纳之吝”，小出纳的器识，应给人而不给，拖拖拉拉的，器宇太窄。“有司”，小公务员把持权命，有权柄就折磨人，不是好人。

3. 子曰：“不知命，无以为君子也。不知礼，无以立也。不知言，无以知人也。”

“不知命，无以为君子也”：“在天曰命”，“天命之谓性”，性，大本元，人是承天命而来的。“在人曰性”，“率性之谓道，修道之谓教”，知己性之所在，知天命，成德了，就能成为“君子”。

何谓知命？“天命之谓性”，“思知人，不可以不知天”，“率性之谓道”，不知“性”，则无以行“君子”之道。

能尽己之性，则能尽人之性；能尽人之性，则能尽物之性，最后“与天地参矣”，平视。

尽己之性，做事将自己的良知良能完全发挥出来，一点保留也没有。性善，将性本有之善完全发挥出来。能己立立人、己达达人，以自己作为模范，必要知而能行。

尽“天、地、人”三才之道，最后使人人皆能发挥其性之本能，人人皆有士君子之行，人人皆可以为尧舜，则“见群龙无首，吉”，达大同世的境界。

人能尽性，何以自己不能尽物之性？如一辈子连五个朋友都没有，那传染力也未免太小了。“在新民”，“牵复，吉”（《易经·小畜》“牵复在中，亦不自失也”），尽人之性，大家都尽性了，“人人皆有士君子之行”，才能大同。

发明家，能尽物之性，了解物性。尽，一点保留都没有，可不得了。一个人能尽己之用、尽人之用、尽物之用了，才是个“君子”。

我十多岁皈依班禅前身，一戒指、一红绳。我母亲拜《法华经》，我父亲则喜《金刚经》。证严修《法华经》。

宣统帝信佛，但活着时苦得不得了。人就是迷，冷静一分析，根本是愚！

“不知命，无以为君子”。都做好，自己即一个小天地，可与天地平视，“与天地参矣”，天人合一，宇宙是个大天地，人是个小天地。性的表现，即良知良能。见利忘义，只要我喜欢，有何不可？最后，别人不喜欢你。

大同，智“无众寡，无小大，无敢慢”，行为最后与天地平等。“天工，人其代之”，上帝能造万物，人能支配万物。

“不知礼，无以立也”：礼，理也，履也。“立于礼”，要将事治理得有伦有序，大而天下，小而自身，皆秩序井然，一切按部就班，有条不紊。做事，必要有层次。

经世，有条不紊了，才算是“立于礼”。经世之学，为真学问，是实际的学问。经世的目的，在使天下平。但经世者有之，能“致其用”者，少之又少。经世，得达其用，经世致用。

“不学礼，无以立”，乱了礼，焉能立世？不乱伦，乃因为知礼，“克己复礼”，约之以礼。入外国籍，岂不是乱伦？要宣誓。

动物无伦，不知礼；人不乱伦，知礼。孝友家庭，从本身做起。“至于犬马，皆能有养。不敬，何以别乎？”必自根上、从良知上知孝。“祭之丰，不如养之薄也”，子欲养而亲不在，到时后悔，都来不及了！

兄不兄、弟不弟，乱伦。孝顺父母，第一步得爱其所亲，照顾好一奶同胞，“父母其顺心乎”！

三代同堂，维持三十年。必维之以道，而不是念咒。要用“礼”维持一个团体。齐家以礼，夫妇之近，才容易露尾巴，所以越是要守之以礼。

中国学问皆是形而下，每句话都是可以实行的。

宗教何以有人信？就因为人的贪。因为这个世界极为不乐，所以“极乐世界”才那么吸引人。

“不知言，无以知人也”：“知言”，知古圣先贤之言。“诗言志”，志即是心之所主，人为宇宙的主宰。知其言，则知其人。一个人的言语，足以代表其心境，“人之视己，如见其肺肝然”。

诗言志，乃是人心志之感发，故能兴人之志。《诗》可以“兴、观、群、怨”，并不是感情用事，乃完全是身之所受，喜怒哀乐皆以身之所受来表达。所以，读《诗》之后，必有启发人的力量，可以察民之情，完全言民心之所受。

自“知言”而“知人”，“听其言，观其行”，知言知人。政治不外乎“兴、观、群、怨”，“吉凶与民同患”(《易经·系辞上传》)，“通志除患”，故曰“不学《诗》，无以言”，言民之疾苦。

《论语说义十》：礼，今文家所传具在，惟知礼而后可以作《春秋》，以为后世有天下者之则，故圣人所以为百世之师也。终之曰“不知言，无以知人也”，可以见《论语》一书皆圣人微言之所存。

子贡以夫子之文章与夫子言性与天道为二；又曰“子罕言利，与命与仁”，又曰：子曰“予欲无言”，子贡曰“子如不言，则小子何所述焉”，子曰“天何言哉？四时行焉，百物生焉，天何言哉”，此孔子自明微言之所在也。

人之所以异于禽兽者几希，知人者非易也。子思明圣祖之意，为《中庸》一篇，而曰“仲尼祖述尧舜，宪章文武”，于《易》成既济，《春秋》受命致太平之道，昭揭无遗，日而月之，而终言“上天之载，无声无臭，至矣”，即“天何言哉”之义，此发挥微言，以著大义也。

中国学问在立本，《四书》乃是大本之书。做人如达不到标准，则做任何事皆不成。

现在人不大说客气话，敢问、敢用……借光、领教、受教。以前问人，都有一定的用词。礼法之严密，乃是有几千年的文化基础。

“温故知新，继往开来”，“继往”，必先弄清往，即“温故”；

“开来”，跟上时代，圣时。有超时的智慧，才能领导社会。

善用智慧，必知其所以。知道怎么发财，环境怎么变，怎么去理财。必用智能求之，包含知识、常识，一切事皆有道。

知识分子的责任是什么？“知新”，就能累死你。不通外国语，又如何知新？学语文，不能自欺，要学得精。

一个民族能够往前走，必须有一套。“知新”，凡人类的东西都必须知。外国语是工具，不是学问，“工欲善其事，必先利其器”。

中国现在已经到“进大同”的时代了，你们很幸运，生在中国强的时候。

圣人“四十而不惑”，常人终身都惑。“智必识时，行若时雨”，有智慧，才能解决问题。你们头脑昏沉，自误！性相近，习相远。

“吾道一以贯之”，即“贞于一”，思想之所终。儒家“贞于一”的思想，故在事上讲“定于一”，在政治上则是“大同”。

《论语》为无尽藏，乃一部谈政之书，讲修身之道，系为政之本。修身为本，“本立而道生”，“立身行道”，有条不紊，使大家皆受其福。

《论语》完全讲中道，“率性之谓道”，所以人人都能接受。

处世得活学问，不通世事，讲古、博古非实学。

私欲，可以迷人的心智。人心智一迷，则短视。一眼决定一事，多半会失败；利害，必经过客观分析，而不是主观。

人不清楚时，易迷；真明白，完了！就迷与悟。迷与悟，就在一点之转，“先迷失道，后顺得常”。

体悟，用到生活上，即活学问。迷时师度，悟时自度。